韩国特许法学会 编著

董新义 [韩]申惠恩 译

职务发明制度

比较研究

知识产权出版社
全国百佳图书出版单位
—北京—

图书在版编目（CIP）数据

职务发明制度比较研究／韩国特许法学会编著；董新义，（韩）申惠恩译．—北京：知识产权出版社，2020.9

ISBN 978 - 7 - 5130 - 6744 - 7

Ⅰ.①职… Ⅱ.①韩… ②董… ③申… Ⅲ.①专利法—研究—韩国 Ⅳ.①D931.263

中国版本图书馆 CIP 数据核字（2019）第 300812 号

责任编辑：李学军　　　　　　　　责任校对：谷　洋

封面设计：刘　伟　　　　　　　　责任印制：卢运霞

职务发明制度比较研究

韩国特许法学会　编著

董新义　[韩]申惠恩　译

出版发行	知识产权出版社 有限责任公司	网　址：http：//www.ipph.cn	
社　　址：北京市海淀区气象路 50 号院		邮　编：100081	
责编电话：010 - 82000860 转 8559		责编邮箱：752606025@qq.com	
发行电话：010 - 82000860 转 8101/8102		发行传真：010 - 82000893/82005070/82000270	
印　　刷：北京建宏印刷有限公司		经　销：各大网上书店、新华书店及相关专业书店	
开　　本：720mm × 1000mm　1/16		印　张：17.75	
版　　次：2020 年 9 月第 1 版		印　次：2020 年 9 月第 1 次印刷	
字　　数：338 千字		定　价：96.00 元	

ISBN 978 - 7 - 5130 - 6744 - 7

前　言

目前，在韩国的专利申请中，有 80% 以上都是职务发明申请。因此，对职务发明的有效管理将有利于大幅度提高发明的创造、保护及运用的水平。现实中，有关职务发明的纠纷和公司职务发明的业务量正在逐年增加。韩国特许法学会为更好地促进职务发明，根据各会员的意愿，特编写此书，以为其提供指引。

本书由韩国特许法学会的 23 名会员参与执笔，会员们的不同观点也都尽现于书中。这种多样性和非统一性既是本书的特色，同时又是本书的不足之处。今后我们将在第 2 版、第 3 版等的出版过程中，继续发挥多样性的长处，努力弥补非统一性的不足。

参与执笔的 23 名作者为本书的出版作出了巨大贡献，在此向他们致以最高的敬意。同时，也感谢以编辑委员长程车浩教授为首的多名编辑委员为本书出版所做出的不懈努力。如果本书尚有未能达到读者最初期待之处，还望多多包涵。同时，我们在此承诺今后将以不断修正修订版的形式，力争做得更好。总之，我们希望本书能为中国职务发明的理论和实务发展略尽绵薄之力。

韩国特许法学会

提　示

【引用】

如需引用本书各作者观点的情形，请使用或参照以下引用范式进行标注：

作者姓名，"标题"，《韩国职务发明制度解说》，韩国特许法学会编，博英社，2015，×××页（引用内容）。

汉语、韩语法律用语对照表

汉语法律用语	韩语法律用语	备注
特许权 （即发明专利权）	특허권	韩国、日本《特许法》(특허법)中的特许(특허)仅指发明专利，并不包括实用新型和外观设计。因此本书在说明韩国和日本法制度时，使用"特许"，而翻译其他国家的法律时还是用"专利"
特许法 （即发明专利法）	특허법	在翻译韩国和日本特许법时，直接翻译为"特许法"，而翻译其他国家的专利法律时仍然使用中国习惯法律用语"专利法"
特许厅	특허청	日本也称为特许厅，类似于中国的国家专利局
雇主	사용자	中国《职务发明条例（草案）》中称为"单位"
雇员	종업원	中国《职务发明条例（草案）》使用了"发明人"
申请特许的权利	특허를 신청할 수 있는 권리	中国《职务发明条例（草案）》称为申请知识产权的权利
补偿	보상	中国《职务发明条例（草案）》中称为"奖励""报酬"

目　录

第一章　职务发明制度概述

第一节　韩国职务发明法律制度的立法演进

成均馆大学法学专业研究生院　教授　郑次镐（정차호，Chaho JUNG）

一、绪论

在韩国，职务发明申请在专利申请中的比重已经超过 80%，[①] 良好的职务发明制度有助于提升本国的发明竞争力。职务发明制度虽然包含税收优惠等诸多方面，[②] 但其基本目的是协调公司和雇员之间的利害关系，从而促进职务发明健康有序发展。韩国的职务发明法律制度为了实现上述目的，已经历多次调整，并且，以后也还会不断修改和完善。本节梳理、分析韩国职务发明法律制度的立法演进过程，并据此对韩国的职务发明制度作出展望。

二、韩国职务发明法律制度的立法演进

（一）1963 年《特许法》（法律第 1293 号）

韩国 1963 年的《特许法》最早规定了职务发明。该法第 15 条规定了"雇员的发明"，其中第 1 款规定了职务发明的定义，第 2 款规定了雇主的普通实

[①] 根据 2006 年法律修订时的调查，韩国 2005 年、2003 年、2004 年的职务发明申请占全部专利申请的比重分别为 84.6%，84.2%，82.1%。2007 年至 2012 年的统计结果如下表：

分　类	2007 年	2008 年	2009 年	2010 年	2011 年	2012 年
个人发明（A）	32189	33443	35588	33267	35069	36610
法人发明（B）	140280	137189	127935	136834	141931	148187
总计（C）	172469	170632	163523	170101	177000	184797
法人发明比重（B/C）	81.3%	80.4%	78.2%	80.4%	80.2%	80.2%

数据来源：专利厅，"知识财产统计年报"，2012。

[②] 韩国《税收限制特别法》第 10 条规定，研发和培育人才等费用可以抵减税额，职务发明补偿金等属于研发和培育人才等费用；韩国《所得税法》第 12 条第 5 项规定，韩国《发明振兴法》第 15 条规定的补偿金不必纳税。

施许可，第 3 款规定了法人的高管及公务员的定义。第 16 条规定了"对雇员的补偿金"，其中第 1 款规定了雇员的补偿金请求权，第 2 款规定了第 1 款规定的对价应考虑雇主的收益，第 3 款规定了确定补偿金时应当参考雇主已经支付的报酬。

1963 年《特许法》与 2015 年《特许法》最大的不同点在于：确定补偿金时，应当参考公司已经支付给雇员的报酬，即现行的《特许法》规定，公司已经支付给雇员的报酬属于理所应当的部分，与发明活动无关；但 1963 年《特许法》规定已经支付的报酬属于补偿金的一种形式。换句话说，根据现行《特许法》的规定，雇员从事研发工作，公司应就该工作支付报酬，而对于给公司带来利益的发明成果，公司应额外支付相应的补偿金；而根据 1963 年《特许法》，公司仅就雇员的发明成果支付报酬及补偿金。可见，现行韩国《特许法》对雇员更为有利。但笔者认为，如果把给公司带来利益的发明只看作一部分雇员的行为，则现行法律的规定更为妥当；如果把给公司带来利益的发明看作大部分雇员的行为，则 1963 年法律的规定或许更为妥当。

（二）1974 年《特许法》（法律第 2505 号）

韩国 1974 年《特许法》第 17 条最早引入"职务发明"一词（第 1 款），其中，明确规定了公务员的职务发明归国家所有（第 2 款），承继自由发明和设定专用实施许可等的协议或者规定无效（第 3 款），新增第 5 款和第 6 款规定了国有特许权（公务员的职务发明）的处分。

该法第 18 条规定了有关职务发明的补偿事项，其中，删除了"雇主已经支付的报酬应计算在补偿金内"的规定，新增一款，规定了对于公务员的职务发明补偿金等必要事项由大总统令规定（第 3 款），新增了关于雇主可以设职务发明审议委员会的规定。

（三）2006 年《发明振兴法》（法律第 7869 号）

1974 年至 2005 年，韩国的《特许法》没有大的变动，只是对原有规定的小修小补。但 2006 年《特许法》（法律第 7869 号）的修订和 2006 年《发明振兴法》（法律第 7869 号）的修订，使韩国的职务发明制度发生了重大变化，职务发明制度由原来的"《特许法》规制"变为"《发明振兴法》规制"，因此，有必要在此加以详细说明。

笔者有幸参加了 2006 年职务发明制度的修订工作，[①]2004 年 2 月 2 日，总统

---

① 为了完善韩国职务发明制度，2005 年 2 月，由专利厅（发明政策科）主导，组成了"发明振兴法修订 T/F 组"，企业、研究所（4 名）、律师、辨理士（3 名）、学界（4 名）、有关部门（3 名）共 14 名人员参加了修订工作，作者就是其中一员。

指示："我们要研究职务发明激励机制，诱导企业投资和研究创新。"根据该指示，2004 年 6 月 15 日，国会报告《职务发明补偿制度的改善方案》；2005 年 2 月 16 日，"发明振兴法修订 T/F 小组"正式成立；2005 年 4 月，《发明振兴法》修订案正式立案。①具体的过程是，首先相关法律规定统一由《发明振兴法》作出；其次提出了"强化雇主义务"的法律修订案。经过雇主与雇员双方的激烈争论，最终由 2006 年《发明振兴法》规定的新的职务发明制度诞生。

笔者认为，"重视雇员的利益"是 2006 年法律修订工作的基调，②因此，2006 年《发明振兴法》规定的职务发明制度对雇主或多或少较为不利，对雇员多少更为有利。这种"不公平"现象至今仍未改变（下文 2013 年《发明振兴法》中会有提及），2013 年《发明振兴法》反而引入了对雇员更为有利的新规定。下面对 2006 年《发明振兴法》中的新规定作简要说明：

1. 雇员的通知义务

2006 年《发明振兴法》第 10 条（现行第 12 条）规定，雇员应当将职务发明完成的事实立即通知雇主。本条是 2006 年新增的，笔者当时建议应当规定雇员未立即履行通知义务时的罚则，但未被采纳。③

2. 雇主的通知义务

2006 年《发明振兴法》第 11 条（现行第 13 条）第 1 款规定，雇员依法将职务发明完成的事实通知雇主后，雇主应当在大总统令规定的期限（4 个月）内，以书面形式通知雇员是否承继该职务发明。在此期限内，雇主未能以书面形式通知的，视为雇主放弃有关权利（第 11 条第 3 款），即雇主未通知的罚则，就是放弃有关权利。但笔者认为，本规定存在以下不足：第一，职务发明申告书的接收无法代替承继意思表示通知；第二，雇主因失误未能履行通知义务的罚则畸重，与国家研发事业管理规定相冲突，④在线通知能否代替书面通知规定不

---

① 특허청，"직무발명제도이렇게바뀌었습니다"，2006 년 6 월자료，12 면.

② 根据特许厅 2005 年 7 月 29 日发布的报道资料，7 月 28 日第九届科学技术关系长官会议商定并提出了"搞活职务发明综合对策"，该对策有两个要点：第一，对职务发明法律制度作出重大调整；第二，强化引导措施，积极引导民间企业实施职务发明补偿机制。

③ 笔者建议，在第 10 条中增加一款，规定"有关通知程序及不履行时的罚则，可以由雇主和雇员经过合理程序自行商定"。

④ 根据国家研发事业管理规定，花费国家研发预算研发的发明专利属于主管研究机关所有，即如果依据本规定，则发明人并非最终的所有人。所以，即使主管研究机关存在过错（未通知）也不影响其取得该发明的所有权。因此，笔者认为，要么对第 11 条第 3 款设置例外规定，要么删除迟延通知专利则归发明人的规定，二者择其一，但该建议仍未被采纳。

明确，①雇员迟延履行通知义务缺乏必要的罚则等。所以，笔者认为，第11条第3款是现行职务发明制度所亟须改善的地方。②

3. 职务发明相关协议与强制性"工作规定"

《发明振兴法》第11条（现行第13条）第1款但书部分规定，如果没有职务发明相关协议或者工作规定，雇主无法主张承继职务发明的管理权。也就是说，只要没有协议和工作规定，就可以剥夺雇主的有关利益。2006年至2007年，特许厅在全国巡回期间，大力宣传雇主应当设置职务发明协议或者工作规定。但笔者认为，韩国每个月有5000个以上法人新设申请，要求所有新设企业必须设置职务发明协议和工作规定是不太现实的。③根据专利厅对2006年11月提出专利申请的1529个企业的调查，其中实行职务发明补偿制度的企业占23.24%，相比2005年度的20.1%增加了3.14个百分点。④

4. 职务发明承继时间点的确定

在2006年法律修订之前，关于职务发明的转让时间点是否明确是存在争议的。为了消除上述争议，2006年修订的《发明振兴法》第11条（现行第13条）第2款规定，雇主完成承继通知的时间点就是承继的时间点。该规定在明确转让时间点的同时，也使得承继时间点无法再进一步提前。在美国，根据协议或者工作规定，职务发明承继的时间点可以是发明完成时，也可以是雇员完成通知时，还可以是入职并签订有关协议时，相比较而言十分自由。而韩国由于第11条第2款的规定，使得承继时间点不可能再有其他情形。如果延迟承继时间点：第一，雇员可能自己提出专利申请；第二，雇员可能将发明转让给第三人。⑤所以，承继的时间点应当是越快越好。这样对雇员来讲，也不会有其他损失。笔者认为，以后（至少）法律应当将承继时间点规定在雇员提交通知，公司收到该通知时。

---

① 考虑到一些大企业或者申请数量众多的机关，会有自己内部的在线办公系统，通过这些在线办公系统，雇员就可以履行通知义务。但问题是，规定中的"文书"通知是否能够包含"在线通知"，对此，笔者希望法院能够作出肯定的解释。在德国，正是因为对"文书"通知有严格的解释，邮件通知、手机短信通知等均不属于文书通知，所以将文书通知变更为文字通知。

② 第19条的问题可参考：정차호，"2006년개정직무발명제도의제문제점및재개정방안"，「창작과권리」（세창출판사），07.9 월호。

③ 정차호，위의논문，14 면.

④ 특허청（산업재산정책팀），"직무발명보상제도운영실태조사결과"，2007 년1 월，2 면.

⑤ 有关美国双重转让的纠纷研究，请参考원세환·정차호，"직무발명이중양도관련발명진흥법개정방안"，「성균관법학」（성균관대학교법학연구소）제 24 권제 1 호，2012 년 3 월。

5. 诱导协商性的补偿金判断标准

在职务发明纠纷中，大部分都是关于补偿金是否适当的纠纷，因为雇主因该发明而获得的利益往往是很难计算的。为了尽可能地减少上述纠纷，2006 年修订《发明振兴法》时，曾试图对职务发明补偿金的算定方式采用统一的规定，但考虑到这样很难满足现实中的复杂情形，最终没有采纳，[①] 而是选择了诱导雇主与雇员协商确定计算标准的方式，也就是第 13 条（现行第 15 条）第 2 款的规定，即，第一，补偿形态及补偿金额等标准由雇员和雇主友好协商；第二，最终商定的计算标准要进行适当公开；第三，如果在确定补偿额时充分听取了雇员的意见，则依该标准计算出的补偿额应当被认定为是适当的。笔者认为，"雇主和雇员经过适当程序、进行协商确定的补偿金判断标准，并依此标准得出补偿金额，则该金额应当是公允的，法院应当予以尊重不得另行计算"，这种方式多少能够减少相关纠纷。但是，站在雇员的立场，这种事前协商的方式，在今后的实践中，很可能变成只对雇主一方有利的工具，进而引发不满。这种不满正是 2013 年《发明振兴法》修订的诱因之一。

6. 保留申请时的补偿

《发明振兴法》第 14 条（现行第 16 条）规定，雇主决定不提出职务发明申请时也应当对雇员进行补偿。补偿金额以"假设该职务发明被确定为专利或实用新型，雇员因此所能获得的经济利益"为标准进行计算。本规定设置的初衷：公司提出专利申请时，雇员理应获得补偿；但如果因为公司未提出专利申请就让雇员丧失获得补偿的机会是不合理的。相比提出专利申请，公司将该职务发明作为商业秘密使用或许更为有利，因此雇主对雇员作出补偿也是合理的。但问题是，如果雇主作为商业秘密使用进而获得了利益，则以该利益计算补偿额应属合理，此时没必要按照第 14 条规定的标准确定补偿额。特别是作为商业秘密产生的利益大于作为产业财产权产生的利益时，更是如此。

7. 诱导设立职务发明审议机构

《发明振兴法》第 14 条之 2（现行第 17 条）规定，雇主为了审议职务发明有关事项，可以在公司内部设立、运用职务发明审议机构。上述规定并非强制性规定，雇主可以根据自身情况，自己决定是否设置、运用该机构。虽然这种非强制性规定缺乏效力强制性，但却能在一定程度上诱导公司设立、运用职务发明审议机构。

---

① 关于采用统一的补偿金计算标准的主张在之后还是被不断提出，但始终未被立法者采纳。例如，程惠秀议员代表提议"发明振兴法部分修订法案"（2012 年 7 月 20 日），主张新增以下规定："第一项规定的补偿金的最低补偿标准、计算方法及比率、计算程序及其他有关事项由大总统令规定"。

8. 产业财产权纠纷调解委员会的调解

《发明振兴法》第 14 条之 3（现行第 18 条）规定，"发生职务发明有关的纠纷时，雇主或雇员可以向产业财产权纠纷调解委员会申请调解"。有很多情形，"调解"比法院的"判决"更有效果。条文中规定雇主"或"雇员可以提出调解申请，但实践中一般都是雇主"及"雇员经过协商才能提出调解申请。虽然有第 14 条之 3 的条文规定，但现实中却很少有关于职务发明纠纷的调解申请。

9. 保密义务

《发明振兴法》第 14 条之 4（现行第 19 条）规定，"在雇主提出职务发明申请前，雇员应当对发明相关信息进行保密，雇主确定不承继该发明时除外"。规定雇员的保密义务是应当的，但问题是保密义务的持续期间是否应当只限定在"雇主提出申请前"。作为公司一方，考虑到某些因素，可能在申请被公示前撤回申请，之后再提出申请；但如果申请提出后，雇员公开了有关发明，则公司的利益可能会因此受到损失。因此，笔者认为，上述规定的保密期限是雇员的最低保密期限，可以根据不同情况将保密期限延长至申请被公示前。当然，公司公开发明内容后，雇员就没有义务再就该发明进行保密了。

（四）2013 年修订《发明振兴法》（法律第 11960 号，2014 年 1 月 31 日起施行）

刘胜明议员代表提议的"发明振兴法部分修订法案"触发了 2013 年《发明振兴法》的修订。上述修订案考虑到"职务发明补偿额算定标准的模糊性引发了雇主和雇员的不满，特别是相对弱势的雇员很难发挥协商能力"等现实情况，提议：第一，建立大企业职务发明制度，规定"雇主为大企业时，事前应当与雇员签订或制定相关权利承继协议或工作规定，否则将无法行使普通实施许可"；第二，为了提高雇员在职务发明补偿金协商中的地位，应规定"雇主在制定补偿规定时，应当采用书面形式并与雇员进行协商，设置职务发明审议委员会等"强化补偿过程中雇员的程序性权利。[①] 上述修订案被立法部门略加修改后采纳，修订后的《发明振兴法》具体如下：

1. 诱导建立大企业职务发明补偿制度

2013 年修订《发明振兴法》第 10 条第 1 款之但书部分规定，如果大型企业未在之前与雇员经过协商并签订职务发明相关协议或者制定工作规定，则公司不得行使本条第 1 款规定的普通实施许可。

---

① 刘胜明议员代表提议"发明振兴法部分修订法案"，2012 年 12 月 5 日，第 1—2 页，参见国会议案信息系统（www.likms.assembly.go.kr）。

2013 年修订前的《发明振兴法》	2013 年修订的《发明振兴法》
第 10 条第 1 款 　　对于职务发明，雇员等应取得发明专利、实用新型专利登记、外观设计专利登记（以下称为"专利等"）的取得或者可以取得专利等的权利的承继人，雇主拥有该专利权、实用新型专利权、外观设计专利权的普通实施许可。	第 10 条第 1 款 　　对于职务发明，雇员等应取得发明专利、实用新型专利登记、外观设计专利登记（以下称为"专利等"）的取得或者可以取得专利等的权利的承继人，雇主拥有该专利权、实用新型专利权、外观设计专利权的通常实施权。但是，雇主并非《中小企业振兴法》第 2 条规定的中小企业的，在与雇员经过协商事前并未签订下列协议或并未制定下列规定时，则公司不得行使本条第 1 款规定的普通实施许可。 　　对于雇员的职务发明，约定了雇主可以取得专利等的权利或者承继特许权等的协议或劳动规定；对于雇员的职务发明，为了雇主的利益，约定了可使雇主设立专用实施许可的协议或劳动规定。

　　目前韩国全部企业中只有 40% 左右的企业引入了上述规定的职务发明制度，与日本 86.7%（2007 年）的比重相比，相差甚远。

韩国民间企业、大学及公共研究机关职务发明制度引入率

分类	2007 年	2008 年	2009 年	2010 年	2011 年	2012 年
企业	38.3%	36.3%	39.6%	46.4%	42.6%	43.8%
大学及公共研究机构	95.6%	91.0%	92.7%	83.1%	84.0%	78.1%

数据来源：韩国知识财产研究院，"知识财产活动现状调查"，2012。

　　但是，考虑到强行要求中小企业引入上述制度可能不切实际，"为了促进民间企业对职务发明的关心，在民间企业中营造良好的职务发明补偿文化，可以尝试诱导组织结构相对完善的大企业建立职务发明制度"，首先要求大企业设置职务发明转让相关的协议或工作规定。[①]

不同企业职务发明补偿制度的引入比率

年度	2007 年	2008 年	2009 年	2010 年	2011 年	2012 年
整体	38.3%	36.3%	39.6%	46.4%	42.6%	43.8%
大企业	75.0%	79.1%	84.0%	74.2%	63.3%	72.9%

---

① 국회산업통상자원위원회，"발명진흥법일부개정법률안심사보고서"，2013. 4.，7 면.

续表

年度	2007 年	2008 年	2009 年	2010 年	2011 年	2012 年
中小企业	29.8%	24.7%	25.5%	38.2%	34.3%	26.0%

数据来源：韩国知识财产研究院，"知识财产活动现状调查"，2012。

2. 强化雇员在职务发明补偿过程中的程序性权利

《发明振兴法》修订案第 15 条规定，补偿额的确定方法是雇员最为关心的问题，应当保证雇员可以积极地介入补偿方法的确定过程，最重要的就是，当有关补偿规定的变更不利于雇员时，应当取得过半数雇员的同意。上述规定对于保护雇员的利益是十分有利的，同时具有一定的先进性。据笔者所知，在世界主要国家中，对雇员的保护达到这种程度的国家几乎没有。

2013 年修订前的《发明振兴法》	2013 年修订的《发明振兴法》
第 15 条（职务发明的补偿） 　1. 对于职务发明，如果规定了雇主可以取得专利等权利或者通过签署专利权等的协议或劳动规定约定雇主享有专利等的承继权，或者向雇主设立专用实施许可的，雇员享有获取正当报酬的权利。 　2. 对于第一款所指报酬，如果在协议或者劳动规定中有专门规定时，据此规定的报酬在考虑下列情形后，如果认定为合理的话，则可以视为属于正当的报酬。 　（1）在对补偿形式和补偿金额决定基准时，雇主和雇员之间是经过协商确定的； 　（2）确定的补偿基准、揭示等事项是否向雇员进行告知； 　（3）在确定补偿形式和补偿金额时是否听取了雇员的意见。 　3. 对于第一款规定的补偿，如果没有协议或劳动规定予以规定，或者根据第二款规定确认为不正当的，在确定补偿金额等时，必须考虑雇主可以获得的利益以及在发明完成时雇员的贡献程度。 　4. 省略。	第 15 条（职务发明的补偿） 　1. 对于职务发明，如果规定了雇主可以取得专利等权利或者通过签署专利权等的协议或劳动规定约定雇主享有专利等的承继权，或者向雇主设立专用实施许可的，雇员享有获取正当报酬的权利。 　2. 对于第一款所指报酬，雇主应当用明示的方法制定决定补偿形式和补偿金额的基准、支付方法等，并将其以书面形式告知雇员。 　3. 对于第二款所指报酬规定的制作或者变更应当与雇员进行协商。但是如果将补偿规定变更为对雇员不利的情形时，应当得到雇员过半数的同意。 　4. 雇主应将按照第二款规定计算的补偿金额等具体事项，向第一款规定应取得补偿的雇员进行书面通知。 　5. 雇主根据第三款规定需要协商或者取得同意的雇员的范围、程序等必要事项，由总统令加以规定。 　6. 雇主根据第二款至第四款的规定，向雇员进行补偿的，就视为属于正当的补偿。但是，对该补偿金额，如果未考虑雇主可以获得的利益以及对该发明完成雇员的贡献程度，就不属于正当补偿。 　7. 省略。

但问题是，在很多情况下，判断相关补偿规定对雇员是有利还是不利是十分困难的，特别是对于拥有成千上万名雇员的大企业而言，如何才能征得过半数雇员同意。① 基于对上述问题的认识，第5款规定，"雇主根据第三项规定，须经过协商或取得同意的雇员的范围、程序等必要事项由大总统令规定"。《发明振兴法施行令》第7条之2第1款规定，作为协商对象的雇员是指"适用新制定或新变更补偿规定的雇员（包括在变更前就一直适用的雇员）"，作为同意对象的雇员是指"补偿规定的变更对其造成不利的雇员"。

以"三星电子"为例，在三星从事研发工作的"研究员"都适用上述规定，而从事人力、总务等支援工作的员工当然不适用上述规定，这很好理解。但如果是从事"中间"业务的员工，如何判断其是否适用上述规定是较为困难的。还有人提出，如果某公司的发明人员有1万名时，仍须过半数同意吗？笔者认为，针对发明人员有1万名的情况，可以从其中选出数百名作为代表，经过半数代表同意即可。当然，前提是这数百名代表的选出必须经过合理的程序。

在大学，研究人员大致可以分为理工科教授及研究生和人文社会科教授及研究生两类。假设人文社会科教授及研究生没有发明，或者即便有个别发明，也可以不认定为职务发明，我们可以只把理工科教授及研究生作为协商和取得同意的对象。对于规模较大的大学，理工科教授及研究生可能较多，要经过过半数人员同意是相当困难的，此时，我们可以采用上述笔者提出的方法，通过合理的程序选出具有代表性的少数人员作为协商和同意的对象。

3. 设置职务发明审议委员会

《发明振兴法》第17条规定了"职务发明审议委员会的运营"，其中第1款明确了审议委员会的设置及运营依据，② 第2款规定了委员会的构成，③④ 第3款规

---

① 国会产业通商资源委员会，"发明振兴法部分修订法案审查报告书"，2013年4月，第9页。参考类似立法例——《劳动标准法》第94条第1款规定，"工作守则"发生变更时，应当听取过半数员工的意见,如果对员工不利时,应当取得其同意。同理,如果协议或工作规定中的补偿规定不利于雇员,则应当取得过半数雇员的同意。

② 第17条第1款规定:"使用者可以在内部设置职务发明审议委员会(以下简称'审议委员会')审议与职务发明有关的以下事项:1.制定、变更及运用职务发明规定;2.调解公司与员工在职务发明权利和补偿方面的分歧。"

③ 第17条第2款规定,审议委员会由雇主和雇员(法人的高管除外)各自选出相同人数的代表组成,必要时,可以委托相关领域的专家担任咨询委员。

④ 公司的高管虽然属于"雇员",但公司高管一般代表公司利益,所以将高管剔除于"雇员"。

定"有关审议委员会的构成及运营等其他必要事项由大总统令规定"。① 上述规定有利于雇员和公司自律解决纠纷，防止雇佣关系破裂和商业秘密泄露。② 但本法规定，只要雇员提出要求，则公司必须召开审议委员会，这有可能造成权利的滥用。笔者建议，应当根据情况决定是否召开委员会。③

三、结论

笔者认为，韩国《发明振兴法》规定的职务发明制度：（1）采用发明人主义；（2）强制规定大企业必须设置职务发明有关的协议和工作规定；（3）公司在规定的期限内（4个月）未能以书面形式通知雇员的，则不再享有与职务发明有关的一切权利；（4）职务发明的承继时间点为公司将承继的意思表示通知雇员时；（5）公司制定职务发明补偿有关的规定应当与雇员进行协商，并将结果告知雇员；（6）补偿规定对雇员不利时，应当取得过半数雇员的同意等，因此是全世界最有利于保护雇员利益的制度。但另外，这一制度过分保护雇员的利益而加重了公司的负担，阻碍了外国公司在韩设立子公司等投资行为。相比较而言，日本为了加大对公司利益的保护，2015年7月通过修订法律从"发明人主义"变更为"雇主主义"。笔者认为，韩国有必要考虑日本在职务发明制度上的变化，在上述列举的6项有利于雇员的规定中，至少有3项是应当删除或进一步修改的，而且越快越好。未来韩国的职务发明制度应当努力实现公司利益和雇员利益的平衡，逐步取得完善。

第二节　各国职务发明制度概述

一、中国的职务发明制度概述

忠北大学法科专门大学院教授　申惠恩

（一）绪论

1992年韩中两国建交以后，两国间的贸易规模逐年增加，中国已经是韩国最

---

① 《发明振兴法施行令》第7条之3规定：1.根据本法第17条第2款，职务发明委员会的雇主代表委员和雇员代表委员应满足以下条件：（1）雇主代表委员：雇主或法人代表人或者受雇主或法人代表人委托的人；（2）雇员代表委员：由雇员直接、无记名、秘密投票选出的代表。2.根据本法第17条第2款及第18条第3款，咨询委员由公司代表委员和雇员代表委员共同协商决定。3.根据本法第18条第3款，公司代表委员和雇员代表委员各3名以上，如果日常雇员不足30名的，各1名以上。4.审议委员会应设有委员长，委员长由雇主代表委员和雇员代表委员互选。这时，可将雇主代表委员和雇员代表委员中各选1名，将其设为共同委员长。

② 国会产业通商资源委员会，"发明振兴法部分修订法案审查报告书"，2013年4月，第10页。

③ 同上，第10—11页。

大的贸易国,并且因为韩·中 FTA 的达成 [1],可以预见到两国间的贸易规模会进一步扩大 [2]。特别是最近,两国间的贸易不仅仅局限于成品的进出口,韩国的企业已经直接在中国当地设立工厂并开发和生产产品。因此在中国生产商品或者向中国输出产品时,在中国进行相关生产技术的专利申请是很重要的。

在技术极度复杂的当代社会中,正如大多数确立了职务发明制度的国家,中国也设立了职务发明制度,对于职务发明有着特别的处理,但是具体的运用方法与韩国存在差异。因此,为了将中国本土的技术更加灵活有效率地运用,了解中国的职务发明制度,并据此鼓励创造出新的技术进而有效运用都是十分重要的。

与韩国《特许法》相当的中国《专利法》[3],制定于 1984 年,并经历了 1992 年、2000 年、2008 年三次修改 [4]。1992 年和 2000 年的修改是基于与美国的贸易压力以及为加入 WTO 而作出的被动性修改。与此相反,2008 年的修改却是中国政府为了国家战略发展和重视知识产权的结果,是一次主动的修改 [5]。由于 2008 年中国《专利法》的修改和 2010 年《专利法实施细则》的修改,中国对于专利权的认识在逐步提高,雇员的权利意识也在逐渐加强。

在 2008 年修改的《专利法》中,关于职务发明的规定有了显著的变化。首先是提升了作为发明人的雇员的法定补偿额基准。同时,外资投资企业也可以适用职务发明中的法定补偿额的规定。修改之前的《专利法实施细则》中,可以适用法定补偿额的只有国有企业,外资投资企业是无法适用的。但根据 2008 年中国《专利法》的修改和 2010 年《专利法实施细则》的修改,在中国当地的外资投资企业也可以适用法定补偿额的规定。

下面将以中国的职务发明规定与韩国规定之间的差异为中心进行论述。

---

① 从 2012 年 5 月开始,经过 12 轮的协商,韩·中 FTA 最终于 2014 年 11 月 10 日达成。

② 以 2011 年为基准,韩·东盟 FTA 商品协定生效后的第四年间(2010 年 6 月至 2011 年 5 月)韩国对东盟的贸易量约增加了 60.8%,计 1068 亿美元;出口与进口分别增加了 68.3% 和 52.2%。参照 ASEAN TODAY 的报道资料,http://www.aseantoday.kr/news/articleView.html？idxno=2892。

③ 为了保护工业产权,韩国分别规定了《特许法》《实用新型专利法》《外观设计保护法》《商标法等法律》。但中国与韩国不同,《专利法》对发明、实用新型和外观设计一并进行了保护。中国《专利法》所指的发明创造包括了发明、实用新型和外观设计(《专利法》第 2 条)。

④ 《中华人民共和国专利法》(2008 年 12 月 27 日第 3 次修正)。中国现在正在进行《专利法》的第 4 次修改。

⑤ 中国在宣扬科教兴国的同时,于 2005 年设立了国家知识产权战略制定委员会,并于 2008 年制定了知识产权战略纲要。

（二）职务发明的成立和权利的归属

1.职务发明的成立要件

根据中国《专利法》，职务发明是指执行本单位①的任务或者主要是利用本单位的物质技术条件所完成的发明创造。因此，在中国要构成职务发明，必须是属于下列范畴之一的发明：

（1）执行所属单位任务中完成的发明。"执行所属单位任务中完成的发明"不仅仅指在执行本职工作中创造的发明，还包括履行单位交付的本职工作之外的任务所作出的发明创造。本职工作是指发明人或设计人②具体担任的职务范围。不在单位的业务范围或是该发明人（设计人）个人专业范围内的工作，就不属于本职工作③。单位交付的任务是指发明人或设计人本职工作之外由公司分配承担的任务。也就是说，职员根据单位管理者的要求而担当的长期、短期、临时的任务。为了判断是否是单位指派的任务需要充分的证据④，对于该要件的判断，中国的法院在判断构成要件时，很少会要求该任务是明确的、具体的；在要求单位出示具体的计划和日程时，也很少要求提供作为职务发明根据的"是在执行所属单位任务中完成的发明"的证明⑤。

同时，不仅包括在现职中完成的发明，还包括退职以后的发明。"退职⑥前在单位中担当的职务或与退职前单位分配的任务相关联，而在退职之后1年内作出的发明"是职务发明（《专利法实施细则》第12条）。发明不是短时间内可以完成的，可谓"冰冻三尺非一日之寒"。虽然在退职时发明并没有完成，但是职员离开原单位后在一定期间内完成发明时，自己在原单位担任过的职务或履行指派的

---

① 为了更自然地表达和尽可能地尊重中国《专利法》的原文，此文中使用了与韩国用语中"雇主"相同的"单位"这一词汇。中国《专利法》和《专利法实施细则》中将专利权的主体区分为单位和自然人。"单位"作为计划经济体制下惯用的用语，是指中国的民事法律中使用的"法人和非法人组织"和利用行政上的物质技术条件所完成的发明（《专利法》第6条）。因此为了能够在中国适用职务发明，必须是符合以下两个中任意一个范畴的发明。中国《专利法》在第2次和第3次修改时，多数专家提出了将"单位"修改为"法人，非法人组织"或者是"法人或其他组织"，但是考虑到知识产权法的特殊性而决定继续使用"单位"。单位与韩国雇主的概念相当，作为经济活动的主体，包括能够成为专利权主体的所有主体，国家机关、团体、部队、各种企业、事业单位和民营非企业单位等。

② 中国《专利法》中，完成发明和实用新型的人被称为发明人，完成外观设计的人被称为设计人。

③ 程永顺：《专利纠纷与处理》，知识产权出版社2011年版，第52页。

④ （2006）奥高法民三终字第74号，2006年7月31日。

⑤ 参照정해명，「중국특허법상직무발명제도에관한연구 – 현행중국특허법을중심으로 –」，서울대학교석사학위논문，2013.8.，第46—47页。

⑥ 包括退休、调离原单位以及劳动、人事关系终止的。

任务大多对于发明的完成产生了基础性作用。对此中国《专利法实施细则》规定，退职后 1 年内作出的发明视为原单位的职务发明。

"退职后一年"的期间规定全面考虑到了职员的权利和原单位的利益，但并不是说所有退职以后的发明都属于职务发明。对于原单位来说，对该发明的完成具有基础性作用而自己的权利却得不到保障；但将退职之后的发明认定为原单位的权利期间过长的话，会严重侵害职员离职的自由，因此中国的立法者全面考虑到这些因素，将期限定为 1 年。

综上所述，"执行所属单位任务中完成的发明"不仅指本人执行本职工作中创造的发明，还包括本职工作之外的在执行单位任务中完成的发明。可以看出，这与韩国法律职务发明成立要件中要求的"属于职务中的发明"没有很大的差别。这是因为中国专利法中本职工作或本职工作以外的任务与韩国专利法中职务的范围相同。虽然在旧法的判例中，我们法院将职务的范围解释为"雇佣人员在担当的工作内容和责任范围内创造的发明，当然地视作职务发明或是可以期待为职务发明"[1]。国内的学说或雇员均认为，如果发明是在本职工作中完成的话，即雇主单纯地以完成发明为目的而雇佣该职员时（例如，公司、研究所等以实验研究为工作的情况），该发明属于职务发明；除此之外，雇主虽然最初未以发明为目的而雇佣，但命令该职员进行某项具体的发明或课题时，该发明也属于职务发明[2]。

两国法律的差异是韩国以职务发明完成的时间点来判断是否属于职务发明，退职之后的发明不再视为职务发明；而中国在一定的期间内和一定的条件下退职后的发明也被视为职务发明。中国《专利法实施细则》规定在本职工作中作出的发明创造，以及履行本单位交付的本职工作之外的任务所作出的发明创造，如在退职后 1 年内作出的，与其在原单位承担的本职工作或者原单位分配的任务有关的发明创造，均视为职务发明。但是，其中关于是否是"退职后 1 年内作出"的发明，以及能否得出具体的解决方案，还有发明是否已经完成，对于这些问题在解释上存在分歧。

中国《专利法实施细则》第 12 条第 1 款规定："执行本单位的任务所完成的

---

① 大法院 1991 年 12 月 27 日宣告 91Hu1113 判决。该判决中使用了"业务"而非"职务"的用语，是因为这是 1990 年 1 月 13 日法律第 4207 号修正前依照旧法作出的判决。修改前，旧韩国特许法第 17 条第 1 款关于职务发明规定了"被雇佣者、法人的人员或公务员（以下称为"被雇佣者等"）与其职务相关的发明性质上属于雇主、法人或者履行职务的人（以下称为"雇主等"）的业务范围，使得该发明完成的形式属于被雇佣者等现在或过去的业务。"

② 윤선희，「특허법제 3 판」，법문사，295 면；이희기，"職務發明에대한小考"，「特許訴訟研究제 3 집」，특허법원，116 면；한국특허법학회편，「특허판례연구개정판」，박영사，2012，第 941 页。

职务发明创造是指以下发明", 其中一项是"退职、调离原单位后或者劳动、人事关系终止后 1 年内作出的", 因此将"退职后 1 年内作出的"解释为"退职后 1 年内完成了发明"更为妥当。该条文在司法实践中发生分歧的可能性很小, 但在职务发明的纷争中, 有人主张"在离开原单位 1 年后完成的发明不属于职务发明"①。

当发明的完成日无法确定时, 一般将专利申请日推定为发明的完成日。在专利申请日是 2001 年 12 月 7 日, 前职员的退职日期为 2000 年 11 月 14 日的案件中, 中国法院认为"从被告的退职日开始到专利申请日为止已经超过了一年, 原告无法提出证据证明被告在退职后一年内仍然在原告单位继续从事和本职工作相关的业务, 因此法院驳回原告的诉讼请求②。也就是说, 专利申请日在退职 1 年之后时, 如果不能提出充分的证据积极证明的话, 那么将不被认定为职务发明。

总而言之, 从雇员的角度来看, 即使是退职后完成的发明只要在 1 年之内就有可能成为职务发明; 从雇主的角度来说, 给雇员交付本职工作以外的任务时一定要依据相关文件进行交付, 避免日后对于职务发明的成立与否产生分歧。中国法院在职员退职后 1 年内因获得申请的专利权向原单位提起的诉讼中, 以原单位未能举证分配了与专利相关的业务为由驳回了原单位主张该发明为职务发明的诉讼请求③。

（2）主要利用单位的物质技术条件完成的发明。根据《专利法实施细则》的规定, "单位的物质技术条件"是指本单位的资金、设备、零部件、原材料或者不对外公开的技术资料等（《专利法实施细则》第 12 条）④。专利法实施细则的规定采用了举例的方式, 但是实务中并不局限于《专利法实施细则》规定的内容。单位对发明的技术方案的形成做了实际的贡献, 或是提供了经济条件, 都可能属于提供物质技术条件的情况⑤。

即使是利用单位的物质技术条件完成的发明, 如果不是"主要"利用的话, 原则上仍然不属于职务发明。但是对于"主要"利用的判断存在问题。中国《专利法》和《专利法实施细则》对此都没有规定具体的判断标准。根据《最高人民法院关于审理技术合同纠纷案件适用法律若干问题的解释》⑥第 4 条的规定, "主

---

① 上海市第二中级人民法院,（2004）沪二中民五（知）初字第 117 号。

② 北京市第一中级人民法院,（2005）一中民初字第 628 号。

③ （2006）奥高法民三终字第 74 号, 2006 年 7 月 31 日。

④ 1984 年专利法制定当时规定了"物质条件", 2000 年专利法修改时将其修改为"物质技术条件"。因为对于发明的完成而言, 比起单位的资金、设备、零部件、原材料等有形的条件, 技术情报等无形的技术条件更为重要。

⑤ 北京市第一中级人民法院（2005）一中民初字第 1221 号。

⑥ 《最高人民法院关于审理技术合同纠纷案件适用法律若干问题的解释》（2004 年 11 月 30 日最高人民法院审判委员会第 1335 次会议通过法释〔2004〕20 号）。

要利用法人或者其他组织的物质技术条件"，包括职工在技术成果的研究开发过程中，全部或者大部分利用法人或者其他组织的资金、设备、器材或者原材料等物质条件，并且这些物质条件对形成该技术成果具有实质性的影响；还包括该技术成果实质性内容是在法人或者其他组织尚未公开的技术成果、阶段性技术成果基础上完成的情形。因此当该要件实际发生纠纷时，由于必须要依据法院的判断来决定，其中就蕴含着发生纠纷的可能性。法院一般将"使用的物质技术条件必须是发明完成所必须的，并且缺少了该物质技术条件时无法完成该发明"作为判断的标准[①]。

但中国《专利法》在 2000 年修改时将原第 6 条第 3 款删除，新的第 6 条第 3 款规定对于利用单位物质技术条件完成的发明，单位和发明人可以通过合同约定权利的归属。依照修改后的第 6 条第 3 款，利用本单位的物质技术条件所完成的发明创造，单位与发明人或设计人对申请专利的权利和专利权的归属作出约定的，从其约定。也就是说，虽然利用了单位的物质技术条件但没有达到"主要"利用时，事前与雇员达成协议，可依据该协议视为职务发明。因此为了防止发生类似的纠纷，在公司职务发明中规定"利用单位物质技术条件完成发明，与是否主要利用了单位物质技术条件的发明无关，仍视为职务发明，公司能够取得该发明的专利权"是非常有意义的。

2. 职务发明的权利归属

（1）雇主主义原则。职务发明的专利申请权属于单位；申请被批准后，该单位成为专利权人（《专利法》第 6 条第 1 款）。与韩国专利权的取得在发明完成时原始地归属于发明人不同，中国对于职务发明采用的是雇主主义。因此当雇主和雇员间没有特别约定时，在韩国作为发明人的雇员享有取得专利的权利，相反在中国是由雇主享有取得专利的权利。对于职务发明以外的发明，发明人享有申请专利的权利，发明获得专利权后该发明人就成为了专利权人。但对发明人或者设计人的非职务发明创造专利申请，任何单位或者个人不得压制（《专利法》第 7 条）[②]。

（2）发明人的名誉权和优先权。依照中国《专利法》，发明人或者设计人有

---

① 佛山市三水毅品电器配件有限公司因与陈志豪专利权属纠纷一案，（2006）粤高法民三终字第 77 号。吴应多与浙江乐吉化工股份有限公司专利权属纠纷上诉案，浙江省高级人民法院，（2001）浙经三终字第 99 号。

② 在中国专利审查程序中一般不审查申请书上记载的申请人的资格。申请人为个人时，对于非职务发明享有申请专利的权利，根据专利申请的内容只有对申请人资格存在明显的疑问时，才需要申请人的所属单位开具非职务发明证明。申请人为单位时，单位对于职务发明享有专利申请权。

权在专利文件中写明自己是发明人或者设计人（《专利法》第 17 条）。发明人是指对技术成果单独或者共同作出创造性贡献的人，单纯地提供资金、设备、材料、试验条件，进行组织管理，协助绘制图纸、整理资料、翻译文献等人员，不属于完成技术成果的个人（《最高人民法院关于审理技术合同纠纷案件适用法律若干问题的解释》第 6 条）[1]。另外依照《合同法》[2]，完成技术成果的个人享有在有关技术成果文件上写明自己是技术成果完成者的权利和取得荣誉证书、奖励的权利（《合同法》第 328 条）。因此即使职务发明专利的申请权属于雇主，发明人在专利申请时和获得专利后仍然享有写明自己是发明人的权利。另外，雇主针对职务技术成果签订技术合同时，法人或者其他组织应当从使用和转让该项职务技术成果所取得的收益中提取一定比例，对完成该项职务技术成果的个人给予奖励或者报酬。法人或者其他组织订立技术合同转让职务技术成果时，职务技术成果的完成人享有以同等条件优先受让的权利（《合同法》第 326 条）。

（3）委托发明的情况。委托开发完成的发明创造，除当事人另有约定之外，申请专利的权利属于研究开发人（《专利法》第 8 条，《合同法》第 339 条）。研究开发人取得专利权的，委托人可以免费实施该专利。研究开发人转让专利申请权的，委托人享有以同等条件优先受让的权利（《合同法》第 339 条）。当事人无另行约定时，与职务发明的专利申请权属于雇主不同，委托发明的专利申请权属于发明人。因此当事人间是依据雇佣合同的职务发明还是依据委托关系的委托发明，对权利的归属有着重大的意义。《专利法》第 16 条所称本单位，包括临时工作单位（《专利法实施细则》第 12 条），因此不能依据工作年限的长短而判断是否是职务发明。

（4）共同发明的情况。合作开发完成的发明创造，除当事人另有约定之外，申请专利的权利属于合作开发的当事人共有；合作开发的专利申请需要得到共有人的全体同意（《专利法》第 8 条，《合同法》第 340 条第 3 款）。共有人一方将自己的专利申请权转让时应当取得全体共有人的同意（《专利法》第 15 条第 2 款）。当事人一方转让其共有的专利申请权的，其他各方享有以同等条件优先受让的权利（《合同法》第 340 条第 1 款）。共同发明人属于同一单位时，专利申请权属于该单位，因此并不会发生专利权的共有问题，但共同发明人隶属于不同单位或是与其他个人共同完成职务发明时，就会产生专利权的共有问题。此时，该共同发明人所在单位享有发明人在该发明中所贡献的比例，是相对合理的解释。

---

① 《最高人民法院关于审理技术合同纠纷案件适用法律若干问题的解释》（2004 年 11 月 30 日最高人民法院审判委员会第 1335 次会议通过法释〔2004〕20 号）。

② 《中华人民共和国合同法》（1999 年 3 月 15 日第九届全国人民代表大会第二次会议通过）。

　　与韩国相同的是，中国同样规定了当共有人间有约定时，从其约定。无约定时，没有其他共有人的同意，共有人也可以实施该发明；共有人一方转让自己的所有权时需要取得全体共有人的同意，这也与韩国的规定相同（《专利法》第 15 条第 2 款）。但许可他人实施该专利时，与韩国无论是普通实施许可还是专用实施许可都需要其他共有人的同意不同，在中国以普通许可方式许可他人实施该专利时可以单独授权，不需要取得其他共有人的同意（《专利法》第 15 条第 1 款）①。

　　（三）职务发明的奖励和报酬

　　1. 职务发明的奖励

　　为了积极地鼓励发明创造活动，中国在职务发明中分别设立了"奖励"和"报酬"制度。中国《专利法》第 16 条规定了"奖励"和"报酬"的基本原则，《专利法实施细则》第 76 条至第 78 条规定了具体的实施方法。

　　中国《专利法》第 16 条具有两方面的意义。一方面，职务发明获得专利权后无论该发明是否实施，单位都必须向发明人或设计人支付奖励，另一方面，发明创造专利实施后，应当根据其推广应用的范围和取得的经济效益，对发明人或设计人给予合理的报酬。对于给发明人和设计人的奖励是否必须为金钱存在争议，但中国《专利法》第 16 条并没有采用"奖金"，而是采用"奖励"的用语。另外，从《专利法实施细则》第 77 条中雇主未与发明人、设计人约定，也未在其依法制定的规章制度中约定《专利法》第 16 条规定的奖励方式和最低奖金来看，奖励并不局限于金钱形式，也可以通过其他多样化的方法进行奖励。

　　2. 报酬标准的法定化

　　与韩国《发明振兴法》存在职务发明补偿规定相类似，中国也是以当事人之间的协议作为补偿原则。《专利法实施细则》第 76 条规定，被授予专利权的单位可以与发明人、设计人约定或者在其依法制定的规章制度中约定《专利法》第 16 条规定的奖励、报酬的方式和数额。《专利法实施细则》第 76 条规定的单位和发明人之间的约定不仅指事前的劳动合同，还包括发明完成后单位和发明人间达成的约定，并且单位的规章制度也包含在内，但是该规定必须依法制定②。与韩国不同

---

　　① 中国旧《专利法》中没有规定取得专利的权利和专利权的共有，因忽视了作为知识产权的专利权的特性与现实不相符而受到了批判（정덕배，"제 3 차중국특허법개정에따른우리기업의 대응방안"，지식재산 21，2010 年 4 月，第 166 页）。中国在《专利法》第三次修改时增加了权利共有部分的规定。

　　② 国家知识产权局法条司："关于职务发明创造奖酬制度的完善"，载《电子知识产权》2010 年第 4 期，第 43 页。

的是，当事人之间不存在约定并且雇主也没有规定职务发明的奖励方式和数额时，中国的雇主必须在一定期限内向发明人依法支付奖励和报酬。

（1）依照权利化获得的报酬。当单位和发明人无约定，且单位依法制定的规章制度里也没有奖励的方式和数额时，单位必须在专利权公告日起 3 个月内向发明人或设计人支付奖金。中国《专利法实施细则》中规定，一项发明专利的奖金最低不少于 3000 元；一项实用新型专利或者外观设计专利的奖金最低不少于 1000元（《专利法实施细则》第 77 条第 1 款）。

由于发明人或者设计人的建议被其所属单位采纳而完成的发明创造，被授予专利权的单位应当从优发放奖金（《专利法实施细则》第 77 条第 2 款）。这是因为如果发明人或设计人不仅完成了发明，还对该发明起到了主导的建议作用，这时与单纯地听从单位指示完成发明相比具有更大的贡献。

（2）依据实施费收入的报酬。被授予专利权的单位未与发明人、设计人约定，也未在其依法制定的规章制度中约定《专利法》第 16 条规定的报酬的方式和数额的，在专利权有效期限内，实施发明创造专利后，每年应当从实施该项发明或者实用新型专利的营业利润中提取不低于 2% 或者从实施该项外观设计专利的营业利润中提取不低于 0.2%，作为报酬给予发明人或者设计人，或者参照上述比例，给予发明人或者设计人一次性报酬；被授予专利权的单位许可其他单位或者个人实施其专利的，应当从收取的使用费中提取不低于 10%，作为报酬给予发明人或者设计人（《专利法实施细则》第 78 条）。

（3）当事人间的约定和法定报酬。中国《专利法》以当事人间的意思自治为原则，如果当事人之间存在约定，那么该约定优先于《专利法实施细则》第 77 条和第 78 条，但该约定必须是合理的。因此即使存在约定，但约定不合理的话，发明人和设计人有权依照法律提起诉讼[①]。问题在于由于"合理"是一个抽象的概念，因此单位和发明人围绕报酬的合理性可能存在分歧。现行中国《专利法》上存在的问题，与韩国旧《专利法》上的"正当"报酬是类似的[②]。韩国在 2006 年专利法修正时删除了该规定，在《发明振兴法》中[③]规定对于职务发明的报酬，存在合同或者相关规定时依照该规定合乎程序的支付则视为给予了正当的报酬；若不存

---

① 国家知识产权局法条司："关于职务发明创造奖酬制度的完善"，载《电子知识产权》2010年第 4 期，第 43 页。

② 2006 年 3 月 3 日修改前的旧《专利法》中关于职务发明报酬规定了"雇员对于职务发明有取得专利的权利，或依照合同或公司规章制度给予雇主职务发明的专利权，或设有独占实施权时有取得正当报酬的权利（第 40 条第 1 款）。报酬的数额取决于雇主据此获得的利益和雇主与雇员对于发明的完成各自贡献的程度（第 40 条第 2 款）"，因此关于"正当"报酬存在分歧。

③ 2006 年 9 月 4 日施行，法律第 7869 号，2006 年 3 月 3 日部分修改。

在合同或相关规定时，依照雇主据此取得的利益和雇主与雇员各自贡献的程度来决定报酬的额度。

同时2013年《发明振兴法》修改时[①]增加了相关条款，即使程序上合乎正当性，雇主如果未能考虑到雇主和雇员各自在发明完成上所贡献的程度而支付报酬额的，也不能被视为支付了正当报酬（《发明振兴法》第15条第6款）。笔者认为中国的《专利法》可以借鉴以上韩国立法修改的经验。

3. 职务发明补偿规定的重要性

（1）过度的法定补偿额。中国采取的雇主主义原则使得雇主享有职务发明的专利申请权。当然获得专利权的雇主需要向发明人支付奖励，并且对于该发明的实施也要支付合理的报酬。此时根据法律规定，无论是雇主的规章规定，还是雇主与雇员间的约定，只要在当事人之间存在合理的约定而不按此支付时，则必须依照法定补偿进行支付。但是《专利法实施细则》中法定的最少奖金为3000元[②]。企业申请专利的理由多种多样，取得专利权的发明转为实用并取得实际利润也只是一部分，所以如果对于所有取得专利权的职务发明都必须支付3000元的话，从雇主的立场上来看，会有较大的负担[③]。

韩国规定发明人取得专利权时雇主仍享有无偿的普通实施许可。与此不同，中国规定了即使雇主取得专利权并自行实施时，对于实施报酬未约定时依法需要支付实施费。《专利法实施细则》规定"最少为实施专利取得的营业收益的2%"。另外，许可他人使用时至少向发明人或设计人支付"取得的实施费的10%"。这样的法定补偿对于雇主可能会是较大的负担。

（2）事后纠纷发生的可能性。《专利法实施细则》第78条规定了专利实施的报酬。虽仅限于该专利实际上取得的收益按照法定比例支付报酬，这看起来是十分简单的，但实际并非如此[④]。该规定是基于一个发明、一个产品、一个发明人的情形而设置的，但从一个产品中存在许多专利的现实来看，存在如何计算专利

---

① 2014年1月31日施行，法律第11960号，2013年7月30日部分修改。

② 2008年修正前的旧法中规定专利发明的奖金为2000元，修改后提高到3000元。

③ 随着中国经济的发展，居民生活水平逐步提高，该法定标准过低，因此有人主张要提高标准以满足发明人和设计人的合理诉求（정해명，「중국특허법상직무발명제도에관한연구 - 현행중국특허법을중심으로 -」，서울대학교석사학위논문，2013年8月，第83—84页），考虑到中国职务发明较低的实施率（5%，参照同论文，第96页），提高法定标准是现实并有意义的。

④ 由于没有明示具体的计算方法，因此在实务中存在分歧，实际上法院在审理职务发明报酬时仅仅指出最终报酬的数额而并不谈及具体的计算过程。例如判决会以"支付奖金20000元，报酬96000元"〔（2005）二中民初字第82号〕的形式作出。参照专利厅研究报告书，"为实现职务发明的正当报酬基于产业类别的实施报酬额计算方案的研究"，2013年12月，第74页。

实施获得的收益，技术交流合同如何处理，以及存在共同发明人时如何分配实施费的问题。

2010 年《专利法实施细则》修改时，大多数单位都主张第 78 条在实务中实施的可能性并不高。比如说，存在多数专利的产品中计算各自的贡献度是很困难的，其中一项专利所创造的营业利润也无法确认。考虑到这个问题，第 76 条允许雇主和发明人以及设计人就报酬的方式和数额进行约定[①]，但是仍然存在发生雇主和雇员事后纠纷的可能性。

（3）职务发明补偿规定的重要性。向发明人支付过高的法定补偿，或针对补偿金分配而产生的纠纷，事前明确规定职务发明补偿标准，这能够在一定程度上起到事先预防的作用。这是由于《专利法实施细则》规定当事人间没有约定时，适用法定补偿。但作为原则性规定，中国《专利法》第 16 条规定了"必须向发明人或设计人支付合理报酬"，所以当补偿金额明显过低时职务发明规定被视为无效。因此为事先防止因职务发明产生的纠纷，制定一个对雇主和雇员均较为合理的、关于报酬的公司内部职务发明补偿的规定是十分必要的[②]。

（四）中国职务发明相关规定的特征

1. 广泛的职务发明范围和法定补偿额

在执行任务中完成的发明，以及主要利用单位的物质技术条件完成的发明都属于职务发明。一定期间和条件下退职后的发明也会被视作职务发明，这一点与其他国家的职务发明相比具有范围更广的特点。雇主取得职务发明的专利申请权，同时雇员也能依法得到最低报酬，这也是特点之一。虽然有人批判法定补偿金会阻碍企业自律性，但也有人认为这是市场经济和社会主义的共存中国特色[③]。

2. 职务发明相关规定的散置

韩国在《发明振兴法》中关于职务发明的规定一目了然[④]。与此不同，中国关

---

① 정해명，同前论文，2013 年 8 月，第 86 页。

② 原告（设计人）在作为被告（单位）的负责人工作的期间，利用被告的物质技术条件完成了该设计并且以自己的名义申请专利取得了设计专利，针对此案法院认可了原告的设计人身份，原被告间没有关于本案设计的任何约定或受法律拘束的规章制度，法院依照《专利法实施细则》第 77 条判决被告向与原告支付相应的奖金，参见湖南省长沙市中级人民法院民事判决书（2011）长中民五初字第 0736 号。

③ 韩国特许厅研究报告书，"职务发明补偿企业确认制的引进方案和发明振兴法改善方案的研究"，2012 年 8 月，第 37 页。

④ 韩国为了促进科学技术革新、扩大职务发明的作用、促使职务发明的活性化、强化职务发明的报酬，于 2006 年从体系上对职务发明的报酬标准和程序进行了整顿。《发明振兴法》的修改（法律第 7869 号，2006 年 3 月 3 日部分修改，2006 年 9 月 4 日施行），《专利法》和《发明振兴法》规定的合并，使职务发明制度运营上出现的一部分不足之处得到了改善和补充。

于职务发明的规定都分散在各种法律中。《专利法》规定了职务发明的定义（《专利法》第 6 条）、职务发明合理的报酬（《专利法》第 16 条），《专利法实施细则》规定了具体的报酬方法（《专利法实施细则》第 76 条至第 78 条），《合同法》规定了共同研究开发成果的归属和职务发明的转让（《合同法》第 326、328、339、340 条）。除此之外，例如在《促进科技成果转化法》[①] 等法中也存在与职务发明相关的规定。笔者认为这是中国职务发明相关法律制度尚未成熟而导致的现象。

3. 政府的努力和知识产权环境的变化

中国的专利申请数量居世界第一位。虽然一部分专利的质量还不尽如人意，但数量上如此迅速的发展与 2005 年后中国政府对于知识产权重视的政策有非常大的关系。根据中国国家知识产权战略网[②] 统计，截至 2007 年，中国职务发明占专利申请总数的比重不到 50%。具体来说，从 1985 年 4 月至 2006 年 2 月中国职务发明只占专利申请总数的 36.9%。但自 2008 年职务发明占专利申请总数的比例超过了 50% 以后，职务发明的专利申请数在逐年增加[③]。

4.《职务发明条例（草案）》

中国最近对职务发明的关注逐渐增多，但与发达国家相比职务发明的申请率仍然处于较低水平[④]。中国专利局为了鼓励职务发明，在 2012 年草拟了《职务发明条例》[⑤] 并征求了意见，经过几轮的修改至今（2015 年 6 月）仍在征求意见阶段[⑥]。如果该条例（草案）通过，《专利法实施细则》也要随之改动。《职务发明条例（草案）》由 7 章共 44 条构成，主要内容如下。

第 1 章 "总则"。本章规定了立法宗旨、国际责任、发明和发明人的定义等内容。该条例所称的发明是指在中华人民共和国境内完成的，属于专利权[⑦]、植物新品种

---

① 《中华人民共和国促进科技成果转化法》（1996 年 5 月 15 日第八届全国人民代表大会常务委员会第十九次会议通过）。

② 中国国家知识产权战略网，http://www.nipso.cn/。

③ 2008 年（364386 件，占专利申请总数的 50.8%），2010 年（658570 件，占专利申请总数的 59.4%），2011 年（324224 件，占专利申请总数的 78%）。

④ 中国国家知识产权战略网分析职务发明申请率低迷的原因如下，并提出了职务发明的范围需要明确地规定出来和给予职务发明人合理报酬的建议：（1）职务发明的范围不够明确，频繁导致本来应该以职务发明申请的专利以非职务发明提出了申请，因此专利归的纠纷时常发生。（2）职务发明的收益由雇主进行支配，而发明人却没有得到合理的报酬。

⑤ 该条例以明确发明人的权利救济措施，确保发明人的权利，鼓励职务发明的创造为目的而制定。

⑥ 该条例草案的详细内容以及制定过程和征集意见的内容可在以下网址查找，http://www.sipo.gov.cn/ztzl/ywzt/zwfmtlzl/，2015 年 6 月 8 日最终访问。

⑦ 中国的专利权与韩国专利权、实用新型专利权、设计外观专利权的总和是对等概念。

权、集成电路布图设计专有权或者技术秘密保护客体的智力创造成果。

第 2 章 "发明的权利归属"。本章规定了职务发明和非职务发明的定义以及权利的归属。特别是权利归属中规定了雇主和发明人的约定优先（约定优先原则）。

第 3 章 "发明的报告与申请知识产权"。本章规定了发明人的发明报告义务和雇主的答复义务，以及职务发明申请知识产权时雇主和发明人各自的义务。

第 4 章 "职务发明的奖励和报酬"。本章规定了单位给予奖励报酬的义务和奖励报酬金额的计算方法。单位就职务发明获得知识产权的，应当及时给予发明人奖励。单位转让、许可他人实施或者自行实施获得知识产权的职务发明的，应当根据该发明取得的经济效益、发明人的贡献程度等及时给予发明人合理的报酬。

单位未与发明人约定也未在其依法制定的规章制度中规定职务发明的奖励的，对获得发明专利权或者植物新品种权的职务发明，给予全体发明人的奖金总额最低不少于该单位在岗职工月平均工资的两倍；对获得其他知识产权的职务发明，给予全体发明人的奖金总额最低不少于该单位在岗职工的月平均工资。单位实施知识产权后，应当向涉及的所有知识产权的全体发明人支付按照规定方式中的任意一种报酬①。单位转让或者许可他人实施其知识产权后，应当从转让或者许可所得的净收入中提取不低于 20%，作为报酬给予发明人。单位应当在获得知识产权之日起三个月内发放奖金。转让或者许可他人实施职务发明的知识产权的，应当在许可费、转让费到账后三个月内支付报酬；单位自行实施职务发明且以现金形式逐年支付报酬的，应当在每个会计年度结束后三个月内支付报酬②。当事人间的合同优先，单位依法制定的规章制度③中的规定或与发明人间的约定可以规定奖励、报酬的程序、

---

① （1）在知识产权有效期限内，每年从实施发明专利权或者植物新品种权的营业利润中提取不低于 5%；实施其他知识产权的，从其营业利润中提取不低于 3%；

（2）在知识产权有效期限内，每年从实施发明专利权或者植物新品种权的销售收入中提取不低于 0.5%；实施其他知识产权的，从其销售收入中提取不低于 0.3%；

（3）在知识产权有效期限内，参照前两项计算的数额，根据发明人个人工资的合理倍数确定每年应提取的报酬数额；

（4）参照前两项计算的数额的合理倍数，确定一次性给予发明人报酬的数额。

上述报酬累计不超过实施该知识产权的累计营业利润的 50%。

② 与现行《专利法实施细则》规定的 "发明专利的奖金最低不少于 3000 元" 的定额制不同，《职务发明条例（草案）》考虑到地区、企业经济状况存在着巨大差异，规定了以所属单位平均工资为基准支付奖励报酬。与现行《专利法实施细则》的规定（实施该项发明或者实用新型专利的营业利润中提取不低于 2% 或者从实施该项外观设计专利的营业利润中提取不低于 0.2%，作为报酬给予发明人或者设计人；许可他人实施其专利的，应当从收取的使用费中提取不低于 10%，作为报酬给予发明人或者设计人）相比，报酬的数额整体上得到了提高。

③ 规章制度是指雇主制定的职务发明规定。

方式、额数等内容。只是该规章制度或约定必须明确发明人的权利以及救济程序，听取了职务发明人的意见，考虑到职务发明取得的经济利益以及发明人对发明的贡献程度等要素。

第 5 章 "促进职务发明的知识产权的运用与实施"。本章规定了国有企业等不实施职务发明时的处理、税收上的优惠政策、职务发明审查和制定评定标准政策时应当考虑职务发明制度的实施情况，以及为促进职务发明的实施运用国家基金等内容。

第 6 章 "监督检查与法律责任"。本章规定了监督管理部门对单位落实职务发明制度的情况进行监督，发明人的署名权、违反署名权的救济程序、权利归属纠纷的处理等内容。

第 7 章 "附则"。本章规定了单位与发明人就发明的权利归属或者奖励报酬可以进行约定的制度，并且可以将有关合同向所在地的知识产权主管部门备案，以及条例的施行时间等内容。

（五）结论

中国于 1984 年才第一次制定《专利法》[1]，相较其他国家，中国对知识产权保护的历史是极为短暂的。但是中国提倡 "科教兴国"[2]，并于 2005 年设立了国家知识产权战略制定委员会。自 2008 年制定了国家知识产权战略纲要以来，每年都在发布和实施国家知识产权战略促进计划。特别是 2012 年习近平政府执政以来，为了促进中国经济的发展，进一步强调了科学技术发展的重要性。在此背景下，中国在 2011 年首次成为专利申请国家中的第一名，此后继续保持着第一名的位置[3]。中国职务发明保护的历史与知识产权保护的历史相似，虽然发展时间较短，但是却在短时间内实现了对法律层面和制度层面的整备。中国职务发明制度最显著的特征是：（1）与雇主业务相关的发明较为广泛地被认定为职务发明；（2）职务发明的专利申请权属于雇主；（3）雇主和雇员间没有关于职务发明补偿的约定或不存在相关规章制度时，要依法支付法定补偿。

---

① 1985 年 4 月 1 日施行。

② 通过科学技术与教育使国家复兴的战略。

③ 据中国国家知识产权局（SIPO）统计，2013 年中国的专利申请为 825136 件，首次超过了 80 万件，这个数字是位居世界专利申请第四位的韩国专利申请数量的四倍左右。比起在数量方面的提高，在质量方面的增长是存在问题的。笔者所见过的中国知识产权专家们均称中国虽然是知识产权大国却不是知识产权强国。大部分的专利申请都属于实用新型专利等小技术而非核心技术。虽然现在如此，但是中国政府最近将专利权质量的提高上升到政策目标的高度，因此无法轻视中国知识产权的力量。

正如前述，过高的法定补偿金会给雇主造成负担而无法适用。当雇主和雇员间存在合理的报酬约定时，该约定优先适用。法定补偿规定是为了促使达成职务发明报酬约定而在制度上设置的措施，并且是当没有相关约定时的一种制裁规定。2008 年法定补偿规定的适用从国有企业扩大到其他企业，至今很难找到外国投资企业因为法定补偿规定而陷入困境的例子。但为了事前防止职务发明相关的纠纷，为了职务发明制度能够成为雇员开发优秀技术的动力，中国对雇员开展职务发明相关的教育，配置与法律相符的公司内的职务发明规定，实施适当的报酬以促使鼓励职务发明。这样的制度不会成为在中国活动的韩国企业发展的绊脚石，而会成为创造新技术动力的基石。

二、德国的《雇员发明法》

明知大学校　法科大学　教授　朴荣圭（박영규，Young-Gyu Park）

（一）职务发明制度的含义

与个人发明不同，职务发明需要雇主雇用雇员并为其提供研究所需的设备和机械，所以发明成果不能由雇员独自享有。另外，如果忽略雇员为了完成发明而付出的努力和天赋，将发明成果归雇主独有，则会导致雇员缺乏发明动力，不利于企业和产业的长远发展。所以有必要寻求一个适当的标准，既能引发雇主的投资欲望，又能激发雇员的创作动力。虽然两者利益的协调可以通过双方自由签订的"雇佣合同"来实现，但韩国考虑到产业发展的公益性，制定了《专利法》或《发明振兴法》，德国制定了《特许法》或《雇员发明法》等相关法律（Gesetz über Ar-beitnehmererfindungen，以下简称《雇员发明法》），详细规定了职务发明有关事项，从而实现雇主和雇员之间利益的协调。总之，职务发明制度以激励国家研发活动、增加研发投入为目标，具有一定的产业政策性，是协调雇主与雇员之间利益的一种手段。

（二）德国《雇员发明法》的目的及概要

发明相关的权利最初由发明人取得，[①]但职务发明由《雇员发明法》另行规定。1957 年 7 月 25 日，德国出台了《雇员发明法》，其目的是为了协调雇员与雇主在发明及技术完善等方面的利益，提高雇员的发明意识。该法第 22 条规定，本法有规定的，雇主不得在雇佣合同中等作出不利于雇员的变更，但可以在职务发明（自

---

① 德国《专利法》第 6 条。

由发明及技术性改进）后，经过登记与通知进行变更。该法在出台后曾历经多次修改，但最近最值得注意的两次修改分别是在 2002 年 1 月 18 日和 2009 年 7 月 31 日完成的两次修改。2002 年的修改借鉴了美国的经验，规定由联邦政府投资支持的研发结果可由高校取得专利权，[①] 目的是通过高校自身或第三人实现高校科研成果的有效利用和商业化。[②] 2009 年的修改则删除了限制性的转让请求，同时将修订前"符合条件的登记送达至公司后 4 个月内，如果雇主未作出转让请求的意思表示，则该发明可被认定为自由发明"变更为"即使雇主 4 个月内未作出转让请求的意思表示，与职务发明相关的一切权利仍被转让给雇主（第 6 条第 2 款）"。因此，雇主是否明确作出转让请求的意思表示（第 6 条第 1 款）；或者即使雇主在收到符合条件的申报后 4 个月内仍未作出转让请求的意思表示，即雇主的沉默行为是否可以达到与作出转让请求同样的结果（第 6 条第 2 款）；又或者雇主明确表示放弃转让请求能否就此认定该发明为自由发明等，完全由雇主自由决定（第 8 条）。

（三）雇员发明

1. 权利归属

根据《雇员发明法》第 4 条第 2 款，所谓职务发明（Diensterfindungen）是指，在雇佣合同期间完成的发明，但应符合以下条件：第一，该发明是企业或者公共机关赋予雇员或公务员的任务；第二，该发明主要来源于企业或者公共机关的业务或经验。

---

① 在美国，对于发明的权利原则上属于发明人。但是，对于雇员的发明的权利归属有例外的规定，1980 年 12 月 12 日生效的《拜杜法案》（The Bayh-Dole Act of 1980）（35 U.S.C 200-212）就作出了这样的规定。该法制定以前，以从联邦政府获得资金支持的研究开发的结果而作出的发明，联邦政府取得专利权，只认定发明人享有普通实施许可。但是，联邦政府在取得专利权所有权时，专利权的管理低效而且也很难商业化，同时为了商业化需要稳定的实验和设备投资以及市场开拓等方面的投资，但是由于赋予专利权，导致民间企业并不会进行这方面的投资（Council on Government Relations, The Bayh-Dole Act-a Guide to the Law and Implementing Regulations, Sept. 1999, http: //www.ucop.edu/ ott/faculty/bayh.html; 参见: 정상조, "대학교수의 특허권 – 자유발명인가 직무발명인가? "-, 법조 통권 524 호 (2000.5), 83, 88, 89 쪽）。在 1980 年修订法时，接受联邦政府支援在大学完成的发明，原则上由实施该研究的大学取得专利权，大学负责专利发明的商业化；另外，联邦政府取得无偿的普通实施许可，确立了大学取得专利权的制度。并且，《修订法》规定，支付研究费用的联邦政府，对开发的专利发明，如果认为有必要进行保健、安全或者保护其他公共利益的，有权要求该大学或者专利权受让人或者专用实施许可人向第三人赋予实施许可，如果专利权人或者专用实施许可人对该实施许可予以拒绝的，联邦政府可以授予申请人实施许可（35 U.S.C. 203）。

② BT-Dr 14/5975 (2001.5.9), S. 5; von Falck/Schmaltz, Hochschulerfindungen: Zuordnung und Vergütung in Deutschland, den Niederlandenk, Frankreich, Großbritannien, den USA und Japan, GRUR 2004, S. 469.

除上述规定的发明外，其他发明均属于自由发明。但《雇员发明法》第 18 条第 1 款规定，雇员在雇佣合同期间从事自由发明的，应及时将此事实告知使用者。此时，雇员应当提供与发明有关的资料，以及在判断是否属于自由发明的过程中雇主需要其提供的材料。同时，根据《雇员发明法》第 19 条，即使该自由发明在通知时属于企业现有或已经计划在内的业务范围，雇员在雇佣合同期间以其他形式使用自身的自由发明时，应首先确保公司享有一定条件下的普通实施许可。该普通实施许可与《雇员发明法》第 18 条规定的通知同时生效。

雇员完成职务发明时，应当立即将与职务发明有关的技术难题、解决对策及发明过程等内容通知给公司（第 5 条第 1 款、第 2 款）。如果通知不符合上述要件，而雇主又未在 2 个月内要求雇员予以补充，则视为该通知符合条件（第 5 条第 3 款）。但有学者批判，2 个月的时间太短，对雇主和雇员来说都不利。而且，由于职务发明和自由发明的区分标准（第 4 条第 2 款）模糊不明，容易引发权利归属纠纷。

2. 补偿

雇主在向雇员提出转让请求时，雇员可以直接向其提出相应的补偿请求（第 9 条第 1 款）。在计算补偿金额时，重点应当考虑职务发明的商业价值、雇员的职务、职位以及雇主对该发明的贡献程度等因素（第 9 条第 2 款）。须指出的是，在德国，联邦劳动部长官在听取雇主代表中央机关和雇员代表中央机关的意见后，可以公布有关的"补偿金计算指南"（第 11 条）。补偿的方法和金额原则上由雇主和雇员在转让请求作出后的合理期限内协商确定（第 12 条第 1 款），不同雇员的补偿金应当分别计算（第 12 条第 2 款）。如果未能在合理期限内协商确定补偿方法和金额的，由雇主向雇员发出附理由的确认书确定补偿金额，雇主应按照确认书确定的金额向雇员支付补偿金；雇员对上述补偿金额不同意的，可以在 2 个月内以书面形式提出异议（第 12 条第 4 款）。

根据德国联邦劳动部长官公布的指南，补偿金额为发明价值乘以贡献度（补偿金额 = 发明价值 × 贡献度）。发明价值（商业性使用可能性）是计算补偿金额应考虑的第一要素，可以通过收取的实施费用、雇主的实际使用、统计预测等方法计算得出；如果该发明已被许可由他人实际实施，则发明的商业价值应根据收取的实施费除去所有必要费用来决定。而贡献度，则可以通过课题的设定、课题的解决、雇员的职位等计算得出。但有学者认为，这种计算方法过于复杂，其中有许多不确定的因素，补偿金额的尺度应当是实际的实施效益而非经济上的实施可能性。

3. 雇主作出承继通知前雇员的专利申请行为

韩国与德国一样，在发明权利归属方面采用雇员主义（或者发明人主义），[①]

---

① 韩国《特许法》第 33 条。

雇主需要通过在协议或者工作规定等中事先约定，才能承继相关权利。[①] 在韩国，使用者可以依据协议或者工作规定等承继职务发明的专利权，即使发明在雇主提出专利申请前被公开，雇主仍是正当的承继人，进而仍可被认定为未公开的发明。同时，根据韩国法律规定，在存在预约承继约定（协议或工作规定）的情况下，雇员在职务发明完成时应当立即通知雇主，[②] 雇主在收到该通知后应当在 4 个月内将是否承继的意思表示以书面形式告知雇员。[③] 与发明相关的权利在雇主将承继的意思表示通知雇员时由雇主取得。[④] 所以，这样就会产生一个问题，即如果雇员在雇主作出通知之前，就该发明申请专利应属于正当的专利申请，即便雇主与雇员事先有承继约定，仍不能因此成为权利人。[⑤] 也就是说，在雇主作出受让的通知前，根据韩国现行法律规定，与发明相关的权利并未过渡到雇主，所以，雇员仍然可以自己的名义提出专利申请，而并非法律上的无权利人。

针对这一问题，德国《雇员发明法》第 7 条第 2 款规定，雇员在雇主行使转让请求权之前对发明进行处分的，构成对雇主权利的侵害，处分行为对于雇主无效。本条规定的处分行为是指转让、放弃、实施许可等影响发明财产权的行为，[⑥] 雇主在转让请求的意思表示到达雇员的同时取得职务发明相关的一切权利（第 7 条第 1 款）。至于善意第三人，由于德国《雇员发明法》中没有类似德国《民法典》第 135 条第 2 款[⑦] 的规定，因此其权利无法得到保障。而且在一定情况下，雇主还可以向雇员主张因不履行债务产生的损害赔偿。[⑧] 韩国《发明振兴法》中并没有类似

---

① 在韩国，关于大学发明在内的职务发明制度，可参见정차호，"2006 년 개정 직무발명제도의제 문제점 및 재개정방안，"「창작과 권리」제 48 호（2007 년 가을호），2 쪽；구대환，"직무발명의 귀속과 보상 – 한국과 미국을 중심으로 –，"「서울대학교 법학」제 46 권 제 3 호，159 쪽；박영규，"대학발명의 권리귀속과 보상，"「명지법학」제 6 호（2007.1），43 쪽；정상조，"대학교수의 특허권 – 자유발명인가 직무발명인가？"–，「법조」통권 524 호（2000.5），83 쪽；김선정，"교수의 발명을 활성화하기 위한 대학의 역할과 법적 과제，"「지적소유권법연구」제 4 집（2000.6），한국지적소유권 학회，246 쪽。

② 韩国《发明振兴法》第 12 条。

③ 韩国《发明振兴法》第 13 条第 1 款。

④ 韩国《发明振兴法》第 13 条第 2 款。

⑤ 정차호，앞의 논문，2，16 쪽．

⑥ Bartenback/Volz, Arbeitnehmererfindergesetz, 4.Aufl. Carl Heymanns Verlag, 2002，§ 7 Rdn. 61.

⑦ 德国《民法典》第 135 条（法律上的转让禁止）：

（1）某标的物的处分违反了以保护特定人为目的的法律上的转让禁止，则该处分行为对该特定人无效（强制执行或羁押等处分也可视为该法律处分行为）。

（2）上述规定适用于从无权利人处取得权利的第三人。

⑧ Bartenback/Volz, a.a.O. § 7 Rdn. 62, 65.

规定，笔者认为，德国的上述规定值得韩国借鉴。

（四）大学发明

1. 2002 年法律修订前后的差异

在 2002 年《雇员发明法》修订前，高等教育机构的教授、讲师及研究助教等人员在职期间完成的发明属于自由发明，并不适用《雇员发明法》第 40 条、第 41 条规定的公务员发明规定。[①] 因此，也不存在通知义务（第 18 条），发明材料提供义务（第 19 条）等（旧法第 42 条第 1 款）。但如果雇主对发明的创造工作提供了特别资源支持，大学教授等在使用该发明时，应当书面通知雇主，并根据雇主的要求说明其用途和利益限度。雇主在收到该通知后 3 个月内，可对发明收益主张适当的份额，但该份额不得超过雇主支出的费用（旧法第 42 条第 2 款）。但 2002 年 2 月 7 日，德国删除了"大学教授特权"的有关规定，大学教授等的发明与其他雇员的发明适用统一规定。因此，根据 2002 年修订的《雇员发明法》，大学教授等能否取得发明有关的权利将取决于是职务发明还是自由发明。

2. 权利归属

根据 2002 年修订的《雇员发明法》第 42 条，大学教授等的发明适用一般雇员发明，与其他雇员发明一样，会有登记义务（第 5 条），申报后 4 个月内，雇主可以主张受让该发明（第 6 条）。一般来讲，大学教授等的发明如果属于职务发明的，则权利归属于大学；如果属于自由发明的，则权利归属于教授本人。根据《雇员发明法》第 4 条第 2 款，职务发明为雇佣关系进行中完成的发明，是指工作单位赋予雇员相关业务而完成，或是指雇员根据工作业务或工作经验完成的发明。其余的发明，如在业余活动或私人领域完成的发明为自由发明；属于自由发明的，则受第 18 条、第 19 条规定的通知义务和事先提供义务等的限制。[②]

一项自由发明，不管其是否属于职务发明，都可能依据雇主的意思表示等事由，在法律上被认定为自由发明。如果自由发明本身就不属于职务发明，则只能适用《雇员发明法》第 4 条第 3 款判断。而对于大学内的发明如何区分是职务发明还是自由发明，以及对于有第三人支援的发明如何区分是职务发明还是自由发明，韩国法律并没有规定明确的标准。[③] 如果自由发明本应成为职务发明，但由于通知义务和

---

① 学生不适用《雇员发明法》，Ballhaus, Rechtliche Bindungen bei Erfindungen von Universitäts-angehörigen, GRUR 1984, S. 1；Wimmer, Die wirtschaftliche Verwertung von Doktorandenerfindungen, GRUR 1961, S. 449；Busse/Keukenschrijver, Patentgesetz und Gebrauchsmustergesetz, Komm., 5.Aufl. 1999, § 42 ArbEG, Rdnr. 5。

② 在此应当注意区分自由发明行为和成为自由发明的情形。自由发明行为应当根据第 18 条和第 19 条履行相应的义务，而成为自由发明的情形则不存在上述义务。

③ BT–Dr 14/5975（2001. 5. 9）；BT–Dr 583/01（2001. 8. 17）.

提供义务被消灭，雇员可以不必经过雇主同意将实施权许可给他人（包含雇主的竞争公司）使用以获取利益。

3. 补偿及其他

《雇员发明法》第 42 条第 1 款规定，"在大学工作的发明人将发明完成的事实通知雇主后，有权在 2 个月内将发明在自身教学及研究成果范围内予以公开"[①]，属于学术自由，可以积极公开。[②] 本规定是为了防止大学教授的公开权利与大学的专利申请权相冲突。[③] 因为，《欧洲专利条约》及德国《专利法》对丧失新颖性的例外规定是十分有限的，如果在专利申请提出前，发明被公开，则该发明就丧失了新颖性，申请人就无法取得专利权。[④] 这一规定，对于大学教授来讲，其自由公开的权利受到 2 个月的限制；而对于大学来讲，则可以在这 2 个月的时间

---

① 对于公开的概念参见：Rogge, Gedanken zum Neuheitsbegriff nach geltendem Patentrecht, GRUR 1996, S. 931。

② 参见：Leuze, Kritische Anmerkungen zu § 42ArbEG, GRUR 2005, S. 27。

③ 大学教授享有的学术自由除创造性思想，还包括其学术活动中必要的研究成果公开与发布及整理活动，国家或大学干涉教授的研究活动的行为是侵害其学术自由的行为。参见：Frieling, Forshungstransfer: Wem gehören universitäre Forshungsergebnisse？, GRUR 1987, S. 408。

④ 历史上，有关新颖性议题和国际统一化最初的努力为 1934 年 6 月 2 日的伦敦《巴黎公约》修正会议。在 1934 年伦敦《巴黎公约》修正会议上意大利建议将新颖性议题商讨期限规定为 12 个月，新西兰建议将其规定为 6 个月，并在《巴黎公约》第 4 条 J 增加新规定，得到了美国、英国等国家的同意，但因其他成员国的反对未能实现。参见：Utescher, Zur Londoner Konferenz, GRUR 1934, S. 146, 149, 154；Klauer, Die Ergebnisse der Londoner Konferenz, GRUR 1934, S. 387, 390；并且，类似新颖性议题国际统一化也曾在 1958 年里斯本《巴黎公约》修正会议提出，但因比利时、法国、瑞士及在 1934 年建议过同一事项的意大利及新西兰的反对，同样没有成果。在此情况下，《斯特拉斯堡协议》（《欧洲专利条约》的基础）签订国家立足于防止发明人在国内外公开其发明的危险性，将新颖性议题的适用对象限定为发明的公开源于国际博览会出品（《巴黎公约》公认）或对申请人不利的、明显的滥用行为，受到了欧洲内许多人士的批判。Straus, Grace Period and the European and International Patent Law, ünchen 2001, S. 31；Beier/Straus, Gentechnologie und gewerblicher Rechtsschutz, FS 25 Jahre BPatG, Köln etc. 1986, S. 133, 156, 157；Loth, Bericht-Erste Sitzung des Sachverständigenausschusses der WIPO zur Neuheitsschonfrist vom 7. bis 11. Mai 1984 in Genf, GRUR Int. 1984, S. 507；v. Pechmann, Ist der Fortfall der Neuheitsschonfrist des § 2 Satz 2 PatG noch zeitgemä GRUR 1980, S. 436；Benkard, Patentgesetz-Gebrauchsmustergesetz, 9. Aufl. 1999, § 3 Rdn.94；V. Tetzner, Die personelle Voraussetzung der Neuheitsschonfrist, GRUR 1974, S. 121；BGH GRUR 1969, 271, 272 – Zugseilführung. 但是，各国家还是将《欧洲专利条约》第 55 条的新颖性议题的限制性规定国内立法化，德国也随着《欧洲专利条约》生效，将以前的规定删除（刊登、共享在申请 6 个月前进行，并且是源于其承继人，则不考虑新颖性问题，1968 德国《专利法》第 2 条第 2 款），现施行与《欧洲专利条约》同样的限制性规定（德国《专利法》第 3 条第 4 款）。

内提出专利申请将其权利化。① 这也就意味着，大学行使转让请求权的期间不会超过 2 个月。但 2 个月的时间是否合理，值得商榷。

《雇员发明法》第 42 条第 2 款规定，"如果发明人并非因教学及研究目的不想公开自身的发明，则不必向雇主通知发明完成的事实"，即大学教授享有消极的公开自由。也就是说，如果大学教授决定不公开自己的发明时，就不必履行《雇员发明法》第 5 条规定的相关义务。即使大学从其他途径得知上述事实仍无法行使转让请求权。② 并且，当大学教授想再公开时，则应适用第 42 条第 1 款，即应当通知雇主，通知后 2 个月内无法公开。但如果是共同发明，一部分发明人不想公开，而另一部分发明人想公开，就会产生纠纷。③ 对此，有学者认为，《雇员发明法》第 42 条第 2 款可以理解为对大学和大学教授间消极公开自由的规定，而其他共同发明人不必受此约束，除非内部另有约定，否则可以自由公开。④《雇员发明法》第 42 条第 3 款规定，"如果雇主行使转让请求权，则发明人可以在教学研究活动范围内使用发明，享有普通实施许可"。相比《专利法》规定的"为实验、研究目的使用"⑤，其范围有所扩展。也就是说，大学教授除了为实验、研究目的使用该发明外，还可以作为教学及研究的手段加以使用。⑥《雇员发明法》第 42 条第 4 款规定，"雇员使用发明时，补偿金额为雇员通过使用该发明而取得的利益的

---

① Bartenbach/Volz, a.a.O. § 42n.F. Rdnr. 60.

② Bartenbach/Volz, a.a.O. § 42n.F. Rdnr. 103.

③ Bartenbach/Volz, a.a.O. § 42n.F. Rdnr. 107.

④ Von Falck/Schmaltz, a.a.O. S. 469, 471.

⑤ 实验、研究目的的范围参见："연구 또는 시험을 하기 위한 특허발명 실시의 의미와 한계"，「산업재산권」제 31 호（2010. 4），1 쪽；조영선，연구·시험을 위한특허발명의 실시와 특허권의 효력，저스티스 제 116 호（2010. 4），41 쪽；이봉문，"특허법상 시험. 연구를 위한 실시 - 제네릭 의약품의 시장판매 허가를 위한 임상시험을 중심으로 -"，「지식재산논단」제 1 권 제 2 호（2004 년 12 월），한국발명진흥회 지식재산권연구센터，3 쪽；이봉문 / 임정훈，"특허권존속기간 연장등록제도가 제약 산업에 미치는 영향"，「창작과 권리」제 30 호（2003 년 봄호），2 쪽；김지영，"상업적 목적을 위한 시험. 연구 - 의약품 발명을 중심으로"，「창작과 권리」제 33 호（2003 년 겨울호），2 쪽；이귀동，"시험. 연구를 위한 특허발명의 실시와특허침해 - 의약 등의 허가를 위한 임상실험에 대한 제 외국의 사례를 중심으로 -"，「창작과권리」제 22 호（2001 년 봄호），2 쪽；欧洲的相关意见参见：Straus, Zur Zulässigkeit klinischer Untersuchungen am Gegenstand abhängiger Verbesserungserf indungen, GRUR 1993, S. 308, 310；Chrocziel, Zulassungshandlungen mit patentierten Arzneimittelerfindungen durch Zweitanmelder in der Bundesrepublik Deutschland und den USA, GRUR Int. 1984, S. 735；Eichmann, Produktionsvorbereitung und Versuche vor Schutzrechtsablauf, GRUR 1977, S. 304；A. Krieger, Das neue deutsche Patentrecht nach der Harmonisierung mit dem europäischenPatentrecht-eine Übersicht, GRUR Int. 1981, S. 273。

⑥ BT-Dr 14/5975（2001. 5. 9），S. 7；BT-Dr 583/01（2001. 8. 17），S. 10.

30%"。此处的"30%"应理解为扣除专利申请及维修费用后所得利益的30%。①

2000年修订法之前，大学教授与外部企业签订委托研究协议时，可以作出将获得专利的权利归属于企业或者大学教授本人的约定。②当然，如果约定将获得专利的权利归属于企业，根据该协议的约定，大学教授就应当承担向该企业转让可以申请专利的权利的义务，结果是该企业取得专利权。但是根据修订法，委托研究的履行人是大学教授，委托研究协议的签订人是大学，根据《雇员发明法》第22条规定，大学教授并不能在事前向雇主放弃申请专利的权利或者专利权。

（五）其他职务发明的准据法

在《欧洲专利条约》签署的过程中，关于雇员的发明，各会员国的立场存在显著差异，使得该条约中并未能包含雇员发明的统一规定，而是最终委任各会员国通过自己的法律规定雇员发明的事项。但是《欧盟专利条约》第60条第1款规定了雇员发明的准据法，该条规定"关于专利的权利属于发明人或者承继人所有。发明人是雇员时，关于专利的权利根据雇员主要工作地的国家的法律决定；如果不能确定雇员是在哪个特定国家工作时，由该雇员所属企业所开展营业的国家的法律决定"。根据该规定，对于雇员完成的发明的权利，优先由雇员主要工作地的国家的法律决定。并且，如果不能确定雇员主要是在哪个特定国家工作时，则应当根据该雇员所属企业所开展营业的国家的法律的规定，确定专利的权利。从此法律适用顺序来看，对于雇员完成的发明的权利，并不是属于该雇员所属企业，而是根据雇员实际工作的国家的法律优先予以决定，关于这一点，在《欧盟专利条约》缔结过程中，是优先考虑雇佣关系再决定准据法的③，这与《布鲁塞尔条约》第5条④规定的考虑实际雇佣关系再决定审判管辖的规定存在很大差异。

---

① BT-Dr 583/01（2001.8.17），S.10.

② 关于修订的《雇员发明法》对委托研究的影响，可以参见：Bartenbach/Hellebrand, Zur Abschaffung des Hochschullehrerprivilegs（§42 ArbEG）-Auswirkungen auf den Abschluss von Forschungsaufträgen, Mitt. 2002, S. 第165页。

③ Straus, Die international-privatrechtliche Beurteilung von Arbeitnehmererfindungen im europäischen Patentrecht, GRUR Int. 1984, S. 1, 5; Straus, Rechtsvergleichende Bemerkungen zum Begriff des Arbeitnehmererfinders, GRUR Int. 1984, S. 402, 404.

④ Brussels Convention on Jurisdiction and the Enforcement of Judgments in Civil and Commercial Matters 1968, Art. 5（1）.

三、美国的职务发明制度

首尔大学　医科大学教授　金基颖（김기영，Kim，Kiyoung）

（一）关于应优先归属于发明人的发明的权利

根据美国《专利法》，以职务发明为基础的可以取得专利的权利原则上归属于发明人（雇员）。发明应属于作出发明的人，此种推定即使是在发明的创意或者变得可以实施的情形下也不会改变。[①] 实际上，可以以发明人的名义申请的人也局限于创意发明的自然人，公司或者未对发明的创意作出贡献的人是不能登记成为共同发明人的。[②] 而且，发明人享有专利的申请权，只要关于发明的权利没有转让给第三人，登记的专利应当授予申请专利的发明人。[③] 该种制度的发展是起因于对"科学和有用技术的进步"作出贡献的人予以补偿的美国专利政策。[④]

获得联邦政府支援而作出的发明，适用《拜杜法》（The Bayh-Dole Act of 1980）[⑤]。《拜杜法》也规定了对于发明的首先权利属于发明人，因此发明的权源

---

① See 35 U.S.C. § 101（" [W] hoever invents or discovers an new and useful process，machine，manufacture，or composition of matter ... may obtain a patent therefor."）；see also Bd. Of Trs. of the Leland Stanford Junior Univ. v. Roche Molecular Sys.，131 S.Ct. 2188，2188（2011）（"Since 1790，the patent law has operated on the premise that rights in an invention belong to the inventor."）；see also Teets v. Chromalloy Gas Turbine Corp.，83 F.3d 403（Fed. Cir. 1996）（"Ownership springs from invention. The patent laws reward individuals for contributing to the progress of science and the useful arts. As part of that reward，an invention presumptively belongs to its creator .... Consistent with the presumption that the inventor owns his invention，an individual owns the patent rights even though the invention was conceived and/or reduced to practice during the course of employment."）.

② See Sewall v. Walters，21 F.3d 411，415（Fed. Cir. 1994），"Determining 'inventorship' is nothing more than determining who conceived the subject matter at issue，whether that subject matter is recited in a claim in an application or in a count in an interference."

③ 关于发明的权利(rights in an invention)，分为申请权和登记权. See 35 U.S.C. § 111(a)(1),(b)(1). 以2012年9月12日为起点，关于专利的所有权的规则发生了变化。在2012年9月16日之前，申请专利时，一般为对该专利以发明人的名义明示的人取得该专利的所有权。但是2012年9月12日以及之后申请的专利并不是当然归属于发明人，而是专利的申请人。See Manual of Patent Examining Procedure，§ 306.01（I）；see also 37 C.F.R. § 3.73（a）；see also 35 U.S.C. § 154（a）（1）。

④ See U.S. CONST. art. I，§ 8，cl 8. "The Congress shall have power ... [t] o promote the progress of science and useful arts，by securing for limited times to authors and inventors the exclusive right to their respective writings and discoveries ..."

⑤ The Patent and Trademark Law Amendments Act of 1980，Pub. L. No. 96-517，94 Stat. 3015，35 U.S.C. §§ 200-212.

优先属于发明人。^①因此，对于获得联邦政府支援而作出的发明，其权源原则上并不归属于与联邦政府签订研究协议的机构。^②但此规定有一个例外情形，即发明权优先权归属于联邦政府，例如，国家安保所需的有关核物质或者原子力的发明，其权源根据美国《原子力法》（Atomic Energy Act of 1954）^③和美国《航空宇宙法》（National Aeronautics and Space Act of 1958）^④规定，优先归属于美国联邦政府。^⑤

（二）关于雇员发明权利的转让

雇员制作的具有创意性的产品，雇主可能与其存在利害关系^⑥，美国法院根据合同自由原则对个人间自由地签订雇佣关系以及利用其中确定的多种权利可以进行交易一直是允许的^⑦。迄今为止，有关职务发明的归属与补偿相关的法律，在联邦层面还没有一部统一的法律，在美国《专利法》中，也没有职务发明的相关规定。

---

① See Stanford, 131 S.Ct. at 2194, "Our precedents confirm the general rule that rights in an invention belong to the inventor... ［W］e have recognized that unless there is an agreement to the contrary, an employer does not have rights in an invention 'which is the original conception of the employee alone.' ... The Bayh-Dole Act does not confer title to federally funded inventions on contractors or authorize contractors to unilaterally take title to those inventions ..."

② See generally Stanford, 131 S.Ct. 2188.

③ P. L. 83–703, 68 Stat. 944.

④ P. L. 85–568, 72 Stat. 426.

⑤ See id. "［W］ith respect to certain contracts dealing with nuclear material and atomic energy, Congress provided that title to such inventions 'shall be vested in, and be the property of, the ［Atomic Energy］ Commission.' Congress has also enacted laws requiring that title to certain inventions made pursuant to contracts with the National Aeronautics and Space Administration 'shall be the exclusive property of the United States, ' and that title to certain inventions under contracts with the Department of Energy 'shall vest in the United States.' "

⑥ See Teets, 83 F.3d 403, "［T］he law recognizes that employers may have an interest in the creative products of their employees." see also Parker A. Howell, Whose Invention Is It Anyway? Employee Invention-Assignments and Their Limits, WASH. J.L. TECH. & ARTS 79, 85（2012）, "Outside of patent law, employers generally own intellectual property stemming from employee creative output related to the employer's work ..." available at: http://digital.law.washington.edu/dspace-law/handle/1773.1/1169.

⑦ See 6 CHISUM, PATENTS: A TREATISE ON THE LAW OF PATENTABILITY, VALIDITY, AND INFRINGEMENT § 22.03（2）, at 22–24（1992）, "A basic policy of contract law is that persons should be able to structure consensual transactions as they see fit and obtain the benefit of any bargains reached. A likely assumption between parties to an employment relationship is that when inventive behavior is part of the agreed relationship, such behavior has always been fully compensated by waged." see also Teets, 83 F.3d 403, "［C］ontract law allows individuals to freely structure their transactions and employee relationships. An employee may thus freely consent by contract to assign all rights in inventive ideas to the employer."

正如前述的合同自由原则，主要是通过各州的普通法确定的规则以及雇员和雇主之间的合同相关事项，由相关州法律进行适当调节。

1. 基本规则（Default Rules）

关于雇员发明的所有权，如果在合同中没有明示的约定，该发明的所有权由根据各州的普通法确定的基本规则予以决定①。其结果是，根据雇员发明的性质不同，对其所有权归属可能得出不同的结论。②

（1）雇主—公司所有的发明（Firm–Owned Inventions）。即使没有通过协议明确约定转让，雇主—公司对"为发明"雇用的雇员（hired–to–invent employees）作出的"所有"发明以及为研究开发而雇用的雇员（general R&D employees）作出的"一部分"发明享有所有权。③这是因为可以判断为雇主和雇员之间通过雇佣合同默示地约定了对该种发明的所有权进行转让。

①为发明而雇用的雇员的发明（Employer–Specified Inventions；Specifically–Inventive Employment）。即使没有转让协议，为发明而雇用的雇员的发明属于雇主的公司所有④。作为一种代表性情形，为了解决特定问题而雇用的科学研究者、设计工学者等在雇佣期间的创造成果，自动归属于雇主。⑤也就是说，雇主在提出特定目的的情况下，在完成该目的时作出发明的，该发明就归属于雇主。即使根据雇佣合同没有对雇佣期间内雇员所开发的发明的所有权转让事宜作出约定，此种判

---

① See Teets，83 F.3d 403，"As a matter of common law，after the Supreme Court's decision in Erie Railroad v. Tompkins，304 U.S. 64，58 S.Ct. 817，82 L.Ed. 1188（1938），state contract principles provide the rules for identifying and enforcing implied-in-fact contracts."

② See id. "To apply this contract principle，a court must examine the employment relationship at the time of the inventive work to determine if the parties entered an implied-in-fact contract to assign patent rights." see also See Robert P. Merges，The Law and Economics of Employee Inventions，13 HARV. J.L. & TECH. 1，5–7（1999）.

③ See Teets，83 F.3d 403，"Without such an express assignment，employers may still claim an employee's inventive work where the employer specifically hires or directs the employee to exercise inventive faculties." see also Teets，"〔W〕hen an employer hires a person for general service and the employee invents on the side，the invention belongs to the employee. However，the employer may claim ownership of the invention if the employer hires a person for the 'specific purpose of making the invention.' Even if hired for a general purpose，an employee with the specific task of developing a device or process may cede ownership of the invention from that task to theemployer."

④ See Merges，supra note 14，at 5.

⑤ See id.

断也不会改变。[①]

②研究开发雇员（general R&D employees）的一部分发明。在当代美国，不仅为发明而雇用的雇员，而且为研究开发而雇用的研究开发雇员作出的发明，在很多情况下是归属于公司的。[②]与此相关的是，一部分学者认为从 1830 年至 1930 年，产业技术的性质发生变化，企业或者小组、单位的研究大量增加，比起雇员的所有权，法律基准已变得倾向于雇主的所有权。[③]作为一个典型案例，在 1928 年 Houghton v. United States 案件中，法院判决认为本来为履行一般职务而雇用的雇员，后续让其参与发明实验，该实验结果所有权归属于雇主。[④]法院认为，作出该判决的理由是：对包括该发明的雇员的所有成果都以工资的形式一直给予了补偿，因此雇员已经接受过补偿，应当将发明的所有权转让给雇主。[⑤]在此情况下，即使在雇佣合同中并没有有关发明所有权转让的条款，但该协议已经包含了对发明所有权进行转让的默式条款。[⑥]

---

① See William P. Hovell, Patent Ownership: An Employer's Rights to His Employee's Invention, 58 NOTRE DAME L. REV. 863, 866（1983）, "An employee is hired to create a specific invention when his employer pays him to either invent a specific thing or solve a specific problem. The inventor implicitly agrees to assign the resulting patent to his employer."

② See Merges, supra note 14, at 5, "（Even in the absence of a contract, the employer owns the inventive output of）general R&D employees, though in older cases this was in doubt."

③ See Catherine L. Fisk, Removing the "Fuel of Interest" from the "Fire of Genius": Law and the Employee-Inventor, 1830–1930, 65 U. CHI. L. REV. 1127（1998）.

④ See Jonathan D. Ball, Fixing Ownership of a Patent after the Fact, AIPLA（2008）, p5, quoting Houghton v. United States , 23 F.3d 386, 390（4th Cir. 1928）, "（The employer may own any invention from such work based on an implied-in-fact contract to assign patent rights）where the employee was originally hired for more general work but subsequently is 'set to experimenting with the view of making an invention.'" http: //www.scribd.com/doc/205195566/Fixing-Ownership-of-a-Patent-After-the-Fact#; see also Teets, 83 F.3d 403, "DRB specifically directed Teets to devise a one-piece leading edge for GE. Having directed Teets to that task, compensated him for his efforts, paid for the refinement of the process, and paid for the patent protection, Chromalloy owns the patent rights in the HFP. The Florida Supreme Court's decision in Neal governs this case and compels the conclusion that Teets entered an implied-in-fact contract to assign patent rights to Chromalloy."

⑤ See Merges, supra note 14, at 5, "The implied contract covering employment of（general R&D employees）is said to include the notion that the employer will retain title to any patentable inventions produced by R&D employees because, in a sense, the employees have already been compensated through their wages."

⑥ See id. "The implied contract covering employment of（general R&D employees）is said to include the notion that the employer will retain title to any patentable inventions produced by R&D employees because, in a sense, the employees have already been compensated through their wages."

作为一个实际案例，在 Standard Parts co. vs.Peck [①] 案件中，法院判决认为 Standard Parts 公司的前身 Axel 公司雇用的 Peck 作为雇员，经过 1 年 8 个月期间发明的物品的权限归属于 Axel 公司，这种权利由于移转给 Standard Parts 公司，Peck 不能主张 Standard Parts 公司侵害其专利权。[②] 法院认为，即使在 Peck 的雇佣合同中没有转让相关的条款，雇佣目的是让 Peck 开发程序和机械，Peck 在雇佣期间开发的所有程序和机械应归属于作为雇主的公司。[③] 更值得说明的是，法官认为 Peck 除取得工资以外，对于上述发明有关的补偿还协商确定了奖金，更是支持了这一点。[④] 因此，法院判决认为，Axel 公司对 Peck 的发明超过了雇主权（Shop right），受让此权利的 Standard Parts 公司对于 Peck 的专利发明享有自由实施的权利。[⑤]

在 Teets v. Chromalloy Gas Turbine Corp [⑥] 案件中，法院判决雇员 Teets 在雇佣期间，按照管理人员的指示完成的特定项目而获得的发明专利应归属于雇主。法院认为，本来 Teets 的雇佣目的虽然是履行一般服务，但在进行该项目的期间，可被解释为，雇佣目的就是在该项目期间履行项目相关服务。[⑦] 并且，法官还考虑了以下事实，

---

① 264 U.S. 52（1924）.

② See id..

③ See id., at 59-60, "By the contract Peck engaged to 'devote his time to the development of a process and machinery' and was to receive therefor a stated compensation. Whose property was the 'process and machinery' to be when developed ? The answer would seem to be inevitable and resistless – of him who engaged the services and paid for them, they being his inducement and compensation, they being not for temporary use but perpetual use, a provision for a business, a facility in it and an asset of it, therefore, contributing to it whether retained or sold – the vendee（in this case the Standard Company）paying for it and getting the rights the vendor had（in this case, the Axle Company）."

④ See id., at 59, "（T）he material parts of（the contract）are as follows: 'This Agreement Witnesseth, that second party is to devote his time to the development of a process and machinery for the production of the front spring now used on the product of the Ford Motor Company. First party is to pay second party for such services the sum of $300 per month. That should said process and machinery be finished at or before the expiration of four months from August 11, 1915, second party is to receive a bonus of $100 per month. That when finished, second party is to receive a bonus of $10 for each per cent of reduction from present direct labor, as disclosed by the books of first party.' "

⑤ See id., at 60.

⑥ 83 F.3d 403（Fed. Cir. 1996）.

⑦ See Teets, 83 F.3d 403, quoting State v. Neal, 12 So.2d（Fla. 1943）, "The contract of employment was in its inception general but when Project No. 239 was set up under the Purnell Act and Dr. Neal placed in charge, it was from that time hence for the express purpose of accomplishing the result that was accomplished." see also id. "Faced with GE's requests, DRB, through Burnham, assigned Teets as the chief engineer on the GE90 project."

Teets 为了该项目，花费了 70% 以上的工作时间，为了使该项目更为精确，还得到其他雇员的支援，使用公司的设备，并且在申请专利的过程中也得到了公司的支援。① 因此，即使在劳动合同中没有明示关于发明转让的条款，在特定项目的履职期间，Teets 和公司之间也会存在默示的发明转让条款。②

相反，如果在雇佣合同签订之前完成发明，或研究开发雇员完成与职务无关的发明的，就作出了与上述不同的判断。研究开发雇员带来已完成的发明时，因为该发明所有权转让的协商条款不能包含于雇佣合同，所以，该发明的权源属于雇员，雇主应当按照惯例取得雇主权（Shop right），或者从雇员处获得实施许可时才能实施该发明。③ 雇主权（Shop right）是指雇员在雇佣期间，使用雇主的材料和机器，对发明产生创意并完成发明取得专利时，根据平衡原则，雇员应当给予雇主的普通实施许可。④ 并且，研究开发雇员作出与本人业务毫不相关的发明时，其权源的归属就会变得非常不确定，雇主在事前签订转让协议，确定其归属是非常有必要的。⑤ 与雇员发明所有权转让协议相关的，美国八个州法根据雇员发明的性质，禁止违反关于所有权归属确定的相关普通法基本规则条款的转让协议⑥，内华达州法还规定，如果没有明示的书面的协议，雇主对雇员开发的具有专利性的发明和商

① See id. "Teets spent 70% of his time on that project. After undertaking the GE90 project and attempting several solutions to GE's problem, Teets developed the HFP. Teets reduced the invention to practice using DRB's resources-DRB's employees, DRB's shop tools and materials, and DRB's time. DRB has paid and continues to pay for the prosecution of a patent application for the HFP."

② See id. "These undisputed facts show an implied-in-fact contract of assignment between Teets and DRB. DRB specifically directed Teets to devise a one-piece leading edge for GE. Having directed Teets to that task, compensated him for his efforts, paid for the refinement of the process, and paid for the patent protection, Chromalloy owns the patent rights in the HFP. The Florida Supreme Court's decision in Neal governs this case and compels the conclusion that Teets entered an implied-in-fact contract to assign patent rights to Chromalloy."

③ See Merges, supra note 14, at 5–6.

④ See Dubilier, 289 U.S., at 188–189, "（The shop-right）is an application of equitable principles. Since the servant uses his master's time, facilities and materials to attain a concrete result, the latter is in equity entitled to use that which embodies his own property and to duplicate it as often as he may find occasion to employ similar appliances in his business."

⑤ See Merges, supra note 14, at 6.

⑥ See Cal. Lab. Code § 2871（enacted 1979）; Del. Code Ann. tit. 19, § 805（enacted 1984）; 765 Ill. Comp. Stat. 1060/2 Sec. 2.（2）（enacted 1983）; Kan. Stat. Ann. § 44-130（b）（enacted 1986）; Minn. Stat. § 181.78 Subdivision 2.（enacted 1977）; N.C. Gen. Stat. §§ 66-57.2（enacted 1981）; Utah Code Ann. § 34-39-3（7）（enacted 1989）; Wash. Rev.Code § 49.44.140（2）（enacted 1979）.

业秘密具有单独的所有权。① 因此，协议当事人有必要事先确认该州法相关条款，签订该州认可的转让协议。

（2）与公司相关的发明（Firm-Related Inventions）。如果是担当运营或制造的雇员、非技术职位的雇员等非研究开发雇员作出的发明，首先应归属于作为该发明人的雇员。基本来看，因为对特定的发明或者不是为了解决特定问题而雇用的雇员，其作出的发明的成果不能要求雇员转让给雇主。② 所以，在 United States v. Dubilier Condenser Corporation 案件③ 中，在未得到对"飞机收音机"进行试验和研究的雇员未接到任何指示的情况下，自发地、只为满足自己的好奇心，发明了"将交流电（AC）用于收音机的收信和发信系统的技术"，法院最终判决雇主对该发明并没有受让的权利。④

但是，根据不同情况，雇主可以取得非研究开发雇员发明的雇主权（Shop right）。正如前述，雇主权（Shop right）是指雇员在雇佣期间，使用雇主的材料和机器，对发明产生创意并完成发明取得专利时，根据平衡原则，雇员应当给予雇主的普通实施许可。⑤ 获得雇主权（Shop right）的雇主虽然可以免费而自由地对雇员的发明进行制造和使用，但并非是雇主受让了该雇员的权源，因此，雇主不得向他人再进行转让⑥。

雇主是否享有雇主权（Shop right），需要考虑以下两个要素：一是需要考察该发明是否与雇员的业务相关；二是在雇员发明过程中，是否利用了设施、人力等

---

① See N.V. Rev. Stat. § 600.500（2013），"Except as otherwise provided by express written agreement, an employer is the sole owner of any patentable invention or trade secret developed by his or her employee during the course and scope of the employment that relates directly to work performed during the course and scope of the employment."（Added to NRS by 2001, 942; A 2003, 2832）.

② See Teets, 83 F.3d 403, "（An）employer cannot claim ownership of an employee's invention 'unless the contract of employment by express terms or unequivocal inference shows that the employee was hired for the express purpose of producing the thing patented.'"

③ 289 U.S. 178（1933）.

④ See Dubilier, 289 U.S. 178.

⑤ See id., at 188–89, "（The shop-right）is an application of equitable principles. Since the servant uses his master's time, facilities and materials to attain a concrete result, the latter is in equity entitled to use that which embodies his own property and to duplicate it as often as he may find occasion to employ similar appliances in his business."

⑥ See id., at 189, "But the employer in such a case has no equity to demand a conveyance of the invention, which is the original conception of the employee alone, in which the employer had no part. This remains the property of him who conceived it, together with the right conferred by the patent, to exclude all others than the employer from the accruing benefits. These principles are settled as respects private employment."

雇主的资源。在考虑这两个要素时，从结果来看该发明与雇主的其他财产具有的互补或可替代的程度进行分析。从结论来看，非研究开发雇员如果作出了与自身的业务很密切的发明，或者为了发明使用了公司的资源，那么雇主就享有雇主权（Shop right）。

如果授予雇主雇主权（Shop right），那么就可以排除雇员的单方停止（holdup）权①，因为根据共同所有权的基本法理，权利分别授予多方当事人的，任何一方均不能随意地进行处分。②共同所有权可以在雇主和雇员公司与专家或者公司与缔结合同的独立发明人之间，以及专利的共同所有人之间产生。③但是为了更有效率地行使权利，应鼓励通过事前签署协议对共同所有权进行约定。④

（3）独立的发明（Independent Inventions）。如果没有签订另外的转让协议，雇员利用自己的资源，不在业务场所进行发明，或者作出与自己业务无关的发明时，发明及其关联所有权完全地、排他地归属于雇员。⑤该基本法理适用于大部分的非研究开发雇员，甚至也适用于一部分研究开发雇员。⑥雇主可以通过事前协议的方法，将前述两种类型的雇员的发明所有权归属于自己。⑦美国的八个州通过制定相

---

① See Merges, supra note 14, at 17, "（The shop rights doctrine）prevents the possibility of a holdup by the employee and consequent underinvestment in R & D by the firm."

② See id., at 18, "The law precludes holdup ... by granting an entitlement that leaves neither party at the mercy of the other."

③ See id., at 19—20.

④ 通过签订转让协议，在事前对共同所有权进行确定是一种效率性做法，这是因为在美国，发明专利的共同所有人正如下述，对其他共同所有者，在没有任何的义务感的情况下可以活用其发明。

See 35 U.S.C. 262. "In the absence of any agreement to the contrary, each of the joint owners of a patent may make, use, offer to sell, or sell the patented invention within the United States, or import the patented invention into the United States, without the consent of and without accounting to the other owners.", See also Willingham v. Star Cutter Co., 555 F.2d 1340, 1343（6th Cir 1977）, "a co-owner could authorize by contract another co-owner to file suit for patent infringement without the permission of the first co-owner, in an action in which the unwilling co-owner is joined as an involuntary plaintiff under Rule 19（of the Federal Rules of Civil Procedure）" See also id. at 1344, "a co-owner of a patent can even grant a license to a third party without consent of the other owners" See also Schering Corp v. Roussel-UCLAF SA, 104 F.3d 341, 345（Fed. Cir.1997）, "The right to license and the unilateral right to sue are therefore not incompatible, and the granting of one does not necessarily imply the relinquishment of the other." See also Israel Bio-engineering Project v. Amgen Inc., 475 F.3d 1256（Fed. Cir. 2007）, "（O）ne co-owner has the right to limit the other co-owner's ability to sue infringer by refusing to join voluntarily in the patent infringement suit."

⑤ See Merges, supra note 14, at 6.

⑥ See id..

⑦ See Merges, supra mote 14, at 6.

关法律规定，要求在雇佣合同中明确约定对脱离业务场所所做的与自身业务无关的发明的所有权归属于雇员（包括研究开发雇员）。①

如前所述，雇员在签订雇佣合同之后，认为该雇员作出的与自己职务无关的发明的所有权默示地包含着转让的事项，对其采取尽量回避的态度，与通过发明谋求技术创新的美国专利政策是一致的。②也就是说，美国专利制度对于发明的正当价值，通过保障雇员—发明人与雇主的交易机会，从而鼓励发明。③

（4）对咨询师等适用的基本规则（Default Rules for Consultants and the Like）。对咨询师（Consultant）、独立承包人（Independent Contractors）、外部研究开发提供人（External R & D Providers）等适用的基本规则与雇员适用的基本规则是不同的。也就是说，美国法院认为，如果没有另外的明确的合同规定，咨询师等的所有权应立即予以认定。④并且，法院认为在解释转让合同时，也对咨询师等义务予以狭义解释，显示出法院一直对咨询师等实施了有利政策的倾向。⑤这与雇员的转让合同朝着有利于雇主方向的倾向形成鲜明对比。⑥

2. 通过合同规定权利的归属（Pre-Invention Assignment Agreements）

由于发明人可以自由地转让自己发明的权利，如果当事人之间有约定时，归属于雇员的权利的处分或者移转就成为合同法上的问题。⑦但是考虑到许多雇主与研

---

①　See id.; See also Cal. Lab. Code § 2870（a）（enacted 1979）; Del. Code Ann. tit. 19, § 805（enacted 1984）; 765 Ill. Comp. Stat. 1060/2 Sec. 2.（1）（enacted 1983）; Kan. Stat. Ann. § 44–130（a）（enacted 1986）; Minn. Stat. § 181.78 Subdivision 1.（enacted 1977）; N.C. Gen. Stat. §§ 66–57.1（enacted 1981）; Utah Code Ann. § 34–39–3（1）（enacted 1989）; Wash. Rev. Code § 49.44.140（1）（enacted 1979）; cf. Nevada NRS 600.500（对此并未提及）。

②　See TOSHIKO TAKENAKA AND YVES REBOUL, Employee Invention System: Comparative Law Perspective, in INTELLECTUAL PROPERTY IN COMMON LAW AND CIVIL LAW 372（Toshiko Takenakaed ed., 1st ed. 2013）.

③　See TAKENAKA & REBOUL, supra note 51.

④　See Merges, supra note 14, at 36–37.

⑤　See id..

⑥　See id. 作者认为，将发明归属于咨询师等的所有的基本法则基于以下理由，从经济学的观点来看是妥当的。第一，咨询师对发明的所有权不向公司转让时，发明相关的操作所花费用与雇员不向公司转让时所花费用相比要低得多。咨询师对发明相关的操作不向雇主公司进行转让时，其导致的停止对雇主的威胁比雇员不向雇主转让所导致的威胁要小得多。第二，与相对拥有大量信息的雇主相反，可以启动一种"惩罚性违约"，也就是说，发明由咨询师所有时，咨询师等可以掌握雇主是否对自身的发明成果希望拥有，通过拥有该种信息，对自己需要得到的补偿和权利进行保护，可以更加有利地同雇主进行协商。

⑦　See Dubilier, 289 U.S. at 187, "A patent is property and title to it can pass only by assignments."

究开发的雇员以及非研究开发的雇员事前签订合同，强制要求对于工作期间作出的发明的权利事前转让给雇主的公司，因此，当事人之间的合同，在确定雇员的发明的权利的归属中发挥着最为重要的作用。迄今为止，美国联邦法律并未对此作出规定，因此，依据合同约定权利的归属成为各州合同法判断并决定转让协议的有效性（validity）和可执行性（enforceability）的依据。[①]

（1）新雇员的事前承继 / 转让合同的签订（Pre-invention Assignment Agreements）。正如前述，雇员的性质不同，则应适用的基本规则也不同，如果仅仅依靠这一点，会变得很难确保对雇员发明的所有权，为此雇主基本都会习惯性地通过签订雇佣合同，在合同中都会包括对新入社雇员将来的发明的权限，在事前规定必须向雇主进行转让的内容。[②] 许多雇主不仅要求研究开发的雇员，也会要求非研究开发雇员签订事前转让合同。[③] 甚至雇主通过事前合同（在各州的雇员发明转让相关政策允许的范围内），超越根据普通法的基本规则确定的接受转让的范围，而确定更为广泛的发明的权限并接受转让。[④]

美国联邦法院在解释合同的条件和可执行性时，一直适用各州的合同法，从而根据该州的政策来调整合同法律关系。[⑤] 而且，联邦大法院也一直允许各州法院对于发明专利的所有权归属及移转自主地进行开发并实施。[⑥] 但是，由于州法院必须

[①] See Hovell, supra note 18, at 883–887, describing several unsuccessful proposals designed to improve the rights of the employed inventor, including the Brown Bill, the Moss Bill, and the Hart-Owens Bill, and the Kastenmeier Bills, available at: http://scholarship.law.nd.edu/cgi/viewcontent.cgi？article=2429&context=ndlr.

[②] See Michael R. Mattioli, The Impact of Open Source on Pre-Invention Assignment Contracts, 9 U. PA. J. LABOR & EMPLOYMENT L. 207, 208（2006）, "Pre-invention assignment agreements are commonplace in most American corporations."

[③] See id. "These contracts are typically presented to engineers, and sometimes imposed upon all employees throughout an organization, regardless of their likelihood to invent."

[④] See id. "Generally honored by courts, pre-invention assignment agreements convey to employers all intellectual property rights arising from employee inventions. Such agreements follow employees wherever they go, securing to employers patent rights for inventions created in and outside the scope of employment." See also Anneliese S. Mayer, et al., Fundamental Intellectual Property Law and Related Restrictive Covenants for Labor and Employment Lawyers, presented at the ABA 8th Annual Section of Labor & Employment Law Conference, available at: http://www.americanbar.org/content/dam/aba/events/labor_law/2014/11/papers/75b_panel.authcheckdam.pdf, "Preinvention assignment agreements can be made broader than the common law default, covering more categories of invention than just employer-specified inventions and extending beyond the term of employment to for a reasonable period after employment has ended. As such these agreements have the potential to provide broad protection to employers."

[⑤] See TAKENAKA & REBOUL, supra note 51, at 372–373.

[⑥] See id..

遵循联邦大法院的先前判例，因此，美国全部州法院和联邦法院对于专利所有权的归属、转让和执行的可行性，基本形成统一的普通法判例。[①]

根据上述几乎统一的州及联邦的普通法判例，为了将发明的所有权从雇员—发明人向雇主进行移转，需要协商明示地规定将雇员的发明转让给雇主。[②] 并且，对发明人事先予以通知作为工资对价应当放弃的事项，保障雇员充分的协商机会，应经过相互明了的协商。[③] 对于雇主从雇员处接受转让的有关发明的权利，不必进行追加补偿。[④] 其理由在于，在合同中约定向雇员支付工资、得到其他雇员的支援、以及承诺可以使用雇主设施的，这种约定可以视为非常充分的对价。[⑤]

（2）转让合同的对象（Scope of Employee Inventions for Assignment）。雇主如果要从雇员处受让发明的所有权，需要就发明的转让在合同书中予以明确约定，该发明根据州法和政策是允许转让的，而且转让合同的内容必须要合理。在签署转让合同时，当事人需要明确转让的对象，防止将来因转让的范围产生争议。

①经过双方协商的转让合同中明确的发明。根据 United States v. Dubilier Condenser Corporation 案件[⑥] 的判决，为完成一项发明，在雇用雇员后，仅在雇员作出了雇佣合同记载的、与雇佣目的相符的发明时，雇员才有向雇主转让的义务。[⑦] 只

---

① See TAKE-NA KA a REBOUL, supra note 51, at 372–373.

② See Dalzell v. Dueber Watch Case Mfg. Co., 149 U.S. 315（1893）, "But a manufacturing corporation which has employed a skilled workman, for a stated compensation, to take charge of its works, and to devote his time and services to devising and making improvements in articles there manufactured, is not entitled to a conveyance of patents obtained for inventions made by him while so employed, in the absence of express agreement to that effect." (citing Hapgood v. Hewitt, 119 U. S. 226(1886)See also Dubilier, 289 U.S. at 187, "The respective rights and obligations of employer and employee, touching an invention conceived by the latter, spring from the contract of employment." See also Stanford, 131 S.Ct. at 2194–2195, "In most circumstances, an inventor must expressly grant his rights in an invention to his employer if the employer is to obtain those rights."

③ See TAKENAKA & REBOUL, supra note 51, at 373.

④ See id..

⑤ See id..

⑥ 289 U.S. 178（1933）.

⑦ See Dubilier, 289 U.S. 178, at 187, "One employed to make an invention, who succeeds, during his term of service, in accomplishing that task, is bound to assign to his employer any patent obtained. The reason is that he has only produced that which he was employed to invent. His invention is the precise subject to the contract of employment. A term of the agreement necessarily is that what he is paid to produce belongs to his paymaster. On the other hand, if the employment be general, albeit it cover a field of labor and effort in the performance of which the employee conceived the invention for which he obtained a patent, the contract is not so broadly construed as to require an assignment of the patent."

有通过雇佣合同双方协商确定的发明产物才会成为转让合同的对象，该判决认为关于发明的所有权与通常的劳动中产生的其他种类的财产是不相同的，这是该判决作出的基本想法。① 也就是说，该判决判断的理由在于：由于发明的行为具有特殊本质，并非发明而是为了研究雇用的雇员② 在雇佣期间作出发明的，该发明的所有权应归属该雇员。③ 所以，根据此法理，发明的所有权在签订雇佣合同时，雇员对于将来其发明的补偿不同意的，该发明的所有权就不能移转给雇主。④

② 相关州法和政策允许转让的发明。通过事前合同确定雇主从雇员处可以确保所有权的发明的范围，根据各州有关雇员发明的所有权转让的相关公共政策有所不同。前述美国八个州通过了限制雇主对雇员发明具有所有权的法律。加利福尼亚州法中有一个典型情形，即雇员纯粹是利用自己的时间，利用产业人员自己的装备、物品、设施，并未使用商业秘密，对雇员自己开发的发明要求强制移转给雇主的合

---

① See id., at 187–188, "'But a manufacturing corporation, which has employed a skilled workman, for a stated compensation, to take charge of its works, and to devote his time and services to devising and making improvements in articles there manufactured, is not entitled to a conveyance of patents obtained for inventions made by him while so employed, in the absence of express agreement to that effect.'"

在《专利法》的以外范围，一般情况下，雇主有权拥有雇员发挥创意性完成的可作为著作权、商标、商业秘密保护的知识产权（业务相关）。

② See id., at 193, "(O)ne of their duties was 'to carry on investigation research and experimentation in such problems relating to radio and wireless as might be assigned to them by their superiors,' it is charged 'in the course of his employment as aforesaid, there was assigned to said Lowell by his superiors in said radio section, for investigation and research, the problem of developing a radio receiving set capable of operation by alternating current ...'"

③ See id. "The reluctance of courts to imply or infer an agreement by the employee to assign his patent is due to a recognition of the peculiar nature of the act of invention, which consists neither in finding out the laws of nature, nor in fruitful research as to the operation of natural laws, but in discovering how those laws may be utilized or applied for some beneficial purpose, by a process, a device or a machine. It is the result of an inventive act, the birth of an idea and its reduction to practice; the product of original thought; a concept demonstrated to be true by practical application or embodiment in tangible form."

④ See id., at 193–196, "The courts below expressly found that Dunmore and Lowell did not agree to exercise their inventive faculties in their work, and that invention was not within its scope ... (T)he written evidence of their employment does not mention research. In no proper sense may it be said that the contract of employment contemplated invention ... The circumstances preclude the implication of any agreement to assign their inventions or patents."

同是无效的。[①] 但是，根据该法，属于雇主的事业范围或者研究开发相关的发明以及为了雇主，雇员在从事工作中产生的发明，并不排除在转让合同对象发明的范围。[②]

关于转让合同的对象，其表述的语言也是有很大差异的。除了犹他州之外的七个州的法令中规定，转让合同的对象是指雇员拥有的"关于发明的权利"（rights in an invention）。相反，犹他州的法令将转让合同的对象规定为"关于发明的权利或知识产权"（right or intellectual property in or to an invention），在此，规定了知识财产不仅包括专利，还包括营业秘密、专业经验、技术、秘密信息、创意、著作权、商标以及服务标记等相关的权利的申请以及登记等。[③]

更为本质性的是，上述州法律条文中所称"发明"是指什么其意义并不明确。例如，此处"发明"是指具有与专利性（patentability）相关联，或者对产品的想法及基准的程序或机器的改良等都包括在内的概念，该概念是不是需要更广的定义，存在争议。该争议对于雇员和发明人的构想或发现在没有专利性时，对雇主来讲接受转让的价值还是存在的。更进一步，美国的《专利法》或雇员相关的八个州法令中，都没有关于发明的定义。[④] 发明的辞典含义是具有相当流动性的。在辞典里，

---

① See Cal. Lab. Code § 2870（a）（1）-（2）, "Any provision in an employment agreement which provides that an employee shall assign, or offer to assign, any of his or her rights in an invention to his or her employer shall not apply to an invention that the employee developed entirely on his or her own time without using the employer's equipment, supplies, facilities, or trade secret information except for those inventions that either：（1）Relate at the time of conception or reduction to practice of the invention to the employer's business, or actual or demonstrably anticipated research or development of the employer; or（2）Result from any work performed by the employee for the employer."

② See id..

③ See Cal. Lab. Code § 2870（a）（"any of his or her rights in an invention"; Del. Code Ann.tit. 19, § 805（"any of the employee's rights in an invention"）; 765 Ill. Comp. Stat. 1060/2 Sec. 2.（1）（"any of the employee's rights in an invention"）; Kan. Stat. Ann. § 44-130（a）.（"any of the employee's rights in an invention"）; Minn. Stat. § 181.78 Subdivision 1.（"any of the employee's rights in an invention"）; N.C. Gen. Stat. §§ 66-57.1（"any of his rights in an invention"）; Utah Code Ann. § 34-39-3（1）（"any right or intellectual property in or to an invention"）; Wash. Rev. Code § 49.44.140（1）（"any of the employee's rights in an invention"）.See also Utah Code Ann. § 34-39-2（2）"Intellectual property" means any and all patents, trade secrets, know-how, technology, confidential information, ideas, copyrights, trademarks, and service marks and any and all rights, applications, and registrations relating to them.

④ 美国《专利法》只说"发明即发明或发现"，未规定发明本身的定义。See 35 U.S.C. § 100（a）The term "invention" means invention or discovery. 并且，北卡罗来纳州在发明开发服务条款（并非职务发明条款）将发明定义为"发现、进程、机器、设计、模拟、物质构成、产物、概念或创意、或其集合物"。§ 66-209（4）"Invention" means any discovery, process, machine, design, formulation, composition of matter, product, concept, or idea, or any combination of these。

发明是指"通过独自的努力而生产的优秀水准的技术，或者以创意性为特征的具有专利性的机器或程序"，或者"新发现的技术或操作法"，或者"制造或构想的"等多种意义。①

3. 转让合同的合理性

（1）雇员可以公共政策为理由要求签订的转让合同必须具有合理性（reasonableness）。在此，合理性是指在雇佣结束后，反竞争协商（Post-Employment Anticompetition Agreement）以及商业秘密的非公开协商（Trade Secret Non-Disclosure Agreement）的相关判例中，与其使用的合理性基准相似的是，对于没有限制时间及对象以及不管是否在雇佣期间、对将来所有发明都要求转让给雇主的合同，法院作出了无效的判断。②

（2）转让合同的执行。一般来讲，法院对于事前转让协议都基本上作出了对雇主有利的解释。③ 在事前合同签订后，雇用只在短期间维持时，为了获取雇员对

---

① Black's Law Dictionary 664（7th Ed. 2000），defining an invention as a "patentable device or process created through independent effort and characterized by an extraordinary degree of skill or ingenuity; a newly discovered art or operation" or "anything that is created or devised".

② See Guth v. Minnesota Mining & Mfg. Co.，72 F.2d 385（7th Cir. 1934）案件中，雇员署名的转让合同的表述如下："（a）all my rights to inventions which I have made or conceived，or may at any time hereafter make or conceive，either solely or jointly with others，relating to abrasives，adhesives or related materials，or to any business in which said company during the period of my employment by said company or by its predecessor or successor in business，is or may be concerned，and（b）all my rights to inventions which，during the period of my employment by said company or by its predecessor or successors in business，I have made or conceived，or may hereafter make or conceive，either solely or jointly with others，or in the time or course of such employment，or with the use of said company's time，material or facilities，or relating to any subject matter with which my work for said company is or may be concerned; and（c）I further agree，without charge to said company，but at its expense，to execute，acknowledge and deliver all such further papers，including applications for patents，and to perform such other acts as I lawfully may，as may be necessary in the opinion of said company to obtain or maintain patents for said inventions in any and all countries."

③ See Steven Cherensky，A Penny for Their Thoughts: Employee-Inventors，Preinvention Assignment Agreements，Property，and Personhood，81 CAL. L. REV. 595，623（1993），"Some preinvention assignment agreements offer no additional consideration for the assignment of an employee-inventor's invention to the employer beyond the continued employment of the employee. Most courts hold that even this is adequate consideration，since the employee-inventor is dischargeable 'at will.' Certainly，there is no requiremen tthat the consideration approximate the value of the invention，though some courts may find that nominal consideration is inadequate." Available at: http: //scholarship.law.berkeley.edu/californialawreview/vol81/iss2/3.

于将来发明的所有权,从法律层面来看,必须承诺支付充分的对价(consideration)①,即使雇主和雇员之间存在谈判力(bargaining power)及信息不对称(access to information)的差异,对于事前合同中,出现非良心(unconscienability)、强迫性(oppression)或者属于服从合同(contracts of adhesion)情形的,法院认为此类转让合同就是无效的,并不认同此类合同,还追加对非合理的合同语句(unreasonable contract terms)进行了审理。② 即使转让合同在表面上只有对价的情形,也可以判断为对于完成的发明通常已经转让给雇主。③ 事前转让合同,如果是在雇用之后或者是在雇用并发明以后签订的话,或在雇用期间届满之前,该转让合同被撤销的,或者该合同并不具备合同要件的,法院也一致认为该合同具有拘束力。④

如上所述,尽管美国法院有认定明示转让合同的效力的倾向,雇员的转让义务如果过于沉重或过分时,必须将转让合同的内容限定于合理的范围内进行解释。⑤ 正如前述的八个州的雇佣条件在法条上的规定,如果是该转让对象范围之外的所有权的转让达成的协议,便是无效的并不予以执行的,并且要求雇主将此发明的所有权并非转让的对象的事实向雇员进行通报。⑥

整理上述规定,如果转让的条款不是非常极端或者转让对象并不属于州法禁止的对象,法院也支持雇主通过事前转让合同,广范围地对雇员的发明主张所有权。⑦ 更有甚者,在大多数情况下,根据转让合同的规定,雇员被赋予几个义务,包括申请专利及将发明专利转让给雇主的义务、专利申请过程中的辅助义务以及使雇主完美享有发明的权利所要承担的协助义务。⑧

4.《拜杜法》规定的雇员发明的所有权归属

获得联邦政府的支援进行研究,其结果被做成发明时,关于权利的归属和转让

---

① See Merges, supra note 14, at 8.

② See Cherensky, supra note 79, at 620–622.

③ See Merges, supra note 14, citing John P. Sutton, Compensation for Employed Inventors, 1975 CHEMTECH 86, 88, "(Fifty-four percent) of the (162 employed) inventors (surveyed) received $1.00 or less in direct compensation for their inventions, even though 19% estimated the value of their inventions at over $1 million."

④ See Merges, supra note 14, at 8–9.

⑤ See Merges, supra note 14, at 9, citing, Roberts v. Sears, Roebuck & Co., 573 F.2d 976(7th Cir. 1978)不是贬低发明的价值从而减少对价的雇主,而是支持雇员的例外情形。

⑥ See CAL. LAB. CODE §§ 2871–2872.

⑦ See Merges, supra note 14, at 8.

⑧ See id..

必须适用《拜杜法》[1]。根据《拜杜法》的规定，在得到政府的支援从事研究，结果是产生创意或者具有实施可能性的发明，其权源归属于委托研究合同人。[2]但是，如果合同人决定不保留该发明的权源，或者由于多种原因，不能在该法确定的时间范围内申请专利时，根据《拜杜法》的规定，予以支援研究费的联邦政府即可对该发明享有排他性的权利。[3]其结果是，发明人只有在合同人和研究费支援机构全体对所有发明的权利予以放弃的情况下，才能享有该权源。[4]

专利权归属于委托研究合同人的过程实际上非常复杂。首先，拟从发明人—雇员处获取关于发明的权源时，合同人必须履行以下几种义务[5]：（1）公开需要获取权源的发明[6]；（2）必须将在相应时间内作出想要保留已公开发明的权源的意思表示[7]；（3）在相应时间内对公开的发明申请专利登记[8]；（4）保留权源的委托研究合同人必须向支援研究费的政府机关无偿赋予实施许可权，该实施许可权是权利人在全世界非排他地可以实施的权利，不得予以撤销的同时，不得向第三人予以移转；[9]（5）保留权源的合同人应当作出使用发明和将其商业化的努力，并将该作出的努力进行报告；（6）在专利申请书中，必须详细地记载该发明是得到政府研究费而开发的，由此，政府对该发明享有特定的权利。[10]

根据《拜杜法》，支援研究费用的政府机关享有以下权利：（1）委托研究合同人以任何理由不保留发明权源时，其政府机关可享有其全权。[11]（2）支援研究费用的政府机关可以强制合同人，使其允许适合的申请人在某一领域进行该发明。[12]这种介入权，被称作"march-in right"。[13]

根据《拜杜法》，隶属于委托研究机关的发明人对其研究结果或可最初实

---

① The Patent and Trademark Law Amendments Act of 1980, Pub. L. No. 96—517, 94 Stat. 3015, 35 U.S.C. §§ 200–12.

② See id. §§ 202（a），202（e）.

③ See id. § 202（a）.

④ See id. § 202（d）.

⑤ Id. §§ 202（c）（1）—（6）.

⑥ Id. § 202（c）（1）.

⑦ Id. § 202（c）（2）.

⑧ Id. § 202（c）（3）.

⑨ Id. § 202（c）（4）.

⑩ Id. § 202（c）（6）.

⑪ See Parker Miles Tresemer. Best Practices for Drafting University Technology Assignment Agreements After FilmTec, Stanford v. Roche, and Patent Reform, J. L. TECH & POLICY 347, 358（2012）.

⑫ 35 U.S.C. § 203.

⑬ Id..

施的发明享有限制性权利。① 第一，发明人对发明享有次于研究机关、政府机关的权源，即合同人放弃该权源时，发明人经过政府部门的许可，方可拥有权源。② 第二，合同人是大学、政府研究所等非营利机构时，发明人享有共享实施费的权利。

通过下述的最新判例，法院明确解释了《拜杜法》关于权利归属的规定。在 FilmTec Corp. v. Allied-Signal，Inc. 案件③ 中，根据法院的判例，当事人随时可以签订发明的权利转让协议，但发明人根据事前转让协议所得的关于发明的权利则是发明以前不同于发明以后，④ 即法院判断，完成发明后，雇主可以根据事前转让协议享有较完全的雇员发明相关权源，但在完成发明前，雇主只能享有衡平法上的权源（equitable title）。⑤ 因为《合同法》规定，签订事前转让协议的，转让人在完成发明前只能享有"期待权益"（expectant interest）。⑥ 根据法院的解释，在完成发明时，受让人才会完全享有专利权，并且经过登记完全享有对发明专利的法律权源。⑦

上述解释重要的理由为，衡平法上的权源与完整的权源相比，会相对限制所有权人。正如判例所述，衡平法上的权源所有权人无法根据其权源防止完整权源所有权人侵害专利权的行为。⑧ 并且，关于发明后通过转让所产生的善意第三人（bona fide purchaser forvalue）的权源，受让人（通过转让已获得法律权源并将其登记至特许厅）可以维护自身权利并排除善意第三人的权源，但衡平法上的权源针对所有权受让人的权利，在善意第三人受让完整的权源时，将会被排除。⑨

根据 Board of Trustees of the Leland Stanford Junior University v. RocheMolecular Systems 判例，《拜杜法》只适用于通过合同人—雇主—雇员转让协议，并取得完整权源的发明。法院解释了 210（a）条款所适用的"subject inventions"为"inventions of the contractor"，《拜杜法》规定的政府职员发明的权利归属规则适用对象不是发明人—雇员立意的可最初实施的发明，而是局限于委托研究合同人—雇主所确保所有权

---

① See Tresemer, supra note 100, at 360.
② 35 U.S.C. § 202（d）.
③ See FilmTec Corp. v. Allied-Signal, Inc., 939 F..2d 1568（Fed. Cir. 1991）.
④ See Tresemer, supra note 100, at 362—363.
⑤ See FilmTec, 939 F.2d at 1572.
⑥ See id..
⑦ See id..
⑧ See id. at 1570.
⑨ See Tresemer, supra note 99, at 363—364.

的发明。[1] 法院 [2] 明确指出，根据《拜杜法》，发明人对政府支援发明的权利不是自始（ab initio）无效，实际上，为确保所有权，应像其他雇员发明的情形一样，合同人—雇主应当通过明示的转让协议从作为发明人的雇员处受让政府支援发明的相关权利。[3]

（三）对雇员发明的补偿

在美国，大多数发明来自公司的雇员，其在职务范围内完成的发明的归属会受雇佣合同的控制。如前述内容，根据美国法，发明专利本属于发明人，雇主不会承担雇员发明的补偿责任，职务发明的补偿事项会受到当事人之间的自律协议的规制。并且，根据普通法判例，可以将工资、其他雇员的支援、雇主的设施使用权看作已约定充分对价并成立了有效的协议时，雇主没有必要对雇员发明的相关权利设置附加性的补偿。因此雇主可与雇员事先商定关于职务发明的承继、补偿等事项，向公司完整地转让创意、发明、改良权、权源利害等事项。

雇员发明补偿最终由雇主决定，在职过程中完成的发明，其主要补偿形式为工资，但美国的部分典型的公司为补偿雇员的努力，提高其创新能力，会对申请发明专利及登记的雇员进行额外的补偿。根据参加问卷调查的 38 家公司的资料，美国公司实施的雇员发明相关补偿实际状况如下表。[4] 对雇员发明价值较高的，38 家公司中有 29 家没有进行额外补偿，剩余 9 家公司中有 4 家支付了多层次的奖金（cash prize），其中有一家公司授予定额 200 美元，剩下的 4 家公司在 300—37500 美元内进行补偿。[5] 大约一半的公司设置了发明专利相关的其他补偿制度，大多数公司则向发明人授予非现金的奖励。[6] 如下表，全体公司向发明人支付的年平均补偿额为 120 万美元，参与调查的 38 家公司的年度总营销额在 4 亿—1770 亿美元，其中年平均总销售额为 308 亿美元，可得知公司支付的发明人补偿费用所占的比例是极小的。[7] 这种现象，可能起因于由企业承担开发研究过程中的非确定性及投资风险，并且将发明认定为组织性的研究成果的想法。

---

① See Stanford, 131 S.Ct. at 2197.

② See id..

③ See id..

④ See Report of the IPO Asian Practice Committee, Employee Inventor Compensation Practice Survey, Intellectual Property Owners Association, Feb. 2004.

⑤ 参与调查的 38 家公司的年度总营销额在 4 亿—1710 亿美元，年均总销售额为 308 亿美元。年美国专利申请数为 623 件，外国专利申请数为 867 件。

⑥ See id..

⑦ See id..

公司	补偿额			每家公司年均发明人补偿费用
	发明公开	申请专利	登记专利	
总计	$0 84% $1—$100 5% $101—$200 11%	$0 39% $1—$500 21% $501—$1500 29% $1501—$3000 11%	$0 63% $1—$500 26% $501—$2000 11%	$1.2 million
计算机、电子	$0 60% $1—$100 12% $101—$200 27%	$1—$500 20% $501—$1500 53% $1501—$3000 27%	$0 60% $1—$500 27% $501—$2000 13%	$2.6 million
化学、制药、生物技术	$0 100%	$0 40% $1—$500 40% $501—$1500 20%	$0 85% $1—$500 15%	$0.1 million
消费品、机器、一般制造	$0 100%	$0 84% $1—$500 8% $501—$1500 8%	$0 40% $1—$500 40% $501—$2000 20%	$0.5 million

并且，公司内研究开发管理部门正努力制订雇员补偿计划（employee reward plans），诱导雇员发明。[①] 实际上，德州仪器、孟山都、IBM 已经在向发明人支付较大数额的补偿金。[②] 同时，加州硅谷的高新技术公司通过成果支付体系支付较大数额的奖金，诱导社内工学学者及科学家继续留在公司工作，而不是通过创业确保独立而重大的所有权。

公司运营的补偿计划之优点是：（1）实施主体对该行业、技术、公司及个别发明家的了解颇深；（2）可以摆脱复杂的行政结构。但通过法院执行社内补偿项目的，已被指出其对发明的评价缺乏可信性。同时，一般情况下，法院虽予以执行明示或默示性的补偿协议，但不会去管理相关事项，对不当得利（unjust enrichment）等主张也会持有较为开放的态度。

（四）结语

美国对职务发明的归属，是认可其申请专利的权利归属于发明人（雇员）或根

---

① 将各种补偿制度分为四类，可以分为：（1）在升职过程中包含重要发明补偿的体制；（2）对重要发明的当场奖励金体制；（3）按照成果支付的奖励金体制；（4）根据发明的价值、个别雇员的贡献度等事项进行行政评价的详细补偿体制。See Merges，supra note 14，at 39—40.

② See Merges，supra note 14，at 40，citing a report by Shari Caudron，Motivating Creative Employees Calls for New Strategies，PERSONNEL J.，May 1，1994，at 105.

据约定自由决定的。并且，即使没有明示的合同，"为发明"或"为达成相关成果"所雇用的雇员完成的发明，将归属于公司。

根据美国普通法判例，关于职务发明的补偿，已约定职务发明相关的工资、其他雇员的支援、雇主设施使用权，则可视为已支付充分的对价，因此，法院一般会将事前转让协议按照对雇主有利的方向解释（转让发明相关的权利时，雇主没有必要向雇员保证支付额外补偿等）。

除此之外，职务发明的补偿可以根据自律决定原则规定，雇主及雇员可事先约定关于职务发明的承继、补偿等相关事项，因是由企业承担开发研究过程中的非确定性及投资风险，并且企业会将发明认定为组织性的研究成果，通常其支付的补偿金为 3000 美元以下。按结果来看，笔者认为，大部分职务发明所有权归属于公司的美国职务发明制度在经济上是非常有效率的。可以避免反公共化（anticommons）问题，也是其优点之一。①

四、日本的职务发明制度

（一）概要

随着日本《特许法》的修订，日本职务发明制度也不断变迁。②③

1. 转卖略规则［《轉買略規則》，明治四年（1871 年）至明治四十二年（1909年）］《特许法》

日本最早的《特许法转卖略规则》（《轉買略規則》，明治四年）和后来的《专卖特许条例》（《專賣特許條例》，明治十八年）中都没有职务发明相关的条款。职务发明相关的规定最早出现在明治四十二年《特许法》第 3 条中。明治四十二年《特许法》在专利权归属问题上采用"发明人优先"主义原则，第 3 条规定如没有针对职务发明进行特别的约定，则职务发明相关权利归属于发明人。另外，对于非职务发明，提前约定转让专利的行为是无效的，但未规定专利请求权相关事项。而在明治四十二年《特许法》中，职务发明当然地归属于雇主所有，没有任何对雇员进行补偿的规定，因对职务发明人的保护不当而为人所诟病。

---

① Merges 教授介绍了支持雇主所有权的四种经济学理论，主张雇员可根据公司内部补偿体制，对本人发明活动受到补偿，因雇员具有发明相关的想法时可能会不告知雇主而直接辞职，因此雇员发明归属于雇主非常合理。See Merges, supra note 14, at 37—53.

② 中山信弘·小泉直樹編，《新·注解特許法，上巻》，青林書院，2011，第 492—494 頁.

③ 日本特許廳官网，職務発明制度の概要〈喜〉制度·手続〉特許〉制度〉その他情報提供制度·職務発明制度·先使用権制度·ビジネス方法）〉職務発明制度について〉職務発明制度の概要，URL：http://www.jpo.go.jp/seido/shokumu/shokumu.htm.

2. 大正十年（1921 年）《特许法》

大正十年《特许法》第 14 条中关于职务发明的规定和现行法几乎一致，即规定了职务发明的定义、非职务发明的预约承继无效、雇主取得法定实施权、事先承继时发明人的补偿金请求权、审判时补偿金的计算等。大正十年《特许法》依旧采用"发明人优先"主义原则，即职务发明（当时称作"任务发明"）申请专利的权利原始归属于发明人所有，只有发明人和其权利承继人能够获得该权利。

3. 昭和三十四年（1959 年）《特许法》

昭和三十四年《特许法》采取"发明人优先"主义原则，职务发明专利原始归属于雇员所有，雇员将专利相关权利承继给雇主时，享有从雇主处获得"相应的对价"（补偿金）[1] 的权利。昭和三十四年《特许法》第 35 条是在大正十年《特许法》第 14 条的基础之上制定的，但首次规定了计算对价金额时的考虑要素，这具有重要意义。

即使现在，对于平成十七年 3 月 31 日之前雇主承继的权利依旧适用昭和三十四年《特许法》第 35 条的规定，现行法解释时，以昭和三十四年《特许法》第 35 条为判案根据的判例和法律解释也依旧发挥着非常重要的作用。

4. 平成十六年（2004 年）《特许法》

根据平成十六年《特许法》第 35 条，新职务发明制度[2] 和一直沿用的职务发明制度的重大区别在于，相应的对价在计算时采用雇主和雇员的民主约定优先原则。在根据合同、劳动规定或其他规定算定的对价金额被认为不合理的情况下，再根据约定前的职务发明制度，综合考虑所有要素后进行计算。

将平成十六年《特许法》和昭和三十四年《特许法》进行对比可以发现，第 35 条第 1 款至第 3 款没有作出修改；4 款中新增了在劳动规定或其他规定中对"相应的对价"作出规定时，要综合考量双方协商的情况、意见听取情况等后判定根据约定确定的对价数额是否合理；第 5 款新增了在对价的数额的算定时，要酌量雇主对该发明的付出、贡献度、雇员的待遇等多种因素。

5. 平成二十七年（2015 年）《特许法》（根据平成二十七年 7 月 10 日第 55 号法律文件修订）

受奥林巴斯光学工业案和日亚光学工业案的影响，平成十六年（2004 年）《特许法》第 35 条再次进行了修订，明确作出雇主支付"相应的对价"的程序规定，提高了对价支付适当性的可预见性，同时也大大提升了雇主关于对价数额的可预

---

① 日语中"相当的对价"是韩语中"适当的对价""合理的对价"的意思，但韩语中较广泛使用"合理的对价"，因此下文将采用这一说法。

② 平成十六年《特许法》修订后，"新职务发明制度"这一用语开始取代从前的职务发明制度。

测性，以及雇员对对价计算问题的满意度。即便这样，不少企业依旧认为"相应的对价"请求权对雇主而言是经营上的危险因素，很多人开始提出应当加强对平成十六年《特许法》实效性的保护。[①]

双方争论相持不下。日本再兴战略（日本再興戰略，2013 年 6 月 14 日表决）等战略中言及对职务发明制度的改进，据此，日本专利局成立了"职务发明制度调查研究委员会"，于平成二十五年（2013 年）7 月 4 日召开了第一次会议，平成二十六年（2014 年）2 月，就日本企业关于职务发明制度适用状况，对价制度撤销时的影响，参照劳动法相关规定职务发明制度改善方案等议题进行了探讨。[②③]

尤其是在预约承继的情形下转让申请专利的权利时，主张应排除个人权利归属的不安定性，消除不透明和不合理的风险，以提高雇主投资研究开发的积极性和企业运营的灵活性。[④]

在反映这些社会背景的情况下，《特许法》进行了部分修订，第 35 条也随之作出了变动，其要点如下：

（1）合同，劳动规定及其他规定中存在提前约定将申请专利的权利转让给雇主的情形，该权利从产生时起即归属于雇主所有。

（2）雇员等取得申请专利的权利时，享有获得相应金钱和其他方面经济利益的权利。

（3）经济产业大臣要听取产业构造审议会关于奖励发明的意见，对确定"相应金钱和其他方面经济利益"的程序规定作出指导。

上述日本职务发明制度的变迁史，尤其平成十六年《特许法》中的规定对职务发明制度具有极其重要的影响，下面将详细介绍平成十六年《特许法》和最近刚修订的平成二十五年《特许法》中关于职务发明的相关规定。

（二）平成十六年《特许法》中职务发明相关规定

1. 平成十六年《特许法》第 35 条修订的背景

在 2000 年前后日本法院作出的多数判决中，雇主一般只是向发明人支付固定

---

① 一般财团法人知的财产研究所，《企業等における特許法第 35 条の制度運用に係る課題及びその解決方法に関する調査研究報告書》，平成二十六年 2 月.

② 조혜리，최재식，《주요국의 직무발명제도 운영 현황 및 일본의 직무발명제도에 대한 고찰》，지식재산정책，Vol 16.，2013 年 9 月，韩国知识财产研究院，第 78—82 页.（脚注内容遗漏）

③ 会议日程和会议概要参考日本特许厅官网〉资料·统计〉審議会·研究会〉研究会·懇談会等〉職務発明制度に関する調査研究委員中可以确定。다.URL: http://www.jpo.go.jp/shiryou/toushin/kenkyukai/syokumuhatsumei.htm.

④ 荻原恒昭，《日本における職務発明制度の改正について》，2015 AIPPI–JAPAN 日仏知財セミナー，2015 年 6 月 5 日。

金额的对价补偿金，引发了日本产业界不小的争议，同时也引起了对职务发明制度改革必要性的探讨。对此日本政府通过产业构造审议会知识产权政策分会审议了职务发明制度，根据审议最终报告书中提出的制度修订案和建议对昭和三十四年《特许法》进行了修订。①② 这个报告书中，针对昭和三十四年《特许法》第35条第1款至第4款，向立法局提出了以下提案：保留第3款和第4款的强行规定；鉴于程序性规定的必要性，新增雇主关于"相应的对价"的信息提供义务和解释义务的程序性规定，经过这种实质性的交涉确定的对价额被认为是"相应的对价"。③

2. 平成十六年《特许法》第35条

平成十六年《特许法》第35条内容如下。

（职务发明）

第35条：1. 雇主、法人、国家或者地方公共团体（以下简称雇主等），对于雇员、法人的高管、国家公务员或者地方公务员（以下简称雇员等）作出的、性质上属于雇主的业务范围，发明行为属于发明人现在或者过去职务范围内的发明（以下简称职务发明），在申请专利权、或者承继申请专利的权利时，享有该专利的通常实施许可。

2. 雇员的发明，除非职务发明的情形，通过合同，劳动规定或其他规定，使雇主享有、申请或者承继专利权，否则将独占实施许可转让给雇主的行为都是无效的。

3. 通过合同，劳动规定或其他规定，雇员将享有、申请或者承继专利权，将独占实施许可转让给雇主时，享有获得相应对价的权利。

4. 合同、劳动规定或其他规定中对上述对价提前作出约定时，要综合考虑雇主和雇员之间关于确定对价所采用标准的协商情况，采用标准的公示情况，雇员关于对价计算等的意见。

5. 听取情况，按照前述确定的程序不得不合理地认定应支付的对价数额。

没有前项关于对价的提前约定时，或者根据约定确定的对价数额被认定为不合理时，关于第三项中规定的对价数额，要根据雇主通过实施该发明获得的利益额，并综合考虑与发明相关的雇主的投入、雇员的待遇等其他因素进行确定。

（1）第35条的意义。第35条的目的是奖励发明，保护发明人，调整雇主和雇员之间的利益平衡，④ 即一方面在权利承继时通过给予雇员相应的对价来奖励发明，另一方面为了平衡对雇员的保护，赋予雇主专利的通常实施许可，同时雇

① 竹田和彦著，김관식等译，《特許의知識 이론과 실무 제8판》，번역판，도서출판에이제이디자인기획，2011 年 1 月 11 日，第 410—411 页.

② 김삼수，《직무발명보상제도의 한·일 비교와 정책과제》，韩国产业技术财团技术政策中心。2005 年 12 月，第 12—13 页.（脚注内容遗漏）

③ 《職務発明制度の在り方に関する調査研究》，知财研纪要，2003 年 12 月，第 14—19 页.

④ 中山信弘编著，《註解特許法（第 3 版）上卷》，2000 年，青林書院，第 335 页.

主对职务发明的贡献度也作为对价计算时的考虑指标，以调整当事人之间的利益平衡。

（2）第35条第1款（职务发明的定义）。《特许法》第35条第1款规定，性质上属于雇主的业务范围，且其作出发明的行为是属于雇员现在或者过去的职务范围的发明被称为"职务发明"，这是判断是否适用《特许法》第35条的前提。就与雇主的业务和雇员的职务的关系，发明分为以下几种类型：①自由发明：与雇主的业务范围无关的发明；②业务发明：属于雇主的业务范围，但发明行为不属于雇员的职务范围内的发明；③职务发明：既属于雇主业务范围，又属于雇员的职务范围内的发明。

《特许法》第35条第1款规定了该种发明中雇主和雇员的关系。根据第35条第1款的规定，成立职务发明需要满足以下三个要素：①雇员作出的发明；②发明性质上属于雇主的业务范围；③发明的行为属于雇员现在或过去的职务范围内。多数判决中这些要素的判定是以该发明完成时为准。①

（3）第35条第2款（职务发明的承继）。《特许法》第35条第2款直接来看有些难以理解，反向解释的话不难看出，虽然职务发明的发明人享有申请专利的原始权利，但是明确了雇主可以通过合同、劳动规定和其他条款提前约定使雇主承继专利权。这里的合同、劳动规定和其他条款不限于雇佣合同等，也包括雇主制定的关于职务发明的一般性规定，②多数判决支持这一立场。③

（4）第35条第3款（合理对价请求权的保障）。虽然劳动成果归属雇主所有一直是雇佣合同的原则，但《特许法》采用"发明人优先主义"原则，《特许法》第35条第3款规定，雇员在向雇主转让专利权时，享有合理对价请求权。

（5）第35条第4款（对价计算程序的合理性）。第4款一方面规定了对价的计算方法，合同、劳动规定及其他规定中提前约定对价计算方法时，从其约定。这里的"合同、劳动规定及其他规定"没有特别限定，合同、就业协议、劳动合同或其他非以劳动法为依据的发明人处理协定都包括在内。④

第4款另一方面指出判断合理性的考虑要素主要有以下三点：（1）雇主和雇

---

① 大阪地判昭54.5.18.判决，工业所有権法2113の54項，連続混練機事件以及名古屋地判平5.5.28.平2（ワ）304号，昭和土木・アスパルト合成再生処理装置事件以及名古屋地判平4.12.21.判夕814号219項，大井建興・連続傾の床建型興自走式立体駐車場事件等．

② 中山信弘编著，前揭书，第346頁．

③ 東京地判平14.9.19，判時1802号30項（日亜化学工業事件，中間判決）等．

④ 中山信弘・小泉直樹编，同前書，第536頁。

员之间的协商情况；（2）采用的相关标准的公示情况；（3）雇员关于对价金额的意见听取情况。由此可以看出该条款对于程序性的重视。①

平成十六年《特许法》第35条第4款与仅规定了"雇员转让申请专利的权利或者使雇主承继专利权时，享有获得相应的对价的权利"的昭和三十四年《特许法》相比，新增了关于如何确定相应的对价的具体规定，这一点意义重大。第4款规定原则上根据合同、劳动规定及其他规定确定的对价金额，即为"合理的对价"，但是，由于雇主和雇员之间的信息不对称，完全依靠当事人意思自治决定对价的做法是不合适的，因此在合同、劳动规定及其他规定中约定对价计算方式时，支付之前需全程综合评价计算方式的合理性。

从日本特许厅与平成十六年《特许法》第35条新职务发明制度相关的程序案例集可以看出，②在实务上对"不合理性"范围的定义和证明并不容易。例如，雇主只是反复重申自己的主张，却不提供相关依据或者当事人双方未经过充分的沟通即终止协商的情形，可否因"协商情况"被认定为不合理③；雇员能否因不是任何时间都能看到要素的公示，而主张"公示情况"不合理④；共同发明的情形，听取了共同发明代表人的意见，但共同发明人自由陈述意见不一致的情形，或者仅仅是整理了共同发明人的意见，这些情形下能否因"意见听取情况"主张不合理性⑤。

在韩国，2013年7月30日修订的《发明振兴法》第15条（职务发明的补偿）第2款至第4款规定了雇主在向雇员支付合理对价时，应尽到有关补偿规定的告知义务、制定或者变更时同雇员协商的义务以及相应的补偿义务，雇主应遵守第2款至第4款的规定，向雇员支付合理的补偿金。

（6）第35条第5项（合理对价的计算）。《特许法》第35条第5款规定了在没有合同、劳动规定或者其他规定的事先约定，或者根据约定确定的对价被认定为不合理的情况下对价的计算方法，即要综合考量雇主和雇员之间的多种因素，这些考虑要素包括昭和三十四年《特许法》第35条第4款中规定的"雇主获得的利益"和"雇主对该发明的贡献度"，这表明考虑范围进一步扩大。

这反映出了《特许法》对补偿金计算标准等相关内容并不作具体规定，即公权

---

① 竹田和彦著，金冠细译，同前书，第410—411页。
② 日本特許厅，《新職務発明制度における手続事例集》，平成十六年9月.
③ 日本特許厅，同前书，第18页。
④ 日本特許厅，同前书，第23页。
⑤ 日本特許厅，同前书，第23页。

力并不当然介入的一种立法倾向，体现了个案个别处理的思路，鼓励雇主和雇员之间进行自律约束，这可以理解为立法更加重视程序上的正当性甚至合理性的倾向[①]。

过去日本法院判例中使用的"相应的对价"计算的基本公式如下：

> 合理的对价 = 雇主获得的利益 × （1—雇主贡献度）× 作为共同发明人的贡献率

这里所谓的"雇主所获利益"不是指通过实施发明专利所获得的全部利益，而是指法定通常实施许可的超过部分，即独占性收益[②]，相关判例也对此进行了确定。[③] 日本法院的判例中被认定为独占性利益的包括雇主向第三人实施许可时实施费收益，雇主向第三人转让职务发明专利时的补偿金，以及雇主独占实施职务发明专利所获得的超额利益[④]。另外，如果职务发明规定符合《特许法》第35条的宗旨，且是合理和恰当的，雇员应被支付"合理的对价"。但是由于昭和三十四年《特许法》第35条第3款和第4款均为强制性规定[⑤]，按照上述职务发明规定计算的对价被认定为不是"合理的对价"的数额时，雇员对于超出部分仍有请求权。

昭和三十四年《特许法》第35条第4款规定，前项的等价报酬额，必须根据雇主等用其发明获得的利益以及雇主等为发明所作出的贡献程度而定，条文中关于发明后的情况是否包括在内没有明确说明，根据平成十六年《特许法》第35条第5款，除了"雇主因该发明而获得利益的金额，对该发明的付出、贡献和雇员的待遇"之外，还要考虑"此外其他的要素"，与获得发明专利的权利产生的时间先后无关，即对于雇主获得的利益，专利产业化之后和产业化之前发明的完成化阶段，雇主的贡献度评价结果具有不均衡性。

（三）平成十六年《特许法》第35条修订的影响

首先日本平成十六年《特许法》的修订对韩国立法也产生了影响。2006年3

---

① 한남대학교 산학협력단，《정당한 직무발명 보상을 위한 산업군별 실시보상액 산정방안 연구보고서》，2013. 12.，61 면.

② 竹田和彦，《従業員の発明に関する若干の問題，無体財産権法の諸問題》，第 123 頁. 及 職務発明の対価の算定《特許判例百選》第 2 版，第 36 頁.

③ 특허청 직무발명연구회 편，《쟁점별 직무발명 한일 판례 150 선》，2012. 12.，267–268 면（平成 17 년 9 월 26 일，大阪地裁平 16（ワ）10584 산세이 제약 주식회사 사건.

④ 中山信弘·小泉直樹編，同前書，第 547 頁.

⑤ 青柳昤子，《職務発明》，裁判実務大系（9）294 頁 及 福田親男，《職務発明》，民事の保護と裁判実務（8），第 365 頁.

月 3 日第 7869 号法律文件修订的韩国《发明振兴法》^①第 13 条第 3 款中明确规定了合理的补偿金及其计算方式。

（四）平成二十五年《特许法》中职务发明相关规定

1. 平成二十五年《特许法》第 35 条修订的背景

平成二十五年《特许法》第 35 条修订最大的特点就是规定职务发明的申请专利的权利可以原始归属于雇主，即所谓的"法人归属"。上述法人归属的修订的必要性列举如下：

（1）属于激励创新的时刻。为了激励企业的研究开发投资以及提高事业经营的灵活性，有必要消除不透明和不合理的经营上的风险。

必须针对社员设计最佳的并且具有公平感的能够自由实施的和多样化的激励政策。

（2）从依据预约承继取得专利处在排除权利归属的不稳定性时。即使预约承继中事先约定转让申请专利的权利，造成的权利归属的不安定性的排除，即使预约承继有相关规定，发明人将申请专利的权利转让给第三人，并已经申请专利时，预约承继人不得只以预约承继加以对抗（《特许法》第 34 条第 1 款^②）。

在共同发明的情形，没有其他共同发明人的同意不得转让申请专利的权利（《特许法》33 条第 3 款^③）。因此在和没有预约承继规定的企业合作共同研究时，就有可能不能从企业的发明人那里获得单独申请专利的相关权利。

2. 平成二十五年《特许法》第 35 条

平成二十五年《特许法》第 35 条条文如下。

（职务发明）

第 35 条：1. 雇主、法人、国家或地方公共团体（以下简称"雇主等"），对雇员、法人的职员、国家公务人员或地方公务人员（以下简称"雇员"等）作出的，在性质上属于雇主等的业务范围，而且完成发明的行为属于雇员等现在或过去职务范围内的发明（以下简称"职务发明"），在取得该发明申请专利的权利，或者承继该专利权时，享有该专利的通常实施许可。

---

① 韩国 2006 年 3 月 3 日修订的《发明振兴法》使在《发明振兴法》《劳动福祉标准法》、增进劳动者参与和合作的相关法律、《技术转移促进法》等分散记载的职务发明相关规定体系化地统一规定在一部法律中。

② 日本《特许法》第 34 条第 1 款如下：

第 34 条　特許出願前における特許を受ける権利の承継は、その承継人が特許出願をしなければ、第三者に対抗することができない.

③ 日本《特许法》第 34 条第 3 款内容如下：第 34 条 3 特許を受ける権利が共有に係るときは、各共有者は、他の共有者の同意を得なければ、その持分を譲渡することができない.（第 34 条第 3 款，申请专利的权利共有的情形下，各共有人未经其他共有人同意不得将自己的共有部分向他人转让。）

2. 对于雇员的发明，除职务发明以外，事前通过合同、劳动规定或其他规定，使雇主获取或者承继专利权或者为了雇主的利益将预先独占实施许可或独占实施许可权归属于雇主的行为都是无效的。

3. 雇员等根据合同、劳动规定及其他规定，就职务发明的申请专利的权利提前约定转让给雇主时，该专利权申请专利的权利从开始即归属于雇主所有。

4. 雇员等根据合同、劳动规定及其他规定，就职务发明授以雇主等专利权或承继专利权，或者为了雇主等设定专用实施权或者专利实施权时，根据第34条第2款的规定被认定为专用实施权时，享有获取相当的金钱或者其他经济利益（以下第7款中称为相应的对价）的权利。

5. 通过合同、劳动规定及其他规定作出关于相应的利益补偿的有关规定时，雇主和雇员之间作出的关于相应利益确定的标准的协商情况，采用标准的公示情况，雇员的意见听取情况都要进行综合考量，决定所确定的相应利益是否不合理。

6. 为了奖励发明，经济产业大臣应制定方针听取产业结构审议会的意见，综合考虑前款的规定，确定相应的指南，并予以公示。

7. 没有相应利益的相关规定或者根据相关规定确定的补偿，根据第5款的规定被认定为不合理时，根据第4款应该获得的相应利益的内容，必须根据雇主等用其发明应得的利益以及雇主等为发明所作出的贡献程度以及其他事由综合考虑决定。

对比平成十六年《特许法》可以发现，平成二十五年《特许法》第35条新增了第3款和第6款，并对第4款进行了细化。

（1）第35条3款（引入了雇主归属，与雇员归属的选择）。新修《特许法》中，为了消除关于职务发明申请专利权利归属的不确定问题，规定通过合同、工作规定及其他规定提前约定由雇主获得该权利时，申请专利权利从一开始即归属于雇主所有。

对于像大学、研究机构、中小企业等希望职务发明的申请专利的权利归属雇员的单位，以及没有制定职务发明相关的合同、劳动规定或者其他规定的法人，按照现行《特许法》，从发明产生日起，申请专利的权利即归发明人享有。

即使根据新修《特许法》，职务发明和相关的权利并不是一律全部归属于雇主，而是既可以归属于雇主也可以归属于雇员，是二者之间的选择。无论哪种情况，归属的权利始终都是申请专利的权利。

另外，《特许法》的修订大大降低了近来由于产品的精细化、复杂化导致的知识产权管理的难度，也为企业快速地批量管理知识产权提供了可能性，特别是在解决"两重让渡"和"申请专利的权利共有和共有情况下权利的归属"问题上。

（2）第35条第6款（为了决定相应的利益，对程序性规定的法定化）。根据新修《特许法》第35条第6款规定的程序，根据合同、劳动规定等确定相应利益，作出利益内容合理的判决的偶然性会增加，因此提起诉讼和作出支付比提供的利益高出很多的判决的可能性都会降低。故有劳动规定的企业，尤其是大企业，相比较而言会更灵活地给予发明人奖励。另外，新修《特许法》第35条第6款规定，经济产业大臣为了奖励发明，应当听取产业构造审议会的意见，指南中规定的考虑事项要进行公示，这个指南对适当的程序和规定的目的等作出了相关规定：①为了决定相应的利益，雇主和雇员之间的关于可分的定价的协议；②设计的相关标准的公示；③关于相应的利益的内容雇员的意见听取情况等。

（3）第35条第4款（现行的法定报酬请求权和实质上平等的权利的保障）。新修《特许法》第35条第4款规定，雇员通过合同、劳动规定及其他规定，向雇主转让申请专利的权利时，有权获得相应的利益（金钱之外其他的经济利益）。

现行制度中雇员等享有获得合理的对价的权利，对价由金钱支付，但是相应的利益并非只是金钱，研究经费、研究设备、待遇改善等费用也包括在内，新《特许法》中所指的相应的利益，除非被认定为不合理，否则就是指根据合约、劳动规定及其他规定确定的利益。在判断不合理性时重视程序性，在确定相应利益的计算标准时，要综合考虑雇主和雇员之间的协商情况，标准的公示情况，决定相应的利益时雇员的意见听取情况等要素（本条第5款）。

合同、劳动规定中没有相应的利益的相关规定，或者根据合同、劳动规定中的规定确定的利益被认为不合理时，综合考虑雇主因该发明获得的利益，雇主对相关职务发明的贡献度和雇员的待遇，以及其他相关事由决定（同条第7款）。

3. 平成二十七年《特许法》修订的影响

日本平成二十七年《特许法》的修订，对职务发明制度将会产生怎样的影响，值得持续关注。按照日本特许厅的计划，期待该法的修订能够产生如下效果[①]：

第一，现行制度中关于共同研究存在争议，即共同发明的情形下，雇主从本企业雇员（共同发明人 a）处承继申请专利的权利时，有必要获得另一公司雇员（共同发明人 b）的同意，因此便产生了权利承继的程序性问题。另外，共同发明过程中，雇员（共同发明人 a）发生人事调动时，需要重新获得同意，权利承继的程序也会变得更加复杂。在共同研究的必要性越发重要的今天，这些问题成为企业战略实施的一大阻碍，而让申请专利的权利从一开始就归属雇主的话，将有效地解决这一问题。

第二，现行制度中存在职务发明两重转让的问题，即作为发明人的雇员未向雇主通知直接将申请专利的权利转让给第三人的情况下，该第三人先于雇主获申请专利时，将申请专利的权利原始归属雇主也能有效解决这一问题。

---

① 日本特许厅，《平成 27 年特許法等の一部を改正する法律について》，平成 27 年特許法等改正説明会テキスト．

（五）主要判例

综观日本职务发明相关案例，主要有承继、对价请求权、对价计算时雇主所获利益的计算、雇主的贡献度、权利消灭时效以及职务发明的判定等问题①，其中社会上广泛关注且法律界也广泛讨论的依旧是相应的对价的计算问题，相关判决的数量从 2000 年前后开始下降。意义比较深远的有以下案例：

序号	被告	起诉年份	内容	法院认定的相应对价	判决日 / 相关法院
1	奥林匹斯光学工业（オリンパス光学工業）	平成七年（1995年）起诉 平成十一年抗诉 平成十三年上诉	CD 等读出装置的小型化相关发明专利的补偿研究	一审：判决250 万日元 二审：判决250 万日元 三审：维持二审判决	H11.4.16. 东京地方裁判所 H13.5.22. 东京高裁 H15.4.22. 最高裁判所
2	日亚化学工业（日亚化學工業）	平成十三年（2001 年）起诉 平成十六年抗诉	发明人中村修二教授向日亚化学工业株式会社就 1993 年开发的蓝色发光二极管职务发明请求	判决 604 亿3006 万日元补偿金	H16.1.30. 东京地方裁判所
3	味之素（味の素）	平成十四年（2002 年）起诉 平成十六年抗诉	因人工增味剂大量生产，专利权所有人的雇员请求补偿金	判决补偿 1 亿9935 万日元（支持了原告部分诉讼请求）	H16.2.24. 东京地方裁判所
4	日立金属（日立金属）	平成十四年（2002 年）起诉 平成十五年抗诉	雇员请求补偿金②	一审：1233 万日元 二审：1379 万日元	H15.8.29. 东京地方裁判所 H16.4.27. 东京高等裁判所

1. 奥林匹斯光学工业（オリンパス光学工業）案③

奥林匹斯光学工业案是与专利权相关的案件，该案件因时间上恰逢平成十六年《特许法》的修订而知名，尤其是东京高裁对"合理的对价"作出了全面的判断，

---

① 田村善之，山本敬三爱编，《職務発明》2005 年 3 月 30 日，有斐閣，第 52—108 页.

② 東京高裁平成 15（ネ）4867 特許権民事訴訟事件判決（H16.4.27）.

③ 東京地裁平成 7（ワ）3841 判决（H11.4.16.）時報 1690 号 145 页 참조，東京高裁平成 11（ネ）3208 判决（H13.5.22.）時報 1753 号 12 页）参考和最高裁 판결（H15.4.22.）最高裁 HP《知的財産権裁判例集参考.

这具有重要意义。东京高裁的判决内容如下：

（1）虽然劳动规定及其他规定中作出了雇主可以承继专利权等的规定，但是未经雇员的同意，雇主不能直接确定雇员所应获得的合理的对价的数额。

（2）依据《特许法》第 35 条第 3 款、第 4 款中有关职务发明的规定，向雇员支付一定的合理对价具有正当性。

（3）由于《特许法》第 35 条第 3 款是强行性规定，根据该规定计算出的对价数额不具有合理性时，雇员可以请求额外的对价。

上述判决中将《特许法》第 35 条第 3 款"合理的对价"的规定解释为强行性规定，即使按照劳动规定等支付了相应的对价，若支付的对价不具有合理性，不足部分工作人员依然享有请求权。这一点意义重大。

另外，在本案件的上诉审判决中，日本最高法院认为，由于在将专利权的内容和价值具体化之前无法确定对价额的确数，应当根据第 35 条的目的和内容，而非依据合同、劳动规定等确定对价。工作规定中确定的对价只是属于合理对价的一部分，不是合理对价的全部，只有在对价的数额不符合第 35 条第 4 款的目的时才这样解释。因此，当雇员根据劳动规定等计算的对价金额不足时，根据第 3 款规定享有对不足部分的请求权，这是东京高裁判决的主要内容。

日本最高法院判决没有采用东京高裁的合理性标准说[①]分析对价的合理性，而是采用合理金额标准说[②]，即法院直接介入并决定合理的对价。最高法院的裁判思路遭到了广泛批判[③④]。尽管如此，最高法院将昭和三十四年《特许法》第 35 条第 4 款中的"合理金额标准说"作为确定对价是否合理的标准并作出最后判决具有重大的意义，后续的多数判决也继续采用这种标准。

此外，职务发明的对价应当综合考量雇主和雇员之间的各种情况决定，作为第三人的法院关于对价计算的妥当性难以具有客观判断的审查能力。对于职务发明合理对价的计算，就像工资水平的确定一样，不提倡第三人实质性介入。并且，针对这一判决，有人提出了这样的疑惑：只支付给一部分发明人高额的对价，是否符合雇主和工作人员整体的利益，以及是否对知识产权政策有益。[⑤]

---

① 合理性标准说（合理性基準設）对价计算参照《特许法》第 35 条第 3 项、第 4 项作为判断合理性标准的学说，即使对价金额不适当，只要被认定为合理，即有效。

② 适当金额标准说（滴定額基準設）以及修订前专利法第 4 款，考虑雇主获得的利益额和贡献度算定适当的对价金额，保障雇员能够获得相应的对价，符合专利法第 35 条第 3 款的立法目的。

③ 田村善之，山本敬三编，同前书，第 169—173 页。

④ 金三秀，同前书，第 12—13 页。

⑤ 永野 周志，《特許権制度の存在理由と職務発明制度——特許法 35 条批判（1）》，パテント，2004，Vol. 57 No. 4.，第 59—71 頁．

2. 日亚化学工业（日亜化學工業）案 ①

在本案中，关于相应的对价计算和消灭时效，曾存在争议。

首先分析相应的对价计算时的相关争议。原告中村修二博士认为在计算合理的对价时，雇主承继该发明的相关权利而获得的利益应当解释为独占该发明专利所能获得的利益 ②。这里独占的利益是指：（1）职务发明专利在本公司实施时从发明中获得的超额收益；（2）向其他公司许可实施专利时，因许可而获得的实施费收益。因此，原告主张本案专利权的相应的对价 ③ 应采取下列计算公式：

> 相应的对价 = 独占使用专利权获得的利益 × 专利权的贡献度 × 发明人的贡献度

对此，本案被告日亚化学工业株式会社主张应采取以下公式进行计算：

> 相应的对价 = 营业额 × 向竞争对手提供禁止实施发明的依据的费用 ×
> 实施费率 × 发明人的贡献度

关于本案独占的利益的算定，法庭认为本案被告独占利益的计算方法包括以下两种：（1）根据被告公司的超额营业额中获得的利益计算；（2）被告在向竞争企业许可使用专利发明时根据许可费收入计算。本案中根据方法一计算相关资料不明确，因此采用方法二进行计算。

首先被告日亚化学工业株式会社仅在平成六年至平成十四年半导体发光二极管的营业额就达到 2398 亿 5100 万日元。根据推测的被告公司整体市场成长率以及市场占有率及成长率，截至专利到期日 2010 年，公司发光二极管的营业额总共可达 1 兆 1054 亿 3540 万日元。此外，预计公司采用半导体发光器件技术的半导体激光二极管在专利到期期间卖出额可达 1031 亿 6587 万日元，因此本案被告因该专利发明获得的营业额合计可达 1 兆 2086 亿 127 万日元。

如果被告公司向同行业竞争企业许可专利实施权，接下来的实施费至少占营业额的二分之一，被告和竞争公司相比，能够继续生产亮度更好的蓝色发光二极管（LED）和半导体激光二极管，维持市场上的优势，由此可以认定本案被告独占此专利发明。推测实施费率至少应为销售额的 20%。④ 因此被告公司因独占本案专利发明所获得的利益（独占的利益）至少为 1208 亿 6012 万日元。发明人的贡献度根

① 東京地裁平成 13（ワ）17772 判决（H16.1.30.）中最终判决，判时 1852 号，参照第 36 页。

② 原告称之为"独占的利益"，法庭也如是引用。

③ 判决书记载原告新的主张以高林龍《標準特許法》第 74—75 页［有斐閣·平成十四年］为依据。

④ 被告日立化学工业主张本发明专利是没有被利用的没有实效价值的技术，法庭最终裁判该技术是以营业额的 10% 被赋予独占权的重要的技术。

据多种情况可以推断不低于 50%，因此按 50% 来计算是妥当的，结果判决相应的对价是 604 亿 3006 万日元。另外，关于消灭时效的争议，被告申请一个专利 1 万日元，权力关系成立每个专利需补偿 1 万日元的申请补偿金和注册补偿金，而且，由于所谓实质补偿的金钱的支付还未确定，本案中申请专利的权利从承继时（最晚在专利申请日平成二年 10 月 25 日）开始计算消灭时效。主张超过消灭时效，法庭认为，原告虽然从被告公司处得到了申请和注册时应得的各 1 万日元的补偿，但是直到接受该专利设定注册日即平成九年 4 月 18 日 1 万日元的补偿金为止，被告支付的补偿金的金额和给付时间都不确定，所以相应的对价请求权的消灭时效从专利注册补偿金之日起算比较妥当。虽然日亚化学工业案最终以和解结束，但是一旦作出巨额对价的判决，将在全世界引发巨大波动；积极预测未来市场计算合理的对价，发明人的贡献度不是通常的 5%，而被认定为 50%，奥林匹斯光学案和平成十六年《特许法》的修订成为转变的导火索。

3. 味之素（味の素）案 [①]

味之素案专利权转移之前申请登记手续存在争议，相关事项如下：

（1）争论 1：《特许法》第 35 条是否适用于外国的专利；

（2）争论 2：《特许法》第 35 条中相应的对价；

（3）争论 3：根据原告的对价请求权时效是否已经消灭。

关于争论 1，原告主张根据《特许法》第 35 条第 3 项，其在国外申请的涉案编号 3 到 10 的专利发明的承继中享有对价请求权。被告认为条款中"申请专利的权利"中不包括在国外申请专利的权利，因此在国外申请专利的权利的承继对价请求权不适用。法庭认为《特许法》中的"申请专利的权利"并没有排除在国外申请专利的权利，因此原告因在外国申请专利的权利的承继而获得的利益也应包含在算定对价的数额内。

关于争论 2 相应的对价，对于应该综合考虑"雇主因实施发明而获得的利益的金额"和"雇主的贡献度"计算对价这一点没有争议。会计账面上的特许权使用费收益（131 亿 5700 万日元），非账面特许权使用费收益（114 亿日元），欧洲分公司买入时将专利权作为谈判工具获得的价格优惠（13 亿 6877 万日元），APM 国内销售的独占性收益（38 亿日元）合计为 297 亿 2577 万日元，原告的贡献率为 5/6，因此原告请求支付 247 亿 7147 万日元的补偿金 [②]。法庭以特许权使用费收益的一部分 44 亿 6800 万日元，在欧洲的许可费 3 亿 700 万日元，国内 APM 销售获利 31 亿 99 万日元，共计 79 亿 7400 万日元算定被告获得的收益额。其中扣除公司

① 東京地裁平成 14（ワ）20521 判决（H16.2.24.），判时 1853 号第 38 页参照.

② 实际裁判中支付了请求权的一部分 20 亿日元。

的贡献度95%，共同发明人之间原告贡献度50%，算定应支付对价1亿9935万日元，其中原告已经收领了100万日元的补偿金和奖励金，判决原告最终应该获得的相应的对价的不足额为1亿8935万日元。

关于争论3原告请求权的消灭，本案中原告向被告转让涉案发明的申请专利的权利之日，即昭和五十七年1月时起，由于劳动规定中没有关于雇主何时向雇员支付对价的条款，申请专利的权利向被告转让之时应当作为获得相应的对价的权利消灭时效的起算点。根据《特许法》第35条，职务发明相应的对价的请求权是雇员享有的法定权利，消灭时效期间为10年，被告平成十一年制定了专利补偿规定，职务发明专利以本规定为依据进行补偿的审查，原则上该职务发明专利申请后经过10年、15年、20年，公司获得显著经济利益等特殊的情形下，专利补偿委员会也可进行针对其他时期的补偿的审查、推荐。

昭和五十四年（1979年）规定追溯至4月1日以后申请的职务发明适用的宗旨（第15条第2x款）[1]。平成十三年1月17日根据专利补偿委员会的审查，由于已经向原告支付了本案所涉及的各个发明相关的专利补偿金，基于专利补偿规定的制定和发明等处理规定的修改而作出的专利补偿金，其性质属于实际意义的补偿，属于《特许法》第35条第3项、第4项规定的相应的对价的一部分，因此该支付债务在时效完成后，应该被认为是对该债务的承认，故被告对该债务引用消灭时效进行抗辩有违诚实信用原则，该判决是妥当的。

4.日立金属（日立金属）案[2]

2004年4月27日，在永久磁铁的发明人——日立金属前公司职员岩田雅夫向公司请求9000万日元发明补偿金一案中，东京高裁作出判决：命令公司支付发明带来的总收益的10%，1265万日元，为公司创收的职务发明中，发明人雇员的贡献度为10%，公司的贡献度为90%。

同一案件，2003年8月，东京地裁判决：雇员应获得的相应的对价金额为

[1]　発明等取扱規程（平成11年10月1日改定）第5条和第15条第2項如下：第5条従業員が職務発明をした場合は，その職務発明につき日本国および外国において，特許，実用新案登録または意匠登録を受ける権利（以下《登録を受ける権利》という。）を会社に譲渡しなければならない。ただし，会社が登録を受ける権利の承継を希望しない旨を当該従業員に通知した場合は，この限りでない．

第15条②第9条の規定は，1979年1月1日以降，特許出願された職務発明について，遡って適用する．

[2]　東京地裁平15.8.29.判決，判時1835号第114頁及東京高裁H16.4.27.判決，平成15（ネ）4867案，判時1872号第95頁参照．

1128 万日元。

原告就"专利申请时公司用于奖励其发明的 103 万日元的奖金的给付"提起诉讼。本案中原被告双方就相应的对价存在争议。法庭认为《特许法》第 35 条第 3 项"相应的对价"是以"扣除雇主获得的无偿的通常实施许可的价值后,剩余的专利的价值"为标准计算的。这里应当考虑"发明完成时雇主的贡献度",具有确定的比例,合理的对价计算公式如下:

> 相应的对价 =（专利权的价值 – 法定通常实施许可的价值）× 发明人的贡献度比例
> 专利权的价值 =（企业因发明而获得的收益 – 支出费用）× 专利权的贡献比例
> 法定通常实施许可的价值 =（企业因实施通常实施许可获得的利益 – 支出费用）× 专利权的贡献比例

法庭具体的补偿金额:被告雇主获得的利益金额从平成十年 9 月开始到平成十四年 5 月为止共计 1 亿 8637 万日元,平成十四年 6 月到平成十五年 11 月的专利使用费合计 1462 万 4750 日元,共计 1 亿 3787 万 3387 日元。雇主的贡献度认定为 90%,因此雇员获得的收益为 1378 万 7000 日元,除去之前给付的 113 万 7000 日元补偿金,确定的最终补偿金数额为 1265 万日元。

5. 其他案件:野村证券株式会社案[①]

本案原告野村证券株式会社的雇员根据平成十六年《特许法》第 35 条第 3 项和第 5 项,就"缩短证券交易所电脑电子信息的传送迟延时间的方法"的职务发明,请求转让申请专利的权利所应被支付的"相应的对价"(请求额 2 亿日元)。

本案的争论焦点不仅仅是对价的算定,而且是首例在公司的规章中提前作出约定的情况下判定对价合理性的案件。法庭认为,根据《特许法》第 35 条第 4 项,雇主在劳动规定或其他规定中事先约定承继职务发明专利相关权利时对价计算方法的,关于算定的对价金额的合理性判定问题,需考虑以下几点:(1)雇员和雇主关于决定对价的考虑要素的协商情况;(2)计算考虑要素的公示情况;(3)雇员关于对价数额算定的意见听取情况;(4)其他。本案中,被告的行为既不满足 1—3 三要素的要求,也不能明确其他要素中能够替代前三个要素证明其行为,因此被告根据约定支付对价(仅支付了申请补偿金,未支付实施补偿金)的行为应被判定为不合理。

本案中,根据该发明有无获得独占收益,得出原告无权请求根据该发明获得相应的对价的结论。本案是平成十六年《特许法》修正后首次适用的因对价支付的合理性产生纠纷的案件,即对补偿规定程序的合理性问题作出破格结论

---

① 东京地判平 26.10.30. 判决,H25（ワ）6158 案判决参照.

的案例。

除了上述列举的案例以外，还有很多在职务发明合理的对价计算时，综合考虑雇主获得的利益、市场占有率，计算独占性利益等因素作出判决的案例[1]。

但随着平成二十五年《特许法》的修订，职务发明相关诉讼的主要争议问题从原来的对价请求权、对价算定等逐渐发生了转变。

（六）展望

平成十六年《特许法》的修订，提高了雇主等对对价数额预测的可能性，同时也提高了雇员的满意度，但是很多企业指出相应的对价的请求权是企业经营上的危险因素，鉴于这一点，根据平成二十五年《特许法》的修订，关于职务发明的雇主归属制度的内容应进一步修订，以期降低雇主诉讼的危险负担。但同时有人担忧，研究人员、技术人员等可能会因此丧失自己的权利，导致其从事研究开发的积极性降低。

根据最近的发展趋势，遵循严格的程序性规定制定的补偿规定计算的职务发明的补偿金为"合理的补偿"，公司给予雇员的补偿低于合理的补偿，即使提起职务发明补偿金请求诉讼，法院介入追偿补偿金的情况也逐渐减少，这反映了日本职务发明制度新的面貌和变化，对情绪、社会环境、企业文化和职务发明制度都很相似的韩国来说也有借鉴意义。

第三节　职务发明的经济学探究

世宗大学法学部教授、大韩律师协会法制研究院院长
崔昇宰（최승재，CHOI Sung Jai）

一、职务发明的诱因设计：劳动合同与职务发明问题

（一）劳动产物的归属体系

劳动成果的归属问题由劳动（雇佣）合同确定。[2]劳动合同通常规定工作人员的劳务成果归属雇主所有。例如工人制造出来的椅子归属雇主所有，而且该雇主可以根据自己的计划任意出售该椅子。原因就是通常雇佣合同的内容就是劳动人员

---

[1]　东京地判平成 19. 6. 27. 判决平成 17（ワ）2997 案参照.

[2]　美国的情形是，离职后一定期间内完成的发明仍由前雇主承继的条款（trailing clause）。在这种情形离职的职员在实际专利发明申请之时已经不是劳动人员。因此这种条款若想针对职务发明，至少关于该职务发明的设想应当在劳务关系存在时完成。这一点在实务上应依据研究开发记录来加以推断。

为雇主提供劳务（劳动给付义务），得到相应的工资（工资支付义务）。因此劳动人员需承担雇佣合同中规定的提供劳务的义务，一般情况下雇主可以使用产生的劳动成果并以此获益。[①] 德国《民法》第 950 条规定，雇主原始取得依据雇佣合同作出的物品的所有权。[②] 按照这样的逻辑，作为劳动人员获得薪资的对价，提供劳务过程中产生的知识产权也应当归属雇主所有。所谓职务发明，是指"雇员等作出的与职务相关的发明，性质上属于雇主等的业务范围，且发明行为属于雇员等现在或者过去的职务范围内"的发明（《发明振兴法》第 2 条）。[③] 关于职务发明的所

---

① 对于雇用的厨师制作的菜肴或者雇用的木匠作出的建筑物，并非其所有权归属厨师或者木匠，然后再承继给雇主，而是直接归属雇主所有。因为根据双方的约定，给付被雇佣者的工资就是对他们制作的菜肴或者建筑物的补偿。如果这些人认为自己提供的劳动未得到合理的对价补偿（假定劳动市场具有灵活性且评判具有中立性），为了获得更高的工资换了工作，那么根据工资作出的补偿自动进行。如果想自己拥有椅子，不再被雇用而是自己雇用自己就行了，即成为雇主。贯彻这种理论的话，如果在雇用该雇员时，为了雇用另外的能够作出更多职务发明的人，愿意支付更多的薪水或报酬的话，为了使其他的追加补偿正当化，需要这一论据。最终补偿根据资源的稀缺性、劳动市场的需要和供给原则解决。好比让莱昂纳多·达·芬奇画壁画和让一个完全没有艺术造诣的画家画报酬是不同的，对照这个例子将很容易理解。

② §950 Verarbeitung（1）Wer durch Verarbeitung oder Umbildung eines oder mehrerer Stoffe eine neue bewegliche Sache herstellt, erwirbt das Eigentum an der neuen Sache, sofern nicht der Wert der Verarbeitung oder der Umbildung erheblich geringer ist als der Wert des Stoffes. Als Verarbeitung gilt auch das Schreiben, Zeichnen, Malen, Drucken, Gravieren oder eine ähnliche Bearbeitung der Oberfläche.

（2）Mit dem Erwerb des Eigentums an der neuen Sache erlöschen die an dem Stoffe bestehenden Rechte.

与此相比较的是，韩国《民法》第 655 条仅规定劳务提供义务，"用佣是指当事人一方向另一方约定提供劳务，另一方约定支付报酬，效力产生。"

③ 并非只要具有职务关联性就不问职务内容全部认定为职务发明。将职务的具体内容展开，雇员进行的发明的补偿和归属问题根据发明是属于雇员固有的业务范围或者附属的业务范围内差别对待。但是从经济的效率性角度来看，对归属问题的争议进行探讨即使没有实际利益，这些分类也依旧存在。雇用目的不同的发明，不是为了研究和发明而雇用的人，如食堂里一般雇用的厨师或者根据设计图纸进行木质建筑物建造而雇用的木工。厨师在做菜时发挥创造力作出了其他厨师没有做过的全新种类的美食，或者发明了从前没有的更方便的厨房用具，或者木匠根据设计好的图纸建筑的时候将不便的地方进行改造，发明出全新的建筑方法，或者发明了很有效的木工器械的话，这些发明行为不是被雇用人——厨师或者木工的固有业务范围，仅仅属于附属的工作范围，被雇用人的工资不能看作这些发明对应的补偿。因此业务外特别作出努力的产物的职务发明应当归属于发明人所有，该发明如果被雇主取得而没有给予工资或者其他形式的补偿的话，则认为他不是业务范围内的创作行为。如果雇主认为这种努力很重要的话可以给予薪水之外的其他奖励。因此这个问题虽然可以看作职务发明在立法上该如何定义的问题，同时依然是在经济的效率性的层面上法律的介入程度和法律设计的方式问题。

有权归属和劳动人员生产的椅子的所有权归属问题需要区别看待的原因值得探讨。这就是诱因设计的第一个问题——归属问题。

（二）劳动成果的补偿体系

《发明振兴法》第15条规定，"对于雇员等将职务发明申请专利的权利或者专利权，如果通过合同或者劳动规定由雇主等进行预约承继，或者由雇主设定专用实施许可的情况下，有权获得合理的补偿"。[①] 关于公务员的职务发明，第10条第2项中规定国家或者地方自治团体承继相关权利时应支付合理的补偿。此时补偿金支付的必要事项由总统令或条例作出规定（《发明振兴法》第15条第7项）。与公务员的职务发明情形不同的是，对于雇员作出的职务发明，存在根据当事人之间的协议确定合理补偿的情况，这些协议中虽有单独制定的情形，但大多数情况下都是根据团体协商、劳动规定、服务规定等事前订立。但是在《发明振兴法》的条文下，根据这些协定确定的补偿的合理性问题引发持续性争议产生纠纷时，最终由法院决定合理的补偿金。[②] 违反《发明振兴法》有关为职务发明合理补偿的

---

① 《发明振兴法》第15条：

1. 雇主等对于第一项中补偿相关的补偿状态和补偿金额的决定标准、支付方法等应当明确指定补偿规定并书面告知雇员等。（2013年7月30日修订）

2. 雇主等在制作第二项中的补偿规定时应当与雇员合议。但是补偿规定向雇员不利的方向修改时，要经过该合同或者规定适用对象的雇员等的过半数同意。（2013年7月30日修订）

3. 雇主等在对第1项中规定的获得补偿的雇员根据第2款的补偿规定决定补偿金额时要讲具体事项书面告知雇员等。（2013年7月30日新增）

4. 雇主等根据第3项中规定的应当合议或者获得同意的雇员的范围、程序等必要的事项由总统令确定。（2013年7月30日新增）

5. 雇主等根据第2项到第4项的规定向雇员等进行补偿的时候要支付合理的补偿。但是，该补偿额根据雇主等根据职务发明获得的利益以及雇主和雇员等为发明完成的贡献度综合决定。（2013年7月30日新增）

② 韩国大法院认为"《发明振兴法》第2条规定所谓'职务发明'是指雇员、法人的人员或者公务员（以下简称雇员等）作出的和职务相关的发明，性质上属于雇主、法人、国家或者地方自治团体（以下简称雇主等）业务范围内，发明行为属于雇员等现在或者过去职范围内的发明"。第10条第3项中规定，"对于非职务发明，提前通过合同或者劳动规定约定将获得专利的权利承继给雇主等或者设定专用实施许可的条款无效"。这一条款是为了保护相对雇主而言处于弱势地位的雇员等的利益，同时奖励发明。与此相同的立法宗旨，若合同或者劳动规定规定了非职务发明的情形，该合同或者劳动规定并非全部无效，与职务发明相关的部分依旧有效。另外《发明振兴法》第15条第1项规定，"雇员等将职务发明相关的获得专利的权利或者专利权通过合同或者劳动规定承继雇主等或者设定专用实施许可时有权获得合理的补偿"。即使合同或者劳动规定中并没有关于补偿的相关条款。该合同或者劳动规定本身有效，雇员享有从雇主等处获得补偿的权利。职务发明获得专利的权利或专利权承继或者专用实施许可设定与合理补偿金的支付不是同时进行的关系（大法院2012年11月15日宣告2012 Do 6676判决）。

规定，规定职务发明补偿金请求权的产生、行使和合理的补偿金数额的限制等的合同或者劳动规定无效。①

德国《雇员发明法》第 20 条第 1 款②明确规定合理补偿的请求权（einen Anspruch auf angemessene Vergütung）③。该条规定对于在劳务关系存续期间作出的发明，劳动人员需向雇主申报，如果雇主使用该发明，则须支付对价。④ 在德国，若劳动人员向雇主告知该职务发明的事实的，雇主承担申请该职务发明的义务，并支付相应的对价。这种情况下所要支付的补偿金是通过工资协议等公司内部协议加以确定的，这一点有别于单独订立的与工资相关的合同。与此类似的是，德国的职务发明补偿问题本质上是协议的问题。协议的方式可以多种多样，如支付固定金额，或者将补偿金的组成分为固定金额部分再加与成果联动部分这样的方案⑤，或者完全的成果联动型方案等。

然而美国的职务发明制度分为三种类型。⑥ 首先，没有专门规定私营企业职务发明的法律。⑦ 这与德国依据法律规定补偿金支付请求权的方式是不同的，美国规

---

① 首尔中央地方法院 2009 年 1 月 23 日宣告 2007 Gahab 101887 判决。本案上诉审首尔高等法院维持原审中的态度，认为"《特许法》中认定的职务发明补偿金请求权为了保护和雇主相比处于劣势的雇员的利益以及振兴发明创新，旧《特许法》中的职务发明补偿金规定是强制规定，因此禁止补偿金请求权的发生、行使以及对补偿金金额进行限制的合同或者劳动规定无效。而且职务发明补偿金作为转让获得专利的权利的对价，是法定债权，和劳动的对价工资在性质上就是不同的概念，因此当事人之间不可以在没有明确约定的情况下以普通的薪水、成果费等作为对职务发明的补偿"（首尔高等法院 2009 年 10 月 7 日宣告 2009Na 26840 判决）。韩国大法院也驳回了所有的上诉，维持原判决（大法院 2011 年 9 月 8 日宣告 2009 Da 91507 判决）。

② Arbeitnehmererfindergesetz § 20（1）Für technische Verbesserungsvorschläge, die dem Arbeitgeber eine ähnliche Vorzugsstellung gewähren wie ein gewerbliches Schutzrecht, hat der Arbeitnehmer gegen den Arbeitgeber einen Anspruch auf angemessene Vergütung, sobald dieser sie verwertet. Die Bestimmungen der §§ 9 und 12 sind sinngemäß anzuwenden.

（2）Im übrigen bleibt die Behandlung technischer Verbesserungsvorschläge der Regelung durch Tarifvertrag oder Betriebsvereinbarung überlassen.

③ WIPO 的英文译本中翻译为 "entitled to reasonable compensation"。

④ 2002 年《雇员发明法》修订的基础，德国 2001 年《雇员发明法修订案》，http：//www.bmj.bund.de/images/10333.pdf 参照。

⑤ 联动的成果也可以通过合同对销售进行联动。利益也可以进行联动，也可以参数联动后作为其成果的一部分进行职务发明补偿。

⑥ 신혜은，《각국 직무발명제도의 비교법적 연구를 통한 직무발명제도 개선방안》，高丽大学法学硕士学位论文，第 59—60 页。

⑦ 联邦法虽然没有对美国《专利法》上职务发明相关的规定，州法律的层面上对此进行了成文法规定，例如加利福尼亚、明尼苏达、查斯北、华盛顿、犹他州等有成文法规定（신혜은，同前论文，第 61 页）。

定采取通过雇员和雇主之间的合同来约束当事人之间的关系。[①] 对于雇员在履行职务过程中取得的发明，根据明示或者默示的转让合同来确定职务发明的归属。[②] 如果合同中并无关于雇员的发明归属问题的规定时，若存在解决特定发明或者特定问题而制定的雇佣合同，雇主也可以向雇员转让该发明。[③] 即使雇主无法继受该发明相关权利时，雇员等专门为了进行这项发明而被雇用的期间产生的该发明的设想，在自己的私人时间内将该设想发展成发明的情形；或者雇员并非以发明为目的被雇用，但是在公司的工作时间内利用公司的资源进行职务发明的情形，这些发明归属于雇员，雇主基于公平性也享有无偿使用的权利。[④] 其次，有关美国联邦政府公务员作出的职务发明问题。若发明是公务员在工作时间内进行的，使用国家的设备、材料、资金或者接受国家提供的信息，或者其他公务时间或劳务等作出的发明，该发明相关的权利、权限以及利益由联邦政府享有。[⑤] 最后，对于大学教授作出的发明，通常情况下根据大学教授和大学之间的合同转让相关权利。根据 1980 年修订后的美国《专利法》（又称为 Bayh-Dole Act）[⑥]，如果该教授从联邦政府或者联邦政府下属机构处获得研究经费支持，大学保留发明相关权利的同时，联邦政府享有无偿的普通实施许可（该法第 200 条）。根据 1980 年《专利法》的修订，对于获得联邦政府的研究经费支持，在大学里实现的发明，由于原则上进行该研究开发的大学享有专利权，因此该大学可以将发明产业化。联邦政府通过第 203 条介入权（march in right）的规定，使得在具备一定条件的情况下，企业等可以从大学获得强制许可实施权实施该发明。

（三）高效的诱因设计

从经济学的观点来看，职务发明如何进行立法的问题，基本上都会围绕上述两个问题进行，也就是说职务发明的归属问题和职务发明的补偿问题。对于补偿问题，造成过度补偿和过少补偿的诱因体系的影响以及补偿体系事前确定的情形和事前

---

① 每个大学情况都不同，但是通常协议支付 30% 左右的收益以换取所有权。Birgit Will & Roland Kirstein, Efficient Compensation for Employee's Inventions. An Economic Analysis of a Legal Reform in Germany, Center For the Study of Law and Economics（2002-8）p. 1.

② 有时候在能否看作明示转让的问题上存在争议，能够证明是默示转让的有力的证据有：（1）是否为了雇主将运用发明的能力作为职务分配给雇员等；（2）该企业中有相同立场的雇员将发明转让给雇主的惯例，该雇员指导该惯例或者能够推测；（3）该雇员是否有将自己的发明该转让给雇主的先例（신혜은，同前论文，第 59 — 60 页）。

③ 신혜은，同前论文，第 61 页。

④ 这种无偿实施权被称作 shop right。

⑤ 신혜은，同前论文，第 63 页。

⑥ 美国《专利法》35 U.S.C. § 200-212。

未进行补偿的相关规定，但对事后如何进行补偿规定的情况进行比较可以找到立法的方向。职务发明的归属和补偿问题能否达成经济上的效率性这一点将在下文进行展开。

二、不同的职务发明归属制度分析

（一）法学界热衷于归属问题

从法学界争议焦点来看，就像激励的产生那样来论证专利权人应当对发明享有所有权的情形是司空见惯的。[①] 由于特许法上采取"发明人主义"原则，申请特许的权利（《特许法》第 33 条）原始归属发明人所有。

但是《发明振兴法》承认雇主等对职务发明的法定普通实施许可，并承认将相应的申请专利的权利承继给雇主等的事前约定的有效性（《发明振兴法》第 10 条、第 13 条）。[②] 另外根据国家公务员法和地方公务员法，国家公务员和地方自治团体公务员的职务发明根据《发明振兴法》第 10 条第 2 款归国家所有，但是国立、公立学校教职人员的职务发明相应的专利权归属相关负责组织所有。[③]

日本《特许法》采取了和韩国法相同的观点，日本《特许法》第 35 条规定，如果该发明属于雇主等的业务范围，和雇员等的职务相关，进行发明的行为属于雇员等现在或者过去的职务范围内，则该发明属于职务发明。采用"发明人主义"原则，即承认雇主等的普通实施许可权，专利权承继的事项进行事前约定是有效的。[④]

德国传统上注重大学的自治，对于大学教授的发明，在 2002 年 2 月《雇员发明法》修订之前，一直被视为自由发明，修订之后对于大学教授的发明也被广泛纳入职务发明的范畴。受此影响，日本也于 2004 年 4 月国立大学法人化之后，将原先大学教授的发明作为自由发明转变为职务发明，并规定原则上发明归属于机构所有。[⑤]

---

① 笔者在 2002 年法律新闻上看到"职务发明和自由发明——看三星电子'天地人键盘案'"开始主张有必要考虑将归属的原则从发明人主义原则向雇主主义的原则转换。相关争议请参见：최승재，《IT 기술과 법》，홍익대학교 출판부（2006），第 178—193 页。

② 조영선 执笔部分，《특허법주해》，박영사（2010），第 454 页。

③ 《发明振兴法》第 10 条规定："公务员的职务发明相关权利由国家或者地方自治团体承继。国家或地方自治团体承继来的权利国有或者公有。但是根据《高等教育法》第 3 条规定，对于国立、公立学校教职人员专利发明的相关权利，根据《技术转移和促进法》第 11 条第 1 款中的负责组织承继，权利由负责组织享有。"

④ 韩国赋予雇员保密义务、发明完成通知义务；雇主承担是否承继的通知义务。日本没有这种规定。关于两国的差异事项，请参见：임윤혜，《해외주요국의 지식재산법 제도 및 정책동향 조사·분석 - 특허 부문 조사·분석》，한국지식재산연구원（2012），第 352 页。

⑤ 조영선 执笔部分，《특허법주해》，박영사（2010），第 459—460 页。

对这种归属问题的热衷，不仅仅是职务发明的归属问题，各种共同研究开发时的知识产权的所有权归属问题[①]等知识产权权利分配的问题，也成为韩国法上争议最大的部分。[②]

（二）评析[③]

1. 对雇主和雇员的职务发明贡献度进行综合考量的必要性

职务发明是雇主和雇员之间相互作用产生的成果。雇主雇佣雇员并支付对价，雇员接受雇用的理由之一就是雇员有权灵活应用职务发明。雇员根据自身为发明作出的努力的程度确定能否使用，若雇员为职务发明付出努力相应的费用应增加。[④]这时要看研究项目是否成功，失败则只消耗了费用，此项目即终止；成功则要决定是否申请专利，若不申请专利项目也会终止。[⑤]若公司决定申请专利，为了增大其价值，将为其产品化和市场化展开一系列的活动。[⑥]雇员所做的事情是成功完成研究项目，雇主则努力增加其附加价值。

从社会性的角度来看，雇主和雇员合作的话可以达到良好的效果。[⑦]这种效果中无论谁拥有所有权都是无关紧要的。职务发明规则的效率性和职务发明所有权归属是采用"发明人主义"原则还是"雇主主义"原则与经济角度的效率性无关，[⑧]仅与雇主和雇员之间的分配，即对雇员的补偿体系有关。

2. 职务发明归属的效率性与中立性

在职务发明法律制度中，对于最初职务发明的归属问题是采取"雇主主义"还是"发明人主义"原则的问题，所有权初始阶段的归属问题仅仅是初始禀赋问题（issue of initial endowment）。

---

① 从《国家研究开发管理规定》（总统令）修订以及相关的政策简报资料和文章来看，毫无疑问的是，"从研究开发的产物属于主管研究机关单独所有的原则向"研究机关所有原则"进行转换，这有利于产学研共同研究以及能使研究产物得到活性化（更好的利用）"，如果产生"活性化"的问题，就会归结为"谁所有"的问题。仅解决归属问题的话能否真正实现活性化的政策目标。金融新闻，"增强政府研究课题研究者的自律性，未来的财富，国家研究开发事业的惯例等相关规定修订案从 8 日起开始实施"。2014 年 8 月 7 日刊载。

② 韩国《著作权法》中以法人等的名义公布业务上的著作，只要没有特别的约定或者规定，该法人视为著作权人（《著作权法》第 9 条）。

③ Birgit Will & Roland Kirstein, op cit, pp. 4—6.

④ $c(e)$ 中 $c(0)=0$, $dc/de > 0$, $de(0)/de=0$, $d2c/de2 \geq 0$.

⑤ 这时成功的概率变成 $p(e)$, $dp/de > 0$, $d2p/de2 \geq 0$, 失败的概率是 $1-p(e)$。

⑥ 这时用函数来体现公司的活动的话 $f \in [0,1]$ 成功的项目的价值是 $Y(f)$了。这时 $Y(0) > 0$, $dY/df > 0 > d2Y/dY2$。这时只能增加雇员的价值，企业追加这种活动的费用。

⑦ $e*, f* > 0$. 通过最大的努力为获得最大的价值增大努力。这种状态下从社会性的角度来看 $\Sigma(e*, f)$ 可以最大化。这种结果和雇主不追求社会利益的最优化而追求自身利益最大化相同。

⑧ 최승재，《직무발명의 보상과 직무발명보상보험의 가능성》，법률신문 3398 호（2005.09）。

但是无论初期所有权归属于谁，没有交易费用①就可以协商的话，双方都可以得到各自想要的最终结果。②雇员想得到的，除了发明人本人的署名权之外，多数情况下并不是专利权本身的所有问题，而是在和雇主确立劳务关系时雇员当时的意图，也就是将自己的发明物归属雇主所有。雇主作为运用该职务发明进行交易的一方需要的是该职务发明。需要确定有无承继必要性的机制，即职务发明通知义务（duty to report）。通知之后雇主决定放弃该发明时，该发明归属雇员所有，这种通知义务不随归属对象的不同而改变。因为适用同一确定程序，双方获得各自最需要的东西，即雇主获得专利发明，雇员获得合理的补偿，达成经济上的效率性。

最近日本在立法方面从政府的立场看开始由现行的雇员归属体系"发明人主义"向公司归属体系"雇员主义"的方向转换。对于补偿也是，就是否从现行的雇员从企业处获得合理对价的权利的规定，向着原则上公司具有决定权，公司可以根据公司内部规定给予发明人金钱上的补偿或者提供升职的特权的方向进行修订，这些改变引发热议。日本特许厅特许制度委员会就这些方针的决定向临时国会提交了《特许法修订案》。③

从立法目的看，通过向雇主主义的转换，企业对于职员的成果进行明确的补偿能够提升发明的热情，也能减少企业和职员之间关于发明对价的诉讼。同样的，在日本职务发明数量占所有申请专利数量的大多数，与现在的雇员将自己的申请专利的权利（特許を受ける権利）通过劳动规定等转让给企业的方式不同，其试图向雇主主义转换。关于职务发明的争议中，最终很重要的事情就是发明人的报酬问题。这是由于发明人将自己作出的具有划时代意义的发明所带来的利益给予雇主时，一方面想获得部分利益，同时又不合理考虑企业为职务发明作出的贡献（研究和开发基础设施的提供和经费的保证），该职务发明在商业上失败的情况下，不共享风险的现行体系为企业带来了过重的诉讼负担。④

---

① 两者之间没有矛盾对等的关系，无须信息费用或者协商费用是最终最适合的资源归属。实际上交易费用存在，交易费用的问题中最重要的影响就是法律制度。法律设计在这一点很重要。

② 根据科斯定理（Coase Theorem），当事人之间没有协议，仅根据法律将权利给予对象不同最终的效率性不同，但是当事人成功协商后能够达成合议的话权力最终归属于谁将不产生影响。就像经常在科斯定理中提到的例子，虽然成功进行了协商，但是谁打破了栅栏，养了几头牛，玉米种植面积多少等资源分配与最初归属无关能够实现效率性。Robert Cooter, Thomas Ulen, 한순구译, 법경제학, 2012, 第 105 页。

③ 正式名称为平成二十五年度産業財産権制度問題調査研究（企業等における特許法第 35 条の制度運用に係る課題及びその解決方法に関する調査研究）委員会.

④ 《発明は企業のもの？ ―職務発明制度改正が日本の産業に与える影響は》，The PAGE，2014 年 7 月 30 日刊载.

对此日本律师联合会也提出了意见书。^①这里将介绍日本律师联合会提出的三条关于职务发明权利归属应当考虑向雇员主义转换的意见。第一，关于职务发明申请专利的权利的归属问题，在"发明人主义"和"雇主主义"两种学说中，即使采用"雇主主义"说，也应当设计制度以确保进行职务发明的雇员可以向雇主请求补偿的措施；第二，为提高今后职务发明制度存在方式中雇主的对价计算标准合理性判断的可预测性，希望增加判定合理性的条款；第三，除了权利归属和对价支付问题之外，关于在国外申请专利的权利取得的问题上，对价支付请求权的消灭时效问题，也应当立法进行强制规定，日本律师联合会指出修订《特许法》第35条和相关的考虑事项是问题的关键。^②

3. 要挟（hold-up）问题

另外在探讨和"发明人主义"一样的理念性问题时，可能要直面雇员的要挟（hold-up）问题。^③我们施行专利制度的理由就是为了社会的持续革新和增加消费者福利。所以职务发明制度如何运行的问题，也不能跳出专利法的大框架。因此补偿体系如何进行设计的问题，需要根据雇员为了成功完成自己的项目投入多少努力，以及雇主为提升职务发明的价值提供了多少支援来加以决定。另外要实现社会最佳资源分配，达成社会的效率性。下面将对补偿体系的设计问题展开分析。

三、不同职务发明补偿制度的分析

（一）问题的提起

关于职务发明的补偿问题最普遍的现象就是从"职务发明请求权是为了保护相对于企业而言处于劣势的雇员的权益，以及振兴发明创造"^④这样的认识出发，如

---

① 職務発明制度の在り方に関する意見書，2014年（平成二十六年）5月5日本弁護士連合会.

② 1.職務発明についての特許を受ける権利の帰属については，発明者主義と使用者主義（法人帰属）の両説があるが，使用者主義（法人帰属）を採用する場合であっても，職務発明をなした従業者等が使用者等に対して報償請求できる措置を確保するよう制度設計を行うべきである.

2. 今後における職務発明制度の在り方としては，使用者等にとっての対価（報償）決定基準策定手続の合理性判断の予測可能性を高めるために，適切と考えられる条項を設けるなどの手当てをすることが望ましい.

3. 権利帰属及び対価支払の問題Ⅴ以外にも，外国において特許を受ける権利の取扱いや，対価支払請求権の消滅時効について，十分な議論の上で然るべき立法の手当を講じるべきである.

③ 比如现在想生产一个需要1000个专利的产品。如果社会上一个属于职务发明归于雇员的话，通过这个专利雇员具有了协商力就会产生要挟问题，将会导致社会的非效率性。这个问题在标准的专利持有人的情况下可能发生带来了很大的争议，关于此问题的分析请参见：최승재，《특허권남용의 경쟁법적 규율》，법문사（2011）。

④ 首尔高等法院2009年10月7日宣告2009Na 26840判决。

果不从法律层面进行一定补偿金的强制规定，是很难达到补偿的目的的。但是如果通过法律将一定的补偿金数额确定下来，就会产生过剩赔偿和过少赔偿的问题，从社会的效率性的角度来看，并非最有效率性的分配，可能导致对诱因体系的歪曲。

（二）不同情形下的考量

1. 不通过法律对补偿问题进行规定的情形

假设不通过法律对职务发明补偿制度进行规定，那么可能会发生企业完全不对职务发明进行补偿的情况。职务发明人无法独自将发明产业化，仅通过现有雇主支付的薪水就能维持生计的话，由于雇员和特定雇主之间的从属关系密切，即使完全不支付职务发明补偿金，也可以确定为进行一定水准的职务发明的情形。但是即使可以强制进行职务发明[1]，也不能保证强制的职务发明的质量。[2] 而且对于职务发明能够给企业带来的利益虽然很大程度上取决于职务发明完成之后雇主的努力，但是对于职务发明本身以及雇员投入的努力等也很重要，从这点来看，完全取消雇主的发明补偿金也很困难。即使不以职务发明补偿金这个名义支付，也应该以升职、奖励等形式给予职务发明人必要的补偿。

总之，即使法律上未对职务发明的补偿进行强制规定，也可以实现对职务发明的补偿，当然也可以不补偿。如果不进行补偿的话，能够进行职务发明的职员主要有两种选择方案：方案一，干脆不进行职务发明，只做被安排的自己的职务范围的事，获得与自己的职位水平相称的薪水和待遇；方案二，离开公司。这样公司将失去创新活力和市场竞争力，最终被淘汰。[3]

这个问题从社会性的角度来看（短期来看），存在与值得提倡的水准相比将会带来能否继续实现职务发明的忧虑。因为与前述情况不同的是，雇员自己可以创业，也可以跳槽去其他公司，但是对于雇佣关系流动性越低的国家，从属程度只能越高。这样的话社会的活力就慢慢丧失，因为大部分雇员还是会选择方案一。

如果是在像美国这样离职很容易，只要有能力自由创业或者在公司就职都比较容易的国家，从社会性的角度更提倡通过协议解决问题而不是通过法律进行规范。从社会性角度只确立了私有产权的话，与财产权归属于谁无关，资源通常统一分

---

[1] 例如赋予雇主这样的权限即若雇员每年不能完成一件以上的职务发明的话雇主有权将其解雇。这样雇员为了维持雇佣关系将进行职务发明，这种现象在社会上经常发生。

[2] 为了保证质量可以指定委员会组织或者专家作为负责人进行管理。而且实际上和职务发明相关的企业设有这种类型的组织。问题在于设立这样的组织能够担保"天鹅肚子里的黄金蛋"这一点。

[3] 实际市场上可能有给予职务发明正当补偿的企业（如智能手机公司）和不进行正当补偿的企业（称之为"傻瓜企业"）。智能手机公司还好，但是如果"傻瓜企业"占社会的大部分的话，仅通过私人自治将会带来社会问题。

配，和合理的个人财产权的归属无关，通过高效协议实现社会效益。[1]在这种公司里不是通过法律而是通过合同达成社会效益。[2]而法律需要做的就是通过特许法判定是否是职务发明，赋予发明相关权利，保护权利人，作出能够实现社会效益的职务发明，形成创新生态系统。从这个角度来看，应由特许法规定职务发明相关事项。

2. 职务发明补偿金相关法律的必要性

对于雇员来说，雇佣的灵活性下降，连创业都不容易，因此对于雇员的职务发明，大多数国家如果不立法进行规定，雇主不对雇员予以任何奖励的情况很可能发生，最终不利于达成社会创新的最佳水平。

对职务发明进行立法的根据即在于此。最优的选择就是通过合同，基于已确立的合理的个人专利权归属，使发明人获得最优的补偿。如果不能实现的话，只能通过立法规定职务发明补偿金采取的方式。在韩国发挥该作用的法律是《发明振兴法》。

3. 职务发明补偿金计算方式的相关法律规定

（1）通过事前约定一定金额或者一定比率的方式。采取立法的方式对职务发明进行规定时，可以考虑确定一定的金额或者比率的方式。如规定对所有职务发明一律给予1亿韩元的补偿金；或者支付利用了该职务发明的产品营业利益的10%；或者根据收益的比例在1亿韩元以上的收益制定1000万韩元，10亿韩元以上收益时支付1亿韩元的补偿等这种方式。这种方式可能带来社会的低效率。首先可能导致过少支付或者过多支付的问题，过少支付，雇员就会丧失努力（e）的积极性，过多支付则会导致雇主减少对自己产品或者市场等投入的积极性（Y（f））。虽然能够增加事前的可预测性，但是这种情形下可能只有创造的实际价值低于该固定价值的雇员才愿意进行职务发明，将会导致所谓的逆向选择（Reverse Selection）的问题，从经济学的角度看是不合理的。美国、日本、德国、英国、韩国等在对职务发明的相关立法中从未采取过这种方式。在立法中不采取此种方式，在经济学角度上看，是非常合理的。

（2）仅确定补偿原则的立法方式。正如（1）中所述，是指与通过确定的金额或者比率的方式规定合理的补偿的做法相同，这种立法方式在合理的补偿或者合理的范围内进行协议并确定，指出正当性、合理性等标准，具体的内容可以由当事人协商确定。韩国、日本、德国等采取这种立法方式。

---

① Robert Cooter, Thomas Ulen, 앞의 책, 第108页。

② 为了消除信息不对称，需要以律师为代表的专家等和发明家提供发明的价值、市场以及产业情况等信息并担保合议相关的对等性。在这一点上，美国有很多这样的专家，这也是根据合同能够实现社会效益的一个侧面反映。

这种方式和前者的方式相比，造成社会低效率的风险更低。但是问题在于仅规定相关原则的话，具体的补偿金额事前很难预测。在提高事前可预测性这一点上有待改进。但是对补偿的原则进行规定的原因是，由于补偿金额在个案上可以不同，且已经发生，在消除阻碍事前预见可能性的担保和社会效率性的过少补偿或者过多补偿，可能会产生冲突。

将补偿体系中事前约定与事后补偿进行比较的话可以发现，虽然事前约定更好，但是仅确定原则是为了不破坏灵活性和社会效益，保障当事人的自律性，必须牺牲一定的事前预测可能性。最终这个问题通过案件的不断积累可预测性会不断增强。这样的话可能需要很长一段时间内仅通过争端决定合理的补偿金额，通常商业规模越大，这样的纠纷可能会越多。

4. 正当的补偿

（1）引入。关于正当的补偿标准如何确定的问题，对于对此进行立法的国家而言是最大的争论焦点。如上文所述，职务发明的归属并不是最重要的问题，如何进行补偿才是最重要而且是最终的问题（ultimate question）。

应从整体来看的问题包括补偿的对象和补偿的方法两个方面。首先补偿的对象即"雇主获得的利益金额"是指最终销售使用该专利生产的产品获得的利益。但是补偿的对象（Y），如上文所述雇员对专利有贡献，同时雇主也为专利的商品化和市场化作出了贡献。万一未成功商品化，仅获得 NPE（Non-Practicing Entity）许可证，实施费就成为分配的对象。① 补偿的方法是确定贡献度乘以所占比率决定的方法，这种方法可以成为基本的计算公式。② 但是计算贡献度分为两种即专利的贡献度和雇员对该专利的贡献度，这两种都很难计算。因此存在此种需要进行经济学方面的计算时，经济学界为把握当事人隐藏的支付意愿，给予当事人一定程度的自由，以达成效率性的目的，即正当的补偿的方法不止一种，只要在合理的范围内，符合立法宗旨的做法即可被认定为正当的补偿。

（2）正当补偿的决定方法。究竟怎样的方法是计算正当补偿的最佳方法，同上文提到的一样想要使职务发明获得最大的社会性价值，雇员的努力和雇主的努力相互牵制作用的情况下，应该进行怎样的制度设计是其问题。职务发明的社会

---

① "旧《特许法》（2006 年 3 月 3 日法律第 7869 号修订前）"第 40 条第 2 款规定，雇主从雇员那里承继职务发明决定雇员等获得的正当的补偿金时要综合考虑雇主根据该职务发明获得的收益以及雇主和雇员对发明完成的贡献度。同法第 39 条第 1 款规定，即使雇主不承继职务发明，也享有普通实施许可权，上面提到的雇主获得的收益是指超出普通实施许可的范围，排他性、独占性实施职务发明获得的收益。请参见：韩国大法院 2011 年 7 月 28 日宣告 2009Da 75178 判决。

② 具体的方法后文将展开叙述。

性价值是雇员为了完成发明的努力程度以及雇主为了发明得到成功的努力程度综合决定的，由于所有权归属不对职务发明的社会价值产生影响，因此社会期待的效用是当事人双方的期待报酬的总和。[①]

①尊重合同的原则。美国这种私营企业通过合同决定补偿的情形，职务发明正当的补偿不仅是金钱上的补偿，还可以是升职或者研究室以及人员的保障等多种形式的补偿。[②]在韩国，事前确定一定的金额作为职务发明补偿金，同时职务发明补偿等内部规定存在的情况也很常见，而且也可以通过升职或者给予长期研究课题支持等，这一点作为职务发明补偿的形式也应当进行考虑。[③]但是整体上来说，这种通过合同进行确定的方式，就是当事人双方可以根据自己的需要通过合理的方式进行确定。[④]

②定率制或定额制等强制性规定。另一种方法就是对美国联邦公务员的补偿以及类似发明的归属问题，政府拥有该职务发明，1986年《美国联邦技术转让法》（Technology Transfer Act）规定，对于发明人是联邦政府公务员的情况，应支付该

---

① （e*, f*）= arg max p（e）［Y（f）−k（f）］−c（e）Birgit Will & Roland Kirstein, op cit, p 6.

② 如果和解，在和解过程中可以包含非金钱性补偿。但是如果是对职务发明补偿金的和解，则从开始就不包括在补偿对象之内，但是和解过程中可能会有一揽子的补偿协议，非金钱性补偿也包括在内，实际上对于职务发明的和解（可以是个人的和解，也可以是团体的和解）可以理解为关于职务发明的报酬设计。

③ "旧《特许法》（2006年3月3日法律第7869号修订前）"第40条第2款规定，雇主从雇员那里承继职务发明决定雇员等获得的正当的补偿金时要综合考虑雇主根据该职务发明获得的收益以及雇主和雇员对发明完成的贡献度。同法第39条第1款规定，即使雇主不承继该职务发明，也享有普通实施许可权，上面提到的雇主获得的收益是指超出普通实施许可的范围，排他性、独占性实施职务发明获得的收益。（请参见韩国大法院2011年7月28日宣告2009 Da 75178判决）。在韩国大法院关于NIDI PINE发明的判决中，原审法院认为，"（1）对于因被告实施的保险请求的合计金额，因NIDI PINE发明的独占实施效力占1/2，制药公司的实施费率为5%；（2）对于因其他公司实施的保险请求的合计金额，实施费率为5%，被告在截至2008年3月31日的，因NIDI PINE发明获得的利益在计算后，NIDI PINE发明由于是原告和案外人共同发明的，在参酌职务内容、发明完成的过程以及发明的权利和经费等诸多事实后，对发明人的补偿率确定为15%，再根据原告和案外人的职务、研究机关、努力程度等情形，确定原告的贡献为50%；最终确定被告就NIDI PINE发明应当向原告支付职务发明补偿金额的额数。"最后，大法院采纳了原审法院作出的这一判断（请参见韩国大法院2011年9月8日宣告2009 Da 91507判决）。

④ 规定将非职务发明向雇主转让或者设定专用实施许可条款的合同或者劳动规定的效力以及此时合同或者劳动规定中即使没有对价相关的条款，雇员都享有获得职务发明相关的正当的补偿的权利（最高法院判例，大法院2012年11月15日宣告2012Do 6676判决），即使有合同，如果判断不是正当的补偿的话也无法剥夺获得正当的补偿的权利。

发明实施费或者收益额的 15% 以上作为补偿金，采取这种定率的方法。[①]

如果当事人双方之间存在合同，可以根据合同推算正当的补偿。与此不同，如果根据事后商业化的成功计算补偿金额，这样会导致当事人之间的事前约定变得不确定，因而不妥当。与这种时候判定的方式相比，1986 年《美国联邦技术转让法》定率补偿的做法反而更具社会效益。

③用法律规定计算公式的强制性方式。除此之外，还有使用确定计算公式进行确定的方式。计算公式可以由立法进行确定，也可以通过判例整理确定。例如，日本的奥林匹斯光学事件[②]之后关于职务发明相当对价的计算方式就定型下来。[③]

> 职务发明补偿 =A[④] × 实施收费率 × 本专利贡献度 × 发明人的贡献度

采取这种计算公式的合理性有必要进行讨论，而且完全不能排除在不适当的案件中采取其他计算公式的可能性。但是通过一贯使用的计算公式，可以提高职务发明补偿的事前预见可能性，使雇员和雇主能够为职务发明共同努力，这一点值得肯定。

---

① 2014 年 10 月，在韩国特许法学会定期院外研讨会上，Kang Kyoung Tae 律师作为讨论者提出"如果发明是被雇用者业务范围内的话所有的职务发明一律给予补偿，会导致资源分配的扭曲，超过利润的一定比率，如确定应用职务发明专利生产的产品考虑初期投资成本后获得的纯收益的 1%，如果纯收益在一亿韩元到十亿韩元，为 3%；如果纯收益在十亿韩元到五十亿韩元，为 2%；如果在五十亿韩元到一百亿韩元，为 1%；如果纯收益在一百亿韩元以上，为 0.5% 等类似的按阶段确定。如果不是在被雇佣者业务范围内的发明，因为法定相关权利属于雇员，雇主承继的话，不考虑初期投资成本获得纯收益，补偿金比率应是上述比率的三到五倍，未实施该发明的情况下为了减少独占性收益的发生和金额的争议，与实施带来的收益无关，将相关权利转移的话，无条件先支付一定金额"的方法也可以理解为这种方式之一。

② 东京地方法院 1999 年 4 月 16 日判决和东京高等法院 2001 年 5 月 23 日判决。

③ 因为特许无效的可能性存在，如何反映特许效力也可以作为考虑要素。

④ 如利益金额，可以参见신혜은，앞의논문，第 69—89 页。

第二章　职务发明的要件

第一节　构成要件一：性质上属于雇主等的业务范围

首尔中央地方法院 法官 金基颖（김기영，Kim，Kiyoung）

韩国《发明振兴法》第2条第2款规定："'职务发明'是指，雇员、法人的高管或者公务员（以下统称为雇员等）在职期间作出的发明，该发明物在性质上属于雇主、法人或国家、地方自治团体（以下统称为雇主等）的业务范围，且该发明行为属于雇员等现在或过去的本职工作。"因此，要想成为职务发明应具备以下三个要件：（1）必须是雇员在职期间发明的物；（2）该物在性质上属于雇主等的业务范围；（3）该发明行为属于雇员等现在或过去的本职工作。此处的"发明"并不仅仅指《特许法》规定的专利发明，还包括《实用新型法》和《外观设计保护法》保护的发明、设计、创作等（《发明振兴法》第2条第1款）。下面将对职务发明的构成要件逐一进行说明。

一、雇主等

《发明振兴法》第2条第2款规定的"雇主等"与《韩国民法》第756条规定的雇主含义相同，是指选任并指挥、监督他人从事某项事务的人，是职务发明有关权利的受让主体和补偿义务主体，与《劳动基准法》第2条规定的雇主[1]含义不同。[2]

---

[1]　韩国《劳动基准法》第2条第1款第2项规定的雇主是指"事业主或者个体经营者"。

[2]　이제정，"직무발명에 대한 승계의 합의"，《청연논총》第11期（최병덕 사법연수원장 퇴임기념），司法研究院 2014，第62页；이희기，"직무발명에 관한 소고"，《특허소송연구》第3期，专利法院，2005，第124页；김병일，"직무발명제도와 종업원과 사용자간의 법률문제"，《지적소유권법 연구》第4期，韩国知识产权所有权学会，2000，第377页；김창종，"직무발명"，《재판자료》第56期：《지적소유권에관한 제 문제（상）》，대법원법원행정처，1992，第124页；박영식，"미국법에 있어서의 Shop Right 의원칙과 우리 특허법에 있어서의 직무발명제도의 비교법적 연구"，사법논집 2집，대법원 법원행정처，1972，第477页；특허청，《개정 직무발명보상제도 해설 및 편람》，2013，第62页。

因此,雇主与劳动合同的记载和委任无关,其雇佣关系也无须在法律上有效。[①]而且,雇主不存在公立与私立、营利与非营利之分。[②]

在职务发明过程中提供最核心支持的人是该雇员的雇主。[③]虽然报酬的发放主体是判断是否为雇主的最为核心的要素,但除此之外,还应当综合考虑研究设施的提供、研究助理的配备、指挥命令关系等要素。[④]如果是劳务派遣的情形,则存在究竟以派遣单位为雇主,还是以用工雇主为雇主的问题。此时,如果派遣单位与用工雇主之间有协议的依协议;没有协议的,应当根据发明物的职务相关性、业务相关性,设施设备等的使用关系,指示、指挥、命令、监督关系以及是否提供支援等因素,来判断是否为雇主。[⑤]

《发明振兴法》第2条第2款规定,雇主包括法人、国家、地方自治团体以及自然人。必须注意的是,取得职务发明普通实施许可的雇主是指雇员完成该职务发明时的雇主,而专利注册时的雇主并非一定要取得普通实施许可。[⑥]

二、属于雇主的业务范围

雇主的业务范围是雇主业务活动的范围,根据雇主是自然人、法人或者国家而不同。[⑦]

雇主为法人的情形,有不同的见解,一种见解认为雇主的业务活动范围是指公司章程上规定的公司的目标经营范围(本解释中扩大解释为包括其附属公司的记载事项)[⑧];另有说法认为公司章程记载的目标经营范围可以作为判断的有力资料。通说观点否认上述两种见解,认为公司业务范围并不是章程本身规定内容或被其拘束,而是考虑雇主实际上现在正在进行的或者已经具体计划好将来开展的业务,根据实际情况进行具体判断[⑨]。但是,这并不意味着制定公司章程是为了通过确定在双方的交易关系之中,公司的权利能力的范围去调整雇主和雇员之间的权利义

---

① 이제정, 同前论文, 第 62 页; 김창종, 同前论文, 第 124 页。

② 김병일, 同前论文, 第 377 页。

③ 同上。

④ 同上。

⑤ 韩国特许厅,《修订职务发明制度解说及汇编》, 2013 年, 第 62 页。

⑥ 大法院 1997 年 6 月 27 日宣告, 97Do516 判决。

⑦ 韩国特许厅, 同前书, 第 63 页。

⑧ 中山信弘·小泉直樹編,《新·注解特許法(上卷)》,青林書院,2011,第 508 頁(飯塚卓也·田中浩之執筆部分)参照.

⑨ 이제정, 同前论文, 第 62 页; 김병일, 同前论文, 第 377 页; 김창종, 同前论文, 第 124 页; 송영식외 6 인공저,《송영식지적소유권법》第 2 판 (상), 육법사, 2013, 第 423—424 页; 김관식외 4 인역, 竹田和彦,《特許의知識제 8 판》, 도서출판에이제이디자인기획, 2011, 第 392—393 页; 中山信弘·小泉直樹 편, 同前书, 第 508 頁; (飯塚卓也·田中浩之 執筆部分) 参照。

务关系。原因在于，没有公司章程的个人独资企业或国家的雇员，并不受公司章程的限制①。

即便根据上述见解，将雇主的业务范围解释得相对更加宽泛，得出的结论也并没有太大的差异②。但是由于职务发明成立的范围会对雇员的权利产生巨大影响，因此通说中所谓的"未来计划好的业务"至少应当是雇主和从事该研究的雇员之间的雇佣合同或劳动规定中提前明确规定的③。即使业务范围被扩大解释，也不会直接扩大职务发明成立的范围④，因为在确定职务发明成立的范围时，首先应当解释是否"属于雇员的职务范围"。

根据通说，雇主的业务范围应当解释为韩国《民法》第756条中的"事务执行相关"或韩国《民法》第35条中的"职务相关"⑤。比如，（1）对只生产肥皂的工厂来说，肥皂制作工艺的改良或新肥皂的发明属于职务发明，肥皂的两步鉴别法、肥皂水容器的发明等则不属于职务发明；（2）对于生产纤维的企业，制作线的方法是职务发明，即使是新织布机的发明，只要本公司不生产、贩卖织布机，也不属于其业务范围；（3）使用显微镜检查药品或研究微生物的药品公司的雇员改良显微镜的发明，也不属于雇主的业务范围⑥；（4）A公司管理高速公路休息区，B休息区的核桃饼干销售人员改良制作核桃饼干的机器，发明了可以自动制作核桃饼干的机器，A公司的主业务（公司章程里记载的业务）只是管理高速道路的设施，B休息区安置的制作核桃饼干的机器是依照同一机器生产公司的合同接受、安装的，属于B休息区的附属业务，将核桃饼干的制作机器的设计、制作等包括在其业务范围内也是不合理的⑦。

国家或者地方自治团体的业务范围要根据该公务员所属的机关的编制和业务规则确定⑧。相应地，根据《公务员职务发明的处分、管理和补偿制度实施细则》

---

① 中山信弘·小泉直树主编，同前书，第508页（饭塚卓也·田中浩之执笔部分）参考。

② 中山信弘·小泉直树主编，同前书，第508页（饭塚卓也·田中浩之执笔部分）。

③ 김병일，同前论文，377页；박영식，同前论文，第483页。

④ 中山信弘·小泉直树편，同前书，第508—509页（饭塚卓也·田中浩之집필부분）。

⑤ 김창종，同前论文，第124—125页。韩国民法第756条关于"事务执行相关"，大法院的判决内容为：根据韩国民法第756条规定的雇主责任的要件"事务执行相关"的是指，发明人的非法行为表面看来客观上属于雇主的业务活动乃至事务执行行为或相关事务时，不考虑行为人的主观情况，将其看成事务执行相关的行为，表面看客观上是否属于雇主的事务，执行范围应当考虑发明人本来的职务和与非法行为的关联程度进行判断。大法院2014年4月10日宣告2012Da61377判决等。

⑥ 김창종，同前论文，第125页。

⑦ 특허청，同前书，第64页。

⑧ 김창종，同前论文，第125页；박영식，同前论文，第480页；특허청，同前书，第63页；中山信弘·小泉直树편，同前书，509页（饭塚卓也·田中浩之집필부분）。

第 2 条第 2 款规定，申报职务发明，提交职务发明申报书时，需附带提交职务发明性质说明书，载明所属机关的业务，发明人的职务，职务发明的性质等信息。对于所属机关的业务，规定指出需"记载职务发明相关业务进行时，发明人所属机关的业务范围，尤其是有无进行和该职务发明相关的调查、研究、实验等"。[①]

第二节　构成要件二：雇员

首尔中央地方法院法官　李圭弘（이규홍，Lee Kyu hong）

一、雇员的含义

职务发明是依靠"雇员"完成的发明，此处的雇员是指，与雇主具有雇佣合同并为其提供劳务的人。不论是韩国民法上的雇佣关系，还是劳动基准法上的劳动关系，只要在发明完成时[②]，雇员在实质上正在为雇主提供劳务，则在双方之间成立雇主与雇员的关系。虽然第 2 条第 2 款规定的"雇员"包括法人的高管和公务员，但由于包含"雇员"的各个概念并没有区别规定，所以具体含义还应当以有关法令为基础，结合法院的司法解释进行理解。[③]

如果从实际关系进行认定的话，非持续性、计划性雇用的临时帮工、顾问及季节性的劳工或者培训工等都应属于雇员的范畴。如果雇员是由其他公司派遣来的，则会存在双重法律关系，此时，如果派遣单位与用工单位之间存在劳动派遣协议，则按协议约定执行；如果协议中没有约定相关内容或者没有劳动派遣协议，则需要综合考虑发明创造的职务关联性、业务关联性、设施设备等的使用关系，指示、

---

① 本规定采用和上述相同的解释，参见韩国特许厅，同前书，第 63—64 页。

② 首尔高等法院 2007 年 8 月 21 日宣告 2006Na89086 判决（生效判决）中规定，"职务发明的构成要件'雇佣关系存在'是以发明完成时为标准，职务发明的发明人在过去在职的公司就职时形成发明的基本构思，入职新公司后完成发明的情形，该发明属于后来公司的职务发明……从专利发明完成当时原告和被告公司之间的雇佣关系是否存续来看，原告从被告公司离职之前已经开始了涉案发明的研究开发，离职后直到 2001 年 11 月 23 日才完成该发明，最终原告享有以本专利为职务发明向被告公司请求合理补偿金的权利。"因此，只要从发明构思到发明完成之间的阶段曾是"雇员"的身份就足够了，和上述案件相反的情形是在职时完成的发明，离职后申请专利获得专利权的情况也属于职务发明。

③ 如即使把雇员的概念等同于"劳动者"来看，由于和劳动法中《劳动基准法》《工会和劳动关系调整法》之间也有概念上的差异，所以《发明振兴法》中"雇员"是专利法的目标范围内独有的概念。参见韩国特许厅，《修改职务法补偿制度的解说和编览》，2013 年 12 月，第 52 页。大学教授是否包含在"雇员"的概念范围内等将在相关章节进行说明。

指挥、命令、监督关系等因素进行判断。[①]

另外，如果职务发明是由雇员和大学教授或者其他机关的员工共同完成的，或者是由共同研究委员会（共同研究委员会一般是由行政机关、民间企业等组成的）成员共同研究完成的，则公司的雇员可按自己的份额享有发明专利，雇主可对雇员享有的份额行使专利实施权，如有事先承继约定或劳动规定，则其份额将承继至雇主（《发明振兴法》第 14 条）。[②]

二、法人的高管

法人的高管在一定情况下也可以成为职务发明的主体——雇员。此处的法人并不区分公法人、私法人、营利法人和非营利法人，属于广义上的法人。高管一般是指"董事"职位以上的人，即代表董事、董事、临时董事、监事等。[③]这里需要注意的是，在劳动法上，高管并不属于雇员，但在《发明振兴法》中，高管也属于雇员的范畴。[④]

[①] 韩国特许厅，同前书，第 53 页。对此，可参见윤선희，《특허법》，第 5 판，법문사，2012，第 280 页（引用内容遗漏）脚注 49 引用，是否获得公司薪水为基准，但是在研究开发的指示或者命令不是出自工资支付方的特殊情况下，应当解释为是下指挥或者命令一方的雇员。可参见竹田和彦，《特許의知識》，第 8 판，도서（引用内容遗漏）출판 에이제이디자인기획，김관식외 4 인번역，2011，第 392 页也持同样的观点；首尔中央地方法院 2009 年 11 月 11 日宣告 2009GaHab72372 判决中，"……A 公司的雇员在 B 公司出差期间进行发明的情形，该发明属于哪个公司的职务发明便成了问题，这时，如果出差期间成为 B 公司的职员，接受 B 公司的薪水，接受 B 公司的指示或者命令作出的发明，则属于 B 公司的职务发明，反之则属于 A 公司，根据相同的法理，雇员为了创业而休假后，在创立的公司里工作的情形与此相似。本案中，被告林某某 2005 年 11 月 30 日至 2008 年 12 月 26 日创业休假，未得到原告的薪水，休假期间不算入在职天数，原告在此期间也没有给予被告林某某任何实质上的指示或者命令，虽然被告曾经领原告的工资，在原告公司的支配下，但是由于本案的专利申请日 2006 年 3 月 22 日是在休假期间，该发明不应被认定为原告的职务发明"，审判中原告的主张再次因"本案合同约定的变压器冷却装置的生产业务不在被告林某过去在原告公司的职务范围内，不属于职务发明，原告承继发明的主张没有证据"被排斥。

[②] 司法研修院，《특허법연구》，2014，125 页（但是，根据专利法第 99 条第 4 款，雇主继承雇员份额内的发明专利权时，要获得共同发明人的同意）。

[③] 韩国商法中高管分为"董事和监事"［第 312 条（高管的选任）创立大会上应选举董事和监事］；代表董事是否属于雇员、董事的禁止兼职义务和未经董事会承认约定职务发明的权利归属等问题的争议，请参照윤선희，同前书，第 281—282 页；全部股份持有人作为独资公司的代表人作出发明时，公司是雇主，该代表人是发明人，参照中山信弘·小泉直樹편，《新·注解特許法》，上卷，青林書院，2011 年，第 507 页（飯塚卓也·田中浩之집필부분）。

[④] 如《劳动基准法》第 2 条第 2 款第 1 项中："雇主"是指"雇主或者公司经营管理人员，对于其他雇员相关的事项为雇主效力的人"，和雇员是相对的概念。但是，《发明振兴法》第 17 条第 2 款中职务发明审议会的构成中，法人的委员是指除了雇员代表委员之外的人。

三、公务员

公务员是指在国家及地方自治团体中从事公务的人，一般包括在立法部门、行政部门及司法部门工作的一般职、职能职、合同职人员，是广义上的概念。[①] 但公务员的业务范围与一般公司雇员的业务范围有所不同，公务员的业务范围应当限定在所属机关的职位和职务分离规制规定的业务范围。[②] 有关公务员职务发明的其他争议将在后文进行论述。

第三节　构成要件三：发明人

首尔高等法院法官　权东柱（권동주，Kwon，Dongju）

一、绪论

韩国《特许法》第 33 条第 1 款规定，只有发明人和承继人享有申请专利的权利。第 33 条第 2 款规定，两人以上共同完成的发明，由发明人共同享有申请专利的权利，如果非发明人或承继人提出专利申请，则应当予以拒绝（《特许法》第 62 条第 2 款）或宣告无效（《特许法》第 133 条第 1 款第 2 项）。法律并没有明确规定"发明人"的概念，只是在《特许法》第 2 条中规定，发明就是指"利用自然法则，进行的技术性的思想创造"。

因此如何认定"发明人"是一个非常重大的问题。也就是说：（1）在职务发明有关的补偿金请求诉讼中，雇员能否成为发明人；（2）假冒申请中，专利是否有效？下文将论述发明人和共同发明人的认定标准。

二、发明人的认定标准

下面重点分析韩国及其他几个国家在认定发明人时的标准。

（一）韩国

韩国《特许厅审查指南》规定，"所谓发明人，是指利用自然法则，进行技术

---

① 但是正如下文介绍的，公务员对于职务发明的权利和实际上的"雇主优先"主义是否恰当的争议，以及日后公务员范围等在解释时还有必要进行调整。这种必要性和对于正式公务员、非正式公务员和单纯的劳动雇佣的公务员，在职务发明的认定时是否持不同的怀疑态度的看法（윤선희，同前书，第 283 页）具有相通之处。

② 득희정，同前书，第 174 页，《公务员职务发明的处分、管理和补偿等相关规定实施细则》（知识经济部令第 205 号，2011 年 10 月 7 日施行）第 2 条第 2 款第 1 项规定，职务发明的性质为"职务发明相关的业务进行当时，发明人所属机关的业务范围"。

性创造的人"，但这只是一般原则性规定，并没有规定具体的判断标准。下面判例中将具体论述：在判断是否为发明人时，应当把握在发明完成中实际作出贡献的人，围绕发明中的核心部分进行判断。[①]

大法院在 2011 年 9 月 29 日 2009Hu2463 判决中认为，在有关假冒申请等无效登记案件中，根据韩国《特许法》第 33 条第 1 款规定，"进行发明的人"是指，利用自然法则进行高度技术性创造的人。因此，如果非发明人和承继人之外的人，在发明人创造的发明基础上，只是做部分的修改或变更，即使与发明人的发明不同，也只能属于一般性的技术附加、删除、变更，不能对发明成果作出实质性的贡献，所以不能成为真正的发明人。[②]

（二）日本

日本《特许法》只是规定发明人有权取得发明专利（第 29 条第 1 款），但具体何为"发明人"并没有明确规定。根据日本学说，发明人仅指实际参与发明创造行为的人，单纯的辅助人、指导者、资金提供者等无法成为发明人。[③]

日本注重发明的技术性特征，对技术性特征作出实质贡献的人被认定为发明人。发明的技术性特征，以专利清单里记载的，或者发明人在发明过程中已经知道的现有技术为基础作出的发明为准时，只有在技术性思想上进行了创造的部分，才会被认定为发明的技术性特征。[④][⑤]

（三）美国

在美国，只有在专利清单中记载的或者发明人在发明过程中已经知道的现有技术的基础上，掌握了发明的技术性特征的构想（conception）后，对发明的构想作出贡献的人，才能被认定为发明人。[⑥]

（四）英国

英国采用两步还原法，第一步是确定发明的概念（identifying the inventive concept），第二步是确定谁提出的发明创作方案（determining who devised the

---

[①] 参见韩国专利法院 2004 年 8 月 27 日宣告 2003He1956 判决，首尔高等法院 2007 年 4 月 25 日宣告 2006Na65233 判决等。

[②] 上述大法院判决要求发明人对该发明技术性思想的创造有实质性贡献，并判定该发明不具备发明的新颖性、进步性等专利构成要件。

[③] 中山信弘，《特許法》，弘文堂，2010，第 43 页.

[④] 中山信弘，《特許法注解（上）》，青林书院，第 363—364 页.

[⑤] 東京地裁 2005 年 3 月 10 日平成 16 年（ワ）第 11289 号，東京地裁 2002 年 8 月 27 日，平成 13 年（ワ）第 7196 号等.

[⑥] 美国专利审查标准（MPEP）2137.01，SEWALL v. WALTERS，21 F.3d 411（Fed. Cir. 1994）.

inventive concept）。明细中记载的现有技术是以发明人在发明过程中知晓的现有技术为基础确定发明概念。①

（五）小结

从之前的判例可以看出，韩国在认定发明人时，是从发明的技术性特征（创作部分）出发，对技术性特征作出实际贡献的人即为发明人。日本、美国、英国也采用类似的方法。虽然不同国家在具体表现形式上有所不同，但相同的是都采用了两步还原法：第一步确定创作的技术性创意（对应日本的技术性特征，美国的发明构想，英国的发明概念）；第二步判断谁在技术性创意的创作中作出了实质性贡献。

三、共同发明人的认定标准

（一）绪论

韩国《特许法》第 33 条第 2 款只规定"2 人以上共同完成的发明由其共同享有专利权"。但具体何种情况下属于"共同发明"，并没有作出规定。在韩国有 84% 以上的专利申请是职务发明的专利申请，而职务发明申请中大部分属于共同发明，② 可见，明确共同发明人的判断标准在职务发明制度中非常重要。下面以韩国、美国、日本为例进行分析。

（二）共同发明人认定标准的讨论

1. 韩国

（1）大法院 2011 年 7 月 28 日宣告 2009Da75178 判决。大法院认为："要想成为共同发明人，应当在完成发明的过程中形成实质性的相互协助关系，而单纯地提供发明的基本难题和想法，或者只是对研究者进行一般的管理，或者只是按照研究者的指示整理有关数据，或者只是提供资金、设备等后备支援等并非实质性的相互协助关系，不构成共同发明。这种相互协助关系应当是创新性地提出、附加、完善一些具体的构想，有助于解决发明的技术性难题，或者是通过试验将新的构想具体化，或者是提供具体的手段和方法使发明达到预期的目的和效果，或者是通过具体的指示、指导使发明有可能得以完成，类似上述这种对技术性思想的创造具有实质性贡献的人，才能成为共同发明人。另外，关于化学发明（实验科学），因内容或技术水准的差距，时常存在差异，并且预测的可能性或实现可能性会显著不足。这时如果没有充分的实验数据，则很难将其视为已完成的发明。此时，

---

① Henry Brothers（Magherafelt）Ltd v The Ministry of Defence and the Northern Ireland Office, ［1997］R. P. C. 693.

② 정차호등，"공동발명자결정방법및공동발명자간공헌도산정방법"，《중앙법학》第 9 辑第 3 号（2007 年 10 月），第 665—666 页。

应当通过实际实验，判断是否对发明的具体化和完成有实质性贡献。①②③"

（2）韩国特许厅标准。发明人应当是：①创造性地提出解决某一问题的技术性构想的人；②参考他人的构想，自己进行研究并完成发明的人；③对他人的构想附加具体化的技术性手段，进而完成发明的人；④提出尚不完整的构想，借助他人一般性的指示或指导将其具体化，进而完成发明的人；⑤受到他人发明的启发，并扩大其发明范围的人。

下列情形不属于发明人：①为发明人提供资金支持或设备利用便利的人，或者

---

① 유영선，"공동발명자 판단 기준 및 직무발명보상금"，《대법원판례해설》90 号（2011 下半期），法院图书馆，第 543—544 页。

② 1. 大法院 2001 年 6 月 29 日宣告 98Hu2405 判决：原告只为被告提供了"松糕成型机"相关的基本课题和创意，没有具体到可以重复实施的程度，没有证据证明其提供了技术或者为开发作出了贡献，不能认定原告共同发明人的地位。

2. 大法院 2001 年 11 月 27 日宣告 99Hu468 判决：必须为了发明的完成，实质上相互合作的人，才能构成共同发明人，没有这种实质性的合作不能称之为"共同发明"。

3. 大法院 2005 年 2 月 18 日宣告 2003Hu2218 判决：对于本发明的技术性特征即连接管外箱的内部挡边形成的技术，没有任何证据证明原告所主张的为防止注射后变形，曾建议被告配置玻璃或者内部挡边，反而有证据证明其曾极力反对配置上部挡边，因此不是共同发明。

4. 大法院 2005 年 3 年 25 日宣告 2003Hu373 判决：本案专利发明中，为解决现有的挡板面板的问题，A 将解决方案具体化，而且已经制成图纸，可以根据图纸实际生产，B 根据 A 的图纸制成实物后，通过实验将一些细节不断改善和优化，最终完成该专利发明的技术构成，A 和 B 是共同发明人。

5. 大法院 2005 年 6 月 10 日宣告 2003Da31596 判决：本案中 A 提供基本的技术构思和物质投资，B、C、D 等人通过技术和物质支援，进行并完成使该技术性构想产业化的研究开发，通过人力和财力投资的结合，构成共同开发。

6. 大法院 2001 年 11 月 30 日宣告 2001Hu65 判决：一般对于机械装置相关的发明，即使专利申请的明细书中没有记载实施示例，大多数情况下，雇员都很熟悉并理解发明的构成、作用和效果。与此相反的是，对于被称作"实验科学"的化学发明，预测可能性和实现可能性都显著不足，提供实验数据的实验例子不被记录的话，雇员很难清楚理解发明的效果，并轻松再现，导致难以看到已经完成的发明。

③ 정차호 등，앞의 논문，第 673—680 页中判例中出现的共同发明人的判断标准整理如下：

1. 为了成为共同发明人，要积极参与或相互协作，完成发明。

2. 单纯的助理，建议者，资金的提供者，以雇主的名义单纯指示雇员进行创作的人，遵守指示的业务执行人和按照定制要求制造设备的设备制作者等不属于共同发明人。

3. 按照指示或者合同，作为合同当事人为设计图纸的制作和机械制造等提供劳务的人不属于共同发明人。

4. 发明成立过程中，将构想的提供者和将构想具体化的人分开来看的话，

——要构成共同发明人，不能仅仅提供创意构想，还要求提供具体的问题解决方案。

——即使将构想具体化，是否构成发明人还要看其具体化手段是否具有新颖性和进步性。

委托发明人进行发明的人（单纯的后援者、委托者）；②提出发明要求但并未提供解决构想的人；③只是在他人提出的构想中选择一些适用性的东西的人；④只是提出发明有关的构想，但并未实质性地参与具体化的过程的人；[①] ⑤在发明过程中根据研究者的指示进行单纯的数据整理工作的人，或者根据指示进行试验的人（单纯的辅助人员）；⑥只是进行一般性的指示或进行提示的人。

如果管理者具有以下情形的，也可被认定为发明人：①提出具体的发明构想，交给部下进行拓展及实践的；②对部下提出的构想加入补充性构想的；③综合部下的试验或试验的中间结果，提出新的构想，进而完成发明的；④在部门研究陷入混乱时给予具体指导并促使发明完成的。

2. 美国

所谓共同发明人是指 2 人以上相互协助，对同一问题提出解决方案的构想，共同对发明作出贡献的人。美国判断发明人的核心因素是"构想"，关于"构想"的含义存在以下案例。

（1）Sewall v. Walters，21 F.3d 411，415（Fed. Cir. 1994）。要判断谁是发明人即是判断谁提出了该发明的构想（conceive），普通的技术人员不需要经过过多的研究或者实验，就能够组装该设备的阶段就是构想完成的阶段。

（2）Coleman v. Dines，754 F.2d 353，359（Fed. Cir. 1985）。在发明人的心里，对于一个完整的和可以操作的发明，对其形成具体的和持续的创意的阶段，正是在构想已经完成的时候。

（3）Singh v. Brake，317 F.3d 1334，1341（Fed. Cir.2003）。为了产生构想，只是认识到必须要解决的难题还不够，还应当明确提出解决的方案。

因此，如果并没有对发明构想作出贡献，而只是参与发明完成后的实施或具体化（Reduction to Practice）[②]，或者未提出任何解决方法只是表述一下结果，或者只是单纯地根据发明人的指示工作，或者只是对发明人详细说明已经知晓的现有技术，不能成为共同发明人。[③]但这不是说，共同发明人必须要同时产生一样的想法，或者一定要同时工作，只要提出构想就足够了，即使没有参与实际的试验工作也没关系。[④]

---

① 前述属于发明人的情形①的例子是有可能发生混乱的，上述属于发明人①的例子中，构想是指"具体化的构想"，而这里是指"抽象的构想（单纯的提供创意）"。

② "Reduction to Practice"在翻译时，有"发明的实施化"和"发明的具体化"两种观点。大法院 2011 年 7 月 28 日宣告 2009Da75178 判决记载为"发明的具体化"。"Reduction to Practice"是指"将发明人的创作灵感具体化物理化"，"Constructive Reduction to Practice"（法定实施化）是指专利申请。

③ 임호，《특허법》，법문사，2003 年，第 129—130 页。

④ 임호，同前书，第 131—132 页，第 137 页。

但美国法院在化学和生物学等不具有可预见性的领域主张"构想及具体化同步进行的原则"（The doctrine of simultaneous conception and reduction to practice）。在 Smith v. Bousquet 一案中，法院认为，"在试验成功之前，发明人心里始终不存在发明的构想"。[①]Mycogen Plant Science v. Monsanto Co.[②] 一案承接上一判决，本案法院认为，"上述原则适用于化学、生物学等不具有可预见性的技术领域（in the unpredictable arts such as chemistry and biology）"，"个别情况下，发明人在通过成功的试验完成实际的发明之前，其发明构想一直处于未完成状态，这时构想与发明的具体化应当是同时存在的。（In some instances, an inventor is unable to establish a conception until he or she has reduced to practice the invention through a successful experiment. This situation results in a simultaneous conception and reduction to practice.）"

3. 日本

（1）学术界[③]。发明属于技术性思想的创造，判断是否为共同发明人的唯一标准就是有无实质性的协助。因此，与技术性思想创造无关的人，如单纯的管理者、辅助人或后援者等不能成为共同发明人，即①对部门研究者进行一般管理的人（单纯的管理人）；②单纯根据研究者的指示进行数据整理的人，或单纯依据研究者的指示进行试验的人（单纯的辅助人）；③为发明人提供资金、设备支持的人（单纯的后援者）等，都不属于共同发明人。

发明成立的过程分为提供构想（提供课题或为其解决提供向导）[④]和将构想具体化[⑤]两个阶段，下面分析在各阶段如何判断有无实质性的协助。

①提供新构想的人为共同发明人。但如果构想提出者未能将构想具体化，只是

---

①　111 F.2d 157, 159（C.C.P.A. 1940）.

②　243 F.3d 1316（Fed. Cir.2001）.

③　吉藤幸朔，《특허법개설》，대광서림，2005，第 224 页．一方面，日本《新注解专利法》（上册，2010），366 页中记载："同样的，发明的过程分为两个阶段，即 ① 提出构想 ② 构想的具体化的两阶段论虽然有很大的启示性作用，但是②中具体化的构成要件要求 ①中的构想在②的具体化之前已经有一定程度的具体化，这一点有些难以理解。另外，由于日本法中发明完成前期和完成时的阶段也可分为三个阶段：①一定的技术目标的设定，②为解决课题技术性手段的采用，③通过该技术性手段达成预期目标的效果的确定（最高裁判决 SoHua 61.10.3），因此发明的成立过程，①提供构想，②构想的具体化按照这两个阶段分开进行考察，与最高裁的判决之间的整合性存在问题"。

④　在还未通过实验等来验证的阶段，机械、设备发明即使没有通过实验等进行验证，构想的具体结果可以预测的情形，这也是"具体的构想"。但是发明的预测可能性低，需要进行实验的化学、生物学发明中，仅有构想不能构成"具体的构想"。

⑤　由于是在通过实验、制造等将构想具体化的阶段，在验证的过程中产生的构想，在机械、设备发明和化学、生物学的发明上都算是"具体的构想"。

单纯地予以公布，之后的人将其具体化并完成发明的，则该构想提出者并不能成为共同发明人。因为两者之间并不存在整体性、连续性的协助关系。只有具体化并完成发明的人，才是发明人。

②将新构想具体化的人属于共同发明人，但这种具体化不应是一般技术者能够自明的程度。

（2）判例。

①东京地方裁判所——平成二十（2008）年12月16日宣告平十九（ワ）29768号判决。发明人是指利用自然法则进行技术性思想创造的人（其技术范围应根据特许厅的记载决定），作为发明人应当对技术性思想的创造具有现实的贡献，即提出新构想或者将新构想具体化。如果并未对部门研究者提出具体的构想，只是单纯地安排研究主题，或者只是进行一般的指示、指导，或者单纯地根据研究者的指示进行数据的搜集、整理，或者只是为发明人提供资金、设备等后备支持，并不能成为共同发明人。

②知识财产高等裁判所——平成十八（2006）年3月29日宣告平十七（ネ）10117号判决。本案法院与上述案件的法院观点类似，"在使用薄膜涂层技术进行分离片剂发明中，只是提出片剂形状的构想能否产生期待的效果并不明确，只能通过反复实际试验将构想具体化才能完成发明，因此属于本案发明的发明人"。

③知识财产高等裁判所——平成十八（2006）年7月19日宣告平十八（ネ）10020号判决。所谓发明是指利用自然法则进行技术性思想的高度创造，所以发明人（包括共同发明人）应当是在发明中参与技术性思想创造的人，单纯只是提供创意或者研究主题，不能算是实质性地参与到技术性思想的创作行为中，因此不是发明人。另外，对于化学领域内的技术发明，通常情况下仅仅根据某种化学物品有效成分的物质名或者其化学构造很难预测该物品的有用性，仅有构成该物品的化学物质的构想，并不是让雇员能够直接实施的发明，只有通过对其有用性的反复试验，明确有用性的范围，才算得上是技术性思想的创造。同样，只是出现了上述构想，现实生活中不能将其付诸行动，该提出构想的人也不是发明人。

④东京地方裁判所——平成十四（2002）年8月27日宣告平十三（ワ）7196号判决。发明的成立过程分为提出构想和将构想具体化两个阶段，因此提出新构想者为发明人，将新构想具体化的人为发明人（但这种具体化应当超过构想提出者自明的程度）。这个观点，只适用于机器发明等可以在构想阶段预测具体结果的领域，在一些不具有可预见性的领域，如化学领域，由于无法预测具体化的结果，也就无法将构想直接结合到发明中，所以将提出新构想者认定为发明人在某些领

域是不适当的。①

⑤知识财产高等裁判所——平成十九（2007）年 3 月 15 日宣告平十八（ネ）10020 号判决。所谓发明是利用自然法则进行的技术性思想的高度创造。由于专利发明的技术性范围是以专利请求范围的记载事项为基础确定的，因此发明人应当现实性地参与到技术性思想的创造行为中。假设参与者和该发明创造行为相关，只为发明人做实验，即使是做数据的收集、分析工作的工作人员，其角色只不过是发明人的辅助人员，不算现实地参与创作行为。原告发明的契机是发现抗血小板的作用，在发明的过程中，参与重要化合物的合成、化合物创制目标设定等的人仅仅是从事生物活性的测定和分析工作，并没有对该发明作出提供线索，没有为化合物的构造选择和决定提供方向性指引，没有发挥设定新的研究目标的作用，因此不是发明人。

（三）专利申请书的记载与共同发明人相符与否

是否是共同发明人与专利申请书中的发明人一栏的记载并无直接关系，② 即在专利申请书记载的发明人并不一定是真实的发明人，③ 反之，即使没有被记载在专利申请书中，也有可能被认定为发明人。④

第四节　构成要件四：职务相关性

律师　成昌益（성창익，Sung Chang-Ik）

一、绪论

（一）基本的思维方式

职务发明的成立应当满足"发明行为属于雇员现在或过去的职务范围"（《发明振兴法》第 2 条第 2 款）这一要件。根据《发明振兴法》制定的大总统令——"公务员职务发明的处分、管理及补偿规定"也明确规定，公务员的职务发明也应当是公务员在现在或过去的履职过程中完成的发明（上述规定第 2 条第 1 款）

---

① 上述②，③，④判决和前面美国判例宣扬的"构想和具体化同时进行原则"（The doctrine of simultaneous conception and reduction to practice）为同一宗旨。

② 윤선희，"직무발명에있어서의보상제도"，《법조》第 54 卷 11 号，2005 年 11 月，第 51 页。

③ 首尔中央地方法院 2010 年 4 月 21 日宣告 2009GaHab86135 判决等，韩国下级审判例和地裁高裁与平成二十（2008）年 12 月 16 日宣告平十九（ワ）29768 号判决，东京高裁平成十五（2003）年 8 月 26 日宣告平十四（ネ）5077 号判决等日本下级审判例的立场。

④ 윤선희，同前论文（주 22），第 51 页。

上述规定称之为"职务性"。职务性范围的认定关乎雇主能否对雇员完成的发明享有无偿实施权或者直接承继发明的有关权利，也决定了雇员的发明是职务发明还是自由发明。因此，职务性要件属于雇主与雇员之间敏感对立的部分，其认定标准等应当注意平衡两者之间的利益。[①]

本来只属于雇员个人的发明，在作为职务发明时，雇主便享有了有偿实施或者直接承继发明等权利。为了让这种现象正当化，雇主应当对雇员的发明行为提供资金、设备等不同形态的支援或协助。这样一种思维方式应当是确定职务发明与自由发明边界——职务性的基本思路。[②]

如果拓宽职务性的认定范围却不能赋予雇员充分的对价请求权，则职务发明制度便失去了正当性。[③]

（二）有关职务发明的争议

《发明振兴法》规定，对于雇员的非职务发明，雇主不得通过合同或劳动规定使自己取得申请专利的权利或专利权，否则相应条款无效（第10条第3款）。《发明振兴法》对职务发明和非职务发明做了不同的规定，非职务发明称为"自由发明"。[④]

在学术界有学者认为，对非职务发明应区分以下两种情况：只有既不属于雇员的职务范围，又不属于雇主的业务范围的发明才属于自由发明；而对于不属于雇员的职务范围，但属于雇主业务范围的发明称之为"业务发明"。对于业务发明，各国的立法规定有所不同，即使在没有任何关于业务发明的法律规定的国家，雇员在通过事后协议等方式将发明的有关权利转让给雇主，或者允许雇主实施专利权时，所收取的报酬或实施费也应当具有较大的差异性。[⑤] 也有学者认为，在法律上只规定了职务发明的概念，虽然在有关专利权纠纷调解中，对职务发明的认定差别较大，但是将非职务发明细分为自由发明和另一新概念的业务发明并不妥当。[⑥] 笔者认为，韩国法律只对职务发明和非职务发明做了区分规定，因为法律对雇员的

① 윤선희，《특허법》第五版，법문사，2012，第294页；中山信弘编，《注解特许法（上卷）》，第二版增补，青林书院，1994，第294页（中山）。

② 帖佐隆，《職務発明制度の法律研究》，成文堂，2007年，第92页．

③ 帖佐隆，同前书，第84页。

④ 2006年3月3日修订前《发明振兴法》第2条第3款明文规定自由发明是指除职务发明之外的发明。

⑤ 윤선희，"종업원발명"，《법조》52卷1号（特权556号），法条协会，2003年1月，第28—29页；竹田和彦，《특허의지식 - 이론과실무》，第8版，도서출판에이제이디자인기획，김관식等四人译，2011），第390页；吉藤幸朔，特許法概説（第8版）增补，有斐閣，1989年1月，第67页。

⑥ 帖佐隆，同前书，第63页。

非职务发明赋予雇员自由处分的权利，所以没理由再单独规定业务发明这一概念，并对其作出区别规定。

下面将分别说明韩国《发明振兴法》第 2 条第 2 款规定的 "发明行为属于雇员过去或者现在的职务范围" 的要件。

二、创造出发明的行为

（一）概念

"创造出发明的行为" 是指提出发明构想并将其实现具体化的整个行为，既包括精神上的活动（理论研究、思索、文献调查等），又包括身体上的活动（试验、机械制造等）。[①]

法律条文并未规定 "创造发明的行为"，而只规定了 "创造出发明的行为"，这样规定与发明的主观意图无关，是为了涵括产生履职结果的所有发明行为。[②] 而且这样规定还能体现出雇主在发明中的支援和协助角色，体现了法律在两者之间的平衡。

（二）发明的完成

"创造出发明的行为" 是否属于雇员的职务范围是以 "发明的完成" 为前提的。《发明振兴法》第 2 条第 1 款规定，"发明" 是指成为韩国《特许法》保护对象的发明（未完成的发明不属于韩国《特许法》保护的对象）。韩国《特许法》第 12 条规定，只有在职务发明完成后，雇员才有义务将完成的事实通知给雇主，所以说成立职务发明的前提应当是 "发明的完成"。在发明完成之前，即便雇员的行为属于职务行为，也不能成为职务发明。

对于发明的完成的理解，大法院认为，"已完成的发明是指在该发明所属的领域，由具备一定知识的人反复使用直到取得预期的技术性效果的具体的、客观的发明"（大法院 1993 年 9 月 10 日宣告 92Hu1806 判决，大法院 1994 年 12 月 27

---

① 송영식等人 6 人，《송영식지적소유권법（상）》，제 2 판，육법사，2013，425 页；정상조·박성수편，《특허법주해 I》，박영사，2010，462 页（조영선执笔部分）；오창국，"직무발명에대한고찰"，법조 51 권 8 호（통권 551 호），법조협회，2002 年 8 月，第 154 页。

② 송영식等人，위의책，425 页；윤선희，同前书，293 页；김철환，"직무발명에있어서의직무해당성［대법원 1991. 12. 27. 선고 91 후 1113 판결］"，특허판례연구，개정판，박영사，2012 年，第 941 页；이회기，"특허발명에대한소고"，특허소송연구제 3 집，특허법원，2005 年，第 114 页；吉藤幸朔，同前书，第 169 页；日本氰氨化钙制造炉案一审判决［東京地裁昭和三十八年 7 月 30 日判决，昭 33（ワ）9523 号］判定，职务发明的重要条件之一 "发明的行为" 不是 "仅指以发明完成作为直接目的一种情况，从结果看发明完成的过程中进行的思维活动" 也包括在内。

日宣告 93Hu1810 判决）①。所以，根据大法院的判决，雇员在履职过程中，即便有发明研究、开发等活动，但如果不能达到大法院上述判决中认定的具体化、客观化效果，仍不能成为职务发明。

如上所述，发明行为是在雇员在职期间前后完成的，根据雇员完成发明的时间是否是在职期间，该雇主的权利也会不同。

三、属于雇员职务范围的情况

（一）职务的判断标准

成立职务发明必须满足创造出发明的行为属于雇员的"职务范围"。所谓职务，一般是指雇员应雇主的要求进行的劳动行为。② 但只是这样定义并不足以判断职务发明的职务性。

由于职务发明涉及韩国《特许法》《劳动法》《合同法》等多个部门法，所以没必要一定按照《劳动法》的规定来理解，应当从职务发明制度的立法目的出发进行理解。职务发明制度是为了调整提供人力、物力等资源的雇主和利用这些资源进行发明创造的雇员之间的关系的一种制度，所以如果能够认定与之类似的关系，也就可以认定职务性，而有无指挥命令并不是决定性因素。③

根据上述观点，在判断是否属于"职务"时，不仅要看雇员和雇主之间是否签订了雇佣合同或劳动规定，还应当综合考虑雇员的地位、薪酬、职业、职责，是否使用了雇主提供的设施和资金，是否属于在工作时间内完成的发明等因素，个别地、具体地进行判断。④

因此，通说观点认为，职务发明不仅是雇员得到雇主具体的指挥命令作出发明的情形，职务发明还须综合考虑雇员的地位、薪酬、业种、职责等判定因素，判

---

① 日本最高裁判所昭和四十四年 1 月 28 日判决，昭 39（行ツ）24 号"发明……根据专利制度的宗旨，对于创造的技术内容，在技术层面上具备一般知识和经验的人都可以反复实施，并能够实现其技术性效果的具体客观的内容。因此如果该技术内容没有达到这种程度，就是发明的未完成状态，从一开始就不应被看作《特许法》第 1 条中所指的工业性发明。"

② 윤선희，同前书，第 294 页；帖佐隆，同前书，第 91 页；吉藤幸朔，同前书，第 168 页。

③ 田村善之·山本敬三，《職務発明》，有斐閣，2005 年，第 157 頁．

④ 송영식等人，同前书，第 423、425 页；윤선희，同前书，第 294 页；김병일，"직무발명제도와 종업원과 사용자간의 법률문제"，《지적소유권법 연구》第 4 辑，한국지적소유권학회，2000 年，第 379 页；이회기，同前论文，第 116 页；中山信弘，《특허법》，법문사，한일지재권연구회译，2001 年，第 80 页。

定该发明当然地属于雇员预期或者期待的结果时，该发明行为也属于职务发明。[1]这样的话，在自发地找到研究主题并作出发明的情况下，综合考虑上述各种情形，如果该发明行为与雇主之间的关系在一般情况下被评定为可预期或可期待的结果，该发明行为即属于职务范围。[2] 相反，如果完全没有解决技术性课题的期待，不负担任何相关的职务上的义务时，如汽车司机发明汽车配件、警报器制作公司的门卫发明警报器等情形，不在其职务范围内，应当被判定为自由发明。[3]

韩国大法院在 1991 年 12 月 27 日宣告 91Hu1113 判决中，关于作出发明的行为属于雇员的职务范围问题的判定为"从负责的职务内容和责任范围来看，策划并执行该发明是预定的或者期待的情形"。乐器公司的工作和技能熟练的职员，从事模具制作等业务的工作人员，研制出了钢琴的配件之一法兰的凹槽有效嵌入套管的方案，该行为属于工作期间的通常期待，因此被认定为职务发明。

日本氰氨化钙制造炉案件中一审判决［東京地裁昭和三十八年 7 月 30 日判决，昭 33（ワ）9523 号］。

多数解释认为，履行本单位交付的任务[4] 所做的发明行为不仅限于任务的直接目标是完成该发明的情形，还包括从结果来看，完成该结果所进行的思维活动，且从结果上看属于预定和期待的情形。因此不仅限于雇主命令作出该发明时，命令对业务范围内的技术问题进行改良或者以改良技术为目的为发明人提供便利，结果作出了同样发明结果的情况，为补偿雇主的间接贡献，应判定雇主享有实施权。最高法院维持了该判决结论［最高裁昭和四十三年（1968 年）12 月 13 日第 2 小法庭判决，昭 42（オ）881 号］。这被称作"预定期待说"，在日后的裁判实务中作为依据被遵守。[5]

---

① 송영식等人，同前书，第 425 页；윤선희，同前书，第 294 页；정상조·박성수편，同前书，第 462 页（조영선집필부분）；김병일，同前论文，第 380 页；田村善之·山本敬三，同前书，第 157 页；中山信弘编，同前书，第 294 页；中山信弘，同前书，第 80 页；吉藤幸朔，同前书，第 169 页；帖佐隆，同前书，第 92 页。

② 大阪地裁平成六年 4 月 28 日判决，判时 1542 号（热水瓶案），判决如果是自发寻找研究主题，完成发明的情形，从雇员原来的职务内容客观来看，进行实验并完成职务发明的行为在同雇主的关系问题上，一般情况下约定好如果雇主给予便利和援助，则属于职务发明。

③ 김창종，"직무발명"，재판자료제 56 집，법원도서관，1992 年，第 128 页；이희기，同前论文，第 116 页。

④ 日本旧《特许法》中与现行《特许法》采用的用语有所不同，采用"任务"而不是现行的"职务"。

⑤ 神戸地裁平成元年 12 月 12 日决定，昭 62（ヨ）527 号［油压食管（倒伏）闸门案一审］，大阪高裁平成 2 年 9 月 13 日决定，平 1（ラ）590 号［2 审］，東京地裁平成 3 年 11 月 25 日判决，判时 1434 号 98 页［排烟脱硫装置（排煙脱硫装置）案］，大阪地裁平成 6 年 4 月 28 日判决，判时 1542 号第 115 页（保温杯案），東京地裁平成 14 年 9 月 10 日判决，平 13（ワ）10442 号（ニッカ電測案）等.

上述氰氨化钙制作炉案，最高裁判决虽然没有使用"预定、期待"这样的表达，当事人发明人作为使用 12 期的氰氨化钙制作炉制作氰氨化钙的公司的常务董事或者专务董事，是技术部门的最高负责人，理应承担为促进生产、提高效率对制作炉进行改良研究的义务，因此同下级法院判决一样，判定该发明人对制造炉结构的改良属于其作为公司职员的义务。①

与此相同的"预定期待说"的解释方法虽然已经根深蒂固，从雇主的角度来看很妥当，然而从雇员的角度来看，该解释方法被指责过于扩大解释。关于补偿的观点，法律规定雇主承继专利相关权利时，应补偿合理的对价，具体到对价的计算时，需要考虑雇主对该发明贡献的大小，即反映"贡献度"。②这些可在职务发明的实际运用中参考。

另外，发明是否属于雇员的职务发明的争议，雇主可以在雇佣协议或劳动规定中约定其享有决定权，且该条款具有绝对的效力。③但是这种规定不仅对于在经济上处于弱势地位的雇员更为不利，而且根据《发明振兴法》第 10 条第 3 款的规定：对于自由发明，提前在合同或者劳动规定中约定雇主获得专利或者承继申请专利的权利，或者设定雇主的独占实施权时，该条款无效。因此从保护自由发明的目的看，上述条款应当被认定为无效。

（二）具体判断要素的分析

1. 职业种类

日本通说观点认为，发明所属的领域如果与雇员的职种不同，则不是职务发明。④技术负责人在技术部门进行的发明通常被认定为职务发明，销售、后台、工人等雇员一般没有发明行为的预定或期待，偶然有创意进行的发明原则上不应属于职务发明。⑤另外，例如社长对全体职员强调发明和新产品开发的重要性，普通办公室职员响应指示自发作出的发明也不属于职务范围内完成的发明。⑥从事研究开发的雇员在与自己研究开发的领域完全不同的技术领域，根据自己的兴趣作出

---

① 对上述最高裁判决评注，参照帖佐隆，"직무발명의성립요건으로서의직무해당성 - 석회질소의제조로사건"，《특허판례백선》（第 4 版，中山信弘等 3 人编著，박영사，사단법인한국특허법학회译，2014 年。

② 帖佐隆，上述判例评注，第 192—193 页。

③ 박영식，"미국법에있어서의 SHOP RIGHT 의원칙과우리특허법에있어서의직무발명제도의비교법적연구"，사법논집제 2 집（법원도서관），1972 年，第 483 页。

④ 帖佐隆，同前书，第 98 页。

⑤ 윤선희，同前书，第 294—295 页；帖佐隆，同前书，第 98 页。

⑥ 윤선희，同前书，第 294 页；吉藤幸朔，同前书，第 170 页東京地裁昭和 52 年 2 月 9 日判决，昭 42（ワ）13472 号判决（琺瑯引鉄板製浴槽 案）也是类似的宗旨。

的发明也不属于职务发明。

韩国的下级审判决中，有将"永久排水法"专门公司的一名施工现场监工发明的将地下水通过排水通道排到集水井的施工方法判定属于职务范围的发明的判例（首尔高等法院 2008 年 7 月 23 日宣告 2007Na79062 判决，确定未上诉）；也有电力公司里从事变电设备规划和相关设备发货业务的雇员发明了变压器冷却装置的行为被判决不属于职务范围的发明判例（首尔高等法院 2010 年 9 月 29 日宣告 2009Na121677 判决，驳回上诉）。

日本的下级审的判例中，浴缸销售公司的一销售人员被提升为开发部长后，过去以市场开发、销售策划等为业时出于自己兴趣作出浴缸设计方案被判定不属于职务发明［东京高裁昭和四十四年 5 月 6 日判决，判夕 237 号 305 頁（浴缸上诉案）］。[①]

2. 地位和职责

虽然企业董事的职责范围不是企业所有的业务，但是董事和一般雇员地位不同，职责范围不同。因为工资的不同，雇主给予的期待也是不同的，另外，即使同是研究开发的职位，与低级研究员常常等待上级具体的命令后进行研究不同，高级研究员无须等待指示，自发根据企业的方针策略进行研究开发的情况有很多。因此一般来说，越是上级，其发明被认定为职务范围内的发明的可能性越高。[②]

虽然生产和相关部门的管理人员进行职务相关的发明时结论因时间不同而不同，由于很多时候雇主对于非研究开发人员在其职务范围内也有对相关的技术进行改良的期待，因此管理人员将其对职务的思考转化为发明成果时，该发明应当属于职务发明。[③] 但是在管理的职务与技术完全没有关联的情况下，其未被看作职务发明的情况也很多。

在大法院 2012 年 11 月 15 日宣告的 2012Do 6676 判决中，法院判定未将职务发明的完成事实通知雇主，直接将其转让给第三人的行为属于业务上的渎职罪。大法院判决被告作为信息通信设备零件制作和销售公司的董事，与开发比现有常用合金更轻更高强度合金项目的负责人相比，开发出适合随身电子设备零件制造的轻量高强度压铸用合金是雇主的正常期待。

在日本的判例中，在前述氰氨化钙制造炉案的一审判决［東京地裁昭和三十八年 7 月 30 日判决，昭33（ワ）9523 号］中，法院指出"作为当时公司负责技术的董事，以管理人员的立场，进行技术上监督的同时，对于属于公司业务范围内的技术问题，有进行研究和指导技术改良的职责"。

---

① 東京地裁昭和52年2月9日判决，昭42（ワ）13472号判决（琺瑯引鉄板製浴槽案）类似的宗旨。

② 송영식等人，同前书，第 425 页；中山信弘，同前书，第 80 页；帖佐隆，同前书，第 103 页。

③ 윤선희，同前书，第 295 页。

此外，液压器倒伏闸门案［神戶地裁平成元年 12 月 12 日决定，昭 62（ヨ）527 号］，耐压软管案［大阪地裁昭和四十七年 3 月 31 日判决，昭 42（ワ）6537 号］，竞走馬用発馬機案［東京地裁昭和六十年 2 月 22 日判决，昭 55（ワ）9922 号］等案例中，法院认为发明人作为公司代表董事或者技术部门最高负责人，其任务是改良公司生产技术，努力提高效率，他们作出的与生产技术相关的发明行为具有职务相关性，雇主是否提供具体便利，或者是否有业务命令等问题并不重要。①

3. 劳动时间

发明行为，尤其是其中的思考性活动是在工作时间内，还是在工作时间外进行的很难判断，他们通常是相连的。因此如果规定发明必须是在工作时间内进行，几乎所有的雇员的发明都不是职务发明，这样职务发明制度就名存实亡了。因此，即使发明相关的思考行为一部分不在工作时间内进行，由于职务充分给予了发明人在发明完成前进行思考活动的机会，且在工作时间内为其提供了资金和建议，只要发明行为主要是在工作时间进行就是职务发明。②

更进一步，如果发明行为没必要一定在工作时间内进行，那发明地点是否在工作场所也没有强制要求。③其依据是：即使下班后在家里进行职务相关发明，工作中掌握的经验和知识，以及发明完成之前公司的支持（设备、资源、工资等）依旧存在；从"预定期待说"的角度来看，即使在非工作时间完成的发明，鉴于它们也可能在工作时间内进行，可认为公司作出了间接的贡献。发明的灵感多来自雇主的公司，雇员身处其中，因此可以看作是雇主见解的贡献。但是也存在在非工作时间作出的，和雇员的职务完全不相关的，完全凭其个人爱好进行的发明，因此在判断职务相关性时，要综合探讨其与雇员工作时间内进行的职务内容的相关性，是否利用雇主提供的资源等因素。

综观日本的判例，大阪地裁昭和五十四年 5 月 18 日判决，昭 50（ワ）1948 号（連続混陳機案）中指出，"通常认定职务发明时不要求思考等行为全部在工作时间内进行"。"被告完成本案发明所做的思考、文献收集等精神活动很大程度上取决于原告公司提供的各项便利，应追认为在工作时间内进行的"，判决确认涉案发明为职务发明。另外东京地裁平成十四年 9 月 10 日判决，平 13（ワ）10442 号（罐体案）中，原告发明人获得被告雇主的允许，在工作时间内进行与其负责的业务内容相关的实验，"即使原告最初进行涉案发明时，并未收到被告雇主的命令或

---

① 김철환，同前书，第 944 页。

② 吉藤幸朔，同前书，第 169 页；帖佐隆，同前书，第 99—100 页。

③ 윤선희，同前书，第 297 页；박영식，同前论文，第 481 页；帖佐隆，同前判例评注，第 190—191 页。

者指示，而且本发明的灵感是在自己家中产生的，利用自己所有的设备进行实验"，该发明依旧被判定属于职务发明。

4. 违反职务命令的情形

作出与雇主的业务命令相反的发明时，是否是对职务相关性的否认这一点存在疑问。

与此相关的日本蓝色 LED 案[①]第一审判决［东京地裁平成十四年（2002 年）9月 19 日中间判决平成十三年（ワ）第 17772 号］中，原告主张其在违背被告公司社长下的终止开发的命令，在原来已执行的研究基础上作出的发明不是职务发明。由于原告在被告公司的工作时间内，在被告公司的设施内，利用被告公司的设备、设施，利用被告公司的雇员助理进行的发明，即使存在原告主张的情形，依旧判决属于职务发明，同时原告主张的事实在计算承继补偿金时可以作为判定雇主的贡献度的考虑要素。

从日本的学说，即反映雇员的地位、工资等各种因素来看，即便雇员违反雇主的指挥命令，只要满足利用雇主的资源，满足"预定期待说"，原则上就应当属于职务范畴。笔者支持上述判决。[②]

也有看法认为违反雇主的命令进行的开发属于"过去的职务"范围内。[③]即便在没有得到具体的指挥或者命令的情形下，雇员自主确定研究主题并进行发明，仍然要考虑各项因素判定其职务相关性。相对而言，虽然程度有所不同，违反雇主命令进行发明时，综合考量雇员负责的职务内容，雇主提供的资源的利用情况等各种因素确定职务相关性的做法是妥当的。

（三）属于现在或者过去职务范围内的发明

1. 现在或者过去的职务

法律规定职务发明是指雇员在和同一雇主的雇佣关系存续期间，与其"现在或者过去"负责的业务相关的发明，不仅仅是指现在职务相关的发明，过去担任的职务，即使现在不再担任，只要在同一雇主处持续工作进行的发明，就属于职务

---

① 本案一审中判定支付数百亿日元巨额补偿金，引发全世界范围内关于职务发明的关注。上诉审最终以 8 亿日元的补偿金数额和解，本案原告中村修二当时发明了获得诺贝尔奖的蓝色发光二极管技术为公司带来了巨大的利益。最终却只从公司处得到了 2 万日元的补偿金，因此从公司离职并向公司提起了诉讼。他对日本研究人员的待遇失望至极，因此离开日本移民美国作为教授从事研究工作，2014 年蓝色发光二极管的发明得到全世界认可，成为诺贝尔物理学奖共同得奖人。

② 田村善之·山本敬三，同前书，第 158 页；同前专利判决白皮书，腹部誠，"31. 직무해당성과특허를받을권리의승계 - 청색발광다이오드사건중간판결"（강춘원译），第 198 页。

③ 帖佐隆，同前书，第 104—105 页。

发明。^①因此现在任经理部长，过去在同一雇主处担任厂长的人，在现任职位就职期间作出厂长职务范围内的发明，即使不属于经理部长的职务范围，也被认定具有职务相关性。

在同一企业不同部门工作，作出和前一职位相关的发明时，完成该发明很大程度上取决于在原职位上的工作经验，因此站在雇主的立场，在评判贡献度时，无法主张权利过于苛刻，故而"过去的职务"范围内的发明也属于职务发明。^{②③}也有人指出，如果是利用陈旧的技术，且是和过去很久以前的职务相关的发明，仍无条件地直接判定为职务发明的话，在立法理论上有些过度的倾向。^④

2. 退休之后的发明

（1）是否属于职务发明。职务发明的构成要件之一的"过去的职务"是指，在同一公司内的"过去的职务"，对于退休后作出的与在从前的工作单位负责的职务相关的发明，通说观点^⑤认为不属于《发明振兴法》第2条第2款中所指的属于过去职务范围内的发明。因为这如果被认定为原工作单位的职务发明，当退休前公司和转业后公司双方都主张该发明属于职务发明时，处理起来就会变得很繁杂，雇员的职业选择的自由也会因此被限制。^⑥

一方面，退休后是否是职务发明取决于发明完成的时间。正如《发明振兴法》第12条中规定所暗示的，雇员在职务发明完成时，才需将发明完成的事实通知雇主，发明完成当时雇佣关系存续是判定为职务发明的前提。退休后完成的发明，原则上不属于退休前公司的职务发明。雇员在离职前执行职务任务时完成的发明，即使隐匿该发明并在离职后作为个人发明已经申请专利，该发明也是前公司的职务发明。与此相反的是，即使在职时发明的骨架已经部分成型，离职后在执行新公司职务过程中完成的发明，仍属于前公司的职务发明。^⑦大法院1997年6月27日宣告97Do516判决中也认为，取得职务发明普通实施许可的雇主是雇员完成发明时

① 정상조·박성수편，同前书，第462页（조영선执笔部分）；이희기，同前论文，第115页。

② 吉藤幸朔，同前书，第171页。

③ 关于职务发明日本原来在大正十年（1921年）《特许法》中仅规定"任务有关的发明"，属于过去的任务的发明没有具体提及。昭和三十四年（1959年）新修法中规定"现在或者过去职务范围内的发明"。

④ 帖佐隆，第88页。

⑤ 송영식等人，同前书，第426页；윤선희，同前书，同296页；정상조·박성수편，同前书，第462页（조영선执笔部分）；김창종，同前论文，第126页；田村善之·山本敬三，同前书，第158页；中山信弘编，同前书，第295页；中山信弘，同前书，第81页；吉藤幸朔，同前书，第172页。

⑥ 田村善之·山本敬三，同前书，第157页；中山信弘，同前书，第81页。

⑦ 오창국，同前论文，第156页；田村善之·山本敬三，同前书，第157页；名古屋地裁平成4年12月21日判决，昭57（ワ）1474号（立体停车场台阶结构案）采用同一立场。

的雇主，相应的专利权的注册之后才生成，注册时雇主并没有获得该普通实施许可。如果是在雇员离职后并未进入新的公司，而是在保持无业状态下完成发明的情况下，即使该发明属于原公司职务范围内，也只能是自由发明。[①]

也有观点认为，雇员在发明完成之前离职，或者在职年限较长，其间积累的知识、经验等对发明的完成影响较大等，即使发明是在离职后完成的，也可被视为属于过去职务范围内的发明；[②] 或者这种情况下，如果不赋予前雇主任何的权利也是不公平的，有必要签订合理的合同。[③] 有观点认为这是发明完成前最大的障碍，在其具体化并完成之前，不构成韩国《特许法》的保护对象，雇员在职时获得的知识、经验，离职后可以自由使用，作出的发明和前雇主没有任何关系，属于自由创作活动，这样雇主的权利得不到主张。[④] 按照"克服职务发明全部研究、开发上的难关的时间才是发明完成的时间"的观点，虽然根据发明实质上完成的时间究竟是离职前还是离职后来认定雇主的权利，"发明完成之前""对发明的完成具有重大或者决定性作用的情形"等这些标准含糊不清，会让权利归属关系更加混乱，是不妥当的。另外，为了保障雇员职业选择的自由，只要不侵害前雇主的营业秘密，雇员理应有权自由使用从前在原雇主处获得的知识和经验，不受原雇主的干涉。因此根据发明实质完成时间来判断是否成立职务发明就足够了，离职之后完成的发明只需判断其是属于雇员的自由发明，还是前雇主的职务发明即可。但是下面第3款中，在不违反宗旨的范围内，根据合同等对于离职后作出的发明的权利归属作出约定，赋予原雇主一定的权利又成了一个问题。

另一方面，离职时发明处于未完成状态，从发明的全过程来看，继续在职的其他雇员也为该发明作出了贡献，和离职的雇员之间成立共同发明，雇主根据在职的雇员的共同发明人的身份行使权利的可能性也存在。

（2）发明完成时间的证明。雇员和雇主之间就发明完成时间是在离职前还是离职后发生争议时，主张是职务发明的雇主必须能够证明其主张。[⑤] 由于发明主要是思索行为或者精神活动，很难捕捉，作为雇主，有义务制作研究日志等来应对和雇员之间这类的争议，如果没有类似的研究日志或者仅通过该研究日志不足以证明发明着手、完成时间，那么只能根据各种间接情况进行判断。日本大阪地裁昭和

① 김병일，同前论文，第381页；이희기，同前论文，第115页；김창종，同前论文，第126页。
② 정상조·박성수编，同前书，第462页（조영선）。
③ 윤선희，同前书，第296页；구대환，"직무발명의귀속과보상－한국과미국을중심으로"법학46권3호（136호），서울대학교법학연구소，2005년9월，第172页；김창종，同前论文，第126页；吉藤幸朔，同前书，第172页。
④ 帖佐隆，同前书，第91页。
⑤ 吉藤幸朔，同前书，第172页；帖佐隆，同前书，第101页。

五十四年 5 月 18 日判决,昭五十(ワ)1948 号(連続混陳機案)和名古屋地裁平成五年 5 月 28 日判决,平二(ワ)304 号(水泥合材的再生处理装置案)从离职到申请专利分别只要 11 天和 24 天,这么短时间内雇员很难完成发明并且申请专利,以此为依据判定在离职之前发明已经完成。

(3)追踪条款(trailing clause)。为解决发明完成时间相关的争议,提前在雇佣合同中规定离职后一定时期之内完成的发明前雇主可以承继的条款,即为追踪条款,对其有效性有几种学说。[①]

主流学说认为只要期间规定合理,不违背公序良俗就是有效的。[②]更具体地说,一般认为 1 年左右的期间是合适的。[③]也有学说认为在判断是否违背公序良俗时,应当考虑是否对雇员离职后的生计构成威胁。[④]另外,还有学说认为,追踪条款和自由发明的权利事先承继约定不同,因此不是当然无效,应当将离职当时发明的完成度和离职后经过期间等因素综合考量判断是否违背公序良俗。[⑤]

对此有观点认为,条款从禁止非职务发明事先承继约定的职务发明规定宗旨来看,将追踪条款解释为有效并不妥当。[⑥]也有观点指出,离职后一定期间内申请专利的发明,认为全部归属于雇主,有违公序良俗无效或者推定属于雇佣期间的发明的规定是无效的观点都是片面的。[⑦]

离职后一定期间之内完成的或者申请专利的雇员的发明一律由原雇主承继的追踪条款有违《发明振兴法》第 10 条第 3 款中关于雇员的自由发明事先承继约定无效的相关规定。这不仅限制雇员的职业选择自由,还会导致离职前公司和重新就业后新公司之间关于职务发明权利关系的争议,因此无论期间多久一律视为无效比较妥当。

如前文所述,考虑发明完成和申请专利准备时间太短等间接因素判断是否属于离职前雇主职务发明,另外,对于离职后一定期间内申请专利的雇员,约定推定

---

① 即使在职务发明的相关规定主要以合同为主的美国,追踪条款的有效性和无效说依旧相持不下。김선정,"미국에있어서종업원발명의법적취급",《경영법률》14 집 1 호,한국경영법률학회,2003 年 9 月,第 17 页参照。

② 송영식等人,同前书,第 426 页;이희기,同前论文,第 115 页;김창종,同前论文,第 137 页;中山信弘编,同前书,第 295—296 页(中山信弘教授提出以裁判实务上禁止兼职协定在一定条件下被认定为有效为根据)。

③ 구대환,同前论文,第 172 页。

④ 中山信弘编,同前书,第 295—296 页。

⑤ 정상조,"대학교수의특허권 - 자유발명인가 직무발명인가",《법조》49 卷 5 号(524 号),法条协会,2000 年,第 106—107 页。

⑥ 吉藤幸朔,同前书,第 172 页。

⑦ 오창국,同前论文,第 158 页。

该发明为雇佣期间发明的雇佣合同条款实质上也是一种对经济上的弱者雇员的压迫，有违《发明振兴法》第 10 条第 3 款等保护自由发明的立法原意，仍有被判定为无效条款的可能。但是由于《发明振兴法》第 10 条第 3 款对于雇员的非职务发明事先约定其普通实施许可的合同无效，笔者认为，可以通过合同合理期间内对离职后的发明设定普通实施许可，在这种情况下，无偿使用是否依旧有效存在疑问，有偿使用只要对价合理，仍可以将其看作有效。

3. 入职前已着手的发明

雇员在入职前已经开始着手，之后完成的发明如果属于就职后职务范围内就属于职务发明，这也是因为雇主对发明的完成提供支援协助。

当雇员和雇主关于发明完成的时间是在就职前还是就职后发生争议时，雇员负有举证责任证明在就职前就已经完成了该发明，[①] 或者雇主应当举证证明发明是在就职后完成的。

根据雇主不同，雇员被要求在入职时申报作出的所有发明，未申报的发明全部推定为入职后的发明。[②] 但是这种情形下仅以雇主的名义让雇员将其就职之前所作的发明，尤其是未公开的发明的内容详细进行说明是不恰当的，雇员仅将发明的摘要简要说明就足够了，日后即使雇员和雇主发生争议，如果客观判断该发明属于入职时所申报的范围，则不会因为被认定为未申报而受到不合理对待。

另外，有观点认为提前在雇佣合同或者劳动规定中约定入职时未申报的所有发明归属于雇主的条款违反公序良俗，应为无效约定。[③] 若是入职时未申报的发明于入职后投入生产应用，根据诚实原则和禁止反悔原则等规定雇员无法行使权利的雇佣合同条款，应当被解释为有效。[④] 也有观点认为，在上述情况下约定雇员对发明不享有任何权利，属于过度限制雇员权利，违反公序良俗，应视为无效。对于未经申报的雇员的发明入职后投入产品应用的情形，可以看作雇员默示许可的情况进行处理。

---

① 이희기，同前论文，第 114 页。

② 이희기，同前论文，第 114 页。

③ 이희기，同前论文，第 114—115 页。

④ 오창국，同前论文，第 157 页。

第三章　职务发明的承继

第一节　职务发明的预约承继

法务法人（有）律村　律师　韩东洙（한동수，Han Dong Soo）

一、意义

《发明振兴法》第 10 条第 1 款规定，雇主可以与雇员协商，以签订协议或者制定劳动规定的形式，事先约定雇主对雇员的职务发明享有申请专利或者承继[①]该发明专利的权利（第 1 款），或者雇主享有独占实施许可的权利（第 2 款）。像这种在发明完成之前，就已经通过协议或者劳动规定约定了对雇员的职务发明相关权利由雇主承继的情形，就是所谓的预约承继约定或者预约承继。

如果在职务发明完成当时，雇主无特别事由[②]，即使未与雇员另行约定承继事宜，亦可享有普通实施许可权。但是，普通实施许可与专利权和独占实施许可不同，雇主不得主张停止侵害请求权和损害赔偿请求权。如此一来，不仅法律上保护不充分，而且对雇主而言，还存在雇员（专利权的所有者）将专利权转让给竞争对手[③]或者设置多个普通实施许可权，从而存在对雇主造成侵害等的风险。作为发明的投资者，雇主为研究开发投入了大量的人力、财力，其对发明的权利理应得到保护。当然，雇主也可以在职务发明完成以后，另行与雇员约定权利的归属，但这样可能存在对价过高或雇员退休等诸多变数，无法确保雇主一定能与雇员达成承继协议从而取得专利权。

---

① 承继取得包括转移性承继和设定性承继，第 2 款中属于设定性继承的"专用实施许可"的说法对应第 1 款转移性继承中的"转让"。另外"使承继"这种被动语态的语句不符合韩语的一般规范，因此一般提倡将第 1 款的规定修改为"规定将职务发明的专利权或者申请专利的权利进行转让的合同或者工作规程"。

② 2013 年 7 月 30 日新修订的《中小企业基本法》第 2 条规定，对于非中小企业，没有关于预约承继的合同或者工作规程时，雇主不享有普通实施许可（《发明振兴法》第 10 条新设但书）。

③ 参照中山信弘编：《注解特许法（上卷）》，青林书院，2000 年，第 345 页（中山信弘执笔部分）。

　　因此，雇主通常都会在事先就采取一定措施保证自己能够取得对职务发明的独占性的、排他性的权利。事实上，具有一定规模的企业、研究所、大学等一般都会通过内部的雇佣合同、劳动规定（就业规则、人事管理规定等）形式事先约定专利的归属。

二、方法

　　《发明振兴法》第 10 条第 1 款中列举了"协议"和"劳动规定 ①"两种预约承继的方法。劳动规定又可称为就业规则、职务发明方案指南、服务规定等，其名称并没有限制，只要含有职务发明权利归属的内容即可。劳动规定作为劳动法和专利法上常用的概念，其效力应当根据《发明振兴法》相关规定的立法意旨进行判断。从《发明振兴法》的立法意旨来看，该法除在第 10 条第 1 款、第 3 款，第 13 条第 1 款、第 2 款规定中调整雇主与雇员之间的利害关系外，还在第 13 条第 1 款但书部分、第 15 条第 1 款中，特别规定了对雇员的保护。在司法实务中，除非有雇员明确的意思表示或者可明确推知的默示意思表示，否则很难作出雇主对职务发明享有专利申请权，或者双方之间已经达成了由雇主承继该专利权等的协议的判定（大法院 2011 年 7 月 28 日宣告 2010Do12834 判决）。②

三、作为标的物的发明

　　韩国采用发明人主义，发明有关的权利最初由发明人享有。③ 原则上，发明人不必区分发明类型均可行使处分权。但如果存在预约承继的情形，则应受到法定的限制，即《发明振兴法》第 10 条第 3 款规定，"凡约定雇主对雇员的发明享有事先专利申请权或者雇主可承继雇员的专利权的协议或劳动规定一律无效，但职务发明除外"。

　　也就是说，除上述条款规定的职务发明外，对于雇员的其他发明，即使雇主制定协议或劳动规定预约承继相关权利，该协议或劳动规定无效，进而无法取得或承继相应的权利。可见《发明振兴法》意在保护相对处于弱势的雇员的利益，进而鼓励发明创造。但上述条款规定的无效并不意味着协议或劳动规定的全部无效，其中涉及职务发明部分的约定仍然有效。④

---

　　① 日本《特许法》第 35 条中规定为"合同、工作规程及其他规定中的条款"。

　　② "要综合根据是否默示同意，是否有预约继承的规定，是否有雇主根据预约承继的规定进行承继的事实以及承继的次数和期间，雇员对预约承继规定，以及承继事实的认识情况等进行判断"。首尔中央地方法院 2009 年 8 月 14 日宣告 2008Gahab115791 判决参照。

　　③ 大法院 1991 年 12 月 27 日宣告 91Hu1113 判决参照。

　　④ 大法院 2012 年 11 月 15 日宣告 2012Do6676 判决。不是上述大法院判例的参考法令，可以部分参考《民法》第 137 条关于部分无效的规定。"但是，即使没有无效的部分，在被认定为进行法律行为时，剩余部分并非无效。"

另外，从上述《发明振兴法》第10条第3款的条文及立法意旨来看，只要不违反《民法》第103条、第104条的规定，雇主和雇员之间可以设置多个有效的预约承继，也可以在发明完成后签订协议、确定对价等，双方可以依协议进行自由转让。①

一般来讲，不同企业根据本身的情况都会赋予雇员一定的发明申报义务，这种发明并不局限于职务发明，还包括雇员的自由发明等一切属于企业经营范围内的发明，或者约定雇员在将发明转让给第三人之前应当提前与雇主协商，这种条款的有效性实际在产业界多数已被认可。

四、程序

（一）职务发明完成事实的通知（《发明振兴法》第12条）

雇员在职务发明完成后应立即将此事实书面告知雇主（第1款）。两名以上雇员共同完成职务发明的，则由两人共同书面告知雇主（第2款）。这样规定的目的是为了防止职务发明向外部泄露，体现了保护雇主利益的立法意旨。有学者认为，一般意义上的预约应当是协议一方为了缔结本协议向另一方发出要约，对方需要作出承诺才能达成协议，②但根据《发明振兴法》的规定，雇员负有在职务发明完成后向雇主发出要约的义务，这一点与一般签订协议的情形有所不同。③但也有学者认为，这是一种为了防止职务发明向外部泄露而让雇员承担的通知义务。

（二）承继与否的通知（《发明振兴法》第13条）

收到职务发明完成事实通知的雇主（国家和地方自治团体除外），应根据总统令的规定在4个月内④以书面形式告知雇员自己是否承继该职务发明的有关权利（第1款本文部分）。但如果不存在预约承继约定情形时，雇主则无法主张承继职务发明的有关权利（第1款但书部分），雇员可直接提出专利申请取得专利权，而雇主只能享有普通实施许可。而且，如果雇主不属于《中小企业法》第2条规定的中小企业，其只有取得该雇员的同意才能取得普通实施许可（参照第10条第1款但书）。当然，即便没有预约承继等，雇主仍可与雇员另行达成协议，自由受让专利权。

雇主在规定期限内将承继的意思表示送达雇员时，即取得该发明有关的权利

① 同上书 中山信弘编，《注解特许法（上卷）》，第345页也采用同一立法意旨。

② 윤달원，《주석민법, 채권각칙（2）》，1999年9月（第3版），第393页。

③ 조경임，"직무발명의 사전예약승계"，충남대학교 법학연구 제22권 제2호，第137页。

④ 《发明振兴法施行令》第7条："法律第13条第1款原文中的'总统令规定期间'是指根据法律第12条收到通知当日起四个月之内。"

（第2款）。雇主可以提出专利申请进而取得专利权，也可以不提出专利申请，直接作为商业秘密进行保护使用。如果雇主收到通知后，表示不承继该发明有关的权利，则该发明有关的权利自雇主通知雇员时起全部归属于该雇员，雇员即可以以自己的名义提出专利申请或转让给第三人，而雇主只能享有普通实施许可。[①]如果雇主未在规定的期限内将承继与否的意思表示通知雇员，则视为雇主放弃对该发明的承继。此种情形下，即便有《发明振兴法》第10条第1款的规定，如果雇主未取得该雇员的同意，亦无法取得普通实施许可（第3款）。对此有学者认为，这种规定虽然课以雇主应作出承继与否的意思表示、通知的义务，但雇主却享有决定权，可见承继协议具有单方协议的性质。[②]

（三）违反程序的情形

当出现违反《发明振兴法》第12条（职务发明完成时雇员的通知义务）和第13条（雇主承继与否的通知义务）规定的情形时，究竟适用承继协议还是劳动规定的问题，目前尚存在争议。但是，上述规定从立法目的来看，均非效力强制性规定，如果违反上述规定，承继协议本身的效力是不应当被否定的。在《发明振兴法》中，并未对违反行为课以罚则或罚款，只是规定雇员有权向第18条规定的审议委员会提出审议。

五、共同发明时权利的承继

根据韩国《特许法》的相关规定（第33条、第37条、第99条、第100条），共同发明的一方想要转让发明有关权利的，应取得另一方的同意。[③] 但《发明振兴法》并不受此规定的限制，《发明振兴法》第14条规定："如果职务发明系公司雇员和第三人的共同发明，则根据协议或劳动规定，雇主可以承继属于雇员的那部分权利。"关于共同发明的权利承继，如果作为共同发明人属于同一雇主，并不存在实际问题；但如果有多方雇主，或部分共同发明人没有所属雇主，其发明属于个人发明的情形，就会产生问题。

共同发明的有关权利被承继后，根据《特许法》第99条的规定，多方雇主（雇主为多方时）或者雇主及个人作为专利权的共有人在转让属于自己的那部分权利时应当取得其他共有人的同意。针对此问题，在事前的共同研发协定等协议中明确约定"视为同意"等条款是比较合理的。[④]

[①]　특허청，《개정직무발명보상제도해설및편람》，2013年，第97页。

[②]　조경임，앞논문，第137页。

[③]　参照韩国《特许法》第33条、第37条、第99条、第100条。

[④]　《개정직무발명보상제도해설및편람》，第99页。

如果多方雇主之间从一开始就反对建立共有关系,则雇主中的一方可以在事前与其他共有人签订概括转让协议,约定在共有权成立的同时,该一方雇主可以不必经过特定程序而直接受让相关权利,这在协议自由原则上是被允许的。

六、承继生效的时间

关于预约承继,其依据协议实现的情况可以是附停止条件的转让协议,也可以是预约。如果是前者,则雇主在发明完成的同时即取得相关权利;如果是后者,则雇主在行使预约终结权时即取得相关权利。雇主应当在专利申请提出后,登记完成前进行名义变更才会产生效力。如果预约承继是根据雇主一方的意思表示而成立的,则权利转移的时间也可由雇主一方决定。专利登记完成后,登记效力的发生需要一定的要件(《特许法》第87条),因此,雇主一方是无法完成权利承继的,需要雇员的协助(双方申请)。如果雇员拒绝协助的,则雇主只有取得法院判决才能单独完成移转登记。[①]

七、违反承继协议等的情形

(一)双重转让专利申请权

雇员违反承继协议或者劳动规定,在职务发明完成后将申请专利的权利转让给他人的,则受让人和雇主中最先取得《特许法》第38条第1款、第4款规定的对抗要件(专利申请,专利申请变更申告)者获得专利。

在此种情形下,虽然雇主仍可享有普通实施许可的权利,但可能因此遭受财产上的损失。对于雇员的这种背信行为,大法院2012年11月15日宣告2012Do6676判决:"雇员应当对发明有关的内容进行保密,并且有义务协助雇主取得专利权,应当像处理自己的事务一样处理此事务。所以,雇员可以成为背任罪的犯罪主体。如果雇员违反义务,在职务发明完成后没有通知雇主而直接又将取得专利的权利转让给第三人,并且第三人已经完成专利登记并公开发明内容的,则雇员的行为给雇主造成了损失,成立背任罪。""但是,根据发明人主义,职务发明的权利最初归属于雇员,发明内容作为有机统一体,其本身并不能完全成为雇主的商业秘密,所以雇员如果不履行保密义务及协助转让义务,反而出现公开职务发明内容的行为,则违反了《发明振兴法》第58条第1款、第19条[②]的规定,可按照相关规定

---

① 송영식等六人,《지적소유권법》上册,육법사(2008),第404、405页。

② 第19条第1款规定:"雇员等在雇主申请职务发明专利前有义务保守职务发明相关的商业秘密。但是,雇主决定不承继该职务发明的情况下,雇员无须承担保密义务"。

第58条第1款规定:"违反第19条规定,以不当得利或损害雇主利益为目的的公开职务发明内容的"。

进行处罚；如果被公开的职务发明内容涉及雇主的其他技术信息的，则涉及公开雇主其他技术信息的部分，应另行按照《反不正当竞争法》的规定，以泄露商业秘密的行为论处，但如果没有特别事由，对公开职务发明内容的部分行为不能直接适用《反不正当竞争法》第 18 条第 2 款的规定。"

（二）预约承继后雇员以自己的名义提出专利申请的情形

雇员根据预约承继协议等将申请专利的权利转让给雇主之后，又以自己的名义提出专利申请的，与上述双重转让的情况并不同，应当按照无权利人提出专利申请而加以处理。[①]

第二节　冒认专利申请

韩南大学法学部教授、专利代理师　金琯植（김관식，Kim Kwan-Shik）

一、概要

根据发明人主义原则，发明专利相关的权利最初由发明人所有。[②] 但包括韩国和日本在内的大部分国家都允许除发明人之外的其他人从发明人处取得权利，并提出专利申请。而且，对于由多数发明人共同完成的发明，其申请专利的权利由多数发明人共同享有，应由该多数共有人共同提出专利申请。违反此规定的，专利申请将被拒绝，即便完成申请，也会被宣告无效。

所谓冒认专利申请[③] 是指非上述正当权利人提出的专利申请。关于冒认专利申请的法律问题主要有以下几点：冒认申请的判断问题，冒认对象发明和冒认申请发明的同一性判断问题，以及在冒认申请的情形下如何保护好发明人的利益的问题，这些问题在职务发明中也同样存在。

---

① 천효남，《특허법》第 13 版，법경사 21c，第 309 页。

② 中山信弘著，韓日知財權研究會譯，工業所有權法（上）特許法，法文社，2001，第 6 页；中山信弘，特許法第二版，弘文堂，2012，第 42 页。

③ 冒认发明是指申请人既不是发明人也不是承继人的情况。在用语上"冒认"有贪污的意思，由来于日本明治十三年（1880 年）刑法（竹田和彦저，김관식·관김동엽·동오세준·세이두희·두임동우역，특허의지식제 8 판，2011，第 252 页），日本《特許法》中大正十年（1921 年）日本《特許法》第 10 条、第 11 条中使用"特許ヲ受クルノ權利ヲ冒認シタル者（获得专利的权利的冒认人）"这样的表达，请参照日本大正十年《特許法》。另外，也曾考虑用"非发明人申请"或者"无端申请"这样的用语代替冒认专利申请。"冒认"这个用语自身带有"把别人的东西当作自己的东西作弊"的意味，韩国国立国语院的"标准国语大词典"中已经登记，因此一直沿用。

二、发明同一性的判断 [①]

（一）概要

根据发明的同一性，冒认专利申请一般存在以下几种类型：第一，存在第三人主张自己是真正的发明人或者自己是共同发明人，此时由于申请对象的发明指向同一物，所以不存在判断同一性的问题。存在需要判断同一性问题的情形是存在两份申请（第三人冒认申请）和两个申请对象物（对别的发明冒认申请），冒认申请人主张冒认自己的发明申请专利的情形下，才存在冒认专利申请发明与冒认对象发明是否具有同一性的问题。

如果冒认发明物完全复制原发明物，则很容易判断冒认专利申请的同一性。但实务中，这种情形并不多见，冒认人通常会在原物的基础上进行不同程度的改良或变形。这种情况如果被判定为冒认专利申请拒绝给予专利申请或者作为无效事由被认定专利申请无效的话，会导致被冒认的对象发明人权利的转移；相反如果不认定为冒认专利申请，申请人则有可能获得专利权。因此对于可能的冒认对象发明人而言，具有专利行使权的冒认专利申请发明和冒认对象发明的同一性判断问题将成为重要的问题。在判断申请专利的发明是否为冒认专利申请时，发明的同一性作为主要争议的代表性判例如下。

（二）判例

1. "实质上的同一性"标准：大法院 2005 年 2 月 18 日宣告 2003Hu2218 判决

本案的被告系专利权人，于 1995 年 1 月 10 日提出申请，1998 年 5 月 21 日完成注册，发明专利名称为"通信电缆连接用连接外管"（发明由七项构成，以下简称本案发明专利）。原告称，涉案专利发明与此前原告与相关企业签署的技术转移合同中的名为"线路连接材料改良技术开发"的资料（以下简称涉案开发资料）中记载的现行发明相比不但没有进步性，而且和涉案开发资料中记载的发明（以下简称原告的发明）具有同一性。被告未经原告的许可申请本案发明专利，或者由于设计阶段是和原被告共同进行研究开发的，因此主张以冒认专利申请或者共同发明的理由请求判决已申请的涉案专利无效。[②]

特许评审院认为，（1）涉案开发资料是只有特定人持有的且具有保密义务的手册，不具有公开性，因此原告所主张的与现行技术的进步性判断无法认定；（2）与现行发明相比涉案专利发明的进步性被认可；（3）涉案专利发明和原告的

---

① 本节，김관식，"发明的同一性研究"，首尔大学研究生院法学博士学位论文，2013 年 8 月，主要参考第 154—169 页的部分内容，并稍作修改。

② 성창익，"모인대상발명을변형또는개량하여특허등록된경우모인출원이성립하는지여부등"，「특허판례연구개정판」，박영사，2012，第 325 页。

发明之间，目标和作用效果不同不具有同一性，不能判决为冒认专利申请或者共同发明。综上驳回原告的请求。

对此原告向特许法院提起撤回评审的诉讼，特许法院虽然认可了被告最初从原告所谓的涉案开发资料中取得灵感的事实，但是正如下面提到的，本案专利发明专利请求权范围和第 2 项、第 4 项、第 6 项、第 7 项构成中，与上述开发资料中记载的发明并不具有同一性，上述请求项，不应当认定被告将原告的发明当作自己的发明申请专利，因此根据《特许法》第 133 条第 1 款第 2 项，第 33 条第 1 款，最终判定专利有效。① 对此原告进行了上诉。

大法院认为，本案专利发明的专利构成第 1 项（以下简称涉案发明构成 1）虽然和原告的发明构成同一发明，但是对于本案专利发明的专利构成第 2 项（以下简称涉案发明构成 2），涉案第 1 项发明中内部肋骨（rib，12a）是以每 5 个为一个单位，7 个组合体的长度方向相同的间隔配置为限。这和原告发明中 3×4（12 个）的组合是不同的构成，这一涉案专利发明的实施例的图 3 有关器材及 CAE 分析从构成不同的形态变化的效果也有差异，因此涉案第 2 项发明不具有同一性②，最终否认了冒认对象发明和冒认专利申请发明的同一性。

最终，涉案发明构成 1 被认定和原告的发明是同一发明，但是由于对此进行具体限定的专利构成 2 中的部分构成，即内部肋骨的具体个数差异，认定发明的具体构成存在差异，这种构成的差异会导致形态变化效果的差异，因此否定了冒认对象发明和冒认专利申请发明的同一性。本案例中判断效果的差异时并没有追究"显著"与否，只是以构成的差异为中心判断发明的同一性，由于构成的差异必然导致效果的差异，因而否认比较对象的同一性，这一点颇受关注。

2."特殊效果差异"的有无：大法院 2011 年 9 月 29 日宣告 2009Hu2463 判决

食品公司的职员申请的专利发明是否是食品公司发明（商业秘密）的冒认发明是本案的争论焦点。曾是某食品公司研究开发部长的甲从自己就职的 X 公司处跳槽到 Y 公司后的 2004 年 9 月 8 日，将作为 X 公司商业秘密的生面团③ 加工工序泄露给 Y 公司职员，Y 公司将 X 公司的商业秘密（以下简称冒认对象发明）加以变形后于 2005 年 10 月推出和 X 公司的"可可年糕饼"形成竞争产品的"年糕饼干"，并于 2008 年 8 月 4 日以"内藏有年糕的饼干及其制作方法"为名称，申请本案专利发明（专利注册号码第 626971 号），Y 公司 Z 职员为发明人，Y 公司为申请人

---

① 韩国特许法院 2003 年 8 月 22 日宣告 2002He4002 判决。

② 大法院 2005 年 2 月 18 日宣告 2003Hu2218 判决［注册无效（特）］。

③ "生地"是指衣服的布料或者制作面包或年糕时用到的面团等类似的"材料"，直接采用日语"生地（きじ）"的汉字音。要根据文章语境具体确定是取"布料"还是"面团"的含义。

申请专利，并于 2006 年 9 月 14 日取得专利。[①] 本案专利发明的特征性部分是为解决年糕难以长期保存的问题的专利构成 2 之生面团的制作工艺。冒认对象 X 公司的商业秘密和本案专利发明的构成 2 之间存在些许差异，这之间的区别是明显的糖粒 [②] 的山梨糖醇 [③] 替代方法和原料投入上的差异。

X 公司在专利评审院评审时，对于本案专利发明观点如下：

①该发明属于只根据专利说明书内容不可能反复再现的未完成发明；②专利请求范围在说明书中记载不完整，因而主张无效并提出专利无效的判决，特许评审院驳回 X 公司的请求，X 公司对上述决定向特许法院提出撤销决定的诉讼；③本案专利发明违反《特许法》第 33 条第 1 款（无权利人申请的规定）和第 44 条（共同申请的规定）；④该发明属于普通的技术人员结合已经公知的现行技术自然作出的改良，因此不具有进步性。

最终特许法院判决涉案专利发明是 Y 公司 Z 职员在原告公司的商业秘密的基础上仅附加了一些周知的并无任何技术性特征的内容，"由于没有对涉案第 1 项发明作出任何实质性的贡献"，因此不属于《特许法》第 33 条第 1 款条文所指的"发明人"，剩下的各项从属性发明也因同样的理由被判决专利无效。[④]Y 公司不服上述判决，向大法院提起上诉。[⑤]

---

① 박창수，"강학상의 모인출원 - 기술적 사상의 창작에 실질적으로 기여하지 않은 경우 -"，한국특허법학회 제 42 회 정기세미나 발표문，2012 年 10 月 20 日，第 1 页。

② Maltitol. 山梨醇和葡萄糖结合的形式。糖大约 75%—90% 的糖度，热比较稳定（到 150℃）卡路里量和糖的 4kcal/g 相比大约只有其一般 2.1kcal/g。

③ Sorbitol. 葡萄糖还原制成。$C_6H_{14}O_6$. 糖度和卡路里（2.6kcal/g）都比糖低，慢慢消化的话更易吸收，熔点 93—98℃。

④ 韩国特许法院 2009 年 7 月 15 日宣告 2008He8907 判决。

⑤ 大法院 2011 年 9 月 29 日宣告 2009Hu2463 判决。

　　大法院认为，"非发明人或非申请专利的承继人（以下简称无权利人），将发明人所做发明的一部分进行变动，即使其技术性构成和发明人的发明不同，如果该变动在技术层面上仅仅是具备通常知识的人惯用程度上的技术性构成的附加、删除、更改，导致在发明使用效果上并没有带来特别的差异等在技术性思想创作方面没有带来实质性贡献的情况下，该专利发明属于无权利人的专利申请，登记注册无效"。另外，X 公司个人企业研究开发部部长转职到 Y 公司并将 X 公司的商业秘密向 Y 公司职员泄露，Y 公司将 X 公司的冒认对象发明加以变形后，申请名为"内藏有年糕的饼干及其制作方法"的专利发明并获得专利的案件中，涉案专利发明的特征性部分"解决年糕长期保存难题的的生面团制作工艺 2"和冒认对象发明的构成没有实质性的差别，Y 公司在与冒认对象发明无实质性差异，没有构成 1、3、4 中新增加的部分，仅仅是具备通常知识的人在惯用程度上的无实际性差异的更改。这导致在发明的使用效果上也没有产生特别的改变，即 Y 公司在专利发明的技术性思想创作方面没有特别的贡献，因此上述涉案专利发明属于无权利人申请的发明。根据《特许法》第 133 条第 1 款第 2 项以及第 33 条第 1 款，该专利注册无效。最终判决 Y 公司申请的发明和冒认对象发明没有实质性差异，属于冒认专利申请。[①]

　　最终本案在判断冒认专利申请与否时，对比冒认对象发明和冒认专利申请发明，即便认定其构成存在差异，并不当然地否认冒认对象发明和冒认专利申请发明具有同一性。如果该构成的差异仅仅是普通的技术人员惯用的程度上的改变，使用效果上并没有带来特别的差异的情况下，认定冒认对象发明和冒认专利申请发明之间具有同一性。但是这里使用的判断基准和进步性的判断几乎是类似的，即使有构成上的变更，其差异只是技术人员普遍采用的程度时，冒认专利申请与冒认对象发明视为是同一的，这一点也备受瞩目。

　　3. 美国和日本的判例与判断基准

　　美国原《专利法》第 102 条（f）项[②]中规定"申请的专利不是由自己发明的情形，

---

①　大法院 2011 年 9 月 29 日宣告 2009Hu2463 判决。

②　35 U.S.C. 102 A person shall be entitled to a patent unless.

（f）He did not himself invent the subject matter sought to be patented.

　　另外，根据一直标榜先申请主义的最近的 Leahy-Smith 法，对于 2013 年 3 月 16 日以后的申请，不再适用第 102 条（f）项的规定，根据其他的条文审判部（the Patent Trial and Appeal Board）新设了冒认程序（Derivation Proceedings）。这里被认定为冒认申请（Derivation）时将拒绝申请，因此冒认申请中依旧存在同一性判断问题。U.S.C. 135 Derivation proceedings.（d）EFFECT OF FINAL DECISION.-The final decision of the Patent Trial and Appeal Board, if adverse to claims in an application for patent, shall constitute the final refusal by the Office on those claims. The final decision of the Patent Trial and Appeal Board, if adverse to claims in a patent, shall, if no appeal or other review of the decision has been or can be taken or had, constitute cancellation of those claims, and notice of such cancellation shall be endorsed on copies of the patent distributed after such cancellation.

不能获得专利"，要求申请专利的发明是发明人本人的创造物（original work），否则属于韩国和日本法律中规定的冒认专利申请。那么，问题就成了如何判断该发明是否源于他人的发明（Derivation），也就是判断申请专利发明真正的发明人是谁的问题，判断基准就是形成发明的设想并将其明确化后成为永久性思想的人，通常发明人应当对发明的设想作出贡献，没有提出设想而冒认（derive）发明的人不能成为发明人。[①]

美国适用冒认专利申请的案例与新颖性等专利构成要件的案例相比并不常见，[②]但是为了证明冒认专利申请，美国要求证明发明的设想是由他人完成的，设想是从他人处传送（communication）来的。[③]如果发明是根据他人的设想完成的，对于这样的发明，根据美国《专利法》第102条（a）项，很多情况属于新颖性要件不完备的情况，这时无须提供传送或者复制行为等类似的相对较困难的证明，仅仅证明不具备新颖性更加容易，因此没有必要适用第102条（f）项中的冒认专利申请。[④]但是美国《专利法》关于新颖性的条款要求在国内由他人进行公示，[⑤]

---

① 但是根据1952年的美国《专利法》第256条的规定，对于遗漏姓名的发明人（nonjoinder）和错误包括在内的发明人（misjoinder），修改他们的姓名都很容易做到。Janice M.Mueller, Patent Law 3rd ed., Aspen, 2009, p. 273。

② Roger Schechter et al., Principles of Patent Law 2nd ed., Thomson West, 2004, p. 140, "The courts have not employed § 102（f）with great frequency."

③ Gambro Lundia AB v. Baxter Healthcare Corp. 110 F.3d 1573（Fed. Cir. 1997）.

④ Roger Schechter et al., Id..

⑤ 35 U.S.C. 102（pre-AIA）Conditions for patentability; novelty and loss of right to patent.

A person shall be entitled to a patent unless -

（a）the invention was known or used by others in this country, or patented or described in a printed publication in this or a foreign country, before the invention thereof by the applicant for patent. 但是2013年3月16日以后的申请适用的Leahy-Smith法中规定，删除地域性条件和他人的条件的通知的范围和韩国一样扩展到了国外。

35 U.S.C. 102 Conditions for patentability; novelty.

（a）NOVELTY; PRIOR ART.-A person shall be entitled to a patent unless-

（1）the claimed invention was patented, described in a printed publication, or in public use, on sale, or otherwise available to the public before the effective filing date of the claimed invention; or ... 但是这种通知根据发明人自己时赋予其一年的宽限期（grace period）。35 U.S.C. 102（b）EXCEPTIONS.（1）DISCLOSURES MADE 1 YEAR OR LESS BEFORE THE EFFECTIVE FILING DATE OF THE CLAIMED INVENTION—A disclosure made 1 year or less before the effective filing date of

a claimed invention shall not be prior art to the claimed invention under subsection（a）（1）if-

（A）the disclosure was made by the inventor or joint inventor or by another who obtained the subject matter disclosed directly or indirectly from the inventor or a joint inventor; or ...

而冒认专利申请并不要求进行公示，因此如果冒认对象发明处于未公示状态，适用冒认专利申请则没有实际意义。

美国、日本等国家对于判断申请发明的实施主体的相关判例有很多[1]，但是判断冒认对象发明和判断冒认专利申请发明同一性的案例并不常见。代表性的案例如下。

Gambro Lundia AB v. Baxter Healthcare Corp. 案[2] 中，专利权人原告 Gambro Lundia AB 是为从肾脏透析病人的血液中清除杂质进行精密测量的传感器再调整装置（recalibrate）相关的专利权人。本案中，是否应当因专利的冒认（derivation）判决专利无效是其中的一个争论焦点。[3] 被告 Baxter 公司根据原告兼并的 Repgreeen's Dialysis Technology 公司的文件中的 Wittingham 的提案内容，主张发明为冒认发明。[4] 建议书中关于自动点火和再启动功能进行了简单的叙述，被告 Baxter 公司主张该文件中记载了再设定或者自动点火功能。法院认为这种功能何时产生具有模糊性，但是整体看来是首次启动期间发生的，因此透析中这些专利发明不能看作 Wittingham 的设想。[5] 另外，法院认为一审法院采用的基准，即申请发明对于冒认对象发

---

[1] 在日本，关于冒认申请的代表性案例是 生ゴミ処理装置事件（食物垃圾处理机案件）最高裁平成 13 年 6 月 12 日第三小法庭判决平成 9 年（才）第 1918 号（民集 55 卷 4 号第 793 页，判时 1753 号第 119 页，判夕 1066 号第 217 页）；中山信弘・大渕哲也・小泉直樹・田村善之編，特許判例百選第 4 版，有斐閣，2012，第 48—49 頁〔虽然不是原著，而是关于该案件相关评注的译文，中山信弘・相澤英孝・大渕哲也編 比較特許判例研究會譯，特許判例百選（第三版），博英社，2005，第 139—144 頁参照〕以及ブラジャー事件（胸單案）東京地裁平成 14 年 7 月 17 日判决平成 13 年（ワ）第 13678 号（判时 1799 号第 155 頁，判夕 1107 号第 283 頁）；上揭書，第 50—51 頁（中山信弘・相澤英孝・大渕哲也編 比較特許判例研究會譯위의책，第 145—151 頁）。另一方面最高裁平成 5 年 2 月 16 日第三小法庭判决平成 3 年（才）第 1007 号（判时 1456 号第 150 頁，判夕 816 号第 199 頁）中，是有关冒认申请的外观设计专利申请的，由于冒认申请，致使外观设计创作者丧失了申请外观设计专利的权利，导致受害人提起侵权损害赔偿案件。在该案件中，法院虽然认可了受害人对因丧失申请外观设计专利的机会而产生的损害享有赔偿请求权，但同时法院认为该请求权因超过诉讼时效最后驳回受害人的诉讼请求。위의책，第 52—53 頁（中山信弘・相澤英孝・大渕哲也編 比較特許判例研究會 譯위의책，第 152—157 頁）。例如其他的冒认申请相关的日本的案例，参照竹田和彦著 김관식等 4人译，앞의책，第 254—258 頁（竹田和彦著，前揭書，第 200—204 頁）。在论述美国的情况下冒认申请（Derivation）真正发明人的决定以及是否是共同发明人的观点上援引了本案例，参照 Janice M. Mueller, op cit., pp. 273—274。

[2] 110 F.3d 1573（Fed. Cir. 1997）.

[3] Id..

[4] Id. at 1576.

[5] Id. at 1577. "Accordingly, this court determines that the Wittingham proposal does not corroborate conception."

明的普通技术人员来说"是否具有显著性（obvious）"是错误的，批判原审中引用的判例 ① 中也并未采用这些标准。②

本案对于冒认发明的判断标准，即冒认对象发明和申请发明之间的差异，首先明确以普通的技术人员作为美国《专利法》显著性（obvious）判断标准的做法是不对的，其次不属于发明的理由还有：申请发明的构成肾透析中间测量设备的 0 分值重新设置的结构在冒认对象发明中没有涉及，但是这样的差异对于普通的技术人员而言是否显著还未进行判断。从对原审中以通常的技术人员作为判断基准判断显著性做法的批判来看，最终对冒认对象发明和申请发明进行比较时，已经明确了以普通技术人员为基准判断进步性是不妥当的，应当以构成要素的差异性为中心进行判断。本案虽然明确了同一性的判断基准和进步性的判断基准的区别，但是具体的适用在下面的案例中体现得更加明确。

美国 Hoop v. Hoop 案 ③ 是保护摩托车的整流罩（fairing）的老鹰形状的外观设计专利保护有关的案件，对于 J. Hoop, S.Hoop 兄弟先发明的专利 ④ 而言，M. Hoop 与 L. Hoop（前）夫妇后发明的专利 ⑤ 是否是另外的发明是本案的争论焦点之一。

法院认为，先发明和后发明的同一性判断标准和新颖性判断标准是一致的，即采用"实质性的同一性（substantial similarity）标准" ⑥，与 Hoop 兄弟前发明相比，Hoop 夫妇后发明只不过是将 Hoop 兄弟前发明的设想单纯进行细化（refine）并完成。Hoop 夫妇发明仅去掉了鹰的尾部部分这一点和前发明不同，两者的设计的比例与身体的大小、方向、羽毛的数量、头和喙的形状及眼球的位置等是相同的，因此 Hoop 夫妇的设计不能被认定为另外的发明，而应被认定为是和前发明"实质

---

① New England Braiding, 970 F.2d at 883.

② Id. at 1578, "This court recognizes that the district court's incorrect derivation standard springs from dictum in this court's New England Braiding decision. In that case, this courtnoted: 'To invalidate a patent for derivation of invention, a party must demonstrate that the named inventor in the patent acquired knowledge of the claimed invention from another, or at least so much of the claimed invention as would have made it obvious to one of ordinary skill in the art.' New England Braiding, 970 F.2d at 883. This dictum did not in fact incorporate a determination of obviousness into a Section 102（f）analysis. Indeed, this court in New England Braiding did not apply such a test." 在 New England Braiding v Chesterton, 970 F.2d 878（Fed. Cir. 1992）案中，并未以普通技术人员作为标准判断自明性。参考 New England Braiding v Chesterton, 970 F.2d 878（Fed. Cir.1992）。

③ 279 F.3d 1004（Fed. Cir. 2002）.

④ U.S. Design Patent No. 428, 831.

⑤ U.S. Design Patent No. 431, 211.

⑥ 279 F.3d 1004, 1007（Fed. Cir. 2002）, "The ultimate test for design-patent inventorship, like the test for anticipation and infringement, is whether the second asserted invention is 'substantially similar' to the first."

上相同的发明"①。最终法院判决两个发明虽然存在一定的差异，但仍认定为"实质上相同的发明"。②

（三）小结

在判断是否为冒认专利申请时，韩国先前的判例采取以构成的差异为中心，以效果上是否产生差异作为判断实质性同一性的标准，既有构成的差异又有效果的差异时不能被认定为冒认发明，是可以获得专利的。但是在最近的判例中，即使有构成上的差异，如果没有效果上的不同，仍被认定为冒认专利申请，可以理解为发明范围的扩大化。

按照上述判断方法，在对冒认对象的发明（被冒认的发明，被侵权的对象）和冒认申请的发明（侵害方的发明）的同一性或者实质性进行判断时，不需要明示性根据，仅以冒认专利申请发明"对专利发明的技术性思想创作没有实质性贡献"为根据，而在发明的定义中也规定了这个根据。③这种主张涉案申请专利发明的根据不明确的情形，以从前的冒认专利申请的判断标准作为发明实质性同一性的判断标准的话，两个发明实质上并不相同时最终不构成冒认专利申请，因此冒认专利申请人可以获得专利权，但是如果经不当手段取得商业秘密，仅仅稍加变形作出的发明，如果赋予专利权显然是不公平的。但是本案中最终认定冒认专利申请发明和冒认对象发明不是同一发明存在差异，例如在原发明的基础之上结合新的技术性思想创作产生的结合发明的情形，并不需要将结合发明所有的构成要素全部由发明人进行创造。④上述案件的冒认发明人也并非和冒认对象发明的构成完全没有差异，对于与冒认对象发明相比增加的一定程度的构成差异，不能完全否认其为没有技术性思想的创作，这种技术性思想的创作和其是否具有高度性的判断，最终在《特许法》第29条中规定的所谓的发明的成立性、工业上实用性、新颖性、进步性等专利构成要件是否满足要求的专利审查的工作。因此笔者认为，以发明的定义为依据，可能会对专利要件的规定形成威胁，因此这一点上尚存在争议。

对于被认定为冒认专利申请的发明，正当权利人应当享有权利的时间可以追溯到冒认专利申请之时。⑤但是可以享受这种权利的发明的范围在韩国的法律条文中

---

① 279 F.3d 1007（Fed. Cir. 2002）

② 法院认为，虽然很明确冒认发明的判断标准和新颖性的判断标准相同，但是冒认申请的规定和第102条的其中一款进行新颖性的规定这一点不无关系。

③ 박창수，앞의 논문．

④ 如果不利用发明的构成要件之一的"公知"要件，而不当使用他人的发明，对此可依据侵害商业秘密或者依据民法上的侵权责任而追究侵害人的法律责任。

⑤ 日本《特许法》第34条、第35条，日本大正十年（1921年）《特许法》第10条、第11条中都是相同宗旨的条文，为保护冒认申请后申请的第三人的利益，昭和三十四年（1959年）《特许法》废止了这些条款。日本国際知的財産保護協会，特許を受ける権利を有する者の適切な権利の保護の在り方に関する調査研究報告書，2010年，第27頁。

并没有明确规定。① 一般认为是"被认定为冒认专利申请"的范围。② 但是冒认发明的认定标准如果按照从前标准，对于被认定为冒认专利申请的发明，即使赋予其追溯到申请日的利益，也只是针对被认定和正当发明人的发明具有同一性的发明才赋予这项权利，因此发生预料不到的特殊的不当结果或者冒认专利申请的认定标准采取后者的观点时，正当权利人对于非本人发明的部分也可追溯至申请日，这样可能会损害冒认专利申请之后的其他第三人的利益。③

判断冒认对象发明和冒认专利申请发明的同一性时，不再是实质同一性的标准，而是要求对发明有实质性的贡献，以及适用进步性等类似的标准。冒认专利申请判断时同一性的范围过度放宽，导致正当的改良发明人和第三者的利益受到侵害，对冒认对象发明人的权利过度保护，有悖于韩国《特许法》的基本精神即先申请主义的宗旨。④ 因此笔者认为，应当以之前的原则即"实质的同

_____

① 日本大正十年（1921年）《特许法》中也对冒认申请的情况下真正权利人申请日的溯及力进行了规定。

② 与韩国《特许法》第34条、第35条相对应的，德国《专利法》第7条第2款和第8条，英国《专利法》第8条第3款（c）项以及第37条第4款等中规定了真正权利人可以享受追溯申请日的利益的发明（德国的情况是可以主张优先权的发明）的标准解释为发明非"冒认对象发明"的"冒认申请发明"（die Erfindung selbst, des Patents, the earlier application, the specification of that patent），韩国的审查指南采用同一立场。韩国特许厅，특허·허실용신안심사기준，2011年，第2106页和第5309页；韩国特许厅，특허·허실용신안 심사기준，2015，第2109页和第5311页。日本关于溯及制度立场相同。上揭书第28页。

③ 一方面，有解释认为，后者的情况一样，只有在认定冒认对象发明和冒认申请发明具有同一性时，才可以追溯冒认对象发明的申请日，未认定具有同一性时，只是另外的申请，未发生不当的结果。강경태，태모인출원토론문인출한국특허법학회정기세미나，2014年10月，第2页。根据这种解释，可以看出即使冒认申请发明的范围扩大，能够享受申请日溯及利益的发明作为冒认对象发明加以限制这一点是被提倡的。对于认定为冒认发明但是不溯及申请日的发明，无论冒认申请人和冒认对象发明人都不能看作发明人这一点有待商榷；另一方面，笔者认为，若只有被认定为冒认发明的发明中属于真正发明人发明的部分，即冒认申请发明和冒认对象发明的共同部分享受溯及申请日这一利益，不失为消除不合理性的一个方案。但在这种情况下，被认定为冒认申请的发明与正当的权利人能够享有的发明相异，例如，将发明的一个构成部分替代为别的构成部分时，即使冒认申请，按结果来看，是不存在能够享有的发明。对于此类解释的妥当性，需要进一步地检讨。

④ 后者的情形，对于和冒认对象发明相比没有进步性的发明最终不能获得专利这一点上，采用"先发明主义"原则的原美国《专利法》第102条（f）项中的冒认对象发明可以作为第103条中为判断进步性的"现行技术"[OddzOn Products, Inc. v. Just Toys, Inc., 122 F.3d 1396（Fed. Cir. 1997）参照]，因此否定了进步性的发明不能获得专利权这一点和该结果类似。新修订美国《专利法》中规定了新颖性的第102条中删除了过去《专利法》第102条（f）项。

一性"① 作为是否是冒认发明的判断标准更为妥当。②

三、冒认专利申请中对真正权利人的保护

（一）概要

存在冒认专利申请的情形，真正权利人在一定的期间内提出申请时，申请时间可以追溯到冒认专利申请的申请日，以此保护真正权利人的权利。同理，这种给予真正权利人保护的做法具有原则性。

但是如果真正发明人在申请专利的过程中才发现存在冒认专利申请，可以以向专利局提供信息的方式拒绝通过该冒认申请。另外若专利公告之日起两年内，发现存在冒认专利申请的事实，真正权利人可以请求宣告冒认申请专利无效并通过申请专利恢复自己作为真正权利人。

但是特定情况下，如进行职务发明的人和第三人共谋以第三人的名义申请专利等类似情形下，真正的权利人事前无法得知冒认申请的事实，只有事后冒认申请人行使专利权时才能得知。这种情形下即使真正权利人试图通过申请专利来恢复权利，根据"专利公告之日起两年之内"的限制性规定③，最终真正权利人无法恢复正当权利的情况也会发生。

另外，美国现行《专利法》（2011 年 AIA）④ 中关于冒认专利申请的第 135 条将相关程序规定为冒认程序（Derivation Proceeding）。⑤ 在后申请的发明人发现与自己的发明相同的发明被申请专利时，专利申请人可向美国专利局就冒认程序提出申请（§135（a）（1））。如为先申请的专利已经公开的情形，应在公开之日起 1 年之内请求启动冒认程序（§135（bded））。美国特许厅审判部（Patent Trial

---

① 美国新修订的专利法中引入的"Derivation Proceeding"程序，与冒认申请发明相同或者实质性相同的发明进行申请时开始。Janice M. Mueller, Patent Law 4th ed., Wolters Kluwer, 2013, p. 263. 另外为了证明冒认申请，要求请求人证明被请求人的发明与请求人的发明之间"相同"（the same）或者"实质上相同"（substantially the same）37 C.F.R. Part 42 Final Rules for Derivation Proceeding, § 42.405 Content of petition。

② 与此相关的，可参见권택수，「요건사실특허법」，진원사，2010，第 468 页，脚注 446；성창익，"특허출원되지않은타인의선행발명을변형또는개량하여특허등록한경우의법률관계 – 모인출원을중심으로"，법원지적재산권커뮤니티，2008 年 3 月 4 日中，提出"构成冒认发明的话只要求专利发明和现行发明相比具有同一性，并不要求一定要具有进步性"的主张，认为冒认申请的同一性范围要比进步性的范围更窄。

③ 韩国《特许法》第 35 条。

④ 新颖性、进步性等的要件判断适用于 2013 年 3 月 16 日以后申请的专利。

⑤ 同上所述修订之前美国《专利法》第 102 条（f）项中规定"申请专利的发明不是申请人本人作出的情况"，是无法获得专利权的事由之一，以从前的《专利法》中 102 条（f）项为根据拒绝冒认申请。

and Appeal Board）将其确认为冒认专利申请时，该冒认专利申请具有最终驳回决定（final rejection）的效力（§135（d））。① 另外，先申请的发明原则上可能属于先行技术（§102（a）（2）），但是该技术从真正的在后申请的发明人那里掌握的内容，则不构成否认在后申请冒认对象发明的新颖性（及进步性）先行技术（prior art）（§102（b）（2）），② 最终真正的发明人即使在后申请，依然能被赋予专利权。③

（二）冒认专利申请和真正权利人的申请日追溯

如上所述，冒认专利申请，即无权利人申请专利的情况下，真正权利人享有专利申请的时间追溯至冒认申请日的权利。

1. 冒认申请被拒绝的情形

确定是因冒认申请这一理由被驳回的话，从被驳回之日起 30 天内真正权利人申请专利时，该专利申请日溯及冒认申请的申请当日。这是为了在具有冒认申请且真正申请人又申请的情形下，即使未赋予冒认申请在先申请的地位，为防止已公开的具有同一性的冒认对象发明的新颖性和进步性被否认，而使真正发明人不能获得专利权的情况发生。但是由于有拒绝决定确定后 30 天内这一时间上的限定，一般情况下冒认专利申请与否并不是由审判员决定的，很多情况下都是从发现冒认申请的真正权利人那里得到的信息，因此拒绝决定确定之日起 30 天内的时间限定通常不会造成问题。

2. 冒认申请确定无效的情形

冒认申请并且获得专利权的，发现冒认申请的真正权利人可以请求专利无效诉讼，因非权利人申请专利这一理由提起专利无效申请的情形，自决定无效之日起 30 日内真正权利人申请专利的话，如上文所说，真正权利人的申请之日溯及冒认申请之日，由于专利无效审判请求一般都是真正权利人发现并提出的，因此 30

---

① 对决定不服可向联邦巡回上诉法院（Court of Appeals for the Federal Circuit）提起诉讼。

② 35 U.S.C. 102 Conditions for patentability；novelty（b）EXCEPTIONS.-（2）DISCLOSURES APPEARING IN APPLICATIONSAND PATENTS.—A disclosure shall not be prior art to a claimed invention under subsection（a）（2）if—（A）the subject matter disclosed was obtained directly or indirectly from the inventor or a joint inventor；美国没有像韩国、日本一样另行规定先申请主义等事项，将其视作新颖性问题。但在冒认专利先申请的效果方面，可以视为，后申请的发明不被授予先申请地位。

③ 冒认申请的情况注册之后的无效审判美国和韩国都是在专利审判院进行判断。申请阶段判断是否是冒认申请美国是在审判院进行审判，相反韩国是由专利审查人员进行判断，这一点存在差异。现在美国冒认程序是在审判院进行的，可以看出这一点由来于受从前的先发明主义的影响出现重复申请的情况下，判别在先发明的争议审查（Interfe-rence）在美国上诉和争议委员会（Board of Patent Appeals and Interferences）进行这一事实。

日的时间期限通常不会导致问题。但是真正权利人申请注册专利需在专利公告之日起两年内进行，由于实际操作上真正权利人很难确定冒认申请是否已经登记注册了专利，因此也存在专利注册公告之日起两年后真正权利人才申请专利的情况，尤其是如下文即将提到的，冒认申请人不是雇员本人，而是从雇员那里承继获得专利权的第三人时，真正权利人实际上没有办法确定冒认申请专利注册情况，真正权利人可能会因为上述时间限制而丧失恢复自己权益的机会。

（三）是否许可权利转移

1. 概要

一方面，即使是冒认申请，只要注册了专利，直接将已注册的专利权转移给真正权利人是一种简便而直接的方法，但是现行专利法规中没有明确将已登记注册的专利权进行转移的规定。有的判例和学说认为冒认申请并获得专利的情形原则上不允许直接转移，也有判例和学说主张允许直接转移，因此对于冒认申请并获得的专利权能否允许转移尚不明确。

2. 雇员冒认申请的案例

韩国国内代表性的案例是日本人 T 在韩国的一家大企业 L 公司任职研究员期间作出职务发明，并以发明人的名义向第三人日本企业 O 公司转让后，日本企业 O 公司作为申请人在韩国、美国、日本等国家申请并取得专利，韩国的大企业 L 公司因此提起专利权侵害之诉，变更申请人韩国大企业 L 公司要求日本的 T 和 O 公司对于申请专利履行登记程序，对于已经注册的专利权行使专利权转移登记手续。本案中确定国内法院为管辖法院的管辖协议的效力问题成为主要的争论焦点。一审[①]中日本、美国等外国的专利申请程序中关于专利权或注册专利的转移请求属于各自国家在专属管辖范围内进行的，即使有管辖协议也无法认可其效力，最终因无管辖权而被判决驳回上诉。另一方面，关于在韩国注册的专利，由于该发明是职务发明这一点不存在争议，结果查明转让合同因已登记的重要内容错误而被撤销，最终法院驳回了国内专利权的转移请求。

相反，上诉[②]中认为由于是否赋予专利权在日本、美国、韩国等国家是根据各自国内法确定的独立的问题，应当认定为各自国家法院的专属管辖。但本案的问题是关于"专利权权利本身成立与否"的问题，并非是撤销专利权的诉讼，本案是要求"履行转让合同"的诉讼，因此认定主要的纠纷和审理的对象只是转让合同的解释和效力问题，与专利权有效与否或者登记与否无关。因此否认各国法院的专

---

① 首尔中央法院 2007 年 8 月 23 日宣告 2006GaHab89560 判决。

② 首尔高等法院 2009 年 1 月 21 日宣告 2007Na96470 判决。另外本案又进行了上诉，大法院 2011 年 4 月 28 日宣告 2009Da19093 判决驳回了上诉。

属管辖权，并承认双方当事人之间的管辖协议，而且承认本案预约承继合同之后签订的转让合同的效力，明确判决对于国内外的专利申请，履行申请人的变更手续，对于已经注册的专利权履行转移注册手续①。

3.学说和判例

非权利人的雇员等进行的冒认专利申请原则上和真正权利人进行的冒认专利申请不同，应当在一定期限之内申请才能获得权利救济，但是作为冒认专利申请人或者专利权人的地位能否从真正权利人那里承继的问题，即真正权利人能否承继作为专利申请人或者专利权人的冒认专利申请人的地位，学术和实务上依旧存在争议。

（1）申请阶段。争议的一部分就是如果将整个过程分为专利申请阶段和专利登记阶段，有人主张，专利申请阶段申请人的变更程序已经完备，因此只需提起"履行申请人的变更程序之诉讼"或者"真正权利人的确认之诉"，并以此为根据运用"变更申请人申请"的方法确保真正权利人的权利。②但是通常情况下，可能存在真正权利人的发明和冒认专利申请人的发明不具有同一性的情形，此时则应当严格判断发明是否具有同一性。③

（2）专利登记注册后。在日本，"食品垃圾处理方法案（生ゴミ處理裝置事件）"④中，对于在真正权利人申请专利后，未经过真正权利人的许可，直接制作转让证书将申请人进行变更后授予的专利权，真正权利人的专利权转移请求是否被许可成为争论焦点。一审中，支持了原告的诉讼请求，但上诉审中，立足于专利局和法院的权限分配，支持了被告的主张。原告上诉后，大法院的观点认为，基于获得专利的权利和专利权的同一性，以及随着真正权利人的份额的丧失，无法律上事由取得专利权的份额的理由，接受了专利权份额的转移请求申请。⑤

此外，日本的"胸罩案（ブラジャー事件）"⑥是继上述食品垃圾处理案（2001年）后东京地方法院判决的，以非权利人申请并取得的专利权是否允许转移作为争论焦点的案例（2002年）。⑦法院认为原告自己未履行专利申请程序，若自己申请专利是有机会取得发明专利的，这两点上与上述最高法院的案例不同，因而驳

---

① 但是本判决中明确对于在国外申请并注册的专利权，姓名变更申请程序和注册专利权转移注册程序的履行是以外国为对象而不是以韩国，因此判决的时效性问题仍有探讨的余地。

② 조영선，특허법제4판，박영사，2013年，第237—238页。

③ 위의책，第238页。

④ 最高裁平成十三年6月12日第三小法廷判决平成九年（才）第1918号。

⑤ 中山信弘等3人编著，사단법인한국특허법학회역，특허판례백선제4판，박영사，2013，第141页。

⑥ 東京地裁平成十四年7月17日判决2001年（ワ）第13678号。

⑦ 中山信弘等3人编著，앞의책，第147页以下。

回了转移登记注册的请求。

（3）立法上明示许可专利权转移请求的案例。日本《特许法》第74条[①]明示许可冒认专利申请人申请注册的专利转移请求。根据从前大法院的判例和学说可以解释为只针对正当申请的专利申请人擅自更改，即部分冒认申请中申请人的变更，允许专利权的转移请求，那么对于冒认他人的发明进行申请的全部冒认专利申请，仍然可以解释为不许可其专利权转移请求。本条中不管冒认申请是否已经授予了专利，对于全部冒认专利申请和正当申请以后擅自变更姓名导致的非权利人的专利注册，都可能提起专利权转移请求，因此即使真正权利人不亲自申请专利，根据发明自身的公开，都会为产业发展作出贡献。[②]

对于冒认专利申请并取得的专利权可以请求转移，因此专利权向真正权利人转移并进行"登记的情形"排除在专利无效的事由之外（日本《特许法》第123条第2款、第6款），[③]这样做的目的是防止真正权利人的专利权因最初被冒认申请而视为无效。

[①]　可以看出允许注册专利权的转移请求的本法条受到了上述日本"食物垃圾处理机案"（生ゴ処理装置事件）的影响．中山信弘等3人编著，앞의 책，第144頁。

[②]　中山信弘，小泉直樹编，新·注解特許法［別冊］平成23年改正特許法解説，青林書院，2012，第49頁．

[③]　日本特許法第百二十三条特許が次の各号のいずれかに該当するときは、その特許を無効にすることについて特許無効審判を請求することができる。この場合において、二以上の請求項に係るものについては、請求項ごとに請求することができる．

一、その特許が第十七条の二第三項に規定する要件を満たしていない補正をした特許出願（外国語書面出願を除く。）に対してされたとき．

二、その特許が第二十五条、第二十九条、第二十九条の二、第三十二条、第三十八条又は第三十九条第一項から第四項までの規定に違反してされたとき（その特許が第三十八条の規定に違反してされた場合にあつては、第七十四条第一項の規定による請求に基づき、その特許に係る特許権の移転の登録があつたときを除く）．

三、その特許が条約に違反してされたとき．

四、その特許が第三十六条第四項第一号又は第六項（第四号を除く。）に規定する要件を満たしていない特許出願に対してされたとき．

五、外国語書面出願に係る特許の願書に添付した明細書、特許請求の範囲又は図面に記載した事項が外国語書面に記載した事項の範囲内にないとき．

六、その特許がその発明について特許を受ける権利を有しない者の特許出願に対してされたとき（第七十四条第一項の規定による請求に基づき、その特許に係る特許権の移転の登録があつたときを除く）．

七、特許がされた後において、その特許権者が第二十五条の規定により特許権を享有することができない者になつたとき、又はその特許が条約に違反することとなつたとき．

八、その特許の願書に添付した明細書、特許請求の範囲又は図面の訂正が第百二十六条第一項ただし書若しくは第五項から第七項まで（第百三十四条の二第九項において準用する場合を含む。）又は第百三十四条の二第一項ただし書の規定に違反してされたとき．

此外，即使申请公开在先，由于"新颖性丧失的例外规定"① 可以适用，专利申请也是有可能的。于此情形下，如果不赋予冒认申请人在先申请的地位，当真正权利人重新进行专利申请，② 就可能会导致同一发明被赋予双重专利的结果。③ 新《特许法》为了避免出现这一结果，删除了排除对冒认申请适用先申请主义的条文（原《特许法》第 39 条第 6 款）④，明确了冒认申请在先申请的原则。即使真正权利人对自己的发明重新申请专利，相对冒认申请而言还是在后申请，因此无法获得专利的权利。

德国的情况也是一样，可以要求将对于已经申请的专利而言"获得专利的权利"，以及对于已经注册的专利而言"注册专利权"向真正权利人转让（德国《专利法》第 8 条第 1 款至第 2 款），但是这样的权利需在专利权注册公告之日起"两年之内"提起诉讼（同条第 3 款），这个限制在专利所有人非善意取得专利权时不适用（同条第 5 款）。⑤ 另外已注册的专利因冒认的理由被提出异议⑥ 时，从最终决定之日起 1 年之内可提起诉讼（同条第 3 款），原则上许可冒认申请相关权利的转移请求。

（4）检讨。上述日本的案例可分为两种情况：一是冒认申请在真正权利人申请之后通过不正当的方法转移专利权的情况，二是真正权利人不再申请专利，而

---

① 日本对于真正权利人的专利申请特定情况下和韩国一样赋予溯及力，适用新颖性丧失的例外规定时应在新颖性丧失之日起 6 个月内进行专利申请，这一点和韩国的一年内的时间期限存在差异。参照日本《特许法》第 30 条（発明の新規性の喪失の例外）。

② 这时如果在先申请公开的情形下，可适用新颖性丧失的例外规定。

③ 所谓的扩大化的在先申请的规定，发明人相同时并不适用，参照《特许法》第 29 条第 3 款以及日本《特许法》第 29 条第 2 款。

④ 原日本《特许法》第 49 条第 6 款规定，既非发明人又非获得专利的权利或者实用新型注册权承继人，申请专利或者注册实用新型时，关于第 1 款到第 4 款相关规定的适用，并不视为发明专利申请或者实用新型专利的申请。可以作为参考的是，对于现在的条款中，已经被删除的第 6 款的竞合发明的情形时，增加了可以命令申请人在确定的相当的期限内提交协商结果的内容。

⑤ Patentgesetz § 8. Der Berechtigte, dessen Erfindung von einem Nichtberechtigten angemeldet ist, oder der durch widerrechtliche Entnahme Verletzte kann vom Patentsucher verlangen, daß ihm der Anspruch auf Erteilung des Patents abgetreten wird. Hat die Anmeldung bereits zum Patent geführt, so kann er vom Patentinhaber die Übertragung des Patents verlangen. Der Anspruch kann vorbehaltlich der Sätze 4 und 5 nur innerhalb einer Frist von zwei Jahren nach der Veröffentlichung der Erteilung des Patents（§ 58 Abs. 1）durch Klage geltend gemacht werden. Hat der Verletzte Einspruch wegen widerrechtlicher Entnahme（§ 21 Abs. 1 Nr. 3）erhoben, so kann er die Klage noch innerhalb eines Jahres nach rechtskräftigem Abschluß des Einspruchsverfahrens erheben. Die Sätze 3 und 4 sind nicht anzuwenden, wenn der Patentinhaber beim Erwerb des Patents nicht in gutem Glauben war.

⑥ 专利注册公告之日起"三个月之内"可以提出异议。德国《专利法》第 59 条第 1 款。

是通过冒认申请注册专利权的情况；前者为许可转移请求，后者为否定转移请求，两者属于完全不同的情形。同样，韩国专利注册后因冒认申请判决专利无效的审判制度较为健全，关于真正权利人能否获得专利的期待权和专利权之间代偿性的疑问，法律原则上不认可注册姓名的转移请求，[①] 但当真正权利人申请之后转让获得专利的权利时，为了简便地解决注册专利转让问题，有判例和解释主张应当允许"注册转让"。[②] 另外也有其他的判例和解释主张在共同发明人中部分发明人被遗漏的情况下，应当支持真正权利人转让自己份额内的权利的请求。[③]

四、小结

在现行法律体系下，对于非权利人申请专利的情形，若在一定期限内真正权利人申请专利其申请日将追溯到冒认申请之日，以保护真正权利人的权利不被侵害。由于真正权利人的权利救济时间有限制，会存在权利救济难以实现的情形，即冒认专利申请人申请并取得专利权时，考虑到大多数专利申请和注册的现实情况，对于所有的申请而言，确定其是否是冒认申请还是很困难的，尤其是上文案例中提到的非公司雇员的第三人申请专利时，实际操作中没有办法判断其是否是冒认申请，专利注册两年内的时间期限更增加了难度。

当冒认申请人申请并注册专利时，如果冒认申请发明和真正权利人的发明之间具有同一性，就允许冒认申请的申请人姓名变更和注册专利的注册姓名的转移，从诉讼的经济成本来看是简便迅速的方法，但是专利权转移请求允许与否的相关判例[④] 和学说依旧不够清晰明确，因此笔者认为有必要参考国外的相关判例从立法角度加以明确。

---

① 真正权利人作为《特许法》中规定的真正权利人，只能享受在一定时限内可以申请并追溯申请日的利益，根据最近的判例，对于无法直接注册的非权利人不可以请求专利权直接转让。参照大法院 2014 年 5 月 16 日宣告 2012Da11310 判决。

② 大法院 2004 年 1 月 16 日宣告 2003Da47218 判决；大法院 2014 年 11 月 13 日宣告 2011Da77313 判决，조영선，앞의책，第 240 页。

③ 首尔中央地方法院 2010 年 8 月 11 日宣告 2009GaHab136153 判决；首尔高等法院 2010 年 12 月 16 日宣 2010Na87230 判决（确定）。조영선，앞의책。

④ 关于对大法院判决的追加讨论，参照김관식，식모인특허출원에대한정당한권리자의구제"인과학기술법연구제 21 집제 1 호，2015 年 2 月，第 3—36 页。

第三节　默示承继

首尔北部地方法院法官　尹泰植（윤태식，Yun Tae Shik）

一、概论

根据韩国《特许法》规定，取得专利权的主体原则上限定为发明人及其承继人（《特许法》第 33 条第 1 款）。《特许法》上的这种发明人主义原则上被《发明振兴法》中的职务发明所直接采用，在职务发明中，申请专利的权利最初归属于发明人。[1] 同时，雇主为了促进职务发明的完成，投入了大量的研究设施及资金等，作为投入的对价，《发明振兴法》承认雇主享有普通实施许可的权利（《发明振兴法》第 10 条第 1 款本文部分）；而且，《发明振兴法》还规定一定条件下雇主可以通过签订或制作协议或劳动规定等方式承继权利取得权或专利权（《发明振兴法》第 10 条第 1 款但书部分）。存在上述承继的情况下，应当让雇主向雇员支付一定的对价（《发明振兴法》第 15 条第 1 款）。如上所述，《发明振兴法》调整雇员和雇主之间的这种相互对立的利害关系。

如果雇员和雇主之间存在承继协议或劳动规定，约定或规定了申请专利的权利或专利权可以由雇主承继，则雇主在规定时间内将承继相关权利的意思表示送达雇员时受让发明有关的权利（《发明振兴法》第 13 条第 2 款）。

但如果雇主与雇员之间事先并不存在有关权利承继的协议或劳动规定，两者之间又无法达成新的协议，则雇主无法主张承继职务发明有关权利（《发明振兴法》第 13 条第 1 款但书部分），不得以其名义取得专利，也不得违反雇员的意志进行使用。此时，如果雇主想要以其名义提出专利申请进而取得专利权，则应当与雇员另行达成转让协议，在雇员处取得申请专利的权利。

本节首先概括介绍发明承继的几种类型，其次分析这几种类型中的默示承继应否得到认可，如果予以认可，应在多大范围内予以认可，并结合案例进行实证分析。

二、承继类型

根据承继约定的时间不同，职务发明的承继可以分为事前承继和事后承继两种类型；而根据承继约定明确与否，又可以分为明示承继和默示承继两种类型。

---

[1]　参照大法院 2012 年 11 月 15 日宣告 2012Do6676 判决（Gong2012Ha，2080）。

（一）事前承继和事后承继

事前承继是指雇主通过事先与雇员签订承继协议或制定劳动规定的方式，约定或规定雇主享有申请专利的权利或可以承继职务发明的相关权利。事后承继是指雇主在雇员已经取得职务发明权利后，通过与其另行签订转让协议等方式取得专利权。

（二）明示承继和默示承继

明示承继是指雇主在承继协议或劳动规定中，明确约定或规定雇主享有申请专利的权利或可以承继职务发明的相关权利。默示承继是指承继协议或劳动规定中并未明确约定或规定雇主享有申请专利的权利或可以承继职务发明的相关权利，但按照以前惯例或协议或劳动规定的整体意旨，雇主可以承继职务发明的有关权利。

三、默示承继的认可及界限

下文将在前述承继类型的基础上，对默示承继应否被认可及其被认可的界限予以进一步分析。

（一）默示承继的认可

双方当事人之间就转让申请专利的权利等事宜进行交涉，经协商一致达成雇主承继有关权利的"转让协议"，默示承继通常会发生在这种事后承继的情形下。

上述转让协议当然要遵循《民法》上"合同篇"有关的一般法理性规定，根据合同的一般法理性规定，承继申请专利权利的明示性协议并非一定要形成书面记载，除明示性协议外，根据默示性的协议也可以承继有关权利。[①]

虽然默示承继通常发生在事后承继的情形下，但并不排除在事前承继的情形下出现。例如，在就业协议和劳动规定中，并未明确记载雇主可以承继雇员的职务发明，但在其他条款中存在"雇员应当将发明有关的资料交给受雇主指示的专利负责人，专利负责人按照雇主的委托向专利代理人办理申请程序，在此种情形下，雇主应当向发明人支付一定的补偿金"等记载。所以，从整个协议或规定的内容来看，双方之间存在权利转让的有关协议。这就是一种事前的默示承继。

韩国大法院在此问题上并未区分事前承继和事后承继，而是直接承认了默示承

---

① 大法院 2010 年 11 月 11 日宣告 2010Da26769 判决（Gong2010Ha，2241）原审（首尔高等法院 2010 年 2 月 11 日宣告 2008Da106190 判决）判断，原告在新华建设公司担任常务理事职位的期间，完成制造 Polytetramethylene Etherglycol 的中间物质 Polytetramethylene Etherglycol Diester 的发明后，在与公司协商专利申请时，以原告为发明人，以新华公司为申请人委任给专利代理人。原告协助其申请程序（制作明细表草案、制作针对特许厅意见提出通知的意见书等），并支付申请费用。因此，法院表示可以认定为申请专利的权利已经以默示的形式转让至原告。

继。① 美国、日本等国家在事前承继中承认了默示承继。②③ 综上，在职务发明承继中，不论是事前承继还是事后承继都有可能出现默示承继。

（二）默示承继的范围

尽管立法认可雇主以默示承继的方式取得雇员完成的职务发明，但应在多大范围内予以认可值得商榷。

其一，职务发明适用发明人主义，职务发明的有关权利最初归属于创造发明的雇员；其二，即便忽略提供研究设施及资金的企业技术投资意图，也应当保护处于相对劣势地位的雇员，从而合理协调两者之间的利害关系；其三，根据《发明振兴法》第 10 条（职务发明）以及第 15 条（职务发明的补偿）等规定，使用者应当提前约定或制定有关承继和补偿等事项的协议或规定。从以上几个方面考虑，

---

① 关于事前承继部分，下面大法院 2011 年 7 月 28 日宣告 2010Do12834 判决（Gong2011Ha，1877）的判决理由中写道"难以断定被告之间已经达成默示的合意提前转让上述发明的获得专利的权利"，关于事后承继部分，下面大法院 2012 年 12 月 27 日宣告 2011Da67705，67712 判决（Gong2013Sang，229）的判决理由中指出 "获得专利的权利虽然在发明完成当时就原始归属发明人所有，但是其具有财产权的可转让性，所以可以通过合同或者上诉等方式，将其权利全部或者部分转让（《特许法》第 37 条第 1 款），约定转让权利的合同中通过明示或者默示的方式都可"。

② Standard Parts Co. v. Peck，264 U.S. 52（1924），雇佣合同中虽然没有明示规定雇员将发明转让给雇主，但该雇员是为了开发该机械而被雇用的，公司除支付领取定期的工资以外，作为补偿金还另外支付两倍以上的奖金，这种情况下判定雇佣期间开发的机械等默示转让给雇主。

Teets v. Chromalloy Gas Turbine Corp.，83 F.3d 403，38 USPQ2d 1695（Fed. Cir. 1996），cert denied，117 S.Ct. 513（1996），雇员对于发明虽然没有作出明示的转让规定，但雇员是为了执行特定的项目而被雇用的，70% 以上的劳动时间用于该项目，为了实现发明的实用化使用雇主的资产，且雇主支付专利申请费和审查费用，雇员在发明的研究开发过程中也反复承认雇主的作用，列举其他雇员为共同发明人，最终对于该职务发明的承继，事前承继或者事后承继都有可能发生。

National Development Co. v. Gray，55 N.E.2d 783，62 USPQ 205（1944），雇员从最初开始就以解决特定课题或完成具有发明价值的技术受雇于雇主，收到工资并接受相关指示时，雇员具有默示转让的义务。美国称其为"以发明为目的的雇佣理论"，将其作为例外进行认可。

另外，关于"以发明为目的的雇佣理论"，United States v. Dubilier Condenser Corp.，289. U.S. 178（1933）判定，即使雇用雇员的目的不是发明而是科学调查，其与职务有关的发明专利，申请专利的权利也不用转让至雇主。

③ 和本案相似，東京地裁平成 14.9.19. 判决（判例时报 1802 號 30 页）也承认默示承继。但是关于上述判决，日本实务以及学界对于日本《特许法》第 35 条敦促雇主设定与发明相关的规定作为前提、上述案例中涉案发明转让证书由发明人署名且在转让合同中记载的事项共同进行认定、轻易认定默示承继的情况下，雇员无法得到充分的保护等这些理由，关于职务发明的承继，通常的合同法理和默示承继在职务发明领域通常是否被承认等问题上采取非常慎重的态度。参照田村善之·山本敬三编著，《職務發明》，有斐閣（2005），吉田廣志执笔部分第 56 页；增井和夫、田村善之，《特許判例 ガイド》［제 3 版］，有斐閣（2005），田村善之执笔部分第 433—434 页。

原则上不管是事前承继还是事后承继都应当明确记载专利权承继的有关内容；如果是默示承继，例如，发明人自愿制作明细书，记载其发明以公司名义提出专利申请，发明人在公司处取得补偿金①② 等内容，类似这种可以明确推知其默示意思表示的情形，成立默示承继并无不妥之处。

韩国大法院基本采取一贯的态度，即除雇员具有明确的意思表示或者从其默示行为可以明确推断出其向雇主转让的意思表示外，很难认定双方之间存在承继职务发明有关权利的协议。③

（三）韩国大法院关于默示承继的判决

下面通过几则韩国大法院的判例，来进一步详细说明默示承继的有关问题。

韩国大法院在职务发明默示承继的问题上并未区分事前承继和事后承继，而是直接承认了默示承继的存在。而在默示承继成立范围的问题上，韩国大法院为了保护雇员（发明人）的利益，设置了诸多严格的要件，除雇员具有明确的意思表示或者从其默示行为可以明确推断出其向雇主转让的意思表示外，很难认定双方之间存在承继职务发明有关权利的协议。

笔者分析了几则韩国大法院的判例发现，对于某项发明能否被认定为默示承继，由雇员向雇主的默示承继认可范围要比由雇主向雇员的默示承继认可范围更为宽广。由于此类韩国大法院判决较少，无法断定韩国大法院在此问题上的立场，但至少可以推断出韩国大法院具有保护雇员的意图。

1. 韩国大法院 2011 年 7 月 28 日宣告 2010Do12834 判决 ④

该判决明确阐释了默示承继的成立要件。在韩国大法院作出的该判决中，大法官认为，"《发明振兴法》是调整雇主和雇员之间利害关系的一部法律，根据《发明振兴法》的规定，取得的职务发明专利的权利或申请专利的权利归属于作为发明人的雇员，体现了对雇员权利的保护。但考虑到雇主在职务发明创造过程中的贡献，如果由雇员或者第三人取得专利权或申请专利的权利，则雇主对此职务发明享有普

---

① 東京高裁平成 13（2001）. 3.15. 判例工業所有権法［2 期版］，第 1 法規出版 1271 の 35.

② 除此之外，東京高裁平成 12（2000）. 3.24. 宣告平成 10（行ケ）227 判决中，雇主收到作为发明人的雇员将发明的专利申请人是雇主的指示，根据此指示发明人直接将雇主作为申请人，这种转让程序也被承认。東京高裁平成 14（2002）. 3.12. 宣告平成 12（行ケ）336 判决中，即使雇员和雇主之间并没有制成转让证书，作为发明人的雇员向其他公司草拟并交付认定自己公司为共同申请人的文件的话，也认定为雇员向雇主转让发明。大阪地裁平成 15（2003）. 9.11. 宣告平成 14（ワ）3694 判决中，如果雇员明知以雇主的名义申请专利而没有提出异议，或者曾向雇主作出过若雇主不申请的话将以个人名义申请专利的陈述，则认定该雇员向雇主转让获得专利的权利。

③ 大法院 2011 年 7 月 28 日宣告 2010Do12834 判决［业务上的安排］［Gong2011Ha, 1877］.

④ Gong2011Ha, 1877.

通实施许可（第 10 条第 1 款）；与雇员的非职务发明不同，雇主可以通过事前协议或者劳动规定承继申请专利的权利或职务发明有关权利，或者在该职务发明之上设置专用实施许可（第 10 条第 3 款）；在上述情形下，雇员应当在职务发明完成时将此事实通知雇主（国家和地方自治团体除外），收到通知的雇主应当在大总统令规定的期限内将承继的意思表示送达雇员，自雇员收到该通知时，雇主取得职务发明的有关权利（第 13 条第 1 款及第 2 款）。但如果两者之间并不存在有关承继和设置申请专利的权利、职务发明有关权利或者专用实施许可的协议或劳动规定，则雇主无法主张其对职务发明的承继权（第 13 条第 1 款但书部分）；除此之外，雇主通过协议或劳动规定取得申请专利的权利、职务发明有关权利或者为自己设置了专用实施许可时，应当对雇员予以合理的补偿（第 15 条第 1 款）。由此可见，《发明振兴法》规定了许多关于保护雇员的条款，所以从《发明振兴法》的立法目的来看，除非雇员具有明确的意思表示或者从其默示行为可以明确推断出其向雇主转让的意思表示，否则无法认定双方之间存在承继职务发明有关权利的协议"。

该案被告（多人）在完成 3D 立体游戏专用控制器发明时，与被侵害公司之间并不存在明文的协议或劳动规定，而且该 3D 立体游戏专用控制器完成之后，也没有相关证据能够证明被告方具有明示转让的意思表示。案外人当初根据研发时的被告提议从被告处受让被侵害公司 51% 的股权并取得董事长席位，虽然在营业范围中增加了"3D 立体器具研究及制造、销售"等业务，但并不能据此认定被侵害公司与被告之间事先存在默示的承继协议。尽管本案中的被侵害公司负担了提出专利申请的有关费用，但这只是公司的自益行为，是被侵害公司自愿的，如果因此就推定双方之间成立承继协议是不合理的。从"被告基于受害公司职员的地位对发明专利及其申请相关的业务程序丝毫没有反对"等事实，未必能推定出"未提及补偿相关事项""在因资金情况恶化，无法期待由受害公司向被告支付适当报酬的情况下，被告依旧以默示的方式同意将 3D 立体器具的申请专利的权利转让给公司"等事实。

2. 大法院 2012 年 12 月 27 日宣告 2011Da66705，67712 判决（专利权共有确认及专利注册名义转让）[①]

该判决虽不是关于职务发明的案例，但属于被判为"可以认定申请专利的权利之共有份额以默示的方式从公司转让至雇员"的案例。

在该判决中，韩国大法院认为：虽然申请专利的权利在发明完成时原则上应归属于发明人，但作为财产权的一种，申请专利的权利又具有可转让性，因此权利人可以通过协议或者承继等方式将其权利的部分或全部转让给他人（《特许法》

① Gong2013Sang，229.

第 37 条第 1 款），该种协议可以是明示的也可以是默示的。如果协议约定专利注册申请应共同提出，那么即使申请人不是发明人亦可享有已注册专利权的共有份额。

该案中，无法认定作为雇员的原告对本案的发明具有技术性思想的贡献，因此很难判断该案的发明是单独完成的还是共同完成的，但有证据能够证明原告当初对案外人提出过与该案有关的发明课题和创意。之后，原告又撮合 Rephatox 公司和被告公司之间签订了该案中的开发协议（根据该开发协议，在研发过程中产生的所有研究成果及专利等统一归属于被告公司的资产）。除此之外，原告还作为研究监视人及被告公司的负责人主持全面管理案外人的研发工作，为该案发明的研发作出了巨大的辅助工作。因此，综合该案原告的角色、贡献度、原被告之间的关系以及专利申请的情况，可以推断出该案原被告之间成立默示的协议，该案发明专利的取得权应部分归属于原告。

第四节　职务发明中雇员与雇主的权利和义务

国民大学教授　洪丁杓（홍정표，Hong Jung Pyo）

一、序言

关于职务发明权利归属的立法，主要分为发明人主义原则和雇主主义原则，发明人主义是指对于职务发明申请专利的权利和专利权在原则上归属于雇员，雇主主义是指职务发明的申请专利的权利以及专利权归属于提供研究设备和资金的雇主。[1]

雇主主义原则的基本理念源于《民法》上的雇佣合同原则，雇员进行的发明，根据雇佣合同的目的，即从提供劳务来看，雇员进行的职务上的发明全部当然地归属雇主所有。根据雇主主义原则，雇主对于企业内进行的发明的规定一般都是制度化规定或者拥有修订的权限，[2] 作出职务发明的雇员对于该发明不享有任何权利，当事人之间不能通过其他的合同或者劳动规定等要求不必要的补偿。[3]

发明人主义原则，则是发明人自己的劳动果实原始归属于本人所有，雇员进行的发明是发明人用自己独特的才能和努力造就的，超过了雇佣合同上规定的义务，

---

① 韩国特许厅，《개정직무발명보상제도해설및편람》（修订版职务发明制度释义及便览），2013 年 12 月，第 76 页。

② 윤선희，《특허법》第 5 版，법문사（2013），第 274—275 页。

③ 特许厅，同前书，第 77 页。

因此职务发明的相关权利不应归属于雇主，而应归属于雇员所有。① 因此雇主如果想承继该发明相关的权利，就应当在当事人之间的合同、劳动规定以及其他约定中约定补偿措施。

韩国《特许法》第 33 条第 1 款中规定："发明人或者承继人根据本法规定享有申请专利的权利。"《发明振兴法》第 10 条第 1 款中规定："对于职务发明，雇员享有专利权，实用新型、外观设计等的登记注册权或者获得专利等的权利的承继人取得该专利等权利时，雇主享有该专利权、实用新型权、外观设计权的普通实施许可。"由此可以看出韩国法采取的是"发明人主义"原则。② 因此雇员等对于职务发明可以以自己的名义将专利申请或者申请专利的权利向他人转让，但是雇主享有法定的普通实施许可。雇主可以通过预约继承提前有效承继职务发明的相关权利（《发明振兴法》第 10 条第 3 款），这时雇主负有为雇员提供合理补偿的义务，雇员完成职务发明时负有向雇主书面通知的义务（《发明振兴法》第 12 条），收到该通知的雇主有义务在总统令规定的期间内书面通知是否承继该职务发明相关权利。

虽然发明有赖于发明人自身的创造力和努力，但是职务发明和自由发明的不同之处在于其不仅仅是通过雇员的努力就能完成，还需要通过雇主提供的薪水或者研究经费、研究设备、材料提供等资源以及贡献才有可能完成，因此为了鼓励职务发明，实现发明的两个贡献者之间合理的利益调整就显得尤为必要。

为了实现这种合理的利益调和，《发明振兴法》针对职务发明中雇员和雇主之间的权利和义务进行了规定，通过这些规定，职务发明的权利归属关系更加体系化和统一化。③

如上所述，韩国的特许法对于职务发明采用发明人主义原则，即职务发明申请专利的权利归属于雇员所有，雇主对此享有无偿的普通实施许可。下面将具体对职务发明相关的雇主和雇员各当事人之间的权利义务关系进行展开。

二、雇主的权利和义务

（一）雇主的权利

雇员等完成的职务发明要从雇主处获得工资、研究经费和设备资源，因此基于公平性的考虑，法律赋予雇主一定的权利。

---

① 윤선희，同前书，第 275—276 页。
② 除韩国外，美国、日本、德国也采取发明人主义原则，英国、法国、荷兰等采用雇主主义原则。문선영，"근로자의직무발명과정당한보상에관한연구"，《경희법학》第 43 卷第 3 号，2008 年 11 月，第 446 页。
③ 特许厅，同前书，第 75 页。

1.无偿的法定普通实施许可

对于职务发明，无论是雇员等享有申请专利的权利或专利权，还是雇主承继了这些权利，雇员都享有该专利的普通实施许可（《发明振兴法》第10条第1款），且无须支付任何对价（无偿），属于当然享有的法定普通实施许可。[①]该普通实施许可即使未经登记注册，对取得专利权或者专用实施许可的人都产生效力（《特许法》第118条第2款）[②]。取得职务发明普通实施许可的雇主要是雇员完成该职务发明当时的雇主，注册专利之后才生效，因此登记注册专利当时雇主并未取得普通实施许可。[③]雇主的普通实施许可是否像一般的普通实施许可一样可转让给第三人？如果法律对此没有明确规定，若是该许可与实施的企业一起移转，或者在继承等其他一般承继的情况下不需要专利权人同意，以及在前述情形之外的在获得专利权人的同意情形下，可以将专利转让给第三人（《特许法》第102条第5款）。但是，雇主普通实施许可的转让、变更、消灭、质权设定等未经注册的，不得对抗第三人（《特许法》第118条第3款）。[④]

2.预约继承时对专利权和专用实施许可的设定

职务发明的权利归属如果采取雇主主义原则，将不会发生雇主承继的问题，采取发明人主义原则时雇主能否主张对职务发明的承继才成为问题。韩国职务发明的权利归属于雇员，为调整和雇主之间的利益平衡，当事人可以提前通过合同、劳动规定等事前预约承继，使雇主从雇员那里承继申请专利的权利或专利权，以及设定专用实施许可（《发明振兴法》第10条第1款的倒推解释）。[⑤]实际上对于大部分的职务发明都可以运用上述事前约定。[⑥]但是，如果雇主是非中小企业[⑦]，

[①]　实施权作为无偿的法定实施权这一点和先使用权一样，关于实施权的范围在内容性、时机性、地域性等方面没有限制这一点和先使用权不同，박희섭·김원오，《특허법원론》（第4版），세창출판사（2009），第240页。

[②]　但是雇主享有的普通实施许可在对第三人的效力方面有限制，韩国《特许法》中雇主享有的普通实施许可是通过许可的普通实施许可，第三人侵害雇员的发明的相关权利时，无法根据韩国《特许法》第126条、第128条行使停止侵害请求权和损害赔偿请求权，只有专利权人或者专用实施许可人才能行使该权利。윤선희，同前书，第299页。

[③]　大法院1997年6月27日宣告97Do516判决。

[④]　中山信弘，工業所有權法（上，特許法），弘文堂（2000），第342页。조영선，《특허법》修订版，박영사（2009），第221页引用。

[⑤]　문선영，"직무발명에대한발명자의특허출원과업무상배임죄의성립여부 - 대법원2012.12.27. 선고2011도15093 판결을대상으로"，庆熙大学法学研究院：《법학논고》第41期，2013年2月，第203—204页。

[⑥]　对于雇员的非职务发明，提前在合同或者工作规程中约定预约承继雇员等获得专利的权利或者专利权的条款都是无效的。《发明振兴法》第10条第3款。

[⑦]　这里是指《中小企业基本法》第2条中所指的中小企业，《发明振兴法》第10条第1款。

在没有合同或者劳动规定等提前约定将申请专利的权利或者专利权承继给雇主或者设定专用实施许可的情形下，雇主不得违背雇员的意思表示主张承继相关权利（《发明振兴法》第13条第1款）。① 另外，根据《发明振兴法》第13条第3款的规定，雇主未履行向雇员等关于是否承继权利的通知义务时，相当于放弃该权利，此时未经雇员的同意，不得享有普通实施许可的权利。②

当承继申请专利的权利时，尤其是当申请前未以雇主的名义申请专利时，不得对抗第三人，申请后申请人以申告名义变更的话不产生效力（《特许法》第38条第4款）。这种情况下为预防问题发生，提倡应当从雇员处得到转让证书。③

对于自由发明，虽然提前约定承继申请专利的权利和专利权以及设定专用实施许可的合同或者劳动规定无效（《发明振兴法》第10条第3款），但由于法律并不禁止雇员发明完成后的转让行为或者设定行为，因此事后转让或者设定的行为根据合同自由原则应为有效。④ 如果雇主承继取得的职务发明属于共同发明，雇主享有雇员对于该发明享有的那部分权利（《发明振兴法》第14条）。

3.其他

（1）同意权。职务发明的雇员等放弃专利权或者收到该专利发明的说明书或者图纸相关的更正请求、更正裁判等请求时，应当请求获得普通实施许可人（雇主）的同意（《特许法》第119条第1款、第136条第7款）。

（2）咨询委员派遣请求权。雇员等行使⑤《发明振兴法》第18条第1款中的审议请求权时，雇主应当在60日内组成职务发明审议委员会并进行审议，该审议委员会中，职务发明领域的专家至少1人以上，雇主可以通过向特许厅局长提交记载目的和原因的请求书请求其派遣咨询委员（《发明振兴法》第18条第5款以及《发明振兴法实行令》第7条5之第1款）。⑥ 若雇主不是《中小企业基本法》第2条中规定的中小企业时，特许厅局长可拒绝派遣（《发明振兴法实施令》第7条

---

① 《发明振兴法》这样规定是为了从提高职务发明制度的引入比率的层面上向非中小企业引入所谓预约承继约定的规定，详细内容参考汉南大学产业合作团：《关于部分修改发明振兴法实施令的研究》，2013年10月，第4页。

② 一般而言普通实施许可应当登记关于第三人的对抗要件，但是对于职务发明的普通实施许可即使不登记也能像取得专利权或专用实施许可的人主张权利。韩国《特许法》第118条第2款。

③ 特许厅，同前书，第89页。

④ 大法院1977年2月8日宣告76Da2822判决。

⑤ 雇员等和雇主等关于《发明振兴法》第18条第1款中列举的事项存在异议时，从异议是由发生当日起30日内可要求雇主等组成审议委员会并进行审议（第18条第1款和第2款）。

⑥ 职务发明审议委员会有雇员等和雇主等各自派同等人数的代表组成，必要的时候可邀请相关领域专家作为咨询委员（《发明振兴法》第17条第2款）。

5 之第 2 款）。特许厅局长可派遣律师、教授、相关领域的博士以及同等学历以上的人员，相关领域业务 10 年以上工作经验的人组成专家团（《职务发明审议委员会咨询委员派遣相关的实施要领》第 10 条）。[1]

（3）调解申请权。若不服职务发明审议委员会的审议结果或者发生和职务发明相关的纠纷时，雇主可根据《发明振兴法》第 41 条向产业财产权纠纷调解委员会申请调解（《发明振兴法》第 18 条第 6 款）。[2]

4. 雇主的义务

（1）给予合理补偿的义务。雇员等通过合同或者劳动规定将职务发明相关的申请专利的权利和专利权承继给雇主或者设定专用实施许可时应当获得合理的补偿（《发明振兴法》第 15 条第 1 款）。雇主等应当制定补偿规定、记载补偿的形态、补偿金的计算标准、支付方式等事项，并书面告知雇员（同条第 2 款），补偿规定的制定和修改都应当与雇员合议（同条第 3 款），[3] 并将决定补偿的补偿额等具体内容，以书面形式通知应当获得补偿的雇员（同条第 4 款）。

雇主应根据《发明振兴法》第 15 条第 2 款到第 4 款的规定，向雇员支付合理的补偿，但补偿金数额若不考虑雇主因该职务发明获得的利益，雇主和雇员为完成该发明的贡献度则不具有合理性（《发明振兴法》第 15 条第 6 款）。对于公务员的职务发明，国家在承继该权利时根据"公务员职务发明的处分、管理和补偿等相关规定"进行补偿，地方自治团体在承继相关权利时根据其地方条例进行补偿。

作为职务发明人的雇员享有的获得合理补偿的权利，与雇员向雇主提供劳务，并因此获得工资分红等权利完全不同。因此根据强行性规定，即使出现雇主等法定债权人因支付工资或者计件工资等而拒绝支付补偿金，[4] 雇员离职或者死亡等情况，雇主也依旧对雇员或者其继承人承担支付补偿金的义务。[5]

（2）职务发明权利承继与否的通知义务。雇主（国家和地方自治团体除外）需在收到雇员对职务发明完成实施的通知之日起 4 个月之内书面告知雇员等是否承继该职务发明相关权利（《发明振兴法》第 13 条第 1 款）。根据上述规定雇主将承继权利的决定通知雇员时，发明相关权利即由雇主承继（《发明振兴法》第 13

---

① 《韩国特许厅公告》第 2014-5 号（2014 年 2 月 14 日施行）。

② 雇员等同样可以申请工业产权纠纷调整委员会调解（《发明振兴法》第 18 条第 6 款）。

③ 此时如果补偿规定朝着不利于雇员等的方向修改的话，适用该合同或者规定决定的补偿的具体内容需书面通知雇员等（《发明振兴法》第 15 条第 3 款但书规定）。

④ 参照首尔高等法院 2009 年 10 月 7 日宣告 2009Na26840 判决。

⑤ 윤선희，同前书，第 300 页。

条第 2 款）。① 如果在此期间内雇主未履行通知义务，即视为放弃该项权利（《发明振兴法》第 13 条第 3 款）。②

雇主履行通知义务是防止雇员承受权利关系带来的不可预测的损害以及引导雇主和雇员之间形成关于职务发明的权利关系。在合同或者劳动规定没有事前预约继承规定等情况下，雇主没有决定是否继承的权限，自然也无须履行通知的义务。雇主不得违背雇员的意思表示主张承继权利，雇员亲自申请并获得该发明专利时，雇主仅享有普通实施许可，但个别合同中也存在权利承继的可能。③

（3）其他义务。如前文（1）中提到的，雇主等应制定记载职务发明补偿的相关形式、补偿金的决定标准、支付方法等并书面告知雇员，补偿规定的制定以及变更都需要双方合议，若补偿规定修改的内容对雇员不利，需经过该合同或者规定针对的雇员过半数的同意（《发明振兴法》第 15 条）。

另外，根据《发明振兴法》第 17 条规定，可以设立职务发明审议委员会进行审议，但雇员等若根据《发明振兴法》第 18 条第 1 款行使审议请求权时应当在 60 日之内组成职务发明审议委员会进行审议，且应包含至少 1 名以上该职务发明领域的专家（《发明振兴法》第 18 条第 3 款）。

三、雇员的权利和义务

1. 雇员的权利

（1）申请专利的权利。雇员作为发明人对职务发明享有申请专利的权利（《特许法》第 33 条第 1 款及《发明振兴法》第 10 条）。雇员申请专利的权利以及专利权可以转让，专利权取得后可以自由行使权利，在申请专利的权利和专利权与他人共有的情况下，未经共有人同意不得擅自转让自己的份额。④ 即使存在事前预约继承制度，在雇主收到该职务发明的申报并通知不予承继后，该职务发明相关的申请专利的权利重新归属雇员所有（《发明振兴法》第 13 条第 3 款）。

但是，对于公务员的职务发明的相关权利则由国家或者地方自治团体承继，国家或者地方自治团体承继的公务员职务发明专利权共有，根据《高等教育法》第 3

---

① 这对过去曾经存在争议的承继时间和权利归属关系予以明确，其目的是为了减少纠纷。参见박희섭、김원호，同前书，第 242 页。

② 这里删除了过去旧法律中的"如果雇主在承继权利后 4 个月之内不申请专利的话，该发明就被视为自由发明"的规定，并规定"如果雇主懈怠承继权利的通知义务时，将会发生和旧法中规定的视为自由发明一样的效果，视为自由发明"。参见：박희섭、김원호，同前书，第 242 页。

③ 韩国特许厅，同前书，第 92 页。

④ 参照韩国《特许法》第 37 条第 3 款及第 99 条第 2 款。

条规定，公立学校教职员的职务发明的相关权利由《技术转让和产业化促进法律》第 11 条第 1 款中的负责组织承继，国家公立学校教职员工的职务发明的专利权归属该负责组织所有（《发明振兴法》第 10 条第 2 款）。

（2）获得合理补偿的权利。雇员通过合同或者劳动规定将职务发明相关的申请专利的权利和专利权承继给雇主时，有权获得合理的补偿（《发明振兴法》第 15 条第 1 款）。该权利是为保护经济上的弱者——雇员的强行性规定，因此即使雇佣合同和劳动规定中没有关于支付补偿金的相关规定，根据《发明振兴法》第 15 条和第 16 条的规定，雇员当然享有补偿金请求权，即使雇员和雇主曾签署否认补偿金请求权的合同，该合同也是无效的。因此雇员获得合理补偿的权利是作为承继无形财产权专利权的对价，这是根据特许法当然产生的债权，因此不同于劳务的代价即工资，该权利在死亡后可以被继承。①

在雇主等承继职务发明相关权利后未申请或放弃申请，雇员依旧享有获得补偿的权利。在此情形下，如果将该发明作为工业产权进行保护，应该考虑雇员可以获得的经济利益（《发明振兴法》第 16 条）。

根据《发明振兴法》第 15 条（职务发明的补偿），雇主应制定补偿规定，明确补偿形态、补偿金的决定标准、支付方式等并书面通知雇员等（第 2 款），上述补偿规定的制定和变更需经过双方合议（第 3 款），② 应根据补偿规定将具体补偿事项书面通知应获得补偿的雇员（第 4 款）。雇主根据上述规定向雇员补偿时应当具有合理性。但是如果不考虑雇主因该职务发明获得的利益以及雇主和雇员的贡献度，则不具有合理性（第 6 款）。③

对于决定合理补偿金数额的具体考虑要素，大法院④ 根据职务发明制度和补偿相关法律目的、证据调查的经过、辩论过程的宗旨、明确的当事人之间的关系、申请专利的权利遭受侵害的原委、涉案发明的客观技术性价值、是否存在类似的代替技术、雇主因该发明获得的利益以及雇员和雇主对发明完成的贡献度、雇主过去对于职务发明补偿金支付的传统、该专利的利用状态等相关的所有间接事实综合考量决定，有因登记过的专利权或者专用实施许可的侵权行为导致的损害赔偿金算定的案例，未根据《特许法》第 128 条第 2 款的相关规定进行类推适用。

---

① 윤선의，同前书，第 231 页。

② 补偿规定朝着不利于雇员的方向修改时，需得到作为该合同或者规定的适用对象的雇员等的过半数同意。《发明振兴法》第 15 条第 3 款但书。

③ 2013 年 7 月 30 日法律第 11960 号，修订之前的《发明振兴法》第 15 条第 22 款规定，"合同或者劳动规程中确定的补偿条件，1）补偿形式和补偿金决定标准确定时雇员等和雇主等之间应该履行的协议情况；2）采用的补偿标准的公示情况；3）决定补偿形态和补偿金时雇员等的意见听取情况，要综合考虑这些情况确定合理的补偿"。

④ 大法院 2008 年 12 月 24 日宣告 2007Da37370 判决。

大多数企业的劳动规定中都有关于职务发明预约承继及相关对价补偿的约定。关于职务发明的对价补偿,有提出创意的提案补偿,申请专利时支付的申请补偿,注册时的注册补偿,根据发明的实施业绩确定的实施补偿,以及处分专利权时支付的处分补偿。但是与职务发明制度已经相当完备、鲜有相关诉讼情形的美国不同,日本和韩国由于职务发明补偿制度还不够完备,要求合理补偿的诉讼案例依旧经常发生。当因职务发明补偿问题产生纠纷并提起诉讼时,往往会导致雇员士气低下和雇主企业形象弱化等不良影响,因此企业应忠实履行《发明振兴法》第 15 条职务发明补偿规定,并引进能够使雇员满意的合理的补偿体系。[1]

与一般的债权一样,雇员 10 年内若不行使获得合理补偿的权利,则权利自动失效。根据判例,[2] 补偿请求权消灭时效的起算时间一般是专利注册或者专利权承继之日,但是如果补偿规定或者劳动规定等规定了起算时间,应当看作在该时间到来之前行使获得合理补偿的权利遇到障碍,因此规定的补偿时间就是获得补偿的权利的消灭时效的起算点。

另外,对于公务员的职务发明,国家承继该权利时根据《公务员职务发明处分管理补偿规定》进行补偿,地方团体承继该权利时应按照地方自治团体的相关条例进行补偿(《发明振兴法》第 15 条第 7 款)。

(3)发明人的人格权(名誉权)。发明作为发明人的智力成果包含着发明人的人格权。这种人格权具有专属性不能转让,由于不是财产性的价值而是与名誉相关的权利,因此又被称作名誉权。

发明人的人格权,体现在专利申请书和专利证书上记载的发明人本人的姓名中。雇员将相关权利承继给雇主时,虽然申请登记注册后专利权人是该雇主,但法律依然赋予雇员在专利申请书上记载其姓名的权利。[3]

对于专利申请书上发明人的姓名错误登记的情形,由于现行韩国《特许法》中限制性地列举了拒绝理由或者无效事由,根据司法解释该情形不属于拒绝理由或无效事由范围。鉴于该行为明显侵犯了发明人的人格权(名誉权),因此真正的发明人可以行使变更请求权请求更换虚假的发明人姓名。[4]

(4)职务发明规定相关的协议权、同意权等。雇员对职务发明补偿规定的制定和修改享有和雇主进行协议的权利,当补偿规定朝着不利于雇员的方向修改时可以行使反对权(《发明振兴法》第 15 条第 3 款)。雇主在职务发明补偿规定的制定和变更问题上不能和雇员达成合意,或者未能得到同意时,该职务发明补偿

---

① 박희섭·김원오,同前书,第 238 页。

② 首尔高等法院 2009 年 8 月 20 日宣告 2008Na119134 判决。

③ 박희섭·김원오,同前书,第 214 页。

④ 同前书,同页。

规定在法律上无效，因此根据这种职务发明补偿规定进行的补偿不属于合理的补偿。[①] 而重新制定或者修改职务发明的补偿规定需得到该补偿规定适用对象的所有雇员（包括变更之前适用的雇员等）的过半数同意。

雇员对于职务发明相关权利和补偿等问题与雇主存在分歧时，可以要求雇主组成职务发明审议委员会进行审议（《发明振兴法》第 18 条第 1 款），对职务发明委员会的审议结果不服或者产生职务发明相关的纠纷时，可以根据《发明振兴法》第 41 条向工业产权纠纷调解委员会申请调解。

2. 雇员的义务

（1）合作义务。雇员已经将申请专利的权利承继给雇主时，对专利申请和注册或者专利权事实或者处分的技术事项负有合作义务。雇员违背事前预约承继规定，以本人的名义申请专利等行为构成业务上的渎职罪。[②]

（2）保密义务。雇主承继职务发明相关的申请专利的权利时，雇员在雇主申请职务发明之前应当对发明内容保密（《发明振兴法》第 19 条）。但是雇主确定不承继该权利时，该职务发明的申请主体就成了雇员，这时雇员不负有保密义务。对于违反保密义务获得不正当利益或者以雇主的损失为目的，公开职务发明内容的人，处以 3 年以下有期徒刑或者 3000 万韩元以下的罚款。此处需要注意违反保密义务罪是必须由雇主提起诉讼的亲告罪（《发明振兴法》第 58 条）。

（3）职务发明完成事实的通知义务。雇员在职务发明完成当时负有立即书面告知雇主的义务，两名以上雇员共同完成职务发明时应当共同告知雇主（《发明振兴法》第 12 条）。这与合同或者劳动规定中是否规定职务发明完成实施的通知义务无关。雇主不管有无事前预约承继规定，对职务发明雇员获得的专利原则上享有普通实施许可权，[③] 通知义务的宗旨就是为了方便雇主行使普通实施许可以及事先切断技术流出的隐患。[④]

雇员如果未履行职务发明完成事实的通知义务，可能存在事前预约承继规定的情形要承担由此造成的损害赔偿甚至惩戒等人事上的损失，未履行通知义务且雇员等亲自申请专利或者向第三人转让申请专利的权利，第三人申请了专利的情形，将成为专利无效审判的对象或者权利转让诉讼请求的对象。[⑤]

[①] 韩国特许厅，同前书，第 81—82 页。

[②] 参见大田地方法院 2010 年 1 月 26 日宣告 2009No1274 判决。

[③] 例外的是，根据《发明振兴法》第 10 条第 1 款但书和第 13 条第 3 款，未经过作为发明人的雇员的同意，雇主不享有普通实施许可。

[④] 韩国特许厅，同前书，第 85 页。

[⑤] 위의 책，第 86 页。

第四章　职务发明补偿

第一节　职务发明补偿：补偿方法的协商和确定

忠南大学　法学专门大学院　教授　金东俊（김동준，Kim Dongjun）

一、绪论

雇员根据合同或劳动规定，将职务发明有关的申请专利的权利或专利权转让给雇主时，享有正当的补偿请求权（《发明振兴法》第 15 条第 1 款）。如果当事人之间在事前并未就补偿的具体标准作出约定，则可能需要通过法院的判决而花费大量时间和费用来确定补偿金额。[①]《发明振兴法》规定，依照当事人间的职务发明补偿规定确定补偿时，如该补偿能够满足法律规定的要件，那么将被视为合理的补偿。《发明振兴法》的规定不仅保障了雇员的实际参与，还确保了雇主对于补偿的可预测性，能够使正当的职务发明补偿制度得以落实。下面简要分析《发明振兴法》第 15 条第 2 款至第 6 款的相关规定。

二、沿革

（一）旧《特许法》关于职务发明补偿的规定

旧《特许法》（2006 年 3 月 3 日法律第 7871 号修改前）第 39 条和第 40 条规

---

① 参照특허청，직무발명보상제도운영실태조사，2006 年，第 14、19—21 页。2006 年调查时全体 2213 个调查对象机关中有 34.7%（530 个）在实行职务发明补偿制度。按照机关类别来看，企业占 32.3%（422 个），公共研究所占 48.8%（40 个），大学占 48.2%（68 个）。按照企业的形态来看，大企业中实施职务发明补偿制度的企业占 65.32%，中小企业占 20.7%，高新企业占 27.80%。同时，以民间企业为对象的调查中，实施职务发明补偿的企业 2005 年占 20.1%，2004 年占 19.2%。특허청，문답식으로알아보는개정직무발명제도，2006 年，第 57 页。

定了职务发明的相关内容，其中第 40 条规定了职务发明补偿。[①] 具体来讲，旧《特许法》第 40 条第 2 款规定，"补偿金额的计算应当考虑雇主基于该发明取得利益以及雇主和雇员对发明的贡献程度"，即雇主对雇员补偿时必须要考虑的两个要素：（1）雇主取得的利益；（2）雇主和雇员对该发明的贡献程度。

（二）2006 年修改后的《发明振兴法》职务发明补偿的相关规定

2006 年修改后的《发明振兴法》（2006 年 3 月 3 日修改为法律第 7869 号）整合了《特许法》和《发明振兴法》中关于职务发明的规定[②]，在职务发明补偿额确定时将雇员的实际参与制度化，并且为了确保雇主对于补偿的可预测性，如果在合同或劳动规定中规定了补偿内容时，雇主和雇员根据规定的内容协商确定补偿额并经过合理程序，将被视为合理的补偿（第 13 条第 2 款）。[③]2006 年修订法律做了以下变更：将职务发明补偿的确定交由雇主和雇员双方协商确定（《发明振兴法》第 15 条第 2 款）。[④] 但如果协议或劳动规定中没有规定补偿的内容，或者虽然规定了但缺乏第 13 条第 2 款规定的内容，则与旧《特许法》一样综合两个因素：（1）雇主基于发明获得的利益；（2）雇主和雇员对发明的贡献度来最终确定补偿额。

虽然，2007 年修订的《发明振兴法》（全文修订，2007 年 4 月 11 日法律第 8357 号）将之前的第 8 条（职务发明）和第 13 条（职务发明补偿）分别移至第 10 条和第

---

① 简单回顾《特许法》中职务发明补偿条文的沿革。1961 年制定的《特许法》（1961 年 12 月 31 日法律第 950 号）中的第 15 条（雇佣人员的发明）和第 16 条（雇佣人员的补偿）是职务发明相关的规定。其中第 16 条第 2 款规定"决定对价时要考虑雇主获得的利益，如雇佣人员提供了合理的决定方法，该方法需被考虑。"之后 1973 年经过全文修订的《特许法》（1973 年 2 月 8 日法律第 2505 号）中与职务发明相关联的第 17 条（职务发明）和第 18 条（职务发明补偿），法条位置和名称发生了变化。并且第 18 条第 2 款规定"决定补偿额时，要考虑到雇主基于发明获得的利益和对于发明的贡献度；雇佣人员提供妥当决定方法时也要予以考虑"，该规定增加了确定补偿额时考虑"雇主贡献度"的内容。同时，1991 年修改的《特许法》（全文修订 1990 年 1 月 3 日法律第 4207 号）中再一次将职务发明相关的条文移动到第 39 条（职务发明）和第 40 条（职务发明补偿），"雇佣人员"也被修改为"雇员"。之后 2001 年修改的《特许法》（部分修改 2001 年 2 月 3 日法律第 6411 号）与旧法（2006 年 3 月 3 日法律第 7871 号修改前）相同，规定了"确定补偿额时，要考虑到雇主基于发明获得的利益以及雇主和雇员各自的贡献度"，即删除了过去"雇员提出合理的决定方法时要予以考虑"的内容，取而代之的是增加了"雇主贡献度"的考虑要素。

② 旧《特许法》第 39 条和第 40 条分别移动到了《发明振兴法》第 8 条和第 13 条。

③ 参照《发明振兴法》部分修正案（备选方案）（议案号：3589；提案日：2005 年 12 月 8 日；提案人：产业资源委员长）中的"3. 方案的主要内容，（4）合理的职务发明补偿标准的准备（法案第 13 条）"。同时 2001 年为了强化雇员的补偿，在职务发明中导入了最低补偿制度（实施和处分职务发明时要支付纯收益 15% 的内容），并以此为重点促进了《特许法》施行令的修改。특허청, 문답식으로알아보는 개정직무발명제도, 2006 년, 第 59 页。

④ 특허청, 직무발명보상절차가이드라인, 2007 년, 第 14 页。

15 条，但实际内容并未发生变化，这种情况一直持续到 2013 年。^①旧《发明振兴法》第 15 条第 2 款和第 3 款的规定适用于《发明振兴法》实施（2006 年 9 月 4 日）后承继权利的补偿额，之前的补偿额仍适用旧法，法不溯及既往（附则第 3 条）。

（三）2013 年修订的《发明振兴法》关于职务发明补偿的规定

2013 年修订的《发明振兴法》（2013 年 7 月 30 日法律第 11960 号）为了提倡正当的职务发明补偿文化，规定：（1）雇主应就职务发明补偿的形式和补偿额的确定标准、支付方法等制定出明示的补偿规定，并书面告知雇员（第 15 条第 2 款，新增）；（2）补偿规定的制定及修订应当与雇员进行协商并取得过半数雇员的同意（出现不利于雇员的修订时）（第 15 条第 3 款，新增）；（3）雇主应当根据职务发明补偿规定确定补偿金额和补偿明细，并以书面形式告知雇员（第 15 条第 4 款，新增）。根据上述（1）至（3）确定的补偿属于正当的补偿，除非该补偿额未考虑雇主据此取得的利益和雇主及雇员对发明的贡献程度。^②

三、对旧《发明振兴法》第 15 条第 2 款和第 3 款的解读

（一）立法目的

旧《特许法》中只规定了"雇主获得的利益""雇主和雇员的贡献度"等补偿时需要考虑的抽象要素，因此当发生纠纷时只能依赖法院作出终局的判决，这与雇主和雇员之前以信赖为基础而作出的自发性的补偿相比，存在对立和极端性解决等问题。为了解决这个问题，立法上需要赋予雇主补偿的确定性和可预测性，构建合理的补偿系统^③，并且保证雇员在补偿过程中的实际参与和扩大取得正当补偿的机会^④，以使

---

① 2007 年修改到 2013 年再次修改前，第 10 条（职务发明）和第 15 条（职务发明补偿）中曾规定的职务发明相关条文与旧《发明振兴法》（2013 年 7 月 30 日法律第 11960 号修改前）的职务发明是相关联的。

② 参照《发明振兴法》部分修正案（备选方案）（议案号：5568；提案日：2013 年 6 月 24 日；提案人：产业资源委员长）中的"3.提案的主要内容，（1）提倡合理的职务发明补偿文化（法案第 10 条第 1 款但书、新增的第 15 条第 2 款至第 4 款、第 17 条、第 18 条）"。

③ 从雇主的立场来看，过去的职务发明补偿相关的法规具有的典型问题是，各个发明在产业上、技术上、市场上都存在差异，很难在权利转移时正确地计算未来的利益，"雇主获得的利益""雇主和雇员的贡献度"都存在计算困难的问题，这使得虽然雇主实施了补偿制度但却存在巨大的障碍，结果导致了实行补偿制度负面的效果。특허청, 문답식으로알아보는개정직무발명제도, 2006 年，第 60 页。

④ 在雇员的立场上来看，过去的职务发明补偿相关法规的典型问题是，实施职务发明补偿制度的大多数企业与雇员间的协议是没有经过征求意见过程而是由企业单方定下的规定，在补偿额的确定和支付等方面雇员无法实际参与进去。특허청, 同前论文，第 60 页。

民间的职务发明补偿得到灵活运用。[①]换言之，这是为了使职务发明制度同时有益于雇主和雇员，促进职务发明的灵活运用，强化技术革新和国家竞争力。[②]

同时，根据旧《发明振兴法》第15条第2款和第3款，补偿体系如下[③]：（1）合同或劳动规定中有关于补偿的约定时，依照约定经过正当程序进行补偿的可被视为法律认可的合理补偿，但是须由法院判断补偿规定和程序是否正当；（2）合同和劳动规定中没有约定补偿相关事项或者虽有规定却无法被视为合理补偿时，要考虑雇主获得的利益和当事人对发明的贡献度决定合理的补偿额，并最终由法院判定是否合理。[④]

（二）旧《发明振兴法》第15条第2款：补偿规定及程序合理性的判断

旧《发明振兴法》第15条第2款规定，"合同或劳动规定中有补偿的相关规定时，满足了：（1）在确定补偿形式和补偿额时，雇主和雇员间的协议情况（以下简称协议的情况）；（2）制定的补偿标准的发表和明示（以下简称补偿标准的明示情况）；（3）在确定补偿形式和补偿额时要听取雇员的意见（以下简称听取意见的情况）等条件后，才能被视为合理的补偿，即雇主在合同或劳动规定中有补偿相关的约定时（存在职务发明补偿规定的情况），依照约定雇主和雇员协商所决定的补偿将被视为合理的补偿。"判断补偿规定和程序的合理与否主要考虑到以上核心要素（1）至（3）这三种情况。[⑤]同时，由于判断补偿合理与否的旧《发明振兴法》第15条第2款中的各项内容以举例方式规定程序上的情况，所以虽然在判断时这三种情况是最为重要的要素[⑥]，但是不意味着只能考虑这三种情况[⑦]，其他补偿规定的内容或是支付的补偿额的合理性等实体要素都

①　《发明振兴法》部分修正案（备选方案）（议案号：3589；提案日：2005年12月8日；提案人：产业资源委员长）中的"3.方案的主要内容，（4）合理的职务发明补偿标准的准备（法案第13条）"部分；특허청，직무발명제도이렇게바뀌었습니다，2006年6月，第28—29页。

②　특허청，문답식으로알아보는개정직무발명제도，2006年，第58—59页。

③　对于以适当的形式运用补偿制度的雇主赋予了"合理补偿"的可预测性，使R&D投资的稳定变得可能。同时，即使提供这样的鼓励，如果雇主不协助，仍然会从从前一样可能有不利的情况。因此鼓励雇主设置雇员能够接受的补偿规定，并且在补偿额方面能够实际地反映出雇员的立场。相反，不这样做的雇主，即使不能达到转变不利情况的效果，最起码也能够承受没有"合理补偿额"的预测可能性的后果。특허청，문답식으로알아보는개정직무발명제도，2006年，第61页。

④　특허청，직무발명제도이렇게바뀌었습니다，2006年6月，第28页。

⑤　특허청，문답식으로알아보는개정직무발명제도，2006年，第62页。

⑥　특허청，직무발명보상절차가이드라인，2007年，第15页，"……협의情况，……明示情况和……意见听取情况，通过雇主和雇员的自律协议，是在计算出特定职务发明的补偿额之前要考虑的重要因素"。

⑦　특허청，同前论文，第15页，"第15条第2款在合理与否的判断中，只要有一个要件是不合理的那么就将被判断为不合理，也就是说三个要素要综合地判断"。

可能成为考虑的因素。①

1. 补偿标准的确定方式

对于制定补偿标准无相关限制时，就按照《发明振兴法》第 15 条规定的"合同或劳动规定"中的劳动协议或就业规则。但判断该"标准"是否合理时，要按照旧《发明振兴法》第 15 条第 2 款的规定判断"标准"，这意味着即使"标准"是按照劳动协议或就业规则制定的也不一定是合理的补偿。②

（1）劳动协议。如上所述，虽然依照劳动协议可以确定补偿标准，但标准的合理性要按照旧《发明振兴法》第 15 条第 2 款判断。因此即使满足了工会和《劳动关系调整法》第 31 条规定的劳动协议效力的发生要件（书面制成且当事人签名盖章），也不能必然地视为合理的补偿。③

（2）就业规则。补偿标准也可以通过就业规则来规定。在制定包含补偿标准内容的就业规则时，按照《劳动基准法》第 94 条④，一般听取工会或员工过半数的意见就被视为符合"标准"。但是《劳动基准法》第 94 条规定的"听取意见"与旧《发明振兴法》第 15 条第 2 款规定的"协商"不同，《劳动基准法》第 94 条下的听取意见不能视为旧《发明振兴法》第 15 条第 2 款第 1 项的"协商的情况"。⑤

2. 需要协商的情形

"协商的情况"是指确定补偿形式⑥和补偿额的标准，也就是确定"补偿标准（职务发明补偿规定）"的过程中雇主为了反映出雇员的意见而协商的情况。"情况"该词不仅仅指雇主和雇员间是否进行了协商，还包括协商程序、内容、方式等需

---

① 参照特허청，문답식으로알아보는개정직무발명제도，2006 年，第 64 页（在综合讨论补偿程序中各个阶段的雇主活动时，能够保证补偿内容的适当性才会被视为是合理的）。

② 参照特허청，직무발명보상절차가이드라인，2007 年，第 44 页（"劳动协议或就业规则有效成立时，即使'标准'中的内容根据劳动有效，但也不意味着能够符合《发明振兴法》上的合理补偿"）。

③ 参照特허청，직무발명보상절차가이드라인，2007 年，第 45 页（劳动协议要在劳资对等的立场下制定。但实际上由于雇主和雇员间的立场差异形成的对立，经常导致无法协商对话的情况。在这种情况下，不能够视为上述"协商的情况"具有正当性）。

④ 《劳动基准法》第 94 条规定："雇主在制定和变更就业规则时，要听取工会（由过半数员工组成）或过半数职工（无工会时）的意见。但就业规则在作出不利于职工的变更时要取得职工的同意"。

⑤ 参照特허청，직무발명보상절차가이드라인，2007 年，第 46 页。

⑥ 过去对职务发明补偿的讨论主要集中在"金钱补偿"上。旧《特许法》第 40 条第 2 款使用了"补偿额"的用语，但研究员们所青睐的补偿形式不仅局限于经济性补偿。根据问卷调查（例如，倾向于 Fellow 系统，个人履历管理和开发，个人自律课题参加的机会，visiting scholar 制度，安息年制度，学位课程的支援，Post Doc. 支援，理想职务选择权等非金钱的鼓励）的结果，综合考虑各企业内部情况和雇员所倾向的补偿方式，使用了均可自由决定金钱和非金钱补偿的"补偿形式"用语。특허청，문답식으로 알아보는 개정 직무발명제도，2006 年，第 68—69 页。

要全面考虑的目的。① 例如，与雇员协商时要考虑到是否与具有代表性的雇员进行协商、是不是表面的协商程序、是否实际地反映了雇员的意见、补偿规定的最终内容中是否切实地体现了雇员的意见。②

同时，专利局职务发明补偿程序指导方针中关于协商的情况作出了以下规定。

（1）协商的对象。协商对象是能够适用补偿标准的所有雇员，但不意味着所有的雇员一定要成为协商对象。例如，几乎没有可能性创造出发明的雇员是被排除在外的。但被排除在外的雇员完成职务发明时③，在权利承继时进行个别协议或者说明协商的情况并使其接受。④并且对于通过协商确定的补偿标准，劳动协议、就业规则、公司规章都可以进行规定。由劳动协议规定时，只有工会的雇员能够成为对象；就业规则、公司规章规定时，全体的雇员都能够成为对象。由劳动协议规定时，因为非工会成员的雇员无法适用劳动协议，因此有另设就业规则的必要。⑤

（2）协商的事项。在决定"补偿形式和补偿额的确定标准"时，雇主和雇员间的"协商情况"是法律条文上规定的考虑要素，因此协商的事项就是指"补偿形式和补偿额的确定标准"。不过，专利局指导方针中的规定不仅仅是标准自身的存在，为了让雇员理解通过该标准计算补偿额而准备说明资料也是十分必要的。⑥

（3）协商的方法。协商的方法有：①与全体雇员协商；②与代表人协商。与全员协议时要留出充分的期间，通过企业内网接受并回复意见和问题并进行协商；与代表人协商时，该代表可以被视为是工会、组织管理者和研究人的代表。因为补偿标准将适用于所有完成发明的雇员，所以在和工会协商的情况下，除与工会协商之外也需要与管理人或非工会人员协商。无论在何种情况下，代表人都必须正当地依照雇员明示或默示授予代表人协商的权限进行代表。⑦

（4）协商的终止。如果认为协商实际地达成时，即使没有达成最终协议，协商也可以终止。⑧

---

① 특허청, 同前论文, 第 15 页。"协商、明示和听取意见的"情况"是指，例如协商的有无，也就是说不仅要判断协商是否成立，还要在协议成立时全面考虑协商的各种情况"。

② 특허청, 문답식으로알아보는개정직무발명제도, 2006 年, 第 65 页。

③ 非协商对象的雇员适用确定标准时，视为协商不成立。특허청, 직무발명보상절차가이드라인, 2007 年, 47 页。

④ 특허청, 同前论文, 第 29 页。

⑤ 특허청, 同前论文, 第 30 页。

⑥ 특허청, 직무발명보상절차가이드라인, 2007 年, 第 30 页。

⑦ 특허청, 同前论文, 第 31 页。

⑧ 특허청, 同前论文, 第 31 页。"认为协商全部达成的情况是指，基本接受了所有的意见和问题并进行了答复，花了充分的时间进行协商但是没有得到一致意见的情况"。

3. 补偿标准的明示

补偿标准的明示是指和雇员经过实际协商达成补偿标准（规定）后，雇员充分地熟知和理解并能够预测日后通过何种程序和标准确定补偿，达到这种合理明示的情况。雇员有权随时查阅该规定，例如，在内部网络或公司的公示板等随时能够被雇员确认的媒体上公示、发行手册并传阅等方式，雇员自身会有可能更加认可该标准的合理性。①

同时，新进职员、有经验的员工虽然在进公司前没有必要一定要将标准予以明示，但应尽可能地在录用时明示标准［实习（见习）期间，能够在实习（见习）期间内说明是更为妥当的。］，在同意标准的情况下被录用是最好的。在进公司前没有明示的情况下，进公司后发明承继前有明示并说明标准的必要。新进职员或有经验的员工同意全部的公司规定时，与其他公司规定一同明示职务发明的补偿标准一并得到同意。②并且为了留住优秀的员工，公司可以自行判断是否允许在公司外明示，但是考虑到《发明振兴法》第15条并没有必要在公司外进行明示。③

4. 听取意见的情况

"听取意见的情况"是指，根据与雇员协商后确定的补偿规定，雇主对于个别发明决定补偿额时，雇主对雇员的意见和异议的反馈情况。与前两种事关所有雇员的情况不同，在特殊情况下决定补偿额和补偿形式时，提前听取雇员的意见或将决定的补偿事项告知雇员而雇员提出异议时，须充分说明决定理由或具体的计算根据，经过了这样的过程基本能够被视为是适当的。④也就是说，可以在计算补偿额前听取意见，也可以在补偿额计算后以异议申请的形式听取意见。对于补偿额申请异议时，要说明销售额、纯利润、发明的评价、贡献度等计算补偿额的基础数据和决定补偿额的程序，并与雇员协商，但不是必须协商。⑤

5. 其他考虑因素

旧《发明振兴法》第15条第2款在下列各款的情况中要求考虑"等"事项，

---

① 특허청, 문답식으로 알아보는 개정 직무발명제도, 2006, 第65—66页。同时，특허청, 직무발명보상절차가이드라인, 2007年，第32页举例规定了以下明示方法：①在雇员能够访问的内部网址上记载；②记录在手册上并分给全员；③放置于公司场所内，任何人都可以阅览。

② 특허청, 同前论文，第32页。

③ 특허청, 同前论文，第32页。

④ 특허청, 문답식으로 알아보는 개정 직무발명제도, 2006, 第66—67页。

⑤ 특허청, 직무발명보상절차가이드라인, 2007年，第33页。听取意见（异议申请的受理和探讨）的组织（例如，职务发明审议委员会）与计算补偿额的组织会同其他公司内部组织或非公司外部的第三人机构，计算补偿额的组织可以申请再审，听取意见的期间为1～6个月。

除各款中列举的三种外，还要考虑判断补偿的合理与否、标准的内容，最终支付的补偿额所实际考虑的因素。[①]

（三）旧《发明振兴法》第 15 条第 3 款：计算合理补偿额应考虑的因素

旧《发明振兴法》第 15 条第 3 款，在合同或劳动规定中没有约定职务发明补偿的事项时，或虽然规定了相关事项但不能完全符合旧《发明振兴法》第 15 条第 2 款规定的条件时[②]才会适用。符合旧《发明振兴法》第 15 条第 2 款规定的条件时，就不得适用第 15 条第 3 款。[③]无论是合同或劳动规定没有约定补偿时，还是约定了但未能满足旧《发明振兴法》第 15 条第 2 款的合理补偿时，最终适用旧《发明振兴法》第 15 条第 3 款。这与旧《特许法》相类似，考虑到雇主基于发明获得的利益以及雇主和雇员对发明完成的贡献度来决定补偿额。考虑因素将在本书其他部分详细叙述，此处予以省略。

四、对修订后的《发明振兴法》第 15 条第 2 款至第 6 款的解读

（一）立法宗旨

2013 年修订的《发明振兴法》以"弘扬正当职务发明补偿文化"为目标，规定了：（1）雇主是大企业时，事前以权利承继为目的但没有达成合同或制定劳动规定的，雇主不享有普通实施权（第 10 条第 1 款但书，新增）；（2）雇主为了确定职务发明的补偿形式和补偿额明示标准、支付方法等补偿规定，需向雇员书面告知（第 15 条第 2 款，新增）；（3）雇主在制定和变更补偿规定时要与雇员协商，对雇员不利的变更要取得雇员过半数的同意（第 15 条第 3 款，新增）；（4）雇主根据职务发明补偿规定确定的补偿额等补偿的具体事项要书面通知雇员（第 15 条第 4 款，新增）；（5）雇主要组建和运营职务发明审议委员会，雇员对于职务发明与雇主有不同意见时，可以组建审议委员会并要求审议（第 17 条和第 18 条）。这增强了雇员的谈判能力和程序上的权利，使其能够实际地参与到补偿过程中。由于积极地引进大企业的职务发明补偿制度，使各企业整体上形成正当的补偿文化，进而提高知识产业时代的企业竞争力和国家竞争力才是立法的宗旨。[④]

[①] 득허청，同前论文，第 41 页。

[②] 判断"无法视为第 2 款的合理补偿时"，要综合判断依照合同或工作规定从决定补偿额到支付的全过程。在判断的过程中，要重视程序上的判断，实体上的判断是次要考虑因素。一般当程序上被认定为正当时，即使补偿额很低也有可能被评价为合理；但是最终计算出的补偿额过低时，综合判断后有可能不被评价为合理。득허청，同前论文，第 42 页。

[③] 득허청，同前论文，第 38 页。

[④] 参照《发明振兴法》部分修正法案（备选方案）（议案号：5568；提案日期：2013 年 6 月 24 日；提案人：产业资源委员长）中"2. 方案的提案理由"部分。

同时，修订后的《发明振兴法》第 15 条第 6 款规定，依照第 15 条第 2 款至第 4 款［上文（2）至（4）］的规定向雇员补偿时视为进行了合理补偿，但"补偿额没有考虑到雇主基于职务发明获得的利益以及雇主和雇员对发明的贡献度时，不被视为合理的补偿"。因此，即使雇主按照第 15 条第 2 款至第 4 款的规定向雇员进行了补偿，但补偿额没有考虑到雇主基于职务发明获得的利益以及雇主和雇员对发明的贡献度时，就丧失了补偿的合理性（第 15 条第 6 款但书）。只有保障职务发明补偿的实体性正当才能被认定为"合理的补偿"。[①]

（二）修订后的《发明振兴法》第 15 条第 2 款：补偿规定的制定和书面通知

职务发明补偿规定是指，通过雇员和雇主间的合同或就业规则中的劳动规定和其他约定，与其名称如何无关，对于雇员的职务发明在事前协商权利继承程序、补偿等并制成书面，这一般被理解[②]为在职务发明补偿规定中含有事前预约承继规定[③]。

旧《发明振兴法》规定确定补偿标准时的"协商情况"和补偿标准的"明示情况"，这就要求通过立法的方式规定在确定补偿的基准时，必须考虑补偿的合理性，间接地鼓励雇主制定补偿相关办法。但是修改后的《发明振兴法》规定制成职务发明补偿规定并向雇员书面通知后，只有按照该规定补偿时才能被视为合理的补偿（参照第 15 条第 2 款至第 6 款）。[④]

一般在职务发明补偿规定中规定的内容如下[⑤]：（1）目的；（2）适用范围和用语的定义：适用范围和雇员、雇主、职务发明、个人发明、专项技术（Know-How）等的定义；（3）职务发明的申请和承继程序：职务发明的申请、发明的评价、职务发明是否承继、承继是否通知、发明评价的再审请求等；（4）补偿规定：补偿的计算标准、补偿的种类和补偿额、退休和死亡时的补偿金处理等；（5）职务发明审议委员会的相关规定：构成、运营、异议提出、审议和决议事项等；（6）雇员的义务：保密义务、合作义务等；（7）补偿规定的制定和变更：制定和变更的程序、协商和同意的方法、雇员代表的评选事项等；（8）其他：雇员与其他公司的雇员共同完成职务发明时的处理规定，临时雇佣和劳务雇佣时完成发明的处理

---

① 특허청，개정 직무발명보상제도 해설편람，2013 年 12 月，第 108 页。

② 특허청，同前论文，第 135 页。事前预约承继规定一般都被包含在职务发明补偿规定中，也存在通过另行约定和工作规定的方式规定。

③ 雇主和雇员间在事前达成"对于雇员的职务发明，赋予给雇主取得专利的权利或承继专利权的合同或工作规定"时，这样的合同或工作规定上的内容在实务上称作"事前预约承继规定"。

④ 专利局解说手册中说明，希望通过这样的修正使雇主尽到足够的注意和关心。특허청，同前论文，第 135 页。

⑤ 특허청，同前论文，第 138—139 页。

规定，以及补偿的有效期间、不诉讼的协议（不诉讼特约）、调停仲裁事项等；
（9）附则：施行日、过渡条款等。

（三）修订后的《发明振兴法》第 15 条第 3 款和第 5 款：协商、同意

根据旧《发明振兴法》，由于在确定补偿标准中判断补偿合理性时要考虑雇
主和雇员间的"协商情况"，这就间接促进了雇主和雇员间的协商。修改后的《发
明振兴法》将制定和变更补偿规定时的"协商"义务化，并要求在不利情况下要
取得雇员的"同意"。因此雇主在制定和变更职务发明补偿规定时没有与雇员协
商或在不利情况下没有得到同意的话，依照该职务发明补偿规定作出的补偿无法
视为合理的补偿。[①]

同时，雇主在制定和变更补偿规定向雇员请求协商或同意时，要以诚实的姿态
面对（《发明振兴法施行令》第 7 条之 2 第 3 款）。雇员：（1）对于雇主提出的
补偿规定有异议或（2）与雇主协商或取得同意的程序中有异议时，可以要求雇主
组建审议委员会并进行审议（同上法第 16 条第 1 款第 5 项和第 6 项）。雇主在收
到以上请求的 60 日内组建审议委员会进行审议，并且审议委员会中必须有一名以
上的职务发明领域的专家作为咨询委员（同上法第 18 条第 3 款）。对不组建审议
委员会或不进行审议的雇主可处以 1000 万韩元以下的罚款（同上法第 60 条第 1 款
第 1 项）。在制定和变更职务发明补偿规定的过程中，将形式上容易被中止的协
商和同意程序法定化。在程序中有不同见解时，要保证异议提出权的行使。同时
审议委员会要由相同人数的雇主和雇员构成，并且必须包括两者共同委托的专家。
这是为了防止雇主单方面的审议，提高雇员意见被采纳的可能性。[②]

1. 关于补偿标准制定、变更的协商

《发明振兴法》第 15 条第 3 款的"协商"是指雇主和作为协商对象的雇员间
所形成的对话。[③] 该对话并不意味着雇主和雇员间一定要达成关于补偿标准的最终

---

① 특허청，同前论文，第 95 页。一方面，专利局解说手册将该职务发明补偿规定解释为"无效"。
雇主在制定和变更就业规则中没有听取员工意见将被处以 500 万韩元以下的罚款（《劳动基准法》第
114 条第 1 款）。但没有听取意见而制定或变更就业规则时，只要没有作出不利变更原则上不视为无效（노
동법실무연구회편，근로기준법주해 Ⅲ，박영사，2010 年，第 461 页），因此违反"同意"义务或"协
商"义务时，补偿规定是否无效存在疑问。由于依照该规定作出的补偿时无法视为《发明振兴法》上
的合理补偿，因此在实务中也就不具有意义。

② 특허청，同前论文，第 141—142 页。

③ 虽然专利局指导方针是对旧《发明振兴法》第 15 条第 2 款规定的"协商状况"的指导方针，
但是"协商"本身的概念并没有因《发明振兴法》的修改而发生改变，因此该指导方针仍能适用于修
改后的《发明振兴法》。同时，专利局指导方针中规定雇主和雇员间对话的过程中，是否给予雇员实
质的"发言和陈述意见的机会"是判断是否协商的重要考虑因素。특허청，직무발명보상절차가이드
라인，2007 年，第 48—49 页。

合意才能成为"协商",即使最终没能达成合意也完全可以评价为在雇主和雇员间形成了实质的协商。[①]值得注意的是,因为《劳动基准法》第94条规定的"听取意见"和《发明振兴法》第15条第3款规定的"协商"是不同的,因此依照《劳动基准法》第94条听取了意见也不能视作存在《发明振兴法》第15条第3款的"协商"。[②]协商中采用"集团对话"[③]与"代表对话"[④]这两种方法均可。

同时,为了判断协商情况中的补偿合理性,作为考虑因素之一,旧《发明振兴法》规定适用补偿标准的所有雇员都是协商的对象[⑤]。修订后的《发明振兴法》中作为协商对象的雇员的范围是"适用新制定或变更的补偿规定的雇员的过半数"(修订后的《发明振兴法》第15条第5款和同法施行令第7条之2第1款第1项)。该规定参照了《劳动基准法》第94条的内容,即就业规则的制定和变更要听取过半数劳动者的意见。[⑥]

2. 关于补偿标准不利变更的同意

雇主变更现存的补偿规定不利于雇员时,通过协商程序并不充分,需要得到雇员的同意,此时作为同意对象的雇员的范围是"适用不利变更的补偿规定的过半数雇员"(修订后的《发明振兴法》第15条第5款和同法施行令第7条之2第1款第2项)。该规定参照了《劳动基准法》第94条但书的规定,就业规则发生不利变更时需要得到过半数劳动者的同意。[⑦]

同时,作为就业规则不利变更的效力发生要件"过半数劳动者的同意",依照判例要求以"会议方式"取得过半数劳动者的同意。为了以会议方式取得同

[①] 특허청, 同前书, 第55页。

[②] 특허청, 同前书, 第46页; 김형배, 노동법(제23판, 전면개정판), 박영사, 2014, 第302页。"听取意见是指就业规则的制定和变更中听取诚实的意见和咨询, 而不是取得同意或要求协商"。

[③] 특허청, 同前书, 第48页。"协商没有必要每个人分别进行, 因此集团对话也属于协商"。

[④] 특허청, 同前书, 第50页。"通过代表人进行对话也属于协商。但是, 该代表人必须能够正当代表作为协商对象的雇员"。

[⑤] 특허청, 同前书, 第47页。《发明振兴法》第15条第2款规定的"在确定补偿形式和补偿额而制定标准时, 雇主和雇员达成的协商"中的"雇员"是指适用该标准的所有雇员……因此某个标准适用于全体雇员时, 全体雇员均成为协商的对象。

[⑥] 为了修改规定作为协商对象的雇员范围的《发明振兴法施行令》, 韩国特许厅研究报告书中要求过半数即为合理。특허청, 발명진흥법 시행령 일부개정을 위한 연구, 2013年10月, 第10页。"需要协商的雇员范围与需要得到同意的雇员范围, 分别是将要适用补偿规定的雇员的过半数和正在适用补偿规定的雇员的过半数"。

[⑦] 김형배, 同前书, 第306页。"需要得到同意的'过半数劳动者'不是指该事业或该公司全体劳动者的过半数, 而是适用既存劳动条件或就业规则的劳动者团体的过半数"。

意：（1）将全体或部分劳动者团体聚集在一起交换意见，汇总赞成与反对的意见并全面整理；（2）在该过程中要排除雇主的介入或干涉[1]，这参照了职务发明补偿规定不利变更时取得同意的方法。[2] 不利变更是指，与变更前相比补偿形式或补偿金的确定标准、补偿程序、补偿额等对雇员发生不利变更的情况。修改后的《发明振兴法》的态度可以解读为不是让变更自身变得困难，而是要确保不利变更的程序正当性，降低不必要的纠纷发生的可能性。[3]

除此之外：（1）补偿规定属于公司规章或像劳动规定等的就业规则时，是否属于不利的情况并不能够依照各自的规定独立判断，而是要综合并全面判断。一些变更对一部分特定的雇员不利但对另一部分特定的雇员却有利，所以需要雇员的集体性的意思表示，例如要得到雇员过半数的同意。（2）补偿规定依据个别合同时，雇员的同意就成了变更的必要条件，因此不利变更时也必然要求雇员的同意。[4]

（四）修订后的《发明振兴法》第15条第4款：补偿额的书面通知

旧《发明振兴法》规定在决定补偿形式和补偿额时，从雇员处"听取意见的情况"是判断补偿合理性的考虑因素，这间接地促进了雇主"听取意见"。修改后的《发明振兴法》规定，雇主要将确定补偿额等补偿的具体事项书面告知雇员，这样才能被视为是正当补偿。同时，雇员就雇主通知的补偿额等补偿的具体事项有异议时，可以要求雇主组建审议委员会（同上法第18条第1款第5项和第6项）。雇主要在收到请求的60日内组建审议委员会并进行审议，并且审议委员会中至少有1名以上的职务发明领域的专家作为咨询委员（同上法第18条第3款）。没有组建审议委员会或没有进行审议的雇主，可以对其处以1000万韩元以下的罚款（同上法第60条第1款第1项）。

（五）修订后的《发明振兴法》第15条第6款：补偿额计算的考虑因素

旧《发明振兴法》判断补偿是否合理时考虑两个方面：（1）合同或劳动规定对于补偿有约定时，据此作出的补偿在协商情况、补偿标准明示情况、意见听取情况等方面均为合理，在法律上就可认定该补偿是合理的补偿。法院只判断补偿

① 노동법실무연구회 편，同前书，第495—496页。
② 协商和同意程序简化的必要性是不可忽视的，因此有见解认为有必要赋予雇员代表协商和同意的权限。특허청，同前论文，第10—11页。
同时，得到集体同意有效进行不利变更的就业规则作为有拘束力的法规，对于变更时已经就业的劳动者和之后新就业的劳动者均有效，但对于变更后的就业规则实行前退休的劳动者不产生效力。노동법실무연구회 편，同前书，第506页。
③ 특허청，개정 직무발명보상제도 해설편람，2013年12月，第140页。
④ 특허청，同前论文，第140页。

规定和程序是否合理。②合同或劳动规定没有约定补偿的内容或即使约定了也无法视为合理的补偿时，考虑雇主获得的利益和两者的贡献度而确定的补偿额属于合理的补偿。此时法院可以判断补偿额是否合理。旧《发明振兴法》下的协商情况、补偿标准明示情况、意见听取情况等只能作为判断补偿合理与否的考虑因素，而在强化雇员的协商能力和程序关系上显现出了不足。修改后的《发明振兴法》进行了具体的规定（第15条第2款至第4款），并且为了提高有效性还保障了雇员的审议请求权（第18条第1款），在实际上确保了补偿程序的正当性。①

具体来看，修改后的《发明振兴法》中规定雇主：（1）制定补偿规定并向雇员书面通知；（2）制定和变更补偿规定时要和雇员协商（不利变更时必须要得到同意）；（3）根据补偿规定确定的补偿额等补偿的具体事项要书面告知。只有依照（1）至（3）的程序补偿时才可能被认定为合理的补偿。但通过上文的（1）至（3）只能确保程序的正当性，并不能确定实体的正当性。因此如果补偿额没有考虑到雇主基于职务发明获得的利益、雇主和雇员对发明的贡献度的话，就丧失了自身的正当性，这就要求必须确保职务发明补偿的实体正当性（《发明振兴法》第15条第6款但书）。

旧《发明振兴法》第15条第3款与修改后的《发明振兴法》第15条第6款在措辞上相比较的话，（1）旧《发明振兴法》中如果满足了第15条第2款的要件就不再适用第15条第3款；相反（2）修改后的《发明振兴法》规定，即使满足第15条第6款的要件仍可以适用第15条第6款但书的规定。即如果没有考虑能够确保补偿的实体正当性的因素：（1）"雇主基于该发明获得的利益"和（2）"雇主和雇员对发明完成的贡献度"的话，无论如何都无法被视为是合理的补偿。因此这并不只是形式上的规定。但是旧《发明振兴法》第15条第2款也有关于补偿合理性的判断，考虑到上文中的（1）、（2）因素在实际中不得不考虑的情况，可以理解为修改前后关于判断补偿正当性的框架并没有发生根本的变化。考虑因素（1）和（2）将在本书其他部分详细论述，此处省略。

五、结论

为了确保补偿的实体正当性，旧《特许法》、旧《发明振兴法》和修改后的《发明振兴法》均规定了考虑因素（1）"雇主基于发明获得的利益"和（2）"雇主和雇员对于发明完成的贡献度"。尽管如此，2006年和2013年修改相关规定的理由是，由于只规定了抽象因素，所以当发生与补偿相关的纠纷时只得由法院来作出补偿

---

① 특허청, 정당한 직무발명 보상을 위한 산업군별 실시보상액 산정방안 연구, 2013年12月, 第13页。

是否合理的终局判决，这导致了雇主和雇员间本以信赖为基础自发作出的补偿却通过对立和反目极端解决的结果。基于此原因，2006年修订的《发明振兴法》规定，依照当事人间达成的职务发明补偿规定进行补偿时，该补偿能够满足法定的要件，那么可视为合理的补偿。这不仅保障了雇员实际的参与，也确保了雇主对于补偿的可预测性，使合理的职务发明补偿制度得到落实。2013年修订的《发明振兴法》采用了具体的规定（第15条第2款至第4款），同时为了提高实效性，保障了雇员的审议请求权（第18条第1款），因此这是由保障补偿的程序正当性向实体上的正当性方向作出的修改。

修改的《发明振兴法》第15条第2款至第4款是关于程序正当性的具体规定，与旧《发明振兴法》相比，有着更容易适用的长处，但与实体正当性相关的第15条第6款的适用在实务中仍然存在巨大问题。这是因为即使雇主的职务发明补偿规定和补偿程序满足法令上规定的程序正当性，但考虑到职务发明的价值千差万别的现实，因此在具体适用中无法使所有的职务发明都能满足实体正当性。[①] 修改后的《发明振兴法》期待通过达成满足程序正当性的职务发明补偿规定，保障雇员的实际参与，并确保雇主对于补偿的可预测性，使合理的职务发明补偿制度得到落实。

第二节　雇主的利益

韩国特许法院法官　张贤珍（장현진，Chang Hyun Jin）

一、法律规定

《发明振兴法》规定，当雇主得以承继职务发明的申请专利的权利或专利权时，雇员享有"取得合理补偿的权利"（第15条第1款）。雇主为了确定补偿额制定明示补偿规定，需要与雇员协商并制成书面协议。据此确定的补偿额等补偿具体事项要告知雇员是该法第15条第2款至第4款在程序上的规定。按照该程序补偿时，可视为向雇员进行了合理补偿（第15条第6款前半段）。但是该补偿额如果没有考虑到"雇主获得的利益"和"雇主与雇员对于发明的贡献度"时，不能视为合理的补偿（第15条第6款后半段）。[②]

旧韩国《特许法》（2006年3月3日法律第7869号修正前）中也规定，雇员

---

① 특허청，개정 직무발명보상제도 해설편람，2013년 12월，第146页。

② 对此规定有见解认为，一般将职务发明专利申请权的转让视作一般的买卖。通过发明自身客观的价值以及雇主和雇员的贡献度来判断是否合理补偿。윤선희，"발명진흥법 제15조 제3항에 있어서의 직무발명 보상금 산정 요소에 대한 연구"，저스티스（제129호），2012년 4월，第125页。

使雇主得以承继职务发明申请专利的权利或专利权时，享有"取得合理补偿的权利"（第40条第1款）。决定补偿额时，要考虑"雇主获得的利益"和"雇主与雇员对于发明的贡献度"（第40条第2款）。①

按照上面《发明振兴法》规定的程序确定补偿时，一般可以解释为雇员不得另行向雇主请求职务发明补偿金②。那么适用《发明振兴法》的案件中存在雇主获得利益范围的问题。笔者认为，按照《发明振兴法》第15条第6款后半部的规定，职务发明补偿程序中不考虑雇主获得的利益或即使考虑了但数额不相符时，雇员可以向雇主请求支付职务发明补偿金。诉讼中对于判断在职务发明补偿程序中考虑雇主获得利益是否正当时，适用与旧《特许法》案件相同的方法。③

二、雇主可获取的利益

（一）超额利润：独占性、排他性利益

雇主实施发明获得的利益并不全属于雇主。雇主即使没有在雇员处承继专利权也能够无偿地享有普通实施许可（《发明振兴法》第10条第1款）。"雇主获得的利益"不仅包括普通实施许可，还包括通过取得职务发明的排他性、独占性

---

① 《特许法》中职务发明的规定在2006年3月3日修改时删除，该内容被合并到修改后的《发明振兴法》中。修改的《发明振兴法》施行（2006年9月4日）前形成的专利申请权和专利承继权或独占许可权的补偿仍适用旧《特许法》的规定。

② 在韩国职务发明规定修改情况相似的日本，"依照修订法，职务发明补偿金的确定是以当事人间的合意为原则；只有在通过适当程序依照合意形成的补偿额过低的例外情况时，无法将其视为雇主具有诚意的补偿"。정상조，박성수 공편，특허법주해 I（2010），第467页。韩国特许厅2006年6月发行的"직무발명제도 이렇게 바뀌었습니다"中指出：合同或工作规定中规定职务发明补偿时，按照约定确定的补偿依照《发明振兴法》合理程序则被视为法律认可的合理补偿，法院只判断补偿规定和程序合理与否；合同或工作规定没有约定补偿的内容或即使约定了也无法视为《发明振兴法》上的合理补偿时，适用过去的标准考虑雇主获得的利益以及雇主和雇员的贡献度。

③ 一方面，首尔中央地方法院2012年9月28日宣告2011GaHab37396判决（二审抗诉强制调解）中认为：虽然按照《发明振兴法》程序确定的职务发明补偿规定支付了补偿金，但对于被告（雇主）没有另外支付补偿金义务的主张，考虑到与利用职务发明进行的工程规模相比原告得到的职务发明补偿过低，因此被告依照职务发明补偿规定进行的补偿很难视为《发明振兴法》中合理的补偿而驳回了被告的主张。同时在适用旧《特许法》的案例中，法院认为"即使雇主的工作规定中有关于雇主需支付对价的条款，但对价不符合旧《特许法》规定的合理补偿额的话，可以请求支付不足的额数"（首尔高等法院2009年8月20日宣告2008Na119134判决），"被告的职务发明补偿方针中规定的职务发明补偿金支付标准只是计算职务发明补偿金的一个参考标准，原被告不受上述规定的约束"（首尔中央地方法院2012年11月23日宣告2010Gahab41527判决）。

实施权而获得的利益，^① 即雇主将职务发明制成成品时，雇主并不因此获得全部的利益。以行使普通实施许可而取得的销售额中超出的部分为基准计算出的利益是雇主基于职务发明获得的利益。^② 雇主自行实施职务发明时，由于禁止第三者的实施在市场中以独占地位乃至排除竞争企业而获得的超额利润都属于雇主基于职务发明获得的利益。向第三者授予实施权或转让时，使用费或转让费也属于雇主基于职务发明获得的利益。^③ 这是依照职务发明本身雇主获得的利益，而不是收益、成本清算之后获得的营业利润等会计上的利益。因此与收益、成本清算结果无关，依照职务发明本身取得的利益才是雇主可以获得的利益。^{④⑤} 即使在发明过程中支出了相应的研究费但最终清算收益、成本时没有盈余的情况，也不能视为雇主基于职务发明本身没有取得利益。但考虑到雇主支出了相应研究费的情况，在确定补偿金数额时可以予以考虑。^⑥

因此为了确定补偿金在计算雇主利益时，并不是清算雇主的收益、成本后计算，而是依照由于职务发明获得的预估利益计算的。对于雇主由于获得专利权或承继专利权取得的或将要取得的超额利润的额数，其证明责任基本上归于雇员。^⑦

---

① 大法院 2011 年 7 月 28 日宣告 2009Da75178 判决等。

② 윤선희，同前论文，第 130 页。

③ 김범희，"직무발명에 대한 권리를 승계한 회사가 자기실시하는 경우의 직무발명보상금 산정방법"，서울지방변호사회 판례연구 22 집（2），2008 년 12 월，第 217 页（职务发明补偿金分为实施补偿和处分补偿时，前者在实施补偿中必须要考虑雇主的利益，后者可以视为在处分补偿中要考虑雇主的利益）。

④ 大法院 2011 年 7 月 28 日宣告 2009Da75178 判决等。

⑤ 日本对于雇主获得利益的定义，存在基于发明的实施获得的销售额减去材料费等各种成本的营业利润（营业利润说）和由于发明排他性、独占性实施而获得的利益（使用费说），윤선희，"직무발명에 있어서의 보상제도"，법조 54 권 11 호（통권 590 호），2005 년 11 월，第 39 页。韩国不存在前者的见解，判例也是后者学说的立场。

⑥ 首尔高等法院 2009 年 8 月 20 日宣告 2008Na119134 判决（确定）等。日本判例東京高裁平成 16（2004）年 4 月 27 日平 15（ネ）第 4867 号判决中，对于被告要以专利发明获得的全部销售额中扣除专利申请和维修费用、专利许可合同达成费用、研究活动费、事业化费用等后的余额为基础计算雇主获得的利益的主张，法院认为将雇主职务的费用考虑到雇主的贡献度中已经足够（但专利许可合同达成费用可以从使用费收入中扣除），不需要从使用费收入中扣除而驳回了该主张。转引自유영선，"공동발명자 판단 기준 및 직무발명보상금"，대법원판례해설 90 호，2011 년，第 549 页。

⑦ 首尔高等法院 2007 年 8 月 21 日宣告 2006Na89086 判决（确定）（被告公司在该案件中关于专利发明的供货合同订立情况同前，该供货合同的总额是基于该案件中专利权的独占性、排他性效力或是一般实施权抑或是两者均存在的话，对于各部分的价值是多少，由于原告没有追加证据，在本案件中很难据以上事实来认定为雇主获得的利益）。

（二）与职务发明具有相当因果关系的利益

作为计算补偿金基础的雇主获得的利益，要限定在与职务发明有相当因果关系的利益中。[1] 因此雇主商品的销售额中与职务发明无关的，通过雇主的认知度、市场地位、声誉、职务发明之外的品质、功能等取得的利益是除外的，只有雇主基于职务发明的利益才会被计算在内。[2] 同时，当职务发明与成品的一部分相关（例如，销售额与成品相关或职务发明与零件相关时）或适用职务发明的商品中除了职务发明之外还有数个其他专利时，参照在全部销售额中职务发明贡献的程度加以确定[3]。与概括实施许可合同类似，在多数专利发明成为实施许可的对象时，使用费收益中必须要计算出职务发明的贡献度。[4]

（三）专利注册与否和排他性利益

雇主基于职务发明获得的利益，并不限于该发明专利在法律上由于排他、独占地实施而获得的利益。与申请专利的权利的承继相关的利益，包括基于赋予能够选择是否申请专利的机会而获得的利益、预备申请专利时在线申请地位带来的利益、该发明市场先行的利益以及将发明用作商业秘密时经营者的有利地位等利益。[5] 因此对于专利申请阶段的实施行为，如果从对方获得了补偿金，该补偿金也被视为基于职务发明获得的利益。没有申请专利而以商业秘密加以运用制造和销售商品时，超出销售额和职务发明补偿金都属于雇主的利益。

雇主放弃专利权或没有交纳专利费而导致专利权消灭时，以及以撤回专利申请的理由导致不能注册时，雇主是否通过职务发明专利权或承继申请专利的权利取得了利益是个问题。下级法院审理中认为，实际上以雇主名义注册的实用新型必

---

① 首尔中央地方法院 2006 年 6 月 8 日宣告 2005GaHab117345 判决（被告所使用的刀具不属于本案件设计权的权利范围，因此被告基于使用该刀具取得的利益是由于回转齿轮在技术上的运用，而很难视为是由于设计适用的原因。由于没有证据证明被告由于该设计独占、排他地适用而获利，因此驳回了原告的请求）。

② 销售额中职务发明之外的因素所占的部分，在实务中主要通过判断超过销售额，即考虑独占权的贡献度（首尔高等法院 2014 年 3 月 20 日宣告 2013Na34640 判决，首尔中央地方法院 2014 年 10 月 2 日宣告 2013 GaHab517131 判决）或职务发明的贡献度（首尔高等法院 2014 年 7 月 17 日宣告 2013Na2016228 判决）。

③ 首尔高等法院 2013 年 1 月 10 日宣告 2011Na100994 判决（确定），首尔高等法院 2014 年 4 月 24 日宣告 2012Na53644 判决（确定），首尔西部地方法院 2007 年 8 月 22 日宣告 2005GaHab12452 判决（抗诉中和解劝告决定）等。

④ 首尔高等法院 2004 年 11 月 16 日宣告 2003Na52410 判决（确定）。

⑤ 윤선희，同前 "발명진흥법 제 15 조 제 3 항에 있어서의 직무발명 보상금 산정 요소에 대한 연구"，第 130 页。

须对该技术性研究享有独占地位时，职务发明中雇主对雇员补偿金债务才会发生。雇主单纯地放弃实用新型的机会是无法成为不产生补偿金债务事由的。[①] 大多数的判例[②] 认为，职务发明的专利是否实际申请和注册，或专利注册是否无效或消灭等情况，都不能阻碍职务发明补偿金请求权的发生。只不过在计算补偿金额时会考虑到以上情况。[③] 但是由于雇主无偿地享有职务发明的普通实施许可，雇主通过许可第三人实施可以获得使用费中相当部分的收益。如果不是禁止第三人实施的情况，基于适用该职务发明产品的制造和销售取得的利益将无法视为雇主基于职务发明中排他性、独占性实施而取得的利益。[④] 雇主没有申请职务发明专利时，雇主将职务发明以商业秘密的形式加以运用，或由于享有职务发明的权利而获得或可能获得市场独占性、排他性地位。即使雇主放弃或丧失专利权时，事实上通过之前的独占性、排他性地位仍然可以在一定期间内获利。[⑤]

三、雇主取得的利益：利益的判断和范围

（一）判断利益的时间点：权利承继时或请求补偿金时

《发明振兴法》规定，在计算职务发明补偿金额时，必须考虑"雇主取得的

① 首尔高等法院 2007 年 4 月 17 日宣告 2006Na57782 判决（确定）。

② 首尔高等法院 2013 年 1 月 10 日宣告 2011Na100994 判决（确定），首尔中央地方法院 2009 年 1 月 23 日宣 2007GaHab101887 判决等。

③ 日本判例也认为权利承继后放弃专利权或专利权消灭等情况出现时，并不影响雇主取得的利润额数。放弃专利权之后的利益也是补偿金请求权的对象。具体来看，知财高裁平成 18（2006）年 11 月 21 日平 17（ネ）第 10125 号判决认为放弃专利权之前 70% 利益视为专利权放弃后直至专利存续期间结束为止可以获得的利益。東京地裁平成 20（2008）年 3 月 31 日平 18（ワ）第 11664 号判决认为即使雇主放弃专利权，考虑到竞争者对该发明直至实施为止的期间仍然享有独占的利益，全面考虑（发明的价值、实施的简易性、市场的动向）后仅限于以放弃专利权 6 个月内获得的利益为计算补偿金的标准。转引自：윤선희，"직무발명 보상금 산정기준에 대한 연구"，산업재산권 제36호，2011 년，第 102—103 页。

④ 一方面首尔高等法院 2013 年 1 月 10 日宣告 2011Na100994 判决（确定）中，被告主张适用由于未缴纳注册费而消灭的实用新型生产的产品的销售额在计算补偿金时应该排除。对此主张法院认为即使由于未缴纳注册费实用新型消灭，之后销售适用该实用新型生产的产品获得的利益应当属于"雇主获得的利益"，在计算职务补偿金时要计算在内，因此反对被告的主张。实用新型权消灭后的销售额仍然属于超额利润，对此具体的实施认定表示遗憾。

⑤ 首尔中央地方法院 2010 年 6 月 17 日宣告 2009GaHab48041 判决（确定）认为，雇主承继的职务发明在申请阶段中而尚未注册成功时，也不能认为雇主完全没有获利。在以上阶段为了认定雇员的补偿金请求权，要提出具体主张并必须证明取得职务发明的独占地位的盖然性和雇主基于该独占地位或取得独占地位的盖然性而能够合理预测的收益额。而原告没能证明，因此不视为是雇主的利益（外国关于驳回专利申请的案例）。

利益"（第 15 条第 6 款）。从该条文可以看出，要考虑职务发明申请专利的权利在承继时，可以预测到的将来雇主可获得的利润数额。但是预测的"雇主取得的利益"和实际上职务发明中"雇主取得的利益"可能存在差异。承继职务发明时存在专利能否取得、能否到达成品化阶段、未来能否在市场取得成功等不确定的因素，因此原告主张的获利数额在职务发明承继时客观地判断雇主将要获得的利益是十分困难的。

以权利承继时为基准计算雇主取得的利益，在补偿金请求诉讼中通过是否在承继时按照《发明振兴法》规定的与雇员协商的程序和鉴定① 等能够判断权利客观价值的程序来计算补偿金。按照上述程序计算出的补偿金是否在承继当时合理预测的范围内存在争议。以补偿金请求诉讼辩论终结时为基准判断，权利承继之后至辩论终结之时（或之后直至可预测雇主获利时为止）雇主基于权利承继实际取得的利益究竟有多少也存在争议。

法院认为，为计算职务发明补偿金而计算雇主取得的利益时，雇员要能够提出具体主张并能够证明雇主承继申请专利的权利时由于取得独占地位或取得的盖然性而获利的数额。而在该案中原告没能举证证明，因此不能视为雇主获得的利益（外国关于驳回专利申请的案例）。

能够合理预测的雇主将来基于职务发明取得的利益，是计算补偿金的基础。但由于在承继权利时计算未来的利益存在困难，必须考虑雇主是否是直接实施、以及辩论终结日之前的雇主实施业绩等权利承继后至补偿金请求时发生的具体情况。并且雇主基于职务发明的实施实际上获利时，除特别情况外，以"承继当时将来能够取得的利益"为最少标准。实际上除获得利益之外存在更多利益时，在请求补偿金时要另外提出主张并证明。②

对此：（1）《发明振兴法》以"获得的利益"而不是"将要获得的利益"来判断补偿金的正当性；在承继雇员完成发明的价值时，雇主应和雇员共同评价并支付补偿金；只有在明显不公平时，雇员才可以在事后提出支付额外的补偿金。（2）在一般情况下，即使有专利权转让合同时，合同当事人会自行对转让的专利权进行价值评估。在该判断下缔结合同，即使该判断存在错误结果导致缔结了不利的合同，合同双方也不能推翻合同或在事后进行补充。（3）职务发明相关的纠纷

---

① 对于担保提供或转让专利技术，为了评价它的价值提出的运用收入接近法、成本接近法、市场案例接近法、实物期权接近法等可适用于评价职务发明的价值或计算适当的使用费［조영선특허법（제 4 판），2013 년，第 258 页］。

② 首尔高等法院 2009 年 8 月 20 日宣告 2008Na119134 判决（确定），首尔中央地方法院 2009 年 1 月 23 日宣告 2007GaHab101887 判决等。

一般都是以成功的发明为对象的，雇主不得以失败的发明为由要求雇员返还已经支付的补偿金。这是因为发明的不确定性风险只由雇主来承担。（4）法律旨在以平均的技术人员为基准，按照业界的管理和水平保障有公司内部职务发明补偿制度的企业在法律上的安定性，但存在无视该法律宗旨的忧虑。也有见解认为补偿金的正当性以补偿金纠纷发生的当时而不是承继的当时为基准进行判断，批判了法院当然地将雇主获得利益视为将要取得的利益的态度。① 由于《发明振兴法》条文中规定要考虑雇主"将要取得"的利益，所以要以承继当时为基准计算雇主基于职务发明的承继能够合理预见的收益。与上面的情况相同，由于确定这些非常困难，雇主实际上可能取得了合理预见的利益也可能比预想的少或多，所以需要雇主和雇员对此进行主张和举证。

（二）将来发生的利益

雇主将获得的利益是指以职务发明承继当时为基准，合理预测雇主因为承继职务发明而取得的利益。请求补偿金时，雇主的利益不局限于现实产生的利益，在计算雇主将取得的利益时，从职务发明承继时开始，请求补偿金以后直至专利权存续期间结束时为止，所有可以预测的利益都计算在内。②③

但是对于补偿金请求诉讼辩论终结之后的可能实现的利益由于还没有现实化，市场情况的变动导致无法准确预测，目前对于该情况如何处理仍存在疑问。

下级法院在审理中指出，有案件按照专利权存续期间临近辩论终结时，假设雇主的年销售额并以辩论终结时的价格进行合算。④ 也有适用过去生产量／销售额增加率的平均价格，计算出专利权存续期间结束时为止的年度估算销售额再进行合算的案件⑤。考虑到商品的特点、市场情况等，将预测销售额的时间特定化，以已

---

① 윤선희，同前 "발명진흥법 제 15 조 제 3 항에 있어서의 직무발명 보상금 산정 요소에 대한 연구"，第 127—128 页。

② 조영선，同前书，第 262 页。

③ 一方面，根据日本判例，计算一定期间的使用费时，普遍从申请公开日起算，但截止时间既有以专利权存续期间结束时为准也有其他情况。서태환，"직무발명의 대가보상에 관하여"，인권과 정의 353 호，2006 年 1 月，第 130 页。

④ 首尔高等法院 2014 年 4 月 24 日宣告 2012Na53644 判决（确定）；首尔中央地方法院 2012 年 9 月 28 日宣告 2011GaHab37396 判决（抗诉中强制调解）；水原地方法院 2010 年 11 月 4 日宣告 2009GaHab2746 判决（确定，产品销售额由于新产品开发等可能会减少，也可能因为市场规模扩大而增加）。但在以上各案件中，使用费率和独占权贡献率视为每年均相同。

⑤ 首尔高等法院 2014 年 7 月 17 日宣告 2013Na2016228 判决（上诉中）；首尔中央地方法院 2013 年 5 月 2 日宣告 2011GaHab58614 判决（确定）。

经产生的销售额为基准推定在以上期间内产生的销售额并合算。[①] 有的案件[②] 随着每年销售减少的趋势将使用费收入以每年 5% 减少，专利权存续期间每年适用减少率后计算出使用费收入。有的案件[③] 在计算使用费率时，考虑到了市场未来的发展情况和快速的技术变化等不可回避的因素。

日本下级法院判决一般认为，鉴于职务发明适用的技术在将来可能过时（陈腐化）或由于竞争技术的出现，以及在将来发生的利益在辩论终结时还不确定，故存在比照已经产生的利益规模以一定比率减少的倾向。[④]

这最终可以归结为证明雇主将取得利益的问题。由于存在诸如市场情况变化、技术发展、新产品开发等许多变数，预测将来可能发生的利益是很困难的。考虑到由于在计算补偿金时，雇主将取得的利益需要能够合理预测的职务发明承继带来的利益，而不是以实际营业上的利益为基准，因此以已经发生的利益为基准推测将来要发生的利益即可。一方面，如果雇主能够主张并证明专利发明会随着技术进步而有可能在市场中失去竞争力，并且随着市场情况在专利权存续期间结束前不实施该发明的可能性也很高，且之后未能销售或销售减少等，那么应否定或减少将来产生的利益，另一方面，雇员能够主张并证明销售由于未来市场规模扩大而增加，那么认定将来发生利益的增加也是合理的。[⑤]

四、存在无效事由的职务发明和雇主的利益

最近在许多职务发明补偿金请求诉讼中，被告（雇主）以缺乏新颖性、进步性为由认为职务发明具有无效事由，主张无法支付补偿金。职务发明存在缺乏新颖性、

---

① 首尔高等法院 2013 年 1 月 10 日宣告 2011Na100994 判决（确定，感光鼓相关的职务发明中，考虑到该感光鼓适用的打印机寿命为五年，以该打印机产品停产后 5 年间的销售额为基准）；首尔西部地方法院 2007 年 8 月 22 日宣告 2005GaHab12452 判决（抗诉中确定和解，由于技术集约型产品的材质、技术等持续改善、变更而形成的产品，因此在被告产品生产中运用或应用职务发明时以其后 10 年为基准）。

② 首尔南部地方法院 2006 年 10 月 20 日宣告 2004GaHab3995 判决（抗诉中达成调解）。

③ 首尔高等法院 2011 年 8 月 31 日宣告 2010Na72955 判决（确定）；首尔西部地方法院 2007 年 8 月 22 日宣告 2005GaHab12452 判决。

④ 조영선，同前书，第 262—263 页。

⑤ 首尔中央地方法院 2012 年 9 月 28 日宣告 2011GaHab37396 判决（抗诉中强制调解）认为，职务发明反映了设计，但是工程在"未发包"的状态下无法视为反映了工程和职务发明，因此很难认定由于工程改变了设计工艺导致被告的利益在案件辩论终结日当天得到了实现，也无法视作计算被告利润额的基础。在以上情况中，计算被告利润额时考虑以上发明的独占贡献度即可。最终对于上述工程导致将来的利益已经现实化主张的原告（雇员）并没有提出充足的证据。

进步性等无效事由时，取得申请专利的权利或承继专利权的雇主是否具有独占的、排他的利益是个问题。

大法院认为即使专利发明存在无效事由，但由于雇主实施的发明在职务发明申请时已经为公众知晓，所以可以自由实施。因此当存在竞争关系的第三人能够容易地知情时，即使雇主实施了职务发明，也不能认为获得了超出无偿普通实施许可的独占性、排他性利益。① 下级法院的判决认为，"即使职务发明的进步性被否定而有可能无效，也无法认定为可以告知于存在竞争关系的第三人公知技术的行为。仅存在无效事由是无法认定职务发明完全没有保护价值或者认为雇主完全没有独占性利益，雇主也无法因此完全被免除补偿金的支付义务"。存在以缺乏进步性的无效事由而认可了独占性、排他性利益的案例。②

职务发明仅存在无效事由时，并不是一律地否定雇主的独占性、排他性利益。即使存在无效事由，雇主由于实施职务发明而实际上获得独占性、排他性利益时，将被视为职务发明补偿的对象。但是由于雇主一般对职务发明享有无偿的普通实施许可，作为职务发明补偿金计算基础的雇主的利益，在职务发明通过法律或作为营业秘密不公开等方法在实际上禁止第三人实施时，视为在市场上具有独占地位并获得了排除竞争者的超额利润。如果职务发明存在无效事由，与前者相同，在法律上无法禁止第三者的实施，所以在这种情况下认定雇主取得了或能够取得事实上的利益。

上述下级法院判决中，缺乏进步性的无效事由与缺乏新颖性的情况不同，进步性的有无很难判断。职务发明相关的权利和专利权实际上是否能够带来利益是需要考虑的。但是在无法保障法律上的独占性、排他性利益的问题上，职务发明没

① 大法院 2011 年 9 月 8 日宣告 2009Da91507 判决。

② 首尔高等法院 2014 年 7 月 17 日宣告 2013Na2016228 判决（上诉中，但职务发明存在无效事由时，计算补偿金额数时要参照独占权的贡献率），首尔高等法院 2014 年 4 月 24 日宣告 2012Na53644 判决：该职务发明是由两个以上的比较对象结合在发明中，因此否定了它的进步性。即使存在发明实质上相同而否定新颖性的情况，竞争公司也无法轻易得知专利是否存在无效事由。考虑到只有被告实际使用了该发明生产产品而没有其他竞争企业，因此很难认定该职务发明的比较对象发明在申请当时就已经公示而可以自由实施或与公示的发明没有差异地由该技术领域具有一般知识的人可以容易地实施，也不能认为同类竞争企业能够轻易地得知。因此要认定被告由于销售适用该职务发明生产的产品而取得了独占性、排他性利益。与此不同，首尔高等法院 2011 年 4 月 27 日宣告 2010Na68963 判决（因驳回上诉而确定。在韩国，专利注册还无法视为已经获得了专利，欧洲和美国也有以否定新颖性或进步性的理由拒绝专利的案件）认为，"由于职务发明没有新颖性和进步性，因此难以认定被告在该案中由于承继发明而获利，即由于该发明的实施很难认定为可以获得排他性、独占性的地位或将来能够取得。因此不能认定被告取得了排他性、独占性的地位而存在能够获得的预想利益"。

有新颖性的情况和没有进步性的情况是否要区别判断存在疑问。雇主在证明实际上是否取得独占性、排他性的利益时，并不是只存在难易度的差异。

只能假设由于享有专利权或申请专利的权利而获得无形的利益，而实际上雇主是否获得无从得知，并且确定它的数额也是极其困难的。雇主允许第三人实施职务发明而获得使用费收入时，或禁止第三者制造、销售同种或类似产品而实际上享有了市场独占地位时，仅限于能够证明雇主的职务发明实际上取得利益时才将此认定为雇主的独占性、排他性利益。只有认定这种情况将来将持续存在的特别情况时，才会在计算补偿金时对于辩论终结之后产生的利益予以考虑。①

五、职务发明的实施与否和雇主的利益

雇主承继职务发明申请专利的权利之后，自己不实施该发明，也不允许第三人实施而导致职务发明未被实施，判断雇主基于承继是否产生了独占性、排他性利益就成了问题。

职务发明补偿金作为承继职务发明相关权利的对价，雇主须向雇员支付。

职务发明的专利在实际上申请、注册是否成立、雇主是否自己实施职务发明或是否允许第三人实施，都不影响雇员正当的补偿金请求权。但是由于正当的补偿并没有必要一定要以销售额或使用费为基础②，所以当雇员假设雇主或第三人实施该发明而请求补偿金时，即使雇主没有实施职务发明也应认定雇主获得利益。

大法院认为，即使雇主自己不实施也不许可第三人实施，但是雇主使竞争公司无法实施该职务发明，也要视为雇主能够获得独占性利益。由此导致雇主销售增加，该利益能够评价为是雇主基于职务发明取得的利益。③ 下级法院判决认为，"被告的产品与电话号码的检索顺序或方法不同，是职务发明实施商品的必

---

① 下级法院判决中首尔高等法院 2014 年 7 月 17 日宣告 2013Na2016228 判决（上诉中）是雇主制造、销售职务发明替代产品的案例。首尔高等法院 2014 年 4 月 24 日宣告 2012Na53644 判决（确定）是雇主制造、销售适用职务发明产品的案例。

② 职务发明的对价补偿分为以下阶段：①因创意的内部提议而支付的提议补偿；②申请时支付的申请补偿；③专利注册时支付的注册补偿；④授予第三人实施权或雇主自己实施专利时取得的销售利益而支付的实施补偿（정상조，박성수공편，同前书，第 466 页）。日本判决有案例认为，不实施职务发明时将申请补偿或注册补偿视为合理对价［大阪地裁平成 5（1993）．3．4．平 3（ワ）第 292 号判决；大阪地裁平成 6（1994）．4．28．平 3（ワ）第 5984 号判决，이상 서태환，同前书，第 130 页再引用］。

③ 大法院 2011 年 7 月 28 日宣告 2009Da75178 判决（在上面判决的下级首尔高等法院 2009 年 8 月 20 日宣告 2008Na119134 判决中，被告公司主张实际上制造、销售的产品的表面活性剂含量为 45%，而不属于专利发明请求范围中的表面活性剂含量范围在 5% ～ 40%。法院认为，该商品并不一定要在职务发明的技术范围内，即禁止其他竞争公司实施对于替代产品的销售存在贡献的话，能够将此评价为雇主基于职务发明取得的利益，因此驳回了被告公司的主张）。

要替代品，因此可以认定职务发明在一定程度上对被告产品销售的增加产生了影响"，进而认可了补偿金的支付义务。[①] 虽然被告没有直接实施职务发明，但考虑到以职务发明为基础促进了技术发展而制造了产品，因此认定了补偿金的支付义务。[②] "与被告以何种形式实施该实用新型或者是否实施无关，因为没有能够认定由于保有职务发明而能够获得利益的资料"，所以该案例[③] 否认了雇主能够获得利益。[④] 考虑到即使雇主实施了职务发明，也只有在获得超越普通实施许可的超额利润时才被视为计算补偿金的基础[⑤]，因此不能仅仅因为雇主保有职务发明或专利而当然地认为取得了独占性、排他性权利。[⑥]

即使雇主没有实施职务发明但据此禁止竞争公司实施，进而增加或可能增加公司的销售额，仅限于基于职务发明取得独占性、排他性的利益，可以将该替代商品的销售增加部分或许可其他竞争公司的预想使用费用作为计算补偿金的基础。[⑦]

---

① 首尔高等法院 2014 年 7 月 17 日宣告 2013Na2016228 判决（上诉中）（职务发明未实施的因素仅作为计算独占权贡献率的考虑因素）。

② 水原地方法院 2014 年 8 月 6 日宣告 2013GaHab9003 判决（抗诉中调解成立）。

③ 首尔高等法院 2013 年 1 月 10 日宣告 2011Na100994 判决（确定）。

④ 一方面，日本判例中有案例认为，职务发明承继之后雇主放弃该发明并不影响其向雇员支付合理补偿额的义务［知财高裁平成18（2006）.11.21.平17（ネ）第10125号判决；知财高裁平成21（2009）.6.25.平19（ネ）第10056号判决］。也有案例认为由于雇主能否将专利注册以及市场价值的不确定性，即使承继了职务发明也没有获得现实利益时（雇主没有实施职务发明，并且没有能够证明由于职务发明而获利的证据时），令其支付补偿是不合理的［大阪地裁平成19（2007）.7.26.平18（ワ）第7073号判决；知财高裁平成20（2008）.5.30.平19（ネ）第10077号判决］（조영선，同前书，第265页再引用）。

⑤ 윤선희，앞의 "발명진흥법 제15조제3항에 있어서의 직무발명 보상금 산정 요소에 대한 연구"，第131页（即使实施了职务发明，但雇主没有因此获得独占性利益的话，雇员也无法获得相当的实施补偿）。同样的，首尔中央地方法院 2010 年 10 月 28 日宣告 2010GaHab9097 判决（确定）（在被告销售数量方面，该案件适用职务发明的产品所占的比率与之前使用的夹具连接方式相比低很多。并且与该案件的职务发明相比夹具连接方式在曝光次数方面也没有显著的效果。综合考虑，被告实施本案职务发明未能取得相当的利益，因此否认了原告要求被告职务发明补偿金的义务）。

⑥ 有的见解认为雇主主张并能够证明在职务发明承继之后由于市场变化导致实施获得的利益低于成本时，可以免除相应程度的补偿金（조영선，同前书，第265页）。雇主不实施职务发明（或实施发明时），作为职务发明补偿金计算基础的排他性、独占性利益的证明责任一般归属于雇员。

⑦ 同样的，首尔高等法院 2012 年 3 月 29 日宣告 2011Na21855 判决（确定）认为"虽然被告实施了本案件中的第一专利，但是无法认为基于此产生了利益。半导体制造时的薄膜沉积工艺相关的第二专利即使能够在被告销售的尤里卡装置（半导体制造装备）中适用，但是没有证据认为被告作为使用尤里卡装置制造半导体的业者而收取了第二专利的使用费。为了认定被告由于保有该案的第二专利而获得销售尤里卡装置的独占性利益，第二专利必须能够适用在被告的尤里卡装置中，并且要证明被告没有请求使用费或比起其他薄膜沉淀工艺相比应用第二专利更为有利等情况。如果没有证据证明这种情况，那么则不能认定被告由于保有该案件中的第二专利而在尤里卡装置的销售中取得了独占性利益"。

六、具体的计算方法

由于雇主无偿地享有职务发明的普通实施许可，所以原则上来讲专利权承继取得时的全部价值减去普通实施许可的价值是雇主将获得的利益额。由于计算以上雇主的利益非常困难，所以要考虑雇主的销售额、营业利润、专利权使用费、专利权转让费等各种因素来计算出雇主独占地、排他地保有该专利权而获得的利益。[①]

法院认为过去职务发明补偿金的具体计算方法并不适合，要综合考虑各种情况后决定职务发明补偿金的数额才是正当的。[②]最近也有采用以下方法来计算雇主的销售额、职务发明的独占性贡献度等具体事项。

在具体计算雇主取得利益时，分以下情况进行讨论：（1）雇主自己实施承继的职务发明，而不允许第三人实施的情形；（2）雇主自己不直接实施职务发明，只允许第三人实施的情形；（3）雇主不仅自己实施，也允许第三人实施的情形；（4）雇主自己不实施，也不允许第三人实施的情形。

（一）只有雇主实施职务发明的情形

只有雇主实施职务发明而不允许第三人实施时，计算雇主获得的利润额的方式有两种：（1）以假设雇主允许第三人实施职务发明时获得的使用费来计算（假想使用费计算方式）；（2）超过雇主基于普通实施许可可以获得的销售额的部分，即如果允许第三人实施时与预测减少的销售额相比较超出的销售额（超出销售额[③]）为基准计算（超出销售额计算方式）。对于前者，预测雇主允许第三人实施职务发明时第三人的销售额[④]乘以一般实施费率（或假想实施费率）来计算使用

---

① 首尔高等法院 2007 年 8 月 21 日宣告 2006Na89086 判决（确定）。

② 首尔中央地方法院 2006 年 8 月 25 日宣告 2005GaHab68566 判决；首尔北部地方法院 2003 年 7 月 3 日宣告 2002GaHab3727 判决。

③ 判例中也有案例以雇主的全部销售额为基准计算雇主利益的。在此种计算情形下，将雇主基于一般实施权获得的销售额包含在内，对于雇员的补偿金存在计算过大的问题。但通说认为以雇主销售额中基于职务发明权利承继获得的另外的销售额（超出销售额）为基准进行计算。

④ 雇主可以销售一般实施权的商品，但可以预见到存在竞争第三人时会造成目前的销售额下滑。首尔中央地方法院 2010 年 6 月 17 日宣告 2009GaHab87404 判决认为"在被告公司销售上涨期间，考虑到作为被告公司主要供应商的弱势公司都是供应商品的唯一业者，被告公司允许第三人实施专利发明的情况下，第三人能够增长的销售额不超过原告增加的销售额的1/3"。另外，有日本判例认为"雇主自行实施时，占销售额的1/2的产品视为竞争公司销售的。如果是禁止专利发明实施的情况，销售额最少也不得低于自行实施的1/2"［東京地裁平成 16（2004）. 1. 30. 平 13（ワ）第 17772 号判决；윤선희，앞의 "발명진흥법 제 15 조 제 3 항에 있어서의 직무발명 보상금 산정 요소에 대한 연구"，第 131—132 页再引用］。

费的金额。对于后者，计算出雇主销售额中由于职务发明独占性的销售额后，乘以雇主的利润率计算出雇主的利润额。

　　法院主要以原告（雇员）主张的"雇主的超出销售额〔雇主的总销售额 ×（职务发明只在产品的一部分中产生贡献时职务发明的贡献度①）〕× 独占权贡献率②③ × 使用费率"来计算雇主将获得的利益。④计算超出销售的方法，可以根据上面（2）计算。由于雇员证明雇主的利润率十分困难，所以在比雇主利润率低的一般实施费率的范围内提出的请求，法院根据主张和证明责任得以认定。⑤

　　同时，在日本主张不以一般实施费率（或假想实施费率）而以雇主的利润率为基础计算补偿金额。⑥超出销售额计算方式按照（2）计算时，如果能够证明雇主的利润率，将以此为基础计算雇主取得的利润率。只有无法充分证明时才适用一般实施费率（或假想实施费率）。⑦

　　（二）雇主不实施职务发明，只允许第三人实施的情形

　　承继职务发明的雇主自己不实施职务发明而允许第三人实施时，据此产生的使用费等收益⑧都属于雇主基于职务发明获得的超出收益，这是因为允许实施本身是

---

　　①　但是，职务发明的贡献度计算方法，并不是一定要将与职务发明相关的配件的个数或比重等数值化后来计算职务发明在销售额中的贡献度，而是要采用能够反映出综合考虑了使用费率和独占权贡献度的方法。首尔高等法院 2014 年 3 月 20 日宣告 2013Na34640 判决（确定）。

　　②　根据判例，关于因职务发明获得的独占性利益在全部销售额中所占比率，使用了"独占权贡献率"或"超出销售的比率"（首尔高等法院 2014 年 4 月 24 日宣告 2012Na53644 判决）等用语。也有判决认为也包括职务发明贡献度（首尔高等法院 2014 年 3 月 20 日宣告 2013Na34640 判决）。

　　③　判例一般会综合考虑市场规模和动向、雇主是否实施、销售增加的期间和销售额、是否存在竞争商品和代替技术、职务发明的技术性价值、是否存在专利无效事由、广告、销售策略等外在因素的影响来判断独占权贡献率（首尔高等法院 2014 年 3 月 20 日宣告 2013Na34640 判决；首尔高等法院 2014 年 7 月 17 日宣告 2013Na2016228 判决；首尔中央地方法院 2015 年 2 月 6 日宣告 2013Ga-Hab92632 判决等）。另外，最近的日本判例中也有基于市场占有率计算独占销售额的案例〔東京地裁平成 25（2013）.12.13.24（ワ）第 2689 号判决等〕。

　　④　首尔高等法院 2009 年 8 月 20 日宣告 2008Na119134 判决（确定）；首尔高等法院 2014 年 4 月 24 日宣告 2012Na53644 判决（确定）等。

　　⑤　同时，假想实施费计算方法按照上面（1）的方式，除特殊情况外雇主的销售额中基于职务发明的超出销售额视为允许第三人实施时的销售额。最终两者计算结果相同。

　　⑥　조영선，同前书，第 261 页。

　　⑦　首尔高等法院 2013 年 1 月 10 日宣告 2011Na100994 判决（确定）考虑各种情况（职务发明的价值、一般实施费率等）后确定雇主的利润率来计算雇主将获得的利益。

　　⑧　雇主订立了职务发明的独占许可合同，作为对价雇主收取的合同金、许可费、定期使用费等尽管形式不同但都属于独占实施费的费用。与此不同，独占实施费和放弃市场的对价是相互区分的，放弃市场的对价是与本案无关的利益（首尔北部地方法院 2003 年 7 月 3 日宣告 2002GaHab3727 判决）。

会带来职务发明排他性权利的行为。①

　　法院主要将雇主基于实施许可获得的使用费等对价，计算为基于职务发明所获得的利益。以上收益中考虑到职务发明贡献度，计算出与职务发明具有相当因果关系的利益额，即使用费等收益 × 职务发明的贡献度（独占权贡献率）。雇主基于实施许可而获得的实施费等对价，包括现在已经得到的对价和到未来实施合同终止为止推定的对价。合同期间结束后，如果还有使用费收入、预测收入和雇主将获得的利益也全部包含在内。②在使用费收入中，在为签订合同而花费的费用等是否应该扣除的问题上，有的下级法院判决③对此给予了肯定。

　　另外，只有与职务发明有关的使用费收入才会成为计算补偿金的对象，因此实施许可合同以职务发明之外的其他发明为对象时，使用费收入中与职务发明相关的部分，即要计算出职务发明贡献的收入。④实务上，相互实施许可（cross-license）、概括性实施许可（package license）、专利池（patent pool）中⑤包含的专利就成了问题。

　　相互实施许可合同包括职务发明时，即使没有现实金钱往来，但由于该合同包含职务发明，因此雇主获得的利益属于基于职务发明取得的利益。在日本，基于相互实施许可产生的相互支付的使用费可以互相抵消。有观点认为对方必须要支付的使用费应视为雇主将取得的利益（相抵说）。还有学者认为由于相互实施许可才使对方的专利发明得以实施，因此他们主张以雇主由于实施生产出的产品为

---

　　① 윤선희，앞의 "발명진흥법 제 15 조 제 3 항에 있어서의 직무발명 보상금 산정 요소에 대한 연구"，第 137 页。

　　② 以最近 1 年产生的使用费收入为基础，之后作为专利使用费收取对象的 DVD 相关产品（播放器和光盘）在世界的销售会逐渐减少，因此每 1 年的专利费收入也在减少。以每年 5% 左右的减少率，计算至专利权结束之日的专利使用费收入，该案例源自首尔南部地方法院 2006 年 10 月 20 日宣告 2004GaHab3995 判决（抗诉中调解成立）。

　　③ 首尔中央地方法院 2012 年 11 月 23 日宣告 2010GaHab41527 判决（抗诉中强制调解，包含专利池的案件）。另外，日本下级法院判决〔大阪地裁平成 17（2005）．9．26．平 16（ワ）第 10584 号判决〕认为，以实施合同订立、变更、管理的费用和为了开发合同中的技术研究、开发费作为判断企业贡献度的要素，德国的 "民间企业雇员发明补偿的相关指导" 中以实施费收入中扣除实施合同订立、维持等费用为基准计算补偿金（윤선희，앞의 "발명진흥법 제 15 조 제 3 항에 있어서의 직무발명 보상금 산정 요소에 대한 연구"，第 137 页）。

　　④ 考虑到合同缔结当时和现在各专利注册与否、实施与否等情况，雇主缔结的独占使用权合同和专利权转让合同产生的收益中，作为对象的两个专利中与职务发明的专利比例认定为 70%，首尔南部地方法院 2012 年 12 月 21 日宣告 2010GaHab16664 判决（确定）。

　　⑤ 专利池是多数专利权人允许互相实施或允许第三人实施自己的专利而组成，或者指许可多数专利使用的协定（구대환，"특허풀의 결성과 운영"，저스티스 제 109 호，2009 년，第 192 页）。

基准计算将获得的利益（免除说）。①

订立包含职务发明的概括性实施许可合同时，在使用费收入中要计算出职务发明专利贡献的部分。职务发明专利在：（1）实施权交涉过程中一方将价值评估得很高而提出专利（提出专利）；（2）对方由于产品的违反性或技术价值而在协商过程中认定的专利（代表专利）；（3）对方正在实施专利的情况下能够认定相应的贡献度。如果不属于这样的情形，计算贡献度并不容易。②

由于专利池具有多样的形态，按照每个案件的使用费收入、职务发明的贡献度等判断雇主将会获得的利益。为了国际标准化，在一般的专利池下以该职务发明专利在专利池中注册期间已经获得或将要获得的使用费收入为基础计算。③

（三）雇主将职务发明相关权利转让给第三人的情形

雇主向第三人转让职务发明相关权利时，转让费视为雇主因职务发明获得的利益。④ 雇主将职务发明转让给第三人时，能否以雇主获得的利益为基准计算补偿金额成为问题。大法院 2010 年 11 月 11 日宣告 2010Da26769 判决⑤认为，雇主将职务发明转让给第三人后无法再据此取得利益，而且职务发明的受让人由于实施该职务发明视为取得的利益会因为受让人所处的情形发生一定的变化，因此将受让人的利益视为雇主要支付的职务发明补偿金的考虑因素是不合理的。判决指出，在雇主转让职务发明的情形下，除特别情况外，补偿金参照转让费和至转让时为止的雇主获利来计算。⑥ 判决中的只参照"至转让时为止雇主的获利"来计算职务发

---

① 윤선희，앞의 "발명진흥법 제 15 조 제 3 항에 있어서의 직무발명 보상금 산정 요소에 대한 연구"，第 138—139 页。

② 윤선희，앞의 "발명진흥법 제 15 조 제 3 항에 있어서의 직무발명 보상금 산정 요소에 대한 연구"，第 139 页（日本有判例认为，如果不是代表专利的情形，实质上无法缔结专利许可合同，因此雇主没有获得利益。也有案例认为专利许可合同缔结当时对于对方告知发明实施过的事实，即使没有提出代表专利也要按照代表专利的贡献度判断。还有的案例中，对于不是代表专利或提示专利的专利，认定其贡献度为 5%。全部概括性技术交流合同中扣除的 2 万件专利中只有 28 件专利将全部使用费的 0.007% 视作独占利益）。

③ 首尔南部地方法院 2006 年 10 月 20 日宣告 2004GaHab3995 判决（原告主张从没有缔结专利池或专利许可合同的人得到了使用费收入，对此无法认可从没有缔结专利许可合同的生产者处直接获得使用费收入，法院因此否定了该主张）。

④ 如果专利权转让给第三人时，有在转让费中除去法定实施权的费用以余下的额数作为基准的见解（조영선，同前书，第 257 页），但存在与允许第三人实施专利时的实施费收入是否要区别的疑问。

⑤ 该案例是原告将职务发明转让给雇主的关联公司（雇主另设公司）时，存在受让人与该公司间最少职务发明补偿金是根据权利转让支付的转让费的默示约定。

⑥ 另外，首尔高等法院 2008 年 04 月 10 日宣告 2007Na15716 判决（确定），在雇主将职务发明相关的营业资产概括性转让给共同被告的案件中，考虑到雇主的职务发明规定、概括转让合同的内容，共同被告在受让中对于雇主的职务发明补偿金债务是免责的。根据原告的请求，依照共同被告取得的使用费收入而非转让费为基础计算了补偿金。

明补偿金，可以理解为在职务发明转让的情形下仅以雇主实际获得的利益为基准，但是当雇主以极低的价格转让职务发明时会产生无法充分保护雇员利益的问题。[①] 如果将雇主在转让职务发明之后受让人基于职务发明所取得的利益计算在内，由于雇主无法取得受让人的获利，所以让雇主对此支付对价是不合理的。因此除了转让费以外，其他转让后受让人产生的销售额不计算在雇主获得的利益中。同时，职务发明的转让费严重低于其客观价值时，雇员要具体地证明雇主如果实施了职务发明受让人可以获得的利益数额，可以主张职务发明承继当时能够合理预测的雇主获得的利益超过了转让费。

（四）雇主和第三人同时实施职务发明的情形

雇主和第三人均实施职务发明时，使用费收入之外由于自己实施取得的超额利润在计算补偿金时是否包含在内成了问题。该问题与允许第三人实施造成雇主在何种程度上丧失独占地位的判断相关。[②]

通过开放性专利许可政策[③]，许多第三人可以实施该专利，即使雇主自己实施也无法视为拥有独占地位，此时自行实施的收入不包含在雇主获得的排他性利益范围内。与此不同，在地域、对象、数量等方面加以制约的限制性专利许可政策[④]下，雇主仍有很大可能享有独占性、排他性地位。[⑤]

下级法院判决中计算正当补偿金的数额时，被告（雇主）基于职务发明获得的利益（实施职务发明的被告产品的销售额 × 使用费率 × 职务发明的贡献度），乘以发明人补偿率（乃至被告的贡献度）和雇员的贡献度（多数发明人的情况则为该雇员的贡献度）计算出补偿金数额。原告主张的被告与第三人订立的是交叉许可合同要将收益包含在内，被告超越普通实施许可人作为职务发明的管理人获得的利益应按照以上方式计算。由于被告实际上没有再从第三人处获得金钱利益，因此法院驳回了原告的主张。[⑥]

---

① 송재섭, "직무발명의 양도에 따른 직무발명 보상금 채무의 부담", 법률신문 2011. 11. 24. 자 판례평석.

② 首尔高等法院 2007 年 8 月 21 日宣告 2006Na89086 判决（确定）是被告公司在保有职务发明专利权期间订立了交货合同，之后将包含该专利权的财产转让给第三人的案件。该案件中，认定了以转让费为基准计算补偿金的请求。但存在该交货合同的总额是基于该案件中专利权的独占性、排他性效力，还是一般实施权的效力，抑或是两者并存时各自所占部分有多少等问题，原告未能证明因此驳回了其以此为基础计算补偿金的请求。

③ 无论是谁只要支付了合理的使用费率，即可获得该专利的实施许可的政策。

④ 只针对特定当事人，或在地域、对象、数量等方面有条件限制才能获得专利的实施许可的政策。

⑤ 정상조·박성수 공편, 同前书, 第 473 页; 조영선, 同前书, 第 266 页。

⑥ 水原地方法院 2010 年 11 月 4 日宣告 2009GaHab2746 判决（确定）。

另外，在日本下级法院判决中①，雇主自己实施职务发明的同时允许其他公司实施的情形下，对于自行实施是否产生超额利润需要综合考虑以下事项作出判断：（1）对于该专利雇主采取的是开放性专利许可政策还是限制性专利许可政策；（2）没有得到该专利实施许可的竞争公司所使用的替代技术与该专利发明在使用效果等方面是否具有技术上、经济上的显著差异；（3）订立概括性专利许可合同或概括性交叉许可合同的对方当事人是否在实施该专利发明或没有实施时是否实施了替代技术；（4）雇主除了实施该专利发明之外，是否同时或在其他时期实施了其他替代技术。

（五）雇主不实施职务发明，也不允许第三人实施的情况（放弃专利的情形）

雇主不实施该职务发明也不允许第三人实施的情形下，雇主使竞争公司也无法使用该职务发明，继而取得了独占性利益。因此替代商品的销售增加，该利益视为雇主的利益。②雇主因实施替代技术或者使竞争公司无法实施职务发明而被认定取得独占性利益时，采用与雇主自行实施时相同的计算方法来计算雇主将取得的利益。③

第三节　雇主与雇员对发明完成的贡献度

大法院裁判研究官（部长法官）　朴泰一（박태일，Taeil Park）

一、意义

1961 年 12 月 31 日以法律第 950 号制定的、在 1973 年 2 月 8 日以法律第 2505 号进行全部修订之前，在旧韩国《特许法》第 16 条第 2 款中，关于职务发明补偿金计算要素的规定是考虑"雇主基于该发明可取得利益"的数量；1973 年 2 月 8 日以法律第 2505 号对该法进行全部修改后，1990 年 1 月 13 日法律第 4207 号全部修订之前，旧韩国《特许法》第 18 条第 2 款对此的规定是基于"雇

① 知财高裁平成 22（2010）.8.19.平 20（ネ）第 10082 号判决（驳回了雇主主张的选择了开放性专利许可政策。即使采取了淡出的开放性专利许可政策或存在与专利发明相类似的代替技术，仅以此无法否定雇主由于自行实施而获得了超出利益）；东京地裁平成 19（2007）.1.30.平 15（ワ）第 23981 号判决（采取了开放性专利许可政策，考虑到雇主适用了替代技术而否定了雇主由于自行实施获得了超额利润）。

② 大法院 2011 年 7 月 28 日宣告 2009Da75178 判决。

③ 首尔高等法院 2014 年 7 月 17 日宣告 2013Na2016228 判决（上诉中）；首尔中央地方法院 2015 年 2 月 6 日宣告 2013GaHab92632 判决（抗诉中）等。

主基于该发明获得的利益以及雇主等对完成此发明作出的贡献程度"；1990 年 1 月 13 日法律第 4207 号全部修订之后，2001 年 2 月 3 日法律第 6411 号修订前，旧韩国《特许法》第 40 条第 2 款与此前相同，之后，2001 年 2 月 3 日法律第 6411 号改正后，2006 年 3 月 3 日法律第 7869 号改正前，旧韩国《特许法》第 40 条第 2 款对此作出以下规定，即职务发明补偿金的计算要考虑"基于此发明，雇主等获得的利益以及雇主与雇员对该发明完成的贡献度"。由此可见，"雇主所得利益"以及"基于这个发明的完成，雇主和雇员的贡献程度"成为职务发明补偿金计算的考虑要素。之后，有关职务发明的规定都在《发明振兴法》中进行统一规定，强调了职务发明补偿的程序上的正当性，为了计算正当的补偿金，以上两个计算要素都必须考虑（通过 2006 年 3 月 3 日法律第 7869 号修订的《发明振兴法》第 13 条第 3 款，通过 2007 年 4 月 11 日法律第 8357 号全部修订的《发明振兴法》第 15 条第 3 款，通过 2013 年 7 月 30 日法律第 11960 号修订的《发明振兴法》第 15 条第 6 款）。[①]

韩国法上将"雇主所得利益"与"雇主和雇员对发明完成的贡献度"二者认定为职务发明补偿金的计算要素。但在实务上，在雇主可获得利益的计算完成之后，再根据贡献度给雇主和雇员进行分配。大部分判例在判断雇主或者雇员的贡献时，都采取按当事人贡献度分配的形式。[②] 由此得出了"1- 雇主贡献度"的方式来计算雇员的贡献度，通常称之为发明人补偿率。[③] 另外，在共同发明的情况下，要体现共同发明人其中一人即原告的贡献程度时，就通过补偿金＝雇主因职务发明获得的利益 × 发明人补偿率（1- 雇主贡献度）× 发明人个人（原告）的贡献度（共同发明的情况）的方式来计算，由此也确定了职务发明补偿金计算在实务上的一

[①] 另外，关于职务发明补偿的成文法规定，在 2001 年 2 月 3 日修订法时删除了"应当考虑雇员出示的正当解决方法"这一内容。但是在为了确立发明和技术革新的正当的补偿体系，促进新技术开发与提高国家产业经济力，以及提升雇员、研究员的研究开发欲望的主旨上，有"关于补偿金支付标准的必要问题依照大统领令以及相关条例来决定"的规定，为了建构职务发明补偿体系，在《专利法实施条例》中规定了可以作为制定补偿金支付标准的内容。虽然有这种立法，但是相关大统领令和相关条例的制定并没有继续下去，在个人自治领域内就会体现出政府过多干预的忧患。对此，在 2006 年 3 月 3 日《发明振兴法》修订之前，可以认为职务发明补偿是没有合理基准的，而是回避政府直接干预，将其交由民间自律性地根据合理的程序决定补偿金额以及补偿的形态。以上内容参照윤선희，"판례에서본직무발명제도"，직무발명과특허권학술 SEMINAR，주최한국지적재산권학회（2005. 12. 15.），第 8—9 页。

[②] 윤선희，"직무발명보상금산정기준에대한연구"，산업재산권（제 36 호），한국산업재산권법학회（2011），第 114 页。

[③] 강영수，《직무발명보상금》，정보법판례백선（Ⅰ），박영사（2006），第 153 页。

般标准。[①] 最终,《发明振兴法》上的"雇主和雇员对发明完成的贡献度"被分为单独发明的情况中的"发明人补偿率"以及共同发明的情况中的"发明人补偿率"和"原告贡献率"来具体分析评价。[②]

二、计算应考虑的要素

(一)雇主的贡献度

1.在发明完成过程中的贡献

根据法律条文,可以将雇主对职务发明的贡献程度分为以下几点来理解,即雇主所提供的研究开发费、研究设施费、材料、补贴等。[③] 这也可以视为是雇主基于人力物力上贡献的表现。本质上,职务发明大部分是靠雇员利用雇主所提供的人力物力上的资源来实现的,尤其是高精尖技术的开发对这些资源的依存度更大,所以对于与此相关的职务发明来说,更有必要考虑雇主作出贡献的程度。[④]

在特定领域内,为了解决技术上的难题,雇主作出的努力是十分巨大的。雇主通过长时间的资金和人员投入获得研究成果之后,雇员利用在此背景下积累的技术力量或者营业秘密来实现发明,可以相对地看作雇主为此付出了大量的费用和人员投入,所以对于雇主的贡献度应当进行较高认定。[⑤] 但是雇主只是在发明基本完成阶段提供了少量辅助人员,可认为雇主对发明的贡献度较低。[⑥] 在判定发明补偿率低于 3% 的首尔南部地方法院 2006 年 10 月 20 日宣告 2004Ga-Hab3995、2005GaHab702(合并)、2005GaHab16882(合并)判决以及首尔中央地方法院 2005 年 11 月 17 日宣告 35286,2004GaHab79453(参加)判决中,都是将相同的对象作为被告,请求相似技术领域内的职务发明补偿的案件,只是原告和参加人有所不同。以上两法院都认为"这是有关专利发明的案件,是被告多年间投入研究开发费用进行运营的项目",考虑到这一点,被告对该专利发明

① 이두형,《직무발명 보상에 관한 우리나라의 판례 분석》, 직무발명보상제도 활성화를 위한 2012 직무발명 국제심포지움, 주최 특허청, 주관 한국발명진흥회 . 지식재산포럼(2012.11.26), 第 48 页。

② 김범희,《직무발명에 대한 권리를 승계한 회사가 자기실시하는 경우의 직무발명보상금 산정방법》, 판례연구 [제 22 집(2)], 서울지방변호사회(2008), 第 218 页脚注 36。

③ 吉藤幸朔著, 熊谷健一補訂, YOU ME 특허법률사무소譯, 特許法概説(第 13 版), 대광서림(2000), 第 277 页。

④ 정상조和박성수共同編輯(조영선部分参与), 특허법 주해 I, 영사(2010), 第 474 页。

⑤ 윤선희, 同前论文, 第 116—117 页。

⑥ 윤선희, 同前论文, 第 177 页。

的贡献程度超过 90%。①②③

除此之外，根据职务发明性质的不同，在判断贡献度时，对雇主的设备资金提供或者发明人的创造性贡献度的侧重点会不同，所以职务发明的技术性质也对贡献度的判断有着影响。④像是程序或者 BM（经营方法）专利等不需要特别的器材，就可以形成的软件技术，雇主的贡献度就会变低；像是组成物或者组成物的制作方法等没有研究费用或者研究器材帮助，就不可能完成的，雇主的贡献度就会变高。⑤

对于支付给发明人的工资，鉴于发明人也是劳动者，所以一般的工资中是否应该体现职务发明补偿金这一项要素，可以在之后进行讨论。⑥因为工资是劳动者劳动代价的体现，将职务发明的补偿计算在里面并不是一个正确的行为，所以韩国判例并不将其计算在工资内。⑦

发明完成前，不能将支付的工资视为雇主的特殊贡献，但是为了鼓励职务发明，给研究员或者相关的雇员比原来高的工资，也可以认为是雇主贡献度的反映。对此问题，需要与劳动法相结合进行深入讨论。

发明完成后，与一般劳动者相比有优待的部分可以视为下面文章中研究的"职务发明完成之后对于雇员的优待"这一部分，这可以视为雇主的贡献度。

2. 产品开发风险

企业会通过利用长期研究开发积累下的技术情报以及投入大量人力、物力来解

---

① 关于"发明完成后的事由"，在这个案件中，考虑到"被告将与 D—VCR 相关的本案专利发明进行修正补充，使其可以成为 DVD 标准专利后，重新进行了专利的申请和注册。并且与 4C 达成和议，将其作为 DVD 标准专利进行了注册。考虑到发明人与以上重新申请程序以及标准专利注册程序无关，被告的使用费收入也不是来自 D—VCR 而是来自 DVD 的生产和贩卖"等几点，所以认定被告的贡献度是 97%，发明人的贡献度是 3%。

② 在上述首尔南部地方法院的判决之后进行了 2006 나 115664 号的首尔高等法院的上诉审理。上述首尔中央地方法院判决之后进行了 2006 나 1376 号的首尔高等法院上诉审理。

③ 以上判例都是参照이두형前文第 55—56 页内容整理。

④ 최동배，《직무발명보상금과 종업원의 공헌도와의 관계 – 최근 하급심판결을 중심으로 -》，인권과 정의（第 414 号），대한변호사협회（2011），第 64 页。

⑤ 최동배，同前论文，第 64—65 页。

⑥ 이승길，"기업의 직무발명과 그 보상에 대한 연구"，노동법연구（2002 下半期第 13 号），서울대학교 노동법연구회（2002），第 280 页的脚注 135。

⑦ 박정삼，《직무발명보상금 청구 사건에 관한 검토 - 대상판결: 서울중앙지법 2005 年 11 月 17 日宣告 2004GaHab35286 判决 -》，LAW & TECHNOLOGY（第 2 권 제 1 호），서울대학교기술과법센터（2006），第 143 页。

决问题，但是得不到预期结果的情况也比比皆是，这种失败的责任会由企业承担，雇员并不负担。[1] 而如果在完全不考虑产品开发风险的情况下，不用直接负担开发失败风险的雇员就可以凭借自己是相关发明的发明人，凭借发明在技术上的价值获得雇主给予的补偿金，雇主则不能使成本和收益之间达到平衡，雇主的奖励刺激就会减少。雇主将成功率低下的技术性难题的开发战略包含在产业战略中的行为可以视为雇主贡献度判断的一个要素[2]，可以将其视作雇主所得利益计算的一种方式。即使有开发风险，雇主重视发明技术的价值而推广开发战略是雇主自己作出的决定，是包含在产业战略中能够体现雇主贡献度的行为，但是不能因为其一般情况不同，就根据成功率进行减额计算。[3]

作为参考，在与韩国法体系相似的日本就有着因为成功率进行减额，作为雇主获得利益进行考虑的判例[4]。受日亞化學工業（青色 LED）上诉案[5] 中要考虑雇主奖励刺激主旨的影响，对于雇主贡献度的计算倾向于考虑产品开发的风险。

最近在判断雇主贡献度的时候，强调产品开发风险的判例越来越受到瞩目。例如藤井合金製作所案件[6]、三省製藥案件[7]、NEC マシナリー案件[8]、三菱電機案件[9]、キャノン 1 審案件[10] 等。即使判决中没有明示开发风险，也不能无视这个要

---

[1] 정상조·박성수 공편（조영선 집필부분），同前书，第 474 页。

[2] 윤선희，《발명진흥법 제15조 제3항에 있어서의 직무발명 보상금 산정 요소에 대한연구》，저스티스（제129호），한국법학원（2012），第 154—155 页。

[3] 윤선희，同前论文，第 154 页的脚注 106。

[4] 三菱化學第一审案件［東京地判平 18 年 12 月 27 日平成 17（ワ）12576］，由于制药产业在产品开发上有着特殊构造，即开发新产品时需要很长的时间和巨大的费用投资。为了分散失败风险，制药厂常常会同时开发多个产品，其中如果能够成功一两个就可以收回失败产品的开发投资费用。考虑到这个问题，对超出利益的 90% 进行了减额。但是上诉审理（知财高判平 20 年 5 月 14 日判决）中认为以上的成功率不是独立的减额要素，而是作为雇主贡献度的判断要素来看，判定雇主的贡献度是90%。与以上相似的上诉审理判决中，雇主的贡献度是 90% 这个数值是一个平均数，即使没有成功率的问题也可以适用的数值，所以对实际上在上诉审理中是否进行了减额这一问题存在疑问（윤선희，同前文，109 页脚注 62）。

[5] 東京高判平 17 年 1 月 11 日和解建议（判例时报第 1879 号 141 页），认为雇主贡献度是95%。

[6] 大阪地判平 17 年 7 月 21 日判决（判例タイムズ第 1206 号 257 页），认为雇主贡献度是95%。

[7] 大阪地判平 17 年 9 月 26 日判决（判例タイムズ第 1205 号第 232 页），认为雇主贡献度是98%。

[8] 大阪地判平 18 年 3 月 23 日判决（判例时报第 1945 号第 112 页），认为雇主贡献度是 95%。

[9] 東京地判平 18 年 6 月 8 日判决（判例时报第 1966 号第 102 页），认为雇主贡献度是 95%。

[10] 東京地判平 19 年 1 月 30 日判决（判例时报第 1971 号第 3 页），认为雇主贡献度是 97%。

素去判断雇主的贡献度。①②

3. 发明完成后的计算

（1）反映与否。《发明振兴法》第15条第6款"发明的完成"中规定了要考虑雇主和雇员的贡献度，在发明完成后权利化的过程和发明事业化过程中的贡献度要包含在雇主的贡献度中。这一解说可能会引起混乱③，但实际判例中并没有将发明完成后的情况排除在雇主贡献度之外。④

雇主因职务发明所获得的利益要在事业化之后进行计算。相反，雇主的贡献度在事业化之前的发明完成阶段进行计算，这明显是不均衡的。对于雇主因发明获得利益的贡献情况，即将发明进行权利化，在独占使用或者缔结授权合约等情况中反映出雇主的贡献度等观念是公平合理的。⑤

与此相关，日本《特许法》在2004年将第35条第4款要考虑"雇主对于发明成功的贡献度"改为了第35条第5款考虑"雇主的负担和贡献以及雇员的待遇等"。这比起还要考虑发明完成之后的情况来说要更加明确。⑥像这样既包含了产业合意

---

① 윤선희，同前文，第122—123页。前文提及的三菱化学第一审［東京地判平18年12月27日平成17（ワ）12576］中只认定了雇主贡献度是75%，根据成功率进行了减额，将其包含在使用者贡献度中的话，雇主贡献度实际是97.5%。

② 另外，日本对于在计算雇主贡献度的时候考虑产品开发风险的行为也存在批判性的见解［帖佐隆，《判例評釈／三省製薬事件（職務発明の対価請求事件）—大阪地裁平成17年9月26日判决、平成16年（ワ）第10584号》，比較文化年報（17輯），2008，第26—27页］。

③ 与此相关윤선희在《직무발명에 있어서의 보상제도》，법조（제54권제11호），법조협회（2005），第44页中写道，在专利权继承之后，计算作为雇主实际获得使用费以及作为雇主等因发明获得利益的应得代价时，在考虑雇主等的贡献度时，除了考虑对于发明成功的贡献度外，雇主等对因发明得到的利益中的贡献度也包含在内，这种分析是较为正确的。

④ 윤선희，《발명진흥법제15조제3항에 있어서의직무발명보상금산정요소에대한연구》，第142页。

⑤ 竹田和彦著，김관식·김동엽·오세준·이두희·임동우譯，特許의知識（第8版），에이제이디자인기획（2011），第400—401页中介绍了相关的日本案例，例如광디스크案件，東京地判平14年11月29日判决（判例タイムズ第1111호1면），氮磁铁（日立金属）一审案件 東京地判平15年8月29日判决。另外질소자석上诉审東京高判平16年4月27日判决（判例時報第1872号第95页）表明，因职务发明雇员获得的一切晋升晋级等人事上的特别优待都要考虑在特殊情况中。但是青色LED一审案件東京地判平16年1月30日判决（判例タイムズ제1150호130면）中表明，雇主的贡献度是指发明完成时在人力物力的层面进行客观判断，这里的贡献不是指主观上根据雇主的规模考虑可以负担的程度。尤其是发明成功之后被告公司在专利复议上的努力以及为了事业化的努力，这都不是可以作为贡献度计算的考虑因素。以上内容参考竹田和彦著，김관식·김동엽·오세준·이두희·임동우譯，同前书，第401—402页。

⑥ 김훈건，《종업원의 특허를 받을 수 있는 권리의 묵시적 이전에 관한 소고 - 대법원 2010.11.11. 선고 2010 다 26769 판결 및 대법원 2013. 5. 24. 선고 2011 다 57548 판결을 중심으로 -》，창작과권리（제75호），세창출판사（2014），第39页。

又明确规定了发明人的待遇是日本判例判决的通常结果。[①] 笔者认为，韩国也需要这种完备的立法。

（2）具体要素。①职务发明需经过申请才能实现权利化，雇员以外的人或者专利部门一起制成明细表，或者为了应对国外的拒绝事由或异议申请，雇主的专利部门或者研究部门中的相关人员提出或制定意见书或者补充方案。为了职务发明人可以取得专利权，雇主作出了很多努力、投入了很长时间以及费用，对于雇主的贡献度计算就可以相对提高。[②] 特别是通过权利化，雇主可以取得实施费用还可以独自占有使用，所以对于雇主在权利化上作出的贡献可以进行高度评价。[③]

②职务发明在事业化的过程中可以获得什么样的收益要通过直接使用或者他人的使用才能得出来。在这种过程中，因为雇主使用能力或者授权交涉能力的差异可能会使收益的规模变得不同，所以这点原则上也认为是雇主的贡献度。[④] 特别是医药发明，雇主想要实际上获得利益，在专利申请之后还要为产品的商业化进行后续的研究。因此即使是职务发明已完成，距其实际销售还要经过很长的时间，在此期间里又需要投入很多费用，所以对此可以高度认定雇主的贡献度。[⑤]

③职务发明完成后雇员的待遇。因为发明而得到升迁的情况，比起普通职员增加的收入可以认为是已经支付的部分。但是日本的判例[⑥]并没有表明发明与升迁有明确的关联关系。在升迁与没有升迁之间的差额并不计算为补偿金额，而是认定为雇主的贡献度。[⑦] 比起生产销售部门，企业中的研究部门享受特别待遇这件事不能认为是没有必要的，反倒是只对完成发明的雇员进行优待的话会有失公平。研究部门的待遇与一般部门有差距也体现了雇主的贡献度。[⑧]

（二）雇员贡献度的要素

1. 发明完成过程中的贡献

（1）雇员的职务内容。雇员对于职务发明的贡献度可以认为是其对于发明的完成所贡献的创造性努力的多少。[⑨] 判断雇员贡献度的时候首先考虑雇员的职务内

---

① 竹田和彦著，김관식·김동엽·오세준·이두희·임동우譯，同前书，第409—410页。

② 윤선희，"직무발명 보상금 산정기준에 대한 연구"，第119页。

③ 윤선희，同前论文，第119页。

④ 윤선희，同前论文，第119页。

⑤ 최동배，同前论文，第65—66页。

⑥ 氯磁铁上诉案 東京高判平16.4.27.判决（判例时报第1872号第95页）。

⑦ 윤선희，同前论文，第120页。

⑧ 윤선희，同前论文，第120页。

⑨ 이승길，同前论文，第278页。

容，即此雇员是否处在完成职务发明的职位上。如果雇员在进入公司之后才开始从事与发明相关的业务，并且在公司学习相关的业务以及接受相关教育，那雇员的贡献程度就比雇主要低。[①] 相反地，例如在对雇员完成发明这个业务期待值很低的情况下，雇员的独立研究能力能够被肯定，那么此时雇员的贡献度就可以得到较高的评价。[②]

韩国判例水原地方法院 2010 年 6 月 25 日宣告 2009GaDan56852 判决中认定了较高的 50% 的发明人补偿率。案件中发明人并不是研究所所属的雇员而是维护设施和运营停车场的职员，他们主导进行了计划开发的停车清算程序。判决认为，被告在此发明上并没有给原告相关的研究费用，也没有提供与其他员工相异的特别设施。因此综合考虑发明的开发过程，被告的贡献度不超过原告认定的 50%。[③]

（2）发明的契机。发明的契机也是雇员贡献度计算的一个重要要素。如果作为发明契机的研究课题的选定是雇员独自进行的，那么雇员的贡献度可以被评价为较高。但是雇主计划主导了研究的进行或者根据雇主的申请实现了研究，那么雇员的贡献度就会被评价为较低。[④] 另外虽然是雇主选择的研究课题，但如果是为了使用现有雇员的经验和技术，则应当认定这个研究课题是雇员计划决定的。[⑤]

（3）发明完成的过程。发明完成的过程也是一个基本的考虑要素。根据以上发明的完成过程中雇主贡献度要素评价，相对来说雇主的贡献度评价得很高，雇员的贡献度就会变低，反之亦然。

职务发明的完成过程不是雇主提供的研究经费和研究器材的附属产物，而是根据发明人个人的能力和独创性的想法进行的，那么雇员的贡献度会提高。[⑥] 例如相关发明一直是产业界必需的，或者在实验的水准上有成果但是还无法实现事业化的情况下，如果雇员能够解决这个问题，那么其贡献度会被高度评价。[⑦] 相反地，如果是通过提供大量研究器材附属产生的发明，利用雇主积累的发明或研究经验、核心技术等产生的发明，与雇主其他雇员合力完成的发明，雇员的贡献度就会被评价得较低。[⑧]

[①] 윤선희，同前论文，第 115 页。

[②] 윤선희，同前论文，第 115 页。

[③] 以上判决后又进行了上诉，水原地方法院 2010 年 19560 号，在上诉审理中双方达成和解。

[④] 최동배，同前论文，第 65 页。

[⑤] 최동배，同前论文，第 64 页。以上论文用以下内容进行举例，若原来从事进口钻石和贵金属的贸易公司为了利用其雇员积累下的经验和核心技术来拓展业务的话，这可以看作提高雇员贡献度的要素。

[⑥] 최동배，同前论文，第 65 页。

[⑦] 윤선희，同前论文，第 117 页。

[⑧] 최동배，同前论文，第 65 页。

2. 发明完成后的问题

对雇主的贡献度判断不仅要考虑发明完成过程中的贡献，也要考虑在发明完成之后的相关情况，对于雇员贡献度的认定也是相同的。

（1）职务发明的权利化。职务发明补偿金请求发生以后，不论职务发明实际是否进行了专利的申请和注册，无论雇主是否使用了这个职务发明或者以这个发明为基础的专利，无论专利注册是否无效，这些后发性因素都不影响职务发明补偿金请求权的发生，只是在金额的计算上会考虑以上相关的因素。[①] 所以，若雇员在基于职务发明获得专利或者保证专利不会无效中作出了贡献，则在贡献度计算的时候也要考虑进去，并会影响补偿金的计算。雇主的贡献度在以上提及的职务发明权利化上，根据贡献度评价要素得到了较高评价，雇员就相对得到了较低的评价，反之同理。

（2）职务发明的事业化。如前所述，在职务发明事业化的过程中，雇主的贡献被认为是更多的。职务发明的技术贡献度虽然在交涉能力这个方面上可以认为是雇员的贡献，但是在计算已获利益的考虑要素方面，则不能认为是雇员的贡献。[②] 但是在事业化的过程中，相关雇员有贡献的部分也要体现出来。例如，在许可交涉中充当重要角色或者解决自己使用过程中出现的问题等，这就可以认为是雇员的贡献度。[③] 另外，雇员为了使职务发明的产品商业化，在制剂开发、毒性试验、注册试验、政府许可业务、海外开发主导等方面有贡献，则可以对雇员的贡献度进行高度评价。[④]

（3）共同发明情形下发明人个人的贡献度。在职务发明是共同发明的情况下，要计算共同发明人中作为原告的特定一人的贡献度时，体现的是发明研究人团体中发明人的贡献程度的比例，所以要考虑到研究队伍的构成、职责、研究时间、努力程度等。[⑤] 对其并没有特别规定的法理或者基准，一般是根据与职务发明相关的人数以及他们参与发明的质和量的程度来判断。[⑥] 如果发明人之间参与的程度都相同，则发明人的贡献度就是用人数（n）分之一（1/n）来表现；但贡献度不同时就用增加值（a）进行增减计算（1/n±a）。[⑦]

---

① 首尔地方法院 2009 年月 23 日宣告 2007GaHab101887 判决表明的法理。以上案件的上诉审（首尔高等法院 2009 年 10 月 7 日宣告 2009Na26840 判决），上诉审（大法院 2011 年 9 月 8 日宣告 2009Da91507 判决）都没有否定一审判决表明的法理。

② 윤선희，同前论文，第 119 页。

③ 윤선희，同前论文，第 119—120 页。

④ 최동배，同前论文，第 65 页。

⑤ 강영수，同前书，第 153 页。

⑥ 이두형，同前论文，第 59 页。

⑦ 이두형，同前论文，第 59 页。

在实际诉讼中，作为雇主的公司主要关心的是全部补偿金的数额。对于共同发明人中一部分进行诉讼的情况，可能会有无法确保提供必要材料的状况发生。所以，通过诉讼告知的方法诱导其他共同发明人参与其中，让所有人都参与到贡献度相关的事实审理，对纷争的一次性解决有所帮助。[①]

韩国首尔高等法院 2009 年 8 月 20 日宣告 2008Na119134 判决中认为，第 1 专利发明是包含原告在内的 5 名发明人共同完成，原告是作为 PL（Project Leader）进行工作的，主导了全部发明过程，其余 4 名是作为一般管理者进行参与的。综合考虑原告作为第 1 专利发明的共同发明 5 人中其中一名，其贡献度被认定为30%。[②]另外，第 2 专利发明是包含原告在内的 9 名共同发明人完成的。原告与其他 3 人主导全体发明过程，另外 4 名共同发明人作为管理人，所以作为 9 个共同发明人之一的原告的贡献率为 20%。另外，在水原地方法院 2010 年 11 月 4 日宣告 2009GaHab2746 判决中，原告是专利发明 1 的两个共同发明人中的一人，专利发明 2 的三个共同发明人中的一人，案件注册研究人 2 人中的一人。专利发明 1 中作为共同发明人的 A 主张原告只是单纯的辅助者。除此案件发明以外，被告完成了6 个与二次电池相关的其他发明，并承认原告这个专利的申请事实。考虑到参与这个专利发明和注册研究中的研究员构成、研究时间、担当业务、职责和努力程度，又综合考虑案件发明和研究内容等各种情况，原告的贡献率被认定为 30%。[③]

另外，首尔南部地方法院 2009 年 9 月 11 日宣告 2008GaHab4316（本诉），2008GaHab17152（反诉）判决内容如下：①在涉案专利发明开发过程中，被告B 负责检查算法的开发和计划、光学构成和体系构成，被告 C 负责装备运营、控制部的交互界面；②被告 B 决定了主要的研究方向，原告和被告 B 进行了专利发明的专利注册，被告 B 和原告的代表理事 C 一起作为共同发明人，而且被告 B 是该案发明的主导人。考虑以上理由，法院认为被告 B、C 之间的贡献度比例是 7∶3。[④][⑤]

三、贡献度比率计算时的实务倾向

最近韩国判例中认定的发明人补偿率从 3% 到 50% 不等，有着很大的差异。除了

---

① 박정삼，同前论文，第 144 页。
② 大法院 2011 年 7 月 28 日宣告 2009Da75178 判决，驳回上诉。
③ 没有上诉。
④ 首尔高等法院 2009Na110790 号上诉审理，后成立调解。
⑤ 以上的判例内容根据이두형前文第 58—59 页整理。

很低的3%①和很高的50%②事例之外，也有5%③和40%④的事例，但是大部分都分布在10%～30%范围内⑤，平均数值是17%。⑥⑦参考日本的情况，案東京地判平4年（1993年）9月30日判决（判例タイムズ第795号278页）认定发明人补偿率为65%，案東京地判平15年（2004年）11月26日判决（判例タイムズ第1152号269页）与LED事件東京地判平16年1月30日（判例タイムズ第1150号130页）各认定发明人补偿率为50%。以上案例之外的情况也存在，最近日本的判例大致都集中在5%～10%的程度。⑧⑨

---

① 首尔南部地方法院2006年10月20日宣告2004GaHab3995，2005GaHab702（合并），2005Ga-Hab16882（合并）判例，首尔中央地方法院2005年11月17日宣告35286，2004GaHab79453（参加）判决。

② 水原地方法院2010年6月25日宣告2009GaDan56852判决。

③ 首尔北部地方法院2004年4月22日宣告2003GaHab4567判决，首尔北部地方法院2007年6月24宣告2002GaHab3727判决。

④ 首尔中央地方法院2011年10月27日宣告2010GaHab105100判决。

⑤ ①首尔中央地方法院2010年6月17日宣告2009GaHab87404判决，首尔南部地方法院2009年9月11日宣告2008GaHab4316（本诉），17152（反诉）判决，首尔高等法院2008年4月10日宣告2007Na15176判决认定为30%；②首尔高等法院2010年2月11日宣告2008Na106190判决认为是25%；③首尔高等法院2014年7月17日宣告2013Na2016228判决，首尔中央地方法院2011年1月28日宣告2009GaHab111307判决，首尔高等法院2009年8月20日宣告2008Na119134判决，首尔中央地方法院2009年1月23日宣告2007GaHab101887判决，首尔西部地方法院2007年8月22日宣告2005GaHab12452判决认为是20%；④首尔高等法院2009年10月7日宣告2009Na26840判决认为是15%；⑤首尔中央地方法院2012年6月5日宣告2011GaHab18821判决，首尔中央地方法院2011年1月28日宣告2009GaHab111307判决，首尔高等法院2009年8月20日宣告2008Na119134判决，首尔高等法院2004年11月16日宣告2003Na52410判决各认为是10%。

⑥ 이두형，同前文，第55—56页。

⑦ 与职务补偿金相关的韩国主要案例内容在本书的第4章第8节中有详细记载。此外，与雇主和雇员贡献度相关的韩国判例介绍可以参照오택원，"직무발명보상금 사건의 소송상 쟁점 발표"，2010年서울중앙지방법원 지적재산권법연구회 하반기세미나（2010.12.13.），7页；이두형，同前文，第55—57页；정연덕，"직무발명보상기준에 관한 연구"，창작과 권리（제67호），세창출판사（2012），第20—24页；최동배，同前文，第55—65页。另外在이두형前文第68—71页中记载了韩国最近关于职务发明补偿金计算的主要判例分析整理制成的分析表"职务发明补偿金请求诉讼案件的整理分析表"。第72页翻译介绍了日本2006年知识财产协会发行的《職務發明訴訟への對應》中记载的对于雇员和雇主的贡献度判断要素的分析表。

⑧ 竹田和彦著，김관식·김동엽·오세준·이두희·임동우译，同前书，第402—403页。依照书中内容在가네신案件中，作为营业担当专务只有一人的研究成果，考虑到获得了艺匠和实用新发明注册。주오건철案件主要是与电脑软件相关的，将作为研究者个人的努力获得高度评价的事例进行了特殊的分析。另外青色LED事件的一审判决认为雇主的贡献度只能在发明当时进行判断，在发明完成之后的任何事由都不在考虑范围内，这也是一个例外。

⑨ 윤선희，前文 "직무발명보상금산정기준에대한연구"，第122页的表4中整理了日本最近代表判例中认定的雇主贡献度。根据该表格，可以确认雇主的贡献度集中在90%～95%。

　　另外，在日本为了让雇主和雇员奖励最大化，在获得的利益额本身很大的情况下雇主的贡献度就会很高，相反利益额本身较低的情况下雇员的贡献度会被判定得高一些。①

　　从日本判例的态度来看，职务发明补偿制度不只是单纯地因为权利承继而需要支付相应代价的一种保护雇员的制度，也是为了产业的发展以及保持雇员和雇主之间利益协调的制度。②与此相关，韩国也有用加上被告对利益额的贡献度的方式来计算补偿金的情况。当被告的利益额过少或者过多时，都可能会出现补偿金计算不准确的情况，所以法院考虑职务发明的内容（与现有技术进行比较，是否存在重大的经济性价值的发明）和发明人的努力、经验等，具体制定出一个合理的补偿金额范围，然后根据这一范围对贡献度进行加减。③实务上补偿金计算的基础是雇主和雇员之间的贡献度，但在多个发明人之间计算原告贡献度是很困难的。具体的计算方法或者计算材料都需要根据每个案件提出的证据材料进行判断，所以很难得出统一的判断标准。发明人补偿率和贡献率计算具有很强的法院裁量性质，特别是要尊重在没有脱离逻辑和经验规则的事实审理中作出的判断。④同样，日本在对于职务发明的正当补偿在计算具体金额的时候，法院裁量就会进行多重干预，并不能确保有统一的可预测的计算方法。⑤

　　对于这个问题，还须通过积累事例，将多样的事例进行类型化从而解决该问题。在适用辩论主义和处分权主义的民事诉讼实务上，积极的主张和证明对于得出符合实体正义的结论能够起到巨大作用。

---

　　①　윤선희，前文"발명진흥법제 15 조제 3 항에있어서의직무발명보상금산정요소에대한연구"，第 151—152 页。这个趋势是由日本知识产权协会对从 2005 年开始到 2008 年 7 月为止发生的 39 件案件进行分析而得出的。根据以上分析，2005 年以前的判例对发明人的贡献程度认定较高，在 20% ~ 65%。2005 年以后对于雇主的贡献度认定较高，补偿金从 1 万日元到 4500 万日元不等，比之前有低额化趋势。以上内容参照윤선희，同前论文，第 152 页。

　　②　윤선희，同前论文，第 153 页。

　　③　박정삼，同前论文，第 144 页。

　　④　김종석，"직무발명이그출원당시이미공지된것이고제 3 자도그와같은사정을용이하게알수있었던것으로보이는경우실시보상금의지급의무여부(대법원 2011 년 9 월 8 일선고 2009Da91507 판결)"，대법원판례해설（第 90 호），법원도서관（2012），第 604—605 页。除以上介绍的大法院 2011 年 9 月 8 日宣告 2009Da91507 判决以外，大法院 2008 年 12 月 24 日宣告 2007Da37370 判决、大法院 2011 年 7 月 28 日宣告 2009Da75178 也采取相同的立场。

　　⑤　中山信弘，特許法，弘文堂（2010），第 75 页。

第四节 公务员的职务发明

首尔中央地方法院法官 李圭弘（이규홍，Lee Kyu hong）

一、公务员职务发明的含义

（一）概况

《发明振兴法》规定当职务发明的主体是公务员时，该职务发明由国家或地方自治团体承继[①]，国家或地方自治团体对于承继的公务员的职务发明以国有或公有的形式享有专利权（第10条第2款正文）。公务员职务发明区别于一般职务发明的处理。《发明振兴法》上对于公务员职务发明的成立要件没有区别规定。但是以下两点，即承继法定和支付合理补偿以及补偿金支付的必要事项规定在总统令和条例中（第15条第7款）。国家承继该权利时依照公务员职务发明补偿规定，地方自治团体承继权利遵照公务员职务发明补偿规定的地方自治团体条例确定补偿，这是两者的不同点。

但是，当公务员属于《高等教育法》第3条中的国立、公立学校的教职员时，该职务发明的权利按照《促进技术转让和事业化的相关法律》第11条第1款后段由专门组织承继。专门组织承继的国立、公立学校教职员职务发明的专利权属于专门组织[②]所有（第10条第2款但书），不再适用公务员职务发明补偿规定。

（二）政府在科学技术领域的研究开发现状

从促进国家R&D事业的31个部门中18个部门的主要事业现状以及2014年政府研究开发预算的促进计划来看，总预算是17兆7358亿韩元，对比2013增加了5.1%。未来创造科学部约6兆韩元（34.3%）和产业通商资源部约3兆2000亿韩元（18.3.%），合计占超过一半。[③]该预算提供给各种研究机关，与职务发明有

---

① 但是，认定存在纠纷或国家承继并不合适的，不得继承。"公务员职务发明的处分和补偿相关规定"（大统领令第24439号，2013年3月23日施行，以下称作"公务员职务发明补偿规定"）第4条第1款但书。

② 《促进技术转让和事业化的相关法律》施行令第18条规定了专门组织的设立标准和运营的相关事项。专门组织展开以下业务：①职务发明承继的相关业务；②专利申请、注册、管理、转让和应用相关的业务；③技术转让、事业化的技术费等收益的分配；④促进技术转让、事业化；⑤提供业界的研究成果相关的技术信息等。现在在国立、公立学校中，技术转让和事业化由专门组织以多样形态的产学合作团运作。该部分与私立学校教职员的职务发明形成对比，相关部分在大学教授的职务发明中论述。

③ 2014년도 정부연구개발사업 종합안내서, 미래창조과학부·한국과학기술기획평가원, 2014년。

着紧密联系。① 目前大部分的公务员职务发明是由农村振兴厅、技术标准院、国立兽医科学检疫院等具有实验研究机能机关中的研究职公务员创造，存在实施率低迷的问题②。2013 年企业的总专利保有件数，总应用件数和总事业化件数的比率分别是 76.3% 和 57.5%。大学、公共研究所的总专利保有件数，总应用件数的比率为 29.4%，两者形成了鲜明对比。③

（三）外国立法例

1. 美国

根据 1950 年制定的总统令（第 100096 号），联邦公务员的职务发明属于联邦政府④。政府贡献较少时，对该发明仍享有非独占性、不得取消的无偿实施权。如果将该发明的权利归属于公务员，按照专利法和 1986 年《技术转让和振兴的相关法案》（National Technology Transfer and Advancement Act）的规定，需向作为联邦公务员的发明人支付该发明使用费或收益最少 15% 的补偿金。⑤

2. 德国

《雇员发明法》适用于在私人领域和公共服务领域工作的雇员、公务员、军人创造的发明和技术改善提案。对于公务员的职务发明没有区别性规定。特别是在补偿标准方面，无论是公务员还是军人都统一适用由联邦劳动部长官发布的补偿标准。⑥

3. 日本

采用发明人主义的日本对于公务员的情形也采用相同的原则。韩国《发明振兴法》没有关于承继的条款，因此对于补偿问题存在争论。过去按照"国家公务员

① 이훈호，"공무원 직무발명제도의 법적 문제점과 개선방안"，충북대학교 법무대학원 석사학위논문（2011），第 36 页。从中央政府部门的专利活动来看，2000～2008 年共申请了 1025 件，其中作为主导的农村振兴厅有 837 件约占 82%，食品医药品安全厅有 58 件，山林厅只有 20 件，可以看出申请的件数非常少。而且对于职务发明是否真正取得实际效果，以及是否有遗漏申告等都需要进行原因分析。

② 2014 年国有专利实施率为 17.2%，比起 2008 年的 14.2% 呈现增长的趋势，但是明显低于民间企业 43.7% 的事业化率（2007）。고재범，"공무원의직무발명활성화방안연구"，한남대학교행정복지대학원석사학위논문（2009），第 2、75 页。对于未来缺乏投资的考虑而对于研究开发又缺乏动力，这在业务上限制了能够进行研究开发的机关，对于能够确保优越资源的公务员的职务发明来讲属于相对较少的。

③ 2013 년도지식재산활동실태조사，특허청·무역위원회，第 1—15 页。（引用的文献残缺）

④ 作为申请人的发明人在专利申请书中记载发明人的权利转让内容，在专利注册前将国家制定为受让人（assignee）得以继承权利。

⑤ 고재범，同前论文，第 41 页。

⑥ 고재범，同前论文，第 32 页。

职务发明的补偿金支付要领"支付补偿金，2002 年 3 月该要领被废止。现在按照 2002 年 7 月制定的包含各部门补偿金标准的知识财产战略大纲来确定补偿金。①

（四）职务发明的管理和处分

1. 管理

公务员职务发明的管理以国有专利权的注册分成前后两部分，职务发明的奖励、注册后的补偿、管理和处分（包括放弃专利权）等相关的业务依照《国有财产法》第 8 条，即与一般国有财产不同由特许厅长主管。职务发明的国家承继、国家承继后发明在国内外的专利申请、专利申请中职务发明的处分和管理相关业务由"发明机关长官"（职务发明当时，该公务员所属机关长官）主管。②

具体来看，公务员在做与自己负责业务相关的发明时要及时地将相关内容报告给发明机关长官。此时，发明机关长官要通过考虑该职务发明现在和将来的实用价值、产业上的利用可能性等，来决定国家是否承继该职务发明的申请专利的权利和专利权。如果决定国家承继的话，收到申告的发明机关长官要向作为职务发明人的公务员发出书面通知，发明人要及时将职务发明的申请专利的权利和专利权转让给国家，受让的发明机关长官要及时向特许厅长申请国有专利权的注册。③

2. 处分

处分是指国有专利权或在专利申请中的职务发明出售申请专利的权利、设立专用实施许可、许可普通实施许可，以及专利申请中的职务发明设立独占实施或一般实施相关内容的合同。④

国有专利权的处分以普通实施许可为原则，如果没有想要取得普通实施许可的人或者特许厅长认为有必要时可以出售国有专利权或设立独立实施权。国有专利权的处分一般是有偿的，但是为了增加农渔民的收入、提高出口等促进国家政策且特许厅长认为有必要时或是为了公共目的国家机关长官得到特许厅长的承认后想要直接实施国有专利权时，都可以无偿使用。同时国有专利权许可可以私人契约的方式许可普通实施许可，但是出售和设立专用实施许可时采用竞争投标的方法。

特许厅长对于国有专利权设立专用实施许可或许可普通实施许可时，合同期间为自合同订立日起 3 年内。实施该国有专利权必要准备时间为 1 年以上时，准备

---

① 개정 직무발명보상제도 해설 및 편람，第 41 页。（引用的文献残缺）

② 개정 직무발명보상제도 해설 및 편람，第 175 页。为了行文便利，以下公务员职务发明补偿规定的条款和"公务员发明的处分、管理、补偿相关规定的实行规则"不再标示各条款。（引用的文献残缺）

③ 各机关在从外部使用劳务而创造出发明时，专利的发明人栏中并不记载实际上与发明无关的公务员，개정 직무발명 보상제도 해설 및 편람，第 176 页。（引用的文献残缺）

④ 参照《公务员职务发明补偿规定》第 2 条第 4 款。

时间和国有专利权的存续期间在合同订立日 4 年内结束，可以延长合同的期限（延长时间与存续期间结束之日的剩余期间相同）。

国有专利权有偿设立专用实施许可或许可普通实施许可时，使用费的预计价格的计算公式为"实施费预计价格 = 利用国有专利权的产品的预计销售总量 × 产品的销售单价 × 占有率 × 基本率"。这里的"预计销售总量"是指"实施期间每年度的预测销售数量总和"，"产品的销售单价"是指"实施期间每年度出厂价格的均价"。"基本率"一般为 3%，但是考虑到国有专利权的实用价值和产业上的利用可能性可以定在 2% ~ 4%。

二、公务员职务发明的补偿

（一）概况

如前文所述，在国家或地方自治团体承继公务员的职务发明时，要给予合理的补偿。此时补偿金支付相关的必要事项规定在总统令和条例中。在国家公务员的职务发明情形下，国家从作为发明人的公务员处承继专利权并将其注册为国有专利时要支付注册补偿金。注册的权利或申请中的权利设定普通实施许可时要支付处分补偿金，并以处分收益金为基准向发明机关支付机关奖金。与一般的职务发明不同，对于补偿规定的协议或职务纠纷的调解没有相关条款。①

（二）补偿金的种类和支付方法

第一，特许厅长对于国有专利权按照每项权利 50 万韩元向发明人支付注册补偿金，对于同一个职务发明只支付一次。实用新型按照每项权利 30 万韩元，外观设计权按照每项权利 20 万韩元支付。

第二，特许厅长对于国有专利权或专利申请中的职务发明有偿地处理其申请专利的权利时，以该处分收益金的 50%（2005 年修改前是 10% ~ 30%）作为处分补偿金支付给发明人。

第三，特许厅长对于国有专利权或专利申请中的职务发明有偿地处理其申请专利的权利时，以该处分收益金为基准向发明机关长官支付机关奖金（例如，处分收益金为 1000 万韩元以下时，机关奖金为 100 万韩元）。

以上补偿金中，注册补偿金在国有专利权注册的年度或下一年度支付，处分补偿金和机关奖金在交纳处分收益金的年度或下一年度分别支付。得到注册补偿金或处分补偿金的发明人为 2 名以上时，根据各自的比例分别支付。同时，在发明人

---

① （创造职务发明的）公务员对于依据公务员职务发明补偿规定确定的补偿有异议时，通过另行提起诉讼来争论是否形成"合理补偿"。此时该补偿规定是否属于法规命令是主要争论的问题。

转业或退休的情况下也必须支付注册补偿金和处分补偿，发明人死亡时要向其继承人支付。

一方面，发明人或其继承人得到的注册补偿金和处分补偿金，以及发明机关长官或受托机关长官得到的机关奖金，在专利取消或无效时也无须返还；另一方面，在不是发明人或不是其继承人时，在特许厅职员和特许厅审判员在职中因取得专利而导致专利无效时必须返还。

三、公务员职务发明规定的问题

（一）承继条款的问题

公务员 ① 的基本权利与一般国民同样受到保障。限制基本权利的法律在公务员关系上是不可回避的，《宪法》本身规定的劳动者3项基本权利的限制（《宪法》第33条）和加入政党或政治活动的限制（《宪法》第7条）等是具有代表性的限制。除此之外，根据《宪法》第37条第2款，法律可以对基本权利作出限制。但这是《宪法》规定为了维持作为特殊身份关系之一的公务员关系，在必不可缺的范围内，即限制基本权利立法的界限内形成的 ②。以此种观点来看，在承继条款中存在财产权保障问题和平等权侵害问题。③ 公务员职务发明相关规定与发明人主义的原则相互冲突，违反了职务发明制度追求的发明人与雇主利益等价的目的，事实上与国家利益优先的"雇主主义"没有差别。④ 并且，如果采用这样的立法方式，在一定期间内国家的权利承继没有通报的情况下，对于谁会如何处理以及像一般职务发明拥有的视作放弃承继等事项均未作出规定，存在法律空白。这使公务员职务发明人处在极其不利的地位，对此法律有必要进行完善。⑤

---

① 此处对于公务员的范围与前面雇员部分存在相同的讨论。

② 허영，「헌법이론과 헌법」（제6판，박영사，2014），第966页（依照特别权力关系论，否认公务员作为基本权利主体地位的时代早已过去）。

③ 该条款是造成公务员不利的条款，受到了批判。参见임호，「특허실무론」（문우사，2014），第39页。

④ 조광훈，"공무원의직무발명에따른특허권의국·공유화에대한비판적연구"，지적재산권제22호（2007년11월），第8页；在该点上有必要参照没有设定差别的外国立法例；정차호，"2006년개정직무발명제도의제문제점및재개정방안"，「창작과권리」48호（2007년가을호，第6页脚注14）看作采取了雇主主义是存在误解的，但是它的效果与用人单位主义在事实上相同，所以做了以上说明。

⑤ 如果维持现在的雇主主义的立法态度的话，如前文所述作为补充不合理部分的方法，有必要缩小公务员的概念。例如，只有"法律规定的主要防卫产业体中从事的"公务员的职务发明适用等以限制性方式解释，或者直接明示缩小解释的范围。

（二）补偿条款的问题

在雇主主义下补偿更具有重要的意义，是否具备一般职务发明的程序性保障和确保补偿额的政策，特别是承继的发明为公务员职务发明时数额存在差异的（减少的）情形都成为问题。特别是最为重要的处分补偿金，虽然按照处分收益金的50%支付，但低迷的实施率问题导致实质上补偿在相对减少中。①对此，公务员在维持自身身份的同时另行提起诉讼以要求"合理的补偿"在现实中是非常困难的。

为了解决诸如此类的问题，即使不能彻底变更公务员职务发明的归属和补偿规定，笔者认为最起码要有程序性的保障政策②。通过促进公务员职务发明的灵活运用的制度进而确保国家竞争力，是一种现实的方案。③

第五节　补偿额计算相关的判例整理

NEW TOP 法律事务所律师　卢甲植（노갑식，LHO KAPSIK）

一、整理方法

职务发明补偿额的计算原则上应综合考虑以下几方面的因素：（1）雇主通过职务发明取得的利益（雇主的利益额）；（2）雇主和雇员对发明的贡献度（发明人的补偿率）；（3）有共同发明人时，各发明人的贡献度（发明人的贡献率）（首尔高等法院2009年8月20日宣告2008Na119134判决等）。笔者在截至目前发生的有关职务发明补偿额计算的案件中，选取了一些具有参考价值的判决④，并按照不同争议点和类型进行了分类。

---

① 이훈호，"공무원 직무발명제도의 법적 문제점과 개선방안"，충북대학교 법무대학원석사학위논문（2011），第3、78页（地方公务员的情形中，由于不同的地方自治团体有不同的条例，因此在运用中存在差异）。

② 第15条第1款至第6款中为了保障合理补偿的一般条款，是否也适用于同条第7款关于公务员职务发明之中需要进一步探讨。

③ 고재범，"공무원의 직무발명 활성화방안 연구"，한남 대학교 행정복지대학원 사학위논문（2009），第2页（现在达到100万名的公务员资源的运用在将来会是确保国家竞争力必不可缺的一部分）。

④ 在法院内部判决文检索系统中以案件名"补偿金"、主题语"职务发明"检索，2014年10月8日至今有108件案件，以大法院判决和最近的高等法院判决为中心进行探讨。

二、补偿金计算的基本原理

对于公司高管完成的旧韩国《特许法》[①]第 39 条第 1 款规定的职务发明，公司和法定代表人决定不承继高管的申请专利的权利，也不对高管给予第 40 条规定的补偿，而是在开除该高管后，以法定代表人为发明人，以公司的名义提出专利登记，严重侵犯了高管的专利权。此时，高管受到的财产上的损失与高管根据旧《特许法》第 40 条取得的正当补偿金基本相当。该金额应当与综合以下要素得出的金额相当：根据证据调查的结果和法庭辩论的情况认定的当事人之间的关系，申请专利的权利受侵害的程度，该专利客观的技术价值，是否存在类似的可替代技术，公司因该发明取得的利益，高管对发明的贡献度和公司在之前的职务发明中的补偿金给付比例，专利的使用现状等（大法院 2008 年 12 月 24 日宣告 2007Da37370 判决）。

考虑到职务发明制度和补偿相关法令的立法宗旨，赔偿金的数额根据证据调查的结果和辩论所展现出的当事人间的关系、侵害申请专利的权利的事实、该发明客观上的技术价值、是否存在类似替代技术、基于发明公司获得的利益以及公司和雇员对发明的贡献度、公司过去支付职务发明补偿金的先例、专利的利用形态等相关因素综合考虑之后计算（大法院 2008 年 12 月 24 日宣 2007Da37370 判决）。

依照工作规定将申请专利的权利承继给雇主的雇员，即使该工作规定中有关于雇主向雇员支付对价的条款，如果价款没有达到旧《特许法》规定的数额，雇员可以请求支付不足的部分（首尔高等法院 2009 年 8 月 20 日宣告 2008Na119134 判决）。

在雇主的职务发明规定中，"雇主转让或以其他方法处分以其名义登记的专利权时，应当经过职务发明审议委员会的审议，并给付补偿金"，这一规定消除了雇主在完成专利权设定登记前的补偿义务，违反了旧《特许法》第 40 条第 1 款的强制性规定，属于无效的规定。职务发明规定中要求的"职务发明审议委员会的审议"只不过是雇主自发地进行补偿的情况。所以，雇主无权拒绝已经取得补偿金请求权的发明人的补偿金请求（首尔高等法院 2004 年 11 月 16 日宣告 2003Na52410 判决）。

三、雇主取得的利益

（一）一般理论

旧韩国《特许法》第 40 条第 2 款规定，雇主承继雇员的职务发明时，应当结合雇主因该专利取得的利益和双方对发明完成的贡献度确定正当的补偿额。根据

---

① 《特许法》中规定的与职务发明和补偿相关的第 39 条和第 40 条在 2006 年 3 月 3 日修改中被删除，相关内容被规定在《发明振兴法》中。职务发明补偿请求权产生的当时适用旧法。以下在判决原文中称作旧《特许法》。

旧《特许法》第 39 条第 1 款的规定,雇主即使不承继职务发明的有关权利仍然无偿地享有普通实施许可,所以"雇主取得的利益"应当是超越普通实施许可享有的排他、独占实施地位取得的利益。同时,由于雇主取得的利益是基于职务发明取得的利益而并非扣除成本结算后的营业利润,因此与收益、成本的清算结果无关,是雇主基于职务发明自身获得的利益。并且即使雇主制造、销售的产品不属于职务发明的权利范围,该商品作为能够代替职务发明实施商品的商品,雇主使其他竞争公司无法实施该职务发明而使销售增加,该利益可以评价为雇主基于职务发明获得的利益(大法院 2011 年 7 月 28 日宣告 2009Da75178 判决)。

承继雇员职务发明权利的雇主实施的发明,由于在职务发明申请当时已经公示,所以可以自由地实施。与此有竞争关系的第三人也能够轻易得知的话,那么无法认为雇主基于职务发明的实施获得了超越普通实施许可的独占性、排他性利益。因此雇主没有义务向雇员支付职务发明相关的实施补偿金(大法院 2011 年 9 月 8 日宣告 2009Da91507 判决)。

雇主将职务发明转让给第三人后,将无法再通过该专利获得利益。而且,职务发明的受让人通过实施该发明取得的利益由受让人掌握,如果结合受让人取得的利益来确定雇员的补偿金额显然是不合理的。所以,在雇主转让职务发明的情形下,如果没有特别事由,补偿金应当结合雇主的转让费和雇主在转让之前取得的利益进行计算(大法院 2010 年 11 月 11 日宣告 2010Da26769 判决)。

(二)计算的时间点

利益的计算原则上应当从雇主取得申请专利的权利乃至专利权时开始计算。虽然理论上应当以承继的时间点为标准,根据雇主在此之后因该发明取得合理可预见的利益计算补偿额,但根据将来预测的利益计算补偿金存在诸多困难,实施合同的实际订立情况、是否在本公司产品中实施以及销售额等权利承继后请求补偿金为止产生的具体情况可以参照"承继当时未来将得到的收益"。并且雇主基于职务发明实际上获利的情形,除特殊情况外,至少以已经实现的利益作为"承继当时未来将得到的收益"(首尔高等法院 2009 年 8 月 20 日宣告 2008Na119134 判决)。

(三)具体的计算事例

1. 雇主直接实施发明的情形

(1)韩国轮胎案(首尔高等法院 2014 年 4 月 24 日宣告 2012Na53644 判决)。

①计算方式。雇主的销售额乘以使用费率除去无偿实施权部分。具体计算公式如下:职务发明补偿额 = 雇主的销售额 × 超额利润比率(专利的独占利益比率)× 假定使用费率 × 发明人的贡献度。

②超额利润比率(独占利益比率)。轮胎产品的性能不仅由钢丝帘还由其他部

分综合适用决定，并且轮胎产品的销售不仅受到物理性能的影响，还会受到设计、企业形象、广告和销售战略等因素的影响。实际上购买被告产品的消费者中，大部分不是因为产品的性能而是因为企业的形象才购买的。考虑到专利发明在申请前还包含已经公示的其他发明，以及在轮胎业与专利发明相同的 3 层构造比起 2 层构造具有明显的竞争力，加之超额利润的比率比较低，综上认定超额利润的比率（独占权贡献率）为 3% 较为妥当。

③假想使用费率①。轮胎产品是由和路面接触的胎面（Tread），行驶时缓和外部冲击的带束层（Belt），形成轮胎框架的胎体（Carcass），以灵活的屈伸运动提升乘车感觉的胎侧（Sidewall），代替内胎防止轮胎泄漏空气的气密层（Innerliner），使轮胎固定在钢圈上的叶轮心（Bead Core），连接胎面和胎侧并且在行程中起到散热功能的胎肩（Shoulder）等橡胶合成物（Compound）形成的有机结合体。专利发明是轮胎构成部分中带束层和胎体部分中作为加固材料的钢丝帘的相关发明，钢丝帘的构造对于轮胎的内部构造和汽车驾驶的安全性以及乘车感等会产生相当的影响。但是轮胎中除了钢丝帘，其他多种多样的橡胶合成物的构造和成分也会产生影响，并且可能包含钢丝帘的带束层本身的性能不仅与钢丝帘的构造有关，而且与单位英尺的钢丝帘数量、带束层间的角度、带束层间角度和宽度的差异、带束层是否使用边缘带、边缘带的规格、带束层表面的规格等许多因素都相关。被告在着手专利发明当时，为了降低轮胎产品的成本和重量，要在钢丝帘中减少丝的数量，这在轮胎业界已经形成了一定程度的共识。专利发明适用当时，被告的竞争公司也在生产销售固有钢丝帘结构的轮胎产品。为了配合钢丝帘构造发生变更，设备需要更新或改善，因此可能产生制造工程上的问题。除了该专利发明之外，被告关于轮胎产品申请或注册的专利约有 2000 个，因此很难认为专利发明在技术革新的程度、改善后的使用效果、实施的简易性、收益性等方面起到了很大的作用，因此认定假想使用费率为 1% 是比较妥当的。

（2）温热按摩器案（首尔中央地方法院 2014 年 10 月 2 日宣告 2013Ga-Hab517131 判决）。

①计算方法。补偿金 = 雇主的销售额 × 使用费率 × 独占权贡献率 ×（对于发明完成）发明人贡献度 × 发明人贡献度（共同发明时）。

②独占权贡献率。温热按摩器的性能不单是与专利发明有关，而是由其他许多构成部分综合作用决定的。温热按摩器产品的销售不仅与产品的性能和使用的便

---

① 计算雇主利益额时，有人主张要以雇主的利益率而非使用费率计算。首尔高等法院 2013 年 1 月 10 日宣告 2011Na100994 判决中以 2% 的利益率计算了利益额。该利益率不是经过严格计算得到的，而是参考专利发明的感光鼓中所占比重和同业的使用费后由法院确定的比率。

利性有关，与企业形象、广告、销售占率等均有关。综合考虑在被告产品面市之前已经有温热治疗机可以监测心脏并进行治疗，以及通过导管的上下运动可以调节强度的技术已经被开发出来，专利发明中各发明的独占权贡献率为 4% ~ 10%。①

③使用费率。1）温热按摩器除了专利发明实现的 4 种功能外，还包括与主垫和辅垫的构成、导管的运转等相关的多种技术。2）专利发明中有 3 个功能分别是：测量和分析脊椎长短和弯曲度；通过使用人调整导管的强度能够提供模板化的按摩形态；给每个使用人提供有针对性的按摩。剩下的一个功能是采用滑动设计，能够节省保管按摩器的空间。比起将以上各个功能视作所有温热按摩器产品必不可少的要素，视作提高使用人便利性的功能更为合适。3）被告的 V3 产品面市之前，已经有温热治疗机可以监测心脏并进行治疗，以及通过导管的上下运动可以调节强度的技术已经被开发出来。4）专利发明中有一个是将零部件一体化相关的发明，还有一个是缩短导管移动材料的相关发明，这些都与调节按摩器导管强度的性能无关。并且综合考虑专利发明的技术革新程度、改善后的适用和效果、实施的简易性和收益性，各发明的使用费率为 0.4% ~ 1%。

2. 雇主允许第三人实施的情形——东亚制药—韩国杨森案（首尔高等法院 2004 年 11 月 16 日宣告 2003Na52410 判决）

（1）计算方式。根据被告雇主（东亚制药）因发明取得的利益、发明人的补偿率以及原告雇员的贡献率（多数发明人的情况下，原告的贡献度）进行计算。

（2）雇主获得或将获得的使用费的计算。被告（东亚制药）以订立实施合同的方式将新开发的 Itazol 制品的生产和销售权利转让给韩国杨森公司，为了维持其在国内市场的独占地位，向韩国杨森公司转让了包含该案中所有医药发明的独占实施许可权，相关信息和资料等技术一并进行了转让。作为交换，韩国杨森公司支付了首付合约金和实施权许可费用合计 6805800000 韩元。另外，从 2000 年 9 月到 2003 年 12 月的 40 个月里，受领了合计为 2308859592 韩元的使用费。2004 年 1 月到 2004 年 6 月的期间，适用使用费率 1% 支付了 108346859 韩元的使用费。之后被告根据实施合同从韩国杨森收到了同样数额的 6 个月的使用费。

韩国杨森和被告的实施合同根据合同期间条款，实施产品的专利期间，即自申请日（20 年的专利权存续期间）至 2020 年 4 月 20 日视为一直存续。

实施合同中除了原告的发明之外，原告没有直接参与，因此对此无法针对包含其他职务发明的医药发明主张权利。并且医药发明的专利申请明细表中没有记载

---

① 该案的专利发明有 10 余个，根据专利发明在温热按摩器中发挥的性能分别计算独占权贡献率，下面使用费贡献率也是按照性能分别计算的。

的非公开有用信息和资料等与被告产品生产相关的整体技术，同时放弃进入韩国抗真菌剂市场并进行了相应支付，因此无法将基于该实施合同被告取得的全部收入归于发明人参与发明而获得的收益。限于具有相当因果关系的范围、实施合同的订立情况和当事人的意图、成为实施合同对象的医药发明全体的内容和各专利申请及注册结果、实施合同的约定内容和实施费收入额、合同当时 Itazo 产品的国内市场现况、全部医药发明中原告参与的发明所占的比重和其优秀性、在医药品生产中该技术的重要性、被告的商品生产和营业能力以及对外协调力等事项，认定比率占全部收入额的 50% 较为合理。

（3）计算公式。

① 首次签约金及实施权的对价：6805800000 韩元。

② 从 2000 年 9 月到 2004 年 6 月的使用费：2417206451 韩元（=2308859592+108346859）。

③ 从 2004 年 7 月到本案辩论结束日（2004 年 9 月）预估使用费：54173429 韩元（=108346859/6×3，不足一元的舍去）。

④ 从 2004 年 10 月到合同终止日（2020 年 3 月）的预估使用费：2463279803 韩元（该预测使用费按照霍夫曼计算法，以该案件辩论终结时 2004 年 9 月的价格计算）。

⑤ 总计：11740459683 韩元［=①+②+③+④］。

⑥ 收益额：5870229841 韩元［=⑤×50%］。

四、发明人补偿率

根据判决，综合考虑雇主投入的资金、设备等的规模，发明人对发明的贡献度，发明人的补偿率一般在 2%～50% 不等。下面通过几则案例进行详细说明。

（一）LG 生命科学嘧啶肟草醚（Pyribenzoxim）案件

该案件的判决号为：首尔高等法院 2009 年 8 月 20 日宣告 2008Na119134 判决。该案件的基本情况是：被告（LG 生命科学）每年投入研发的费用约占销售额的 25%～30%，其中对嘧啶肟草醚投入的研发费用截至 2007 年达到了 128 亿韩元。原告在进入公司之前已经拥有 2 项物质专利和 6 项方法专利，虽然有基础的水平，但毕竟是在他人已经进行的研究基础上进一步开发，所以综上作为雇主的被告的贡献度为 90%，共同发明人的补偿率为 10%。

（二）东亚制药—韩国杨森案件

该案件的案号为：首尔高等法院 2004 年 11 月 16 日宣告 2003Na52410 判决。

在该案件中，被告（东亚制药）作为韩国国内屈指可数的制药公司，以这期间积累的研究经验和技术为基础于 1997 年左右恢复了医药发明的研究工作。在之后 2 年多的时间里通过优秀的研究人员和巨大的研究经费等持续地在人力、物力上的投资才完成了职务发明。被告的职务发明规定中规定处分补偿的发明人补偿率是 5% ~ 10%，并且被告在与韩国杨森制定实施合同的过程中主导了协商，没有另外的设备投资负担，能够确保使用费的收入而取得了 11740459683 韩元的巨大收益。综合考虑以上事项，确定作为雇主的被告的贡献度为 90% 而发明人的补偿率为 10% 较为妥当。

（三）신화피티지公司案件

该案件的案号为：首尔高等法院 2010 年 2 月 11 日宣告 2008Na106190 判决。在该案中，被告신화피티지公司在构建人力、物力设施和基础，以及发明完成后促进发明的事业化方面投入了相当的时间和费用。并且该专利发明是化学物品制造方法相关的发明，必须通过拥有大规模成套设备的企业才能推动该发明的事业化。因此该案中被告的贡献度是比较高的。

同时，制造 PTMEA 综合催化剂的开发是即使通过引进外国技术也仍然解决不了的难题。在本不属于职务范围内，原告自发地为了解决该难题创造出了技术性手段并主导了研究过程。并且原告在专利发明之后参与到设备建设、批量生产构建和专利许可合同中，因此比起一般的职务发明该案原告的贡献度属于较高的。综合考虑以上事项，被告等雇主的贡献度为 75%，原告的贡献度为 25%。

（四）三星电子手机案件

该案的案号为：首尔高等法院 2014 年 7 月 17 日宣告 2013Na2016228 判决。在该案件中：（1）手机是集硬件和软件等诸多尖端技术为一体的集约化发明；（2）即便是手机中的软件也是结合了数据处理、媒体控制等多种技术；（3）手机检索电话号码的技术存在在多种可替代技术，所以被告直接使用本案中的各项发明的必要性不大；（4）手机的销售会受到商标对顾客的吸引力、产品设计的优越性、宣传及营销活动等多种非技术性因素的影响。综上，各发明专利对手机完成的贡献度为 2%。

五、共同发明人中个人的贡献率

（一）东亚制药—韩国杨森案件（首尔高等法院 2004 年 11 月 16 日宣告 2003Na 52410 判决）

若享有补偿金请求权的发明人为多人时，雇主应当按照每个人的贡献率计算出每个人的补偿额，分别支付给发明人。从共同发明人中原告的贡献率来看，在各发明专利提出申请时，发明专利 4 号是以 3 名共同发明人中的一个人的名义提出申请的，发明专利 5、6 号是以 5 名共同发明人中的一个人的名义提出申请的。伊曲康唑在制剂研究完成相当部分的时间约为 1999 年 3 月，作为研发组的一员参与进来后，其提出了对之前研究成果的提升具有决定性作用的想法，使一直处于停滞状态的研究找到了突破口，并使被告在短短几个月就通过了生物学同等性试验，取得了食品医药品安全厅的医药品制造及销售许可。Itazol 在生产中直接使用的制剂技术是在原告提案的基础上创造出的第 4、6 号发明专利。最后再结合原告的经历及参与研究的时间、整个研究组的构成等所有因素，原告在五名共同发明人中的贡献度为 30%。

（二）三星 LG 科学 PL 发明人案件（首尔高等法院 2009 年 8 月 20 日宣告 2008 Na119134 判决）

若享有补偿金请求权的发明人为多人时，雇主应当按照每个人的贡献率计算出每个人的补偿额，按份支付给发明人。本案原告 5 人为共同发明人，原告在 PL 工作并主导整个发明过程，而登记的共同发明人中有 1 名实际上只是一般的管理人。所以，作为 5 名共同发明人中的一人，原告的贡献率应为 30%。

第五章　其他有关职务发明制度的争论

第一节　职务发明补偿金请求权的消灭时效

议政府地方法院法官　朴原珪（박원규，WEON-KEU，PARK）

一、消灭时效制度的一般理论

1. 消灭时效的意义

时效是某种事实状态在一定期间内持续存在，无论是否符合真实的权利关系，都尊重这种事实状态，进而引起权利的取得或消灭的法律要件。尽管权利人可以行使权利，但若在一定期间内不行使，其权利即归于消灭的叫作消灭时效。

消灭时效制度的意义在于，长期怠于行使自己的权利，即所谓的"躺在权利上睡觉的人"不值得受到法律保护。一种事实状态长期存在，会导致真正的权利关系很难得到证明，这种长期存在的事实状态本身被视为依据合理的权利关系而存在，因此有必要对陷入举证困难的当事人进行救济（通说）。[1]

2. 概念区分

应与消灭时效进行区分的概念有除斥期间和权利失效。

（1）除斥期间。除斥期间是指法律所预定的权利存续期间或者权利人可以行使权利的期间。[2] 若权利人在除斥期间内不行使权利，则导致相应权利的绝对消灭。除消灭时效外，法律又另行规定除斥期间的理由是为了尽快确定法律关系。因此除斥期间不同于消灭时效，不适用中断、中止制度，即使权利消灭也没有溯及力，也不适用时效利益的抛弃。诉讼时，不论当事人是否主张，法院可依职权调查除斥期间是否被遵守，若认定除斥期间已届满，则应以欠缺诉讼要件为由驳回起诉。[3]

---

[1]　郭润直代表编辑（尹真秀执笔部分），《民法注解（Ⅲ）》，博英社（1996），第388页。

[2]　除斥期间，如韩国《民法》第146条的取消权行使期间，韩国《商标法》第76条第1款中的无效审判请求期间，同条款第2款中的取消审判请求期间等。

[3]　郭润直代表编辑（尹真秀执笔部分），《民法注解（Ⅲ）》，博英社（1996），第405页。

（2）权利失效。权利失效是指权利人在相当期间内不行使其权利，基于诚实信用原则不允许其再行使。一般来说，权利的行使应遵循诚实信用原则，不得滥用权利，因此即便权利人实际上有行使权利的机会，但因相当期间不行使，作为义务人的相对方信赖现在权利人不会再行使其权利，有了这种正当的期待后，权利人又突然为之的，就会违反支配整个法秩序的诚实信用原则。①在这种情况下，依据权利失效原则，权利不得再行使。消灭时效是依法认定的，期间由法律规定。相反，权利失效是基于诚实信用原则而认定的，期间根据具体情况而定，二者是有区别的。

3. 消灭时效的要件

适用消灭时效应满足：（1）权利系消灭时效的适用对象；（2）权利人在特定时间点可以行使权利；（3）权利人在法定期间未行使其权利。在这三要件中，以消灭时效的适用对象问题、消灭时效起算点的问题、消灭时效的期间问题而受到关注。

（1）消灭时效的适用对象。消灭时效的适用对象原则上为债权和债权以外的财产权（韩国《民法》第162条）。与亲族上的权利相同的财产权以外的权利，不适用消灭时效。即使是财产权，但具有绝对性和恒久性特征的所有权，或者依事实状态认定的占有权和留置权不能成为消灭时效的适用对象。

（2）消灭时效的起算点。消灭时效，自可以行使权利时起算（韩国《民法》第166条第1款）。规定期限的权利自履行期届满时起，计算消灭时效。附确定期限的权利自确定期限届满时起计算。附不确定期限的权利，无论权利人知或不知或不确定期限是否届满，都自该期限在客观上届满时起，计算消灭时效。未规定期限的权利，因权利人在权利形成后随时可以行使，所以原则上自权利形成时起计算消灭时效。另外，以不作为为目的的债权的消灭时效，自作出违反行为时起计算（《民法》第166条第2款）。

（3）消灭时效期间。消灭时效期间依法规定。债权的消灭时效期间原则上为10年，其余财产权的消灭时效期间原则上为20年。其他法令规定适用短期消灭时效的，从其规定。

韩国《民法》第163条规定了适用3年短期消灭时效的债权，韩国《民法》第164条规定了适用1年短期消灭时效的债权。商业行为引起的债权，《商法》无其他规定时，5年期间不行使权利的，消灭时效完成（韩国《商法》第64条）。根据判决确定的债权，依照破产程序确定的债权，依裁判上的和解、调解及其他与

① 大法院1992年1月21日宣告91Da30118判决，大法院2002年1月8日宣告2001Da60019判决等。

判决具有同等效力的方式确定的债权，即使属于短期消灭时效，亦适用 10 年的消灭时效期间（韩国《民法》第 165 条第 1 款、第 2 款）。

4. 消灭时效的中断和中止

阻碍消灭时效进行的制度有消灭时效的中断和中止。

（1）消灭时效的中断。消灭时效的中断是在消灭时效进行中，发生了打破权利不行使的事实状态的事由，已经过的时效期间的效力丧失的一种制度。大法院判例认为时效中断制度的意义在于，"原本时效是法律拒绝对躺在权利上睡觉的人进行保护，尊重社会生活持续的事实状态而赋予一定法律效果的制度，因此某种事实状态持续存在的过程中，与该事实状态反常的事由发生时，丧失了对该事实状态尊重的理由，那么已经经过的时效期间则失去效力"。[①]

《民法》上规定时效中断的事由有：①请求；②扣押或假扣押、假处分；③承认（韩国《民法》第 168 条）。

消灭时效若中断，至中断时所经过的时效期间则失去效力，权利的消灭时效自中断事由终了后重新计算（韩国《民法》第 178 条）。时效的中断，原则上仅在当事人及其继承人之间发生效力（韩国《民法》第 169 条）。

（2）消灭时效的中止。消灭时效的中止是消灭时效即将届满时，若发生权利人无法实施中断时效的行为或者实施该行为极其困难等事由，在事由消除后经过一定期间为止，延长消灭时效完成的一种制度。[②] 消灭时效即使中止，至中止时对经过的时效期间的效力毫无影响，这一点上与消灭时效的中断是不同的。《民法》上规定了消灭时效的中止事由，如无行为能力人的中止（第 180 条第 1 款），依婚姻关系终了的中止（第 180 条第 2 款），关于财产继承的中止（第 181 条），天灾及其他事变的中止（第 182 条）等。

5. 消灭时效完成的效果

关于消灭时效完成的效果有两种对立的学说，一是消灭时效完成，权利当然消灭的见解（绝对的消灭说）；二是消灭时效完成，权利并不当然消灭，仅产生了给予时效受益人援用消灭时效完成的权利（相对的消灭说）。[③]

大法院的判例采取了绝对消灭说，即消灭时效完成时，"即使当事人没有援用，时效完成已成事实，债务当然消灭"。[④] 但在诉讼中，因为依据辩论原则消灭时效利益的获得者未援用接受消灭时效利益的意思时，法院不能违反该意思而作出判

---

① 大法院 1979 年 7 月 10 日宣告 79Da569 判决。

② 池元林，《民法讲义（第 11 版）》，弘文社（2013），第 425 页。

③ 郭润直 代表编辑（尹真秀 执笔部分），前书第 476—480 页。

④ 大法院 1979 年 2 月 13 日宣告 78Da2157 判决，2012 年 7 月 12 日宣告 2010Da51192 判决等。

决，所以消灭时效利益的获得者必须援用消灭时效完成抗辩。[①]

有权援用消灭时效完成的对象，原则上限定依权利消灭而直接获得利益之人。[②]

二、职务发明补偿金请求权的消灭时效

1. 是否为消灭时效的适用对象

基于职务发明取得的申请专利的权利或专利权转让给雇主或者设定专用实施许可，从而获得的职务发明补偿金请求权（以下简称"补偿金请求权"）属于债权，符合消灭时效的适用对象。关于补偿金请求权的法律性质有两种看法，一种认为其是法定债权，另一种认为其是商事债权。

2. 消灭时效期间

（1）韩国的学说与判例。韩国学说一般认为补偿金请求权的消灭时效期间为10年。[③]大法院判例也认为补偿金请求权的消灭时效期间同一般债权一样为10年。[④]

（2）日本的学说与判例。日本通说认为，补偿金请求权根据日本《特许法》第35条第3款[⑤]被认定为法定债权，所以补偿金请求权的消灭时效期间为10年。[⑥]

少数说认为，雇主为企业（商人）时，雇主从雇员处获得专利等权利或者受让专利权的行为是补助性商行为，由此发生的补偿金请求权应以其属商事债权为由，消灭时效期间为5年。[⑦]还有观点认为，即使根据日本《特许法》第35条第3款补偿金请求权被认定为法定债权，合同或者劳动规定里规定的补偿金请求权作为商事债权，其消灭时效期间应为5年。[⑧]

---

① 大法院 1979 年 2 月 13 日宣告 78Da2157 判决。

② 大法院 1997 年 12 月 26 日宣告 97Da22676 判决。

③ 조영선，「특허법［제4판］」，박영사（2013），267 면；尹宣熙，「特許法［第5版］」，法文社（2012），311 면；이규홍，「특허판례연구［개정판］」，"직무발명보상금 관련 공동발명자의 판단기준 등"，박영사（2012），第 957 页。

④ 大法院 2011 年 7 月 28 日宣告 200975178 判决。

⑤ 同韩国《发明振兴法》第 15 条第 1 款。

⑥ 高林龍，"職務發明をした從業員の對價請求權と消滅時效"，「平成 7 年度 重要判例解說」，有斐閣（1996），第 233 頁；美勢克彦，"職務發明の要件と效果について"，知的財産法の理論と實務 1- 特許法［1］，新日本法規（2007），第 329 頁；竹田和彦（김관식 등 역），「特許의 知識［第8 版］」．에이제이디자인기획（2011），405 면；中山信弘 外 3 人編（田中成志 執筆部分）（사단법인 한국 특허법학회 역），「特許判例百選［第 4 版］」，박영사（2014），205 頁。

⑦ 渋谷達紀，ジュリスト（1019号），第 219 頁［中山信弘，小泉直樹編（飯塚＝田中 執筆部分），新注解特許法（上），青林書院（2011），第 568 頁．再引用］。

⑧ 中山信弘，小泉直樹編（飯塚＝田中 執筆部分），앞의책，第 568—569 頁。

日本最高裁判所对于补偿金请求权的消灭时效没有作出明示的判决，但大部分下级法院审理的案件认为补偿金请求权的消灭时效期间为 10 年。[①] 关于补偿金请求权的消灭时效期间为 10 年而非 5 年的理由，日本知识产权高等裁判所作出判决给出了解释，即"为了平衡雇主与雇员之间的利益，补偿金请求权作为法定的债权不得被认定为可以考虑营利性质的债权，因此不能认为是商事行为的债权或是以此为准的债权"。[②]

（3）讨论。补偿金请求权的消灭时效期间由补偿金请求权的法律性质所决定。若认为补偿金请求权的法律性质为法定债权，其消灭时效期间应为 10 年，若认为是商事债权，其消灭时效期间则为 5 年。

以通过鼓励发明提升产业技术的竞争力，为国民经济的发展作出贡献为目的而制定的《发明振兴法》，在第二章第二节"活化职务发明"中规定了关于职务发明的几项条款（《发明振兴法》第 10 条至第 19 条）。该法第 15 条第 1 款规定，雇员基于职务发明取得的申请专利的权利或专利权，根据合同或劳动规定转让给雇主或者设定专用实施许可的，有获得合理补偿的权利；同款条文第 2 款至第 4 款规定了雇主支付合理补偿应该遵守的事项；同款条文第 6 款但书部分规定了依照同款条文第 2 款至第 4 款核算的补偿额应考虑雇主因该发明所获得的利益，以及雇主与雇员对完成职务发明作出的贡献度，否则不能认定为合理的补偿。

依照《发明振兴法》的规定，补偿金请求权的法律性质，应属于通过该法保障基于职务发明获得的合理补偿，为了鼓励职务发明而在政策上认定的法定债权。[③]

《发明振兴法》中关于补偿金请求权的规定为强制性规定，违反该规定的约定无效。[④] 即使没有关于补偿金请求权的合同或劳动规定，雇员也可以向雇主请求支付《发明振兴法》第 15 条第 6 款规定的合理补偿，并且从雇主获得的补偿金额未达到合理补偿金标准的，可以请求支付差额。

另外，即使雇员与雇主签订的合同或者劳动规定中规定了补偿金支付义务和补偿金额核算方法的，因为是按照《发明振兴法》第 15 条规定或是为了补充该条文而作出的，所以根据雇员与雇主签订的合同或是劳动规定核算的补偿金额超过依《发明振兴法》第 15 条第 6 款核算的合理补偿金额的，超过部分对应的补偿金请求权，其法律性质不会有所变化。

---

① 中山信弘，小泉直樹編（飯塚＝田中執筆部分），앞의책，第 567 页。

② 知財高裁平成 21 年 6 月 25 日（平 19（ネ）10056 号）（中山信弘，小泉直樹編（飯塚＝田中執筆部分），앞의책，第 568 页再引用）。

③ 同旨尹宣熙，앞의책第 310 页。

④ 尹宣熙，앞의책第 310 页。

综上所述，补偿金请求权作为《发明振兴法》在政策上认定的法定债权，认为其消灭时效期间与普通债权一样为 10 年是比较妥当的。

日本的学说中也有观点认为，在决定补偿金请求权的消灭时效期间时，应考虑与劳动关系债权的关系，但日本《劳动基准法》第 115 条规定的工资债权的消灭时效期间为 2 年以及退职津贴的消灭时效期间为 5 年，考虑到与这些规定的均衡性，补偿金请求权的消灭时效期间为 10 年是不妥当的。[1] 但是补偿金请求权作为《发明振兴法》政策上认定的权利，与劳动的对价工资的性质不同，[2] 所以该学说是不合理的。

3. 消灭时效的起算点

消灭时效自可以行使权利时起计算。这里"可以行使权利时"是指行使权力时不存在法律上的阻碍事由，因此实际上不知道权利的存在或者权利行使的可能性，或者对于不知情是否存在过失等问题都不会影响时效的进行。[3]

职务发明的补偿金请求权自申请专利的权利或专利权转让给雇主时起形成（《发明振兴法》第 15 条第 1 款），补偿金请求权的消灭时效原则上自雇员将申请专利的权利或专利权转让给雇主时起计算。[4]

转让专利权时，虽然可以用于核算合理补偿金额的客观因素存在的情形（比如，雇主因该职务发明获得的利益）不多，但不得以补偿金核算困难为由认为无法行使权利，这种事由对消灭时效的进行不产生影响。[5]

但是，合同或者劳动规定中另行约定职务发明补偿金支付日期的，到该日期届满时为止，补偿金请求权的行使属于法律上的阻碍情形，因此劳动规定中规定的支付日期为消灭时效的起算点。[6]

合同或劳动规定中约定职务发明的补偿金为分期支付而非一次性支付时，各个分割的补偿金请求权的消灭时效起算点为各自的支付日期。[7] 合同或劳动规定中关

---

① 中山信弘，小泉直樹编（飯塚＝田中执筆部分），앞의책，569 頁；中山信弘外 3 编（田中成志执筆部分）（사단법인 한국 특허법학회 역），앞의책，第 206 頁。

② 补偿全请求权作为法定债权，与劳动对价的工资在性质上明显不同，所以不得通过支付一般的工资或是绩效工资等代替职务发明的补偿金（参考首尔高等法院 2009 年 10 月 7 日宣告 2009Na26840 判决；下级法院认为部分绩效工资属于职务发明的补偿金的案件，参照首尔中央地方法院 2010 年 6 月 17 日宣告 2009GaHab87404 判决）。

③ 大法院 1984 年 12 月 26 日宣告 84Nu572 全员合议体判决。

④ 大法院 2011 年 7 月 28 日宣告 2009Da75178 判决；尹宣熙，앞의책第 311 頁；조영선，「특허법［제 4 판］」，박영사（2013），第 267 頁。

⑤ 中山信弘，小泉直樹编（飯塚＝田中执筆部分），앞의책，569 頁。

⑥ 大法院 2011 年 7 月 28 日宣告 2009Da75178 判决。

⑦ 이규홍，앞의책，958 頁。

于申请时补偿、登记时补偿、业绩补偿、处分补偿等约定单独的支付日期的，应认为各自的支付日期为各个补偿金请求权的消灭时效起算点。[①]

雇主决定将雇员职务发明的专利申请以商业秘密所代替，与雇员协议独占实施该项发明的情形，补偿金请求权应认为自协议达成时起形成，其消灭时效的起算点为协议达成时。[②]

4. 关联问题

（1）雇主的部分偿付、时效中断及时效利益的抛弃。雇主相信根据合同或劳动规定等核算出的金额为合理的补偿金额，并将该补偿金支付给了雇员，但结果表明该补偿金额未达到《发明振兴法》第15条第6款但书部分规定的合理补偿金额，那么雇主所支付的补偿金就属于部分偿付。

雇主在补偿金请求权的消灭时效完成前支付补偿金的，是否属于韩国《民法》第168条第3款承认的时效中断事由；消灭时效完成后支付补偿金的，是否属于韩国《民法》第184条规定的时效利益的抛弃，二者分别存在着问题。

韩国《民法》第168条第3款规定的承认是可获得时效利益者表示自己认识到权利存在的行为，属于观念通知，所以要求可获得时效利益者必须认识到"相应权利的存在"。因此对于债务数额产生争议时，即使债务人偿还了无争议部分的债务，也不能认为剩余债务同样发生时效中断的效力。[③]此外，《民法》第184条时效利益的抛弃属单方行为，虽然与观念通知的承认相区别，但在具体形态方面是与作为时效中断事由的承认类似的，所以在时效利益抛弃时，也要求对于时效利益有处分权限者必须认识到"相应权利的存在"。

综上所述，雇主相信依合同或者劳动规定等核算的金额为合理的补偿金额，并将该补偿金支付给了雇员时，不能认为雇主认识到了对于实际支付额与合理的补偿金额间差额部分的权利[④]的存在，所以很难认定雇主的补偿金支付行为属于韩国《民法》168条第3款的承认或是韩国《民法》第184条时效利益的抛弃。[⑤]

（2）消灭时效抗辩的限制。补偿金请求权与普通的买卖金额的债权不同，合理的补偿金额很多时候是在事后通过审判才能计算出来的，而且依职务发明的特性，在劳动关系存续期间雇员很少向雇主请求补偿金，往往辞职后再请求，但那

---

① 中山信弘，小泉直樹編（飯塚＝田中執筆部分），앞의책，第570页；中山信弘外3人編（田中成志執筆部分）（사단법인한국특허법학회 역），앞의책，第205页。

② 尹宣熙，앞의책第312页。

③ 郭润直 代表编辑（尹真秀 执笔部分），앞의책第536页。

④ 指符合雇主自己支付的补偿金额与《发明振兴法》第15条第6款但书规定的合理补偿金额间差额的债权。

⑤ 中山信弘，小泉直樹編（飯塚＝田中執筆部分），앞의책，第570—572页。

时补偿金请求权的消灭时效已经完成的情况比较多。① 因此根据具体情况，认定雇主的消灭时效抗辩可能会发生明显不妥或是导致结果不公而违反诚实信用原则的情形。此时在一定条件下需要对雇主限制其消灭时效抗辩。

雇主的消灭时效抗辩权的行使也同样受到《民法》帝王条款诚实信用原则的限制。雇主在时效完成前阻碍雇员行使权利或时效中断，或者作出使雇员相信不需要实行前述措施的行为，或者对雇员权益的保护有很大必要性，及同等条件下的其他雇员获得补偿金等情形下，认定雇主的补偿金支付义务消灭明显不妥或者存在不公平的特殊情形时，雇主的消灭时效抗辩因违反诚实信用原则，不得行使。②

第二节　大学教授发明

光州地方法院法官　廉皓畯（염호준，YEOM，Hojun）

一、绪论

大学教授发明是指大学教授通过教学研究获得的发明。大学对职务发明相关雇员的规定与企业或研究机关、公共机关中的规定有所不同，大学里的雇员包括教授、行政技术人员等教职员工、客座教授、研究员、研究生、本科生等多种类别。但是将大学签订正式聘用合同并发放工资的教职人员统一认定为《发明振兴法》中规定的雇员，这一点并没有理论依据。学生助教或在读博士生同学校签约或以雇用的方式获取工资的情况是否能够被认定为雇员，取决于各大学如何定义职务发明的雇员，根据定义的不同，雇员的范围也有所不同。③

并且，大学教授发明依据课题研究主体、研究费、研究设施提供主体、契约中与大学教授约束的职位关系的不同，存在多种可能。因此不能轻易地对大学教授发明的归属主体问题进行统一规定。本文以下部分将以大学教授发明为中心，对大学教授发明是否属于职务发明按照类型进行考察，主要对发明的归属及其补偿等进行论述。

---

① 美势克彦，앞의 책，第 329—330 页。

② 以诚实信用原则为由限制债权人的消灭时效抗辩的案例参照大法院 2002 年 10 月 25 日宣告 2002Da32332 判决，大法院 2008 年 5 月 29 日宣告 2004Da33469 判决，大法院 2013 年 3 月 28 日宣告 2010Da108494 判决等。

③ 정성찬，"대학교수 직무발명제도의 비판적 검토"，산업재산권 22 호，한국산업재산권법학회（2007），第 38 页。

二、比较法考察

1. 美国

美国从很早开始便认识到联邦政府对大学研究开发提供资助的重要性，一直持续并不断增加研究费用。因此，美国政府希望资助的研发成果得以归属政府或公开后使得一般公众可以广泛使用。但美国政府指出，在研究结果归政府所有的情况下，专利权等权利不能有效得以实施，在一般公众广泛使用的情况下发明专利无法立即实现商品化，商品化所需的稳定性测试和设备投资以及市场开拓等方面均需要投资，在专利权没有得到保护的前提下，民间企业不会进一步考虑投资。①

为了使大学研发成果得到有效利用，美国于 1980 年依据《拜杜法》（Bayh-Dole Act of 1980）②对《专利法》进行了修订。通过对《专利法》的修订，联邦政府资助下产生的发明原则上权利归属于该研发大学，从而激励专利发明产业化。另外，联邦政府和其他企业从大学获取专利强制实施权（compulsory license），通过对发明专利的实施防止发明专利被大学强制享有。由此，在美国大学教授是发明人，根据大学教授和大学间签署的合同内容规定，发明专利权归属于大学，大学享有无偿普通实施许可，特别是可以成为国有专利的发明，给予各大学的同时允许各大学运用此发明获得收益。各大学自行制定管理条例，并规定研究费存留、知识产权保护、知识产权市场、合约、专利使用费分配和下一次研究基金确保、知识财产权侵害行为的应对、创业公司的成立和持股保有等相关事务。通过这种方式不仅可以鼓励大学创新，而且能够对国家产业发展和经济发展给予积极的影响。③

2. 英国

英国 1977 年《专利法》规定雇员在执行一般性业务的过程中产生的发明，其专利权归属于法人等雇主。关于营业秘密的解释也是相同的情况。对于这样的法律规定，之前都体现在以往的判例中，可理解为成文的法律化。但是针对大学教授研发成果的知识产权归属问题在以往的判决和 1977 年《专利法》之间存在很大差异。也就是以往的判决中大学教授研发成果的知识产权归属于教授个人，1977 年《专利法》中规定教授授课和研究都属于合约中规定的应有义务，在这种合约规定下

---

① 정상조，"대학교수의 특허권 - 자유발명인가 직무발명인가 -"，법조 49 권 5 호，법조협회（2000），第 88—89 页。

② 该法第 200 条至第 212 条。

③ 정승일 . 윤종민，"직무발명 범위에 관한 법적 연구 - 대학교수 발명을 중심으로"，과학기술과법 3 권 2 호，충북대학교 법학연구소（2012），第 131—132 页。

产生的成果一旦成为发明，则依据《专利法》的规定专利权应归大学所有。[①]

因此，通过大学或者依靠大学得到资金并且给予教授特定的研究课题的情况下，该研发结果成为发明时，发明专利权归属于大学，这一点根据1977年《专利法》来解释虽然并不存在异议但仍存在疑问：（1）根据大学和教授双方签署的合约规定，在授课时间以外教授进行的不特定性研究是否也将其解释为合约约束下的大学教授发明专利权归属于大学的情况。（2）英国《专利法》中职务发明应具备两个成立条件，发明的研究和开发应属于该雇员的职务范围并且对该雇员的发明有一定的预想和期待。但要求大学教授的发明同时满足这两点实际上很困难。因此这种给予特定研究课题或没有提供研发资金的情况，不能将教授日常学术研发成果作为发明归属于大学使其享有发明专利权。[②]

3. 德国

在德国大学或者国家干涉教授发明的行为被认定为对学术自由的侵害，背离德国的基本法律。[③]关于这一点，《雇员发明法》第42条中规定大学教授依照各自职位完成的发明属于自由发明的范畴不适用雇员通知义务和发明提供义务。[④]但是因为法律规定给予大学教授的不适当经济补偿以及大学发明在商业上得不到充分利用等问题，该规定也遭到了质疑。[⑤]

因此，2002年修订的《雇员发明法》第42条中规定，取消大学发明属自由发明的概念，大学教授等发明也属于职务发明的范畴，适用发明通知义务和优先提供义务等规定，并将发明经实施后获取收益的30%作为奖励金额[⑥]。而且德国大学成立共同或单独的技术转移机构（Technology Licensing Organization，TLO）推进大学技术的商业化，教授收取收益的30%作为奖励金。[⑦]

4. 日本

日本一直认为大学教授发明原则上不属于职务发明。[⑧]但是文部省1977年从

[①] 정상조, 앞의 논문（주2），第91页。

[②] 정상조, 앞의 논문（주2），第92页。

[③] 정승일 . 윤종민, 앞의 논문（주4），第131页。

[④] 李在成，"職務發明에 관한 研究 - 獨逸의 從業員發明法을 中心으로 -"，韓南大學校 大學院（2002），第56页。

[⑤] 정성찬, 앞의 논문（주1），第48页。

[⑥] 李在成，앞의 논문（주8），第57页。

[⑦] 김수동，"국 . 공립대학교수의 직무발명과 활성화에 관한 법리 및 제도적 고찰"，지식재산 2194 호，특허청（2006），第151页。

[⑧] 澁谷達記, 知的財産權法講義 I, 有斐閣（2004），第104页；竹田和彦, 特許의知識（第8版），도서출판에이제이디자인기획（김관식 외4 인 번역）（2011），第413页。

咨询机构的学术审议会中得到大学教职员工发明的相关权利除特别情况外均不属于雇主的答复。1978年文部省发布以下通知，大学教职员工的研究活动产生的发明原则上属于发明人，以特定开发为目的的研究课题如：（1）从国家获得特定经费的研究成果产生的发明；（2）为了国家的特定研究目的使用特殊研究设备进行研究并产生的发明，发明专利权归属于国家。①

之后，1998年受美国Bayh–Dole法案影响，日本制定了《大学等技术相关研究成果的民间事业者的转移促进相关法律》，为大学研究成果转移机构（TLO）的设立提供了坚实的理论基础。大学或者个人将持有的专利通过TLO进行管理，每个私立大学发明的管理体制得到整顿和发展，同时也致使技术转移更加活跃。②

自2004年开始，随着日本公立学校逐渐独立法人化的转变，日本学界针对公共研究机关的成果是否应属于大学进行了探讨，文部科学省指出研究成果一元化同时应该归属于研究机关。③

三、韩国相关法令

1.《发明振兴法》

在之前的旧《特许法》（2006年3月3日法律第7869号制定之前）第39条第2款职务发明规定中，④公立学校教职员工的职务发明也被规定在内。2006年3月3日法律第7869号《特许法》修订时删除第39条，2007年4月11日法律第8357号《发明振兴法》修订时将上述条款中相同的内容移至《发明振兴法》第10条第2款但书部分⑤加以规定。

2.《公务员职务发明处分管理补偿规定》

公务员关于职务发明的奖励内容参照《公务员职务发明处分管理补偿规定》，根据该规定第2条之2⑥的内容，公立大学教职员工的职务发明不适用此规定。

---

① 竹田和彦，앞의《特許의知識》（주12），第413页。

② 홍봉규，"대학교원의 직무발명"，공법연구 34집 2호，한국공법학회（2005），第432—433页。

③ 竹田和彦，앞의《特許의知識》（주12），第414—415页。

④ 但根据高等教育法的规定，公立大学教职员工的职务发明根据《技术转移促进法》第9条第1款后段的规定由专门的组织负责承继，负责部门所承继的私立大学教职员工的职务发明相关的专利权归负责部门所有。

⑤ 但根据《高等教育法》第3条的规定，公立大学教职员工的职务发明权根据《关于技术的转移和促进产业化的法律》第11条第1项后段的规定，由专门的组织负责承继，专项组所承继的私立大学教职员工的职务发明相关的专利权归负责部门所有。

⑥ 这种公立大学设立的专项组中教职员工的职务发明，不适用于《关于技术的转移和促进产业化的法律》第11条第1款后段的规定。

3.《关于技术的转移和促进产业化的法律》

根据《关于技术的转移和促进产业化的法律》的规定，公共研究机关里应该设立专项组专门担任技术转移及产业化相关业务。国立、公立大学设立的专门组织，其形态必须为法人（第 11 条第 1 款），国立、公立大学的专项组在该专项组中作为公共技术应用而产生的技术费用可以使用在研究人员奖励金、研究开发、技术转移产业化等方面（第 24 条第 6 款）。而且公共研究机关的主管应该按照贡献程度对该机关研究者在技术转移开发中产生的一部分技术费用进行合理分配（第 19 条第 2 款）。关于技术费用合理分配相关的依据、方法以及其他所需事项在实施令 ① 中进行规定（第 19 条第 4 款）。此内容和第 24 条第 6 款所指的研究者奖励的性质不同。

4.《关于产业教育振兴以及促进产学研结合的法律》

《关于产业教育振兴以及促进产学研结合的法律》第 27 条中规定 ②，产学协同机构的业务包括知识财产权获取和管理的相关业务，给予职务发明相关的技术提供者和研发人员提供奖励的业务，国立、公立大学可以在产学协同机构下设立附属

① 第 24 条（公共技术转移成果分配）

该法第 19 条第 2 款中"总统令定义的人"是指由公共研究机关负责人指定，与技术转移相关合约签订以及在此过程中作出贡献的人（研究员除外）。

该法第 19 条第 2 款规定给予研究者以及在技术转移过程中有突出贡献的人提供一定的奖励，依据下列条款判断具体奖励金额与其对应的资产。但是研究者作为公务员的情况（依据该法第 11 条第 1 款后段内容的规定设立专项组的公立大学教职员工除外）与《公务员职务发明处分管理补偿规定》中定义的国家公务员的情况不同，并且与该地方自治团体条例中定义的地方公务员的情况也有所不同。

② 第 27 条（产学协同机构的业务）

产学协同机构业务包括以下内容：

产学研协同相应合约的签订及履行。

产学研协同项目相关的财务管理。

知识产权的获取以及管理相关的业务。

资助大学设施与运营。

与技术转移和产业化促进相关的业务。

职务发明中提供相关技术人员以及与其相关进行研究人员的补偿。

帮助产业教育机关的教职人员和学生创业，培养具有创业精神的人才等相关业务。

其他产学研合作相关的事项在总统令中有明确规定：

依据《关于技术的转移和促进产业化的法律》第 11 条第 1 款以及第 2 款的内容，根据第 29 条规定，可以在公立大学产学研协同机构下设立负责第 1 款第 5 项业务的专项组。这种情况下适用于《发明振兴法》第 10 条第 2 款规定时，《关于技术的转移和促进产业化的法律》第 11 条的规定将产学研合作团看作为专项组。

依据第 29 条规定可以在产学协同机构下设立负责大学第 1 款第 7 项业务的专项组。

机构专门承担技术转移和促进产业化发展等相关业务。另外，根据第35条^①的规定，产学研协同机构制定的关于知识财产权获取、管理以及技术的移转及产业化等相关规定中，应当包括给予研究者（发明人）或者技术转移过程中作出贡献的人以一定补偿的相关内容。根据以上法律实施令，在确定相关教职人员补偿金额时，原则上应当考虑纯收益资金来源的性质、纯收益金额的数量、相关职员和学生在校企中的贡献程度等情况，而对于具体支付基准，则要求大学制定规定而予以确定（《实施令》第40条第2款）。

四、大学教授发明是否属于职务发明

1. 学说

（1）原则上认定为自由发明的观点。商业企业的雇员为其受雇的企业进行研究开发，承担着发明作为财产价值成果应转化成更多商业价值的义务。与此相比，大学教授研究的目的并非是为了大学，更深远意义在于投身于人类知识积累的研究，研究结果通过广泛出版等方式公开，以便后续授课得以利用。原本职务发明的概念在于为提供研发费用和设施的雇主以及提供创造性劳动的雇员之间进行合理的利益分配，从而诱导雇主更积极地进行投资，鼓励雇员进行发明创造，是在专利权的归属和实施许可相关的特别规定准备中衍生的功能性概念。因此，此观点认为，和企业一样没有特殊投资的大学和教授之间不能适用此规定，大学教授研发的成果申请的发明原则上属于自由发明。^② 同时将重视研发自由的大学等学术研究机关

---

① 第35条（知识产权的获取及管理）

产学协同机构依照产学研合作条约可以对知识产权进行获取、使用及管理。

国家和地方自治团体依照第1款规定可以提供知识产权获取及管理所需的费用。

产学协同机构在签订产学研合作条约时，为了促进技术产业化及产学研的合作，根据履行产学研合作合同取得的成果尽可能地确保提供知识产权获取及管理所需费用。

产学协同机构需要制定知识产权获取、管理以及技术转移、产业化等相关规定。

根据第4款的内容，知识产权获取、管理以及技术转移、产业化等相关规定包括以下内容：

知识产权申请、授权、保护、转移以及应用等相关事项；

技术产业化相关的知识产权应用范围、基本条件等事项；

技术转移、产业化信息的授权及管理等相关事项；

研究者（发明人）和技术转移中有突出贡献者提供奖励等相关事项；

除此之外还包含产学协同机构负责人认为在促进技术转移及产业化过程中所需的相关事项。

② 정상조, 앞의 논문（주2），第96—97页。

的性质和民间企业中职务发明认定为同一种情况也欠妥当。① 这是一种传统说法。②

（2）原则上认定为职务发明的观点。此观点认为，根据《高等教育法》的规定，大学的业务范围和教授的义务在于学生教育和研发义务。在一般情况下，聘用合同中包含发明报告、信息公开、转让等内容。因此，依据相关法律制度和当事人之前签署的合约，教授的一般性、通常性研究活动中产生的发明理所应当属于职务发明。③ 大学教授或研发小组得到企业资助进行研究的情况正在不断增加。在国立、公立大学中专门组和私立大学的产学合作团中作为主体，大学成员获得专利相关权利并对其进行统一管理，同时通过合适的报酬和方式转让给企业，并将一部分利润回馈给大学，这样的方式越来越普遍。相比较来说，不能将大学教授的发明统一划分为自由发明范畴内的观点，④ 根据大学专利权的产业化以及确保大学竞争力的现实性需要，将大学教授的发明看作职务发明的观点⑤ 以及主张大学教授发明属于自由发明的观点⑥ 不过是立法论的观点，均可以理解成为相似的宗旨。

（3）研讨。大学教授的研究义务和在一般企业里工作的雇员的研究开发业务本质上存在区别。

尽管从职务发明制度的功能性层面也很难将大学教授的发明均认定为职务发明。但是，一方面教育型大学向研发型大学转变，通过产学研合约对受让发明专利权进行统一管理，同时通过合理的报酬和方式转让给企业，并将一部分利润回馈给大学的方式在现实中较为普遍。因此，也不能将大学教授的发明统一划分为自由发明的范畴，而且根据文章前面涉及的《发明振兴法》第10条第2款的规定，公立大学教职员工的职务发明权依照《关于技术的转移和促进产业化的法律》第11条第1款后段内容，专项组所承接的公立大学教职员工的职务发明相关的专利权归专项组所有。根据《关于产业教育振兴及促进产学研合作的法律》第27条、第35条中相关规定，应对产学合作团中与职务发明相关的研究者（发明人）以及对技术转移有突出贡献的人给予一定的奖励。考虑到这些情况韩国在立法上从整体上将大学教授的发明认定为职务发明。

---

① 강헌, "대학의 직무발명규정의 운영에 관한 비판적 고찰 - 대학교수발명의 직무발명 해당성 여부를 중심으로 -", 경영법률 21 집 2 호, 경영법률학회 (2011), 第 761 頁。

② 김선정, "교수의 발명을 활성화하기 위한 대학의 역할과 법적 과제", 지적소유권법연구 4 집, 한국지적소유권법학회 (2000), 第 258、275 頁; 김병일, "직무발명제도와 종업원과 사용자 간의 법률문제", 지적소유권법연구 4 집, 한국지적소유권법학회 (2000), 第 379 頁等。

③ 정성찬, 앞의 논문 (주 1), 第 54 頁。홍봉규, 앞의 논문 (주 14), 第 429 頁。

④ 정상조·박성수 共編: 특허법주해 I, 박영사 (2010), 第 459 頁 (조영선执笔部分)。

⑤ 정승일·윤종민, 앞의 논문 (주 4), 第 131 頁。

⑥ 김수동, 앞의 논문 (주 11), 第 152 頁。

但是原则上认定为自由发明的观点认为，大学与教授之间制定特定的研究课题，与此相对应，提供研究费用并且研究成果认定为发明时，该发明应该被认定为职务范围内的发明①。原则上认定为职务发明的观点也认为，作为大学的教授不接受大学研究经费并且不使用大学研究设施的状态下完成的发明应该属于自由范围的范畴。② 所以划分为具体的两种类型进行对比的时候会发现两种看法实质上没有太大差异。因此，最可取的是与其将大学教授发明统一规定为职务发明或者非职务发明，不如按照具体情况划分为不同类型进行判断。

2. 分类讨论

（1）一般性研究活动的情况。大学教授未从大学获取研究费用并且没有使用大学研究设施的情况下完成的发明，且该发明和专业无关，由于是属于在未得到大学资助的前提下进行的研究，因此可以认定为自由发明。③

尽管大学教授从事和专业领域相关的研究，但是大学教授未从大学获取研究费用并且没有使用大学研究设施的情况下完成的发明原则上属于自由发明。④ 关于这一点，依照《高等教育法》的规定，大学的业务范围和教授的任务是指学生教育和研究义务等⑤。在一般情况下，聘用合同中包含发明报告、信息公开、转让等内容。因此，依据相关法律制度和当事人之间签署的合约，教授的一般性、通常性研究活动中产生的发明理所应当属于职务发明。⑥ 或者也存在和专业相关的发明属于职务发明的观点⑦。但是利用大学设施研发的发明根据研发合约、学校规定、职务发明等规定将其认定为职务发明。⑧

---

① 정상조, 앞의 논문（주2），第97页。
② 조영선, 앞의 특허법주해 I（주26），第461页。
③ 정승일．윤종민, 앞의 논문（주4），第138页。同旨조영선, 앞의 특허법주해 I（주26），第461页。
④ 조영선, 앞의《특허법주해 I》（주26），第460页。
⑤ 第15条（教职员工的义务）
2.教职员工主要负责教育、指导学生以及学问研究，需要的情况下也担当大学及负责人指定的教育、指导以及学问研究，还包括专门负责《技术的转移和促进产业化等相关法律》第2条第5项的产学合作等义务。
第28条（目的）
大学负责培养人才，传授和研究国家和人类社会发展所需的深层学术理论和应用方法，以贡献国家和人类社会为目的。
⑥ 정성찬, 앞의 논문（주1），第54页。
⑦ 김수동, 앞의 논문（주11），第147页。
⑧ 조영선, 앞의《특허법주해 I》（주26），第460页；정승일．윤종민, 앞의 논문（주4），第137页。

（2）在大学里承担特定委托研究的情况。大学作为研发的主要机关为研发的主体以及研发课题提供了空间和设施，大学教授从大学收取一定的研究经费，以特定的研究目的利用研究设施产生的发明原则上属于职务发明，这一点毋庸置疑。^①正因为这样的情况存在，项目执行或技术开发等新的义务也随之产生。^②

（3）从外部企业获得研究课题和研究经费的情况。如果大学教授受外部企业委托获得研究课题和研究经费，在不使用大学设施的前提下完成的发明属于教授的自由发明，相反使用大学设施完成的发明依据研发合同、大学规定和职务发明等规定认定为职务发明。^③由于大学教授在没有大学主管领导同意的情况下是不可以为其他机关进行研发的，因此，一般情况下不能成为与一般企业签订合同的适格当事人，因此不能成为合同的主体。这是由于大学的业务范围本身包含研究业务，而研究本身也属于大学教授的义务。^④

但是由于大学教授无法被看待为外部企业的雇员，因此从和外部企业的关系来看也不能认定为职务发明。但是大学、大学教授以及外部企业之间权利归属的问题更多是根据大学教授和外部企业间签订的合约内容进行确定。大体上雇用教授的企业或机关一般都会要求教授把申请专利的权利转让给自己。从企业的立场上看，为大学教授提供研究费、研究设施、研究材料使其在此基础上产生研发成果，即大学教授发明依据大学的相关规定属大学和企业共有或者直接从产学合作团转让发明的方式更有意义。^⑤

这种情况即便认定专利权归属于外部企业，根据《专利法》第96条第1款第1项的规定，以研究和实验为目的的专利发明可以予以实施，但是大学教授作为发明人进行持续研发的同时为了使得改良的研发成果发明得以实施，可以通过特别约定的方式无偿地对专利发明予以实施。^⑥

（4）作为外部企业的技术顾问在职期间完成技术领域的发明的情况。这种情况属于大学教授作为外部企业的雇员（技术顾问）完成的发明，应认定为外部企业中的职务发明。但是同时也属于大学的业务范围和教授的职务范围的情况，可以认定为大学的职务发明。特别是国立、公立大学教授依据《国家公务员法》第64条

① 정승일 . 윤종민, 앞의 논문（주4），第138页。조영선，앞의《특허법주해Ⅰ》（주26），第460页；홍봉규，앞의 논문（주14），第434页。

② 김수동，앞의 논문（주11），第148页。

③ 조영선，앞의《특허법주해Ⅰ》（주26），第461页。

④ 정성찬，앞의 논문（주1），第54页。

⑤ 정승일，윤종민，앞의 논문（주4），第139页。

⑥ 김수동，앞의 논문（주2），第99页。

第1款①的规定，私立大学教授依据《私立大学法》第55条第1款②的规定，担负着盈利和禁止兼职的义务，所以应当在不抵触法律的范围内以当事人之间的合约为基础，寻求更为合理的解决方案。③

五、大学教授的职务发明与自由发明

在大学教授发明属于职务发明的情况下，公立大学教授的职务发明相关权利依照《关于技术的转移和促进产业化的法律》规定由专项组负责承接，私立大学教授的职务发明相关的权利由产学合作团负责承接。这种情况下应给予大学教授一定的奖励，从这一点上看和一般职务发明的论点相同，补偿标准一般在专项组的职务发明相关规定以及产学协同机构的章程中单独制定。实际上首尔大学、KAIST、浦项工科大学等各个学校都单独制定并试行了较为细致的"职务发明规定"④。一部分国立大学专利实施费用扣除课程中必需经费至少给予纯收益的50%，最多还有提供80%的情况，财政收入不太乐观的私立大学平均提供纯收益的50%。⑤

相反，在大学教授发明属于自由发明的情况下，由于大学教授享有作为发明人的权利，因此大学教授可以获得专利权，可以将获取专利的权利或将专利权的一部分或全部转让给他人，也可以设置专用实施许可。为了更有效地促进专利授权和专利商业化，通过大学专项组或产学协同机构将专利进行转移并商业化后，可以和教授制定协议共同分配营业利润。

但是职务发明必须将前期投入大学的研究费和研究设施等收回，相比之下，自由发明中大学除行政费用以外很难有其他的投资，因此为了鼓励将自由发明的相关权利转让给大学，与职务发明的奖励比例相比，自由发明高额的奖励比例是更合理的。⑥

---

① 第64条（盈利业务及兼职禁止）

1.公务员不能从事除公务以外以营利为目的的业务，没有所属机关负责人的允许不能担任其他职务。

② 第55条（服务）

1.私立大学教职员工的服务适用于公立大学教职员工的规定。

③ 정성찬, 앞의 논문（주1），第55页。

④ 김수동, 앞의 논문（주11），第154页。

⑤ 정성찬, 앞의 논문（주1），第61页。

⑥ 정상조, 앞의 논문（주2），第109页。

第三节　专利无效的补偿

金张法律事务所　专利代理师　姜京兌（강경태，Kang Kyeongtae）

一、问题点

职务发明的雇主拥有无偿普通实施许可（《发明振兴法》第 10 条第 1 款），因此雇主单纯地实施职务发明的情况下不需要进行单独的补偿，但是承继发明相关的权利或者设定专用实施许可的情况下，超出普通实施许可的收益需要给予适当的补偿。

但是尽管专利已经授权，之后也有可能被判无效，特别是在韩国提出专利无效审判的专利，50% ~ 80% 最终都会判定为无效。因此需要围绕着具有无效事由的职务发明专利如何进行补偿的问题进行进一步讨论。以下问题成为争论的焦点：如雇员针对授权专利职务发明请求相关补偿的情况，雇主针对新颖性、进步性存在缺陷的无效事由能否进行主张和抗辩，认定为无效事由的情况下是否可以免除支付补偿金的义务，雇主是否已经获得收益，无效事由与否是否只不过是单纯参照补偿金额来决定，谁负责无效事由的举证等。

二、各国的立场

（一）德国

在德国尽管职务发明专利存在无效事由，但是没有法院和审判员的判决，无法主张专利无效，同时也不能拒绝支付补偿金的请求。[①] 而且《雇员发明法》（Gesetz über Arbeitnehmererfindungen）规定已经支付的补偿金不能请求返还。《雇员实务指南及示范规定》中也进行以下说明："职务发明宣告无效为止，专利效力虽然消失但是补偿金相关的长期效力仍然存在。根据《雇员发明法》第 12 条第 7 款中关于'返还请求禁止'的规定，已经支付的补偿金不能请求返还。确定无效之前雇员仍然拥有申请补偿金的权利。"

（二）日本

在日本，更多的学说和判例都围绕着职务发明补偿金诉讼请求，对雇主以此专利具有无效事由为由，对补偿金提出减免的要求是否合适的问题进行探讨。

---

① Professor Dr.iur.Kurt Bartenbach, Dr.iur.Franz-Eugen Volz, Arbeitnehmererfindungen Praxisleitfaden mit Mustertexten, Carl Heymanns Verlag（2006），第 114 页。

1. 学说

（1）肯定免除支付无效抗辩补偿金的看法。①有的观点[①]认为，如果没有需要保护的权利或者尽管没有触及独占排他权也要支付费用，一方面会打消雇员自身进行创作的激情，同时也会引发发明人之间的不公平感，这也违背了专利法通过鼓励创新促进产业发展的宗旨。②有的观点[②]认为，对于还不具备新颖性、进步性等专利属性同时也没有保护价值的发明，没有理由给雇员提供补偿奖励，以此专利权为基础行使权利，在任何时候通过无效抗辩都可能受到挫败，随后因为无效专利而收取的实施费作为不当得利应返还给实施人，所以职务发明专利中存在无效事由，从法律的观点来看，就不能存在排他的收益。③有的观点[③]认为，雇主的收益作为职务发明补偿的依据是指超出通常的无偿实施利益的排他的、独占的收益，与雇员约定的补偿金额不足的情况下可以要求追加追偿，既然已经为雇员开辟了这样一条道路，那么企业也可以随后发出声明称该发明丧失价值，从而通过无效抗辩获得补偿金，以此来寻求平衡。

（2）否定免除支付无效抗辩补偿金的看法。①有人认为[④]，截至补偿金请求时间为止，职务发明并无无效事由且雇主已经从职务发明中获取实际收益，如果仅以存在无效事由为由拒绝支付补偿，不仅违背公平原则而且违背禁止反言原则甚至诚信原则。②有人认为[⑤]，即便专利存在无效事由，但是因授权专利的独占性地位一般都会使得雇主享受到排他、独占的收益，因此原则上应该给予正当的补偿，市场中的竞争者了解到有这样的无效事由并随意实施发明专利内容等例外的情况下，可以否定其独占、排他的收益。对职务发明未来收益请求补偿的情况下，只有在客观地、明确地告知专利无效事由时才有适用减额的余地。

（3）折中论。有人认为[⑥]有很多不同的情况，例如，无效事由是否对补偿金

---

① 關根康男，"最近の知財高裁判決か・発明補償の実務に及ほ・す問題点とその考察"（平成21.6.25知財高判），知財管理60巻2號，2010.2.，第166頁.

② 田村善之，"職務發明にかかる補償金請求訴訟における無效理由斟酌の可否について"，知財管理，vol.60，No.2（2010），第172頁.

③ 島垃良，"職務發明の承繼對價と使用者の收益-2009年に下された2つの知財高判決によせて・"，シ・ユリスト，No.1，394（2010.2.15.），第47頁，조영선，위의논문第170頁中再引用。

④ 帖佐隆，"職務發明對價請求訴訟と特許無效理由"，ハテント，Vol.63，No.7（2010），第73頁，조영선，위의 논문第171頁中再引用。

⑤ 田村善之．山本敬三，職務發明，有斐閣，2005，85-86면（吉田廣志，执笔部分），조영선，위의 논문第172頁中再引用。

⑥ 中山信弘・小泉直樹編，新注解特許法，青林書院（2011），第561，562頁，조영선，위의논문第172頁再引用。

核算起到积极影响，发明本身的无效是否是内在的，如果不是，是否取决于申请到审查过程中发现的瑕疵，是否已经被无效，或者是否让竞争者可能非常容易地了解到无效事由的存在等，根据这些情况的不同会出现很大差异。

2. 判例

在日本的判例中，对于专利无偿的补偿纠纷，存在多种结果不一的判决。职务发明专利如果存在无效事由，导致发明的价值降低而补偿金应被减额的情形时，从雇主收取实施费这一点来看，雇主已经获得实际收益同时以此为基础来核算雇主收益额［東京高裁平成十三（2001）年 5 月 22 日平 11（ネ）第 3208 號判决］。职务发明在专利申请前已经被公开实施，竞争者也非常容易得知目前存在类似的无效事由，以此为理由否认超过已经支付的补偿金的收益［大阪地判平成十八（2006）年 3 月 23 条判时 1945 號］。不能够说存在无效事由的职务发明专利没有独占收益，但是技术人员很容易了解到无效事由，竞争者采用和专利不同的技术生产出同样产品的情况无法认定排他性、独占性收益［大阪地判平成十九（2007）年 3 月 27 日平 16（ワ）第 11060 號判决］。雇主从雇员承继专利权同时取得专利后，在职务发明补偿请求诉讼中，如果雇员知道专利无效事由前提下同时进行了转让的，专利无效的主张，在非特殊情况下是不被允许的，但是却可以成为核算补偿金时参照的一种情况［知财高裁平成二十一（2009）年 6 月 25 日平成 19 年（ネ）第 10056 號判决］。职务发明专利即便存在无效事由但被雇主将其实施的话可以判断其存在独占性收益，特别是收取实施费的情况可以作为核算补偿金的基础，专利确定无效之后应该反映补偿金额减额的情况［東京地裁平成十九（2007）年 4 月 18 日平 17（ワ）第 11007 號判决］。

以上日本下级审判例的主要类别，专利申请过程中主张该发明的专利性，随后补偿金请求诉讼中改变态度主张无效的情况违反了禁止翻供原则。尽管职务发明专利存在无效事由，作为专利权人的雇主既然使得专利有效地得到授权，那么从此开始享有实际收益的可能性很大，所以对于收益进行分配也是理所应当的。特别是给予第三者选定实施权并收取一定的实施费用，可以作为补偿金核算的基础，但是雇主不顾及其专利，曾经有过不允许排他、独占地使用的特殊情况或者该专利无效判决公布之后能够免除支付补偿金，即便是命令其支付补偿金的情况下，专利无效事由存在的问题也可作为确定补偿金的参考事由。[1]

---

① 조영선,직무발명에 대한 정당한 보상과 특허의 무효,저스티스 제 129 호（2012. 4.），第 174 页；김종석, 석직무발명이 그 출원 당시 이미 공지된 것이고 제 3 자도 그와 같은 사정을 용이하게알 수 있었던 것으로 보이는 경우 실시보상금의 지급 의무 여부"도 대법원판례해설，90 호（2011 하반기）（2012 년），법원도서관，第 593 页。

（三）英国

在英国，对于职务发明权利从原则上来讲是以雇主作为归属或承继的，关于职务发明的补偿是雇主因职务发明得到显著收益（outstanding benefit），并对此给予特别补偿并符合公平认定时作为例外补偿时使用。如雇主以职务发明得到显著收益，即使专利无效也应该给予雇员一定的补偿。[①]

三、韩国国内的学说和判例

1.学说

在韩国，关于该问题的讨论虽不激烈，但조영선教授的论文将争论焦点罗列得比较细致。该观点如下诸论据说明，职务发明专利中的无效事由不仅是在计算补偿金时的参考理由，还是免除全部补偿金支付义务或将已经支付的补偿金作为非法所得进行判断的理由。

（1）雇主承继职务发明相关权利并获得专利权，对于雇员的补偿金请求，否定自身的专利权并主张专利无效的，没有违背禁止反悔原则。雇主因为在职务发明申请时确信其专利属性或者不清楚无效事由情况下提交申请，随后发现无效事由，这和申请之后翻供的情况一致，不存在"故意行为矛盾"。作为雇主，事前准确地把握专利无效事由虽困难，但是承继雇员职务发明并取得专利权后认定为无效情况下，收取减免补偿金的行为是非常合理的选择，以禁止翻供原则为限定是不现实的。

（2）在一般情况下，签订普通实施许可合约支付实施费用时，已登记的专利仍存在承受无效事由的风险和自由契约的结果，即便事后专利作为无效处理，因动机的错误主张造成已支付的实施费用不予返还的处理还有待于讨论。关于职务发明的适当补偿是当事人之间的劳动合同因法律保护介入而在事后修改契约内容，客观的"公平和正义"作为本质上的价值标准，存在专利无效等情况变更的约束力中赋予灵活性是有必要的。雇员约定补偿金作为专利价值起到雇主获得收益不足的情况下，可以提出追加补偿请求，雇主也可在事后就该专利作为无效时提出补偿金缩减以及减免的主张，这符合公平动机的错误主张是被容许的。

（3）职务发明的专利中如有无效事由，则包含竞争者在内的第三者可以此作为雇主在专利权活动时权利滥用的抗辩理由，通过自由技术进行抗辩而达成目的，雇主（专利权人）对有无效事由的职务发明专利不能存在排他权造成的超额收益，

---

① 조영선, 직무발명에 대한 정당한 보상과 특허의 무효, 저스티스 제 129 호 (2012. 4.), 第 166 页以下; 김선정·선김승군, 선진국 직무발명보상제도 연구, 지식재산연구센터 (2002. 12.), 第 16 页以下。

该补偿不能成立。雇主利用普通专利发明得到收益时，雇主补偿的无偿普通实施许可中出于收益事宜的可能性较高。

（4）专利权所有人对第三者行使其权利时，如在原案中败诉，存在承担为已主张不法行为的过失损害赔偿责任的可能性，因此强制规定对雇员无条件补偿不为妥当。

（5）职务发明中如有专利无效事由，该发明则为技术价值以外的排他性、垄断性的价值弱化后对于补偿有着负面影响，专利发明作为自由技术被否定其权利范围时，因类似于 Backward citation 极多的情况，补偿额度应当计算为 0。

除此以外，专利发明中仍存在进步性欠缺的无效事由，当该专利明确被视为无效时，则对该专利权基本的禁止侵权及损害赔偿等要求归属于没有特别事项的权利滥用，该情况是不被容许的。根据大法院 2010 Da95390 作为合议庭判决，"雇主从根本上来说由于得到无偿的普通实施许可，在实施补偿金中需考虑到'雇主的利益'，作为专利权人，他人承担专利发明的实施行为时应使其禁止市场中的垄断地位，甚至在竞争者的排挤中得到所谓超额利润时，雇主实施的技术内容因存在于竞争关系中的第三者也了解该情况，所以自由实施可能的情况中雇主按照专利发明实施时，是不可获取排他性、垄断性利益的"。这样的意见也是存在的。①

2. 判决案例

大法院 2011 年 9 月 8 日宣告了 2009 Da91507 判决，判决指出"公司实施的发明在职务发明申请时已经公开，对于此项发明可以自由实施，也便于具有竞争关系的第三人了解到此项发明的内容。所以，不能断言公司由于职务发明的实施而超出无偿的普通实施许可而获得了排他性、独占的收益，公司也没有义务支付和职务发明相关的实施补偿金"。在判决上有人作出这样的评价②，即韩国下级审判决采用无效抗辩否定论，大法院采用了明确的积极论法理。但是观察上述大法院判决说明书③的内容，可以发现大法院对于是否明确宣布无效抗争的肯定或否定的法理这一点不够明显。大法院只有在决定职务发明补偿金时需要考虑"雇主获取收益"。"雇主获取收益"是指超出普通实施许可，通过占据排他、独占地实施职务发明的地位从而获得收益。所以职务发明中，雇主由于公知等原因无法取得收益的情况下，

① 김종석, "직무발명이 그 출원 당시 이미 공지된 것이고 제 3 자도 그와 같은 사정을 용이하게 알 수 있었던 것으로 보이는 경우 실시보상금의 지급 의무 여부", 대법원판례해설, 90 호 (2011 하반기) (2012 년), 법원도서관, 第 596 页。

② 조영선, 앞의논문, 第 186 页。

③ 김종석, 앞의논문참조。

不会产生支付与职务发明相关的实施补偿金的义务，这一基本原则在这里也得到了进一步确认。

首尔高等法院2014年7月17日宣告的2013Na2016228判决也持有同样的观点，认为"承继雇员职务发明相关权利的雇主实施的这一发明在职务发明申请当时已经公开，因此可以自由实施，也便于具有竞争关系的第三人了解到此项发明内容，不能认为公司由于职务发明的实施而超出无偿的普通实施许可而获得了排他性、独占的收益，雇主也没有义务支付职务发明补偿金（参照大法院2011年9月8日宣告2009Da91507判决），但是因发明具有无效事由不能对于以上独占的排他的收益一律给予否定，也不能免除支付补偿金"。

3. 评析

对于存在无效事由的职务发明是否应该支付补偿金的问题取决于如何看待职务发明的性质以及如何看待职务发明的归属问题。韩国的职务发明补偿金理应被看作一种法定债权，旨在协调雇主和雇员的相关收益。[①] 职务发明给予雇主无偿的普通实施许可，因此即便向雇主转让了职务发明相关的权利，权利相关的补偿以从超出普通实施许可，通过占据排他性、独占的实施职务发明的地位从而获得收益为前提。大法院2009Da91507判决也再一次确认了这一原则。

但是因新颖性、进步性的缺陷而存在无效事由的专利发明是否具有职务发明补偿依据的排他性、独占性收益，这一点不必一定归纳为法律逻辑，也就是说专利发明存在无效事由，逻辑上与作为职务发明补偿请求依据的排他的、独占的收益能不能发生或者发不发生没有一定关系。因为，现在的专利制度（与其他国家相同）不可能通过审查对发明申请的无效事由进行筛选，因此具有无效事由的发明即便已经授权，理论上也存在无效的可能性，而且现实中大部分的专利权在不申请无效审判的状态下在权利截止之前大都有效存续后终止。存在无效事由的职务发明专利作为整体，为了使其不能产生或没有可能产生排他性、独占性收益，需要雇主和竞争业者对于专利发明的无效事由进行准确的判断，但这几乎是不可能的事情。因为，就连专利专家也很难对于发明专利的进步性进行判断从而预测无效审判的结果。韩国的专利制度规定职务发明专利在确认为无效之前均将其认定为有效专利，在申请职务发明的补偿金阶段作为专利权人的雇主，主张职务发明专利具有无效事由，即便审理结果将其认定为无效事由，但是同行业的竞争者无视职务发明专利而自然地实施了此专利，则不能断言没有产生排他性、独占的收益。

最重要的是，雇主排他性、独占性地对职务发明予以实施或者选定实施权收取

① 김종석，앞의 논문，第582页。

实施费等，通过职务发明已经获得了一定排他性、独占性收益的情况，并不能作为不支付补偿金的依据。肯定无效抗辩的主张虽然是以不能产生或没有可能产生排他性、独占性收益作为前提的，但是如上述已经发生排他性、独占性收益的情况，其存在的适用前提已经丧失。无效抗辩肯定论中有观点认为，在职务发明专利事后将被无效的情况下，已经收取的收益应进行返还，排他性、独占性收益中专利权人之间通过签订交叉实施合同（cross license）获得收益或者通过迫使同行业的竞争者对发明专利予以强制实施的方式获得收益，已经支付的实施费用在后期专利被无效的情况下也不能予以返还。以上情况可以看出无效抗辩肯定论的依据很薄弱。更重要的是，雇主拒绝职务发明人针对职务发明已经获取的收益提出补偿请求是没有依据的。

但是，作为公开的发明与丧失新颖性的情况一致，同行业的竞争者们认为职务发明专利理应被无效，只有明确专利实施或将被实施的情况下才能否定其独占性、排他性收益，因此，也可以进行无效抗辩。作为理应产生的经过职务发明专利，通过无效审判得到确认后，不管同行业竞争者是否得到确认都可以否定其排他性、独占性的收益。

因此，雇主因职务发明获得排他性、独占性收益，以正当补偿为前提，应当向雇员支付补偿金。但是对未来预计产生的补偿金提出补偿请求，如果专利授权确定为无效的话补偿金支付义务消失，但是如果仅认定为存在无效事由而尚未被确定为无效，将其仅仅作为补偿金核算的参照理由是正确的。因为，雇员主张专利无效事由，但是由于竞争者们之间实施专利权能够获得独占性、排他性收益，所以雇员自身申请专利无效申请的可能性不大，也很难出现其他竞争者们发现存在无效事由并提出无效审判或在侵权诉讼中进行无效抗辩的情况。

四、其他问题

1. 举证责任问题

无效抗辩可行性论的立场中存在这样的观点，即存在专利无效事由的专利则丧失它的排他的收益，这是基本原则。因此法律上通过认定职务发明为有效专利，使得雇主抢占市场获得独占、排他性收益。以此作为例外的情况看，当雇员通过再抗辩进行主张和举证，如果获得成功则需要予以补偿。[①]

专利权被确认为无效之前法律上都将维持专利权有效，尽管存在无效事由但是不管走到哪里，通过专利无效审判流程专利都存在被无效的可能性，而且不能

① 조영선, 앞의 논문, 第180页。

认为通过无效审判被授权的专利被无效的可能性更大，因此很难认为由于职务发明的专利存在无效事由随之就认为作为职务发明补偿金依据的排他性、独占性收益丧失。而且，尽管存在专利无效事由的情况，如果该产业中的竞争者们没有认识到这一点从而对专利发明予以实施的情况下，排他的、独占的收益的情况反而少见，雇员为了请求雇主因职务发明产生的补偿金，超出正常实施权获取的收益，排他的、独占的收益存在。首先雇员需要进行举证，如果考虑到举证，即使职务发明专利存在无效事由，也不能认为关于排他性、独占性收益的举证责任发生了变化。

因此，请求补偿金的雇员首先需要对排他性、独占性收益的存在进行补正。雇主的职务发明专利被公开或者是普遍技术领域先行技术中很容易进行的发明竞争者们已经实施了专利，因此否认（已经发生收益的相关补正请求）不会产生排他的、独占的收益或者通过抗辩主张、举证无效事由的存在，寻求补偿金额看上去是比较合理的办法（将来收益相关补偿请求）。

2. 已支付补偿金的返还问题

在雇主给予雇员支付补偿金之后职务发明被确定为无效的情况下，是否应该将补偿金返还是一个问题。专利权人支付实施费用后专利被无效的情况也存在同样的问题。

和上面的情况一样，尽管之后专利存在无效事由但是专利不一定被确认为无效。尽管之后专利可能被无效但是有效存在的专利权也可以作为进入市场的屏障，或因为实施权的选定存有排他性、独占性收益。缺乏新颖性、进步性的专利无效与否并非和存在的所有先行技术相关，而是在无效审判之时和先行技术的关系里进行相对判断，只有通过无效审判才能够被无效，所以从法律性质上看并非"无效"，而只不过是"取消"而已。① 参照很多这样的情况，我们认为支付实施费用的实施权者对专利权人已支付的实施费无法请求返还的观点是错误的。并且在职务发明补偿金的核算基础也就是排他的独占的收益作为实施费的情况，尽管专利被确认无效时也不可能丧失其利益，因此也没有寻求这一返还的依据。

但是，支付了将来实施费的补偿金后再过一段时间，在某个时间点被确认无效的，应当视为自被确认无效之日起可以请求返还相关补偿金。

---

① 与"无效"用语的混淆。存在无效事由并不是存在无效，通过审判才可以无效，因此，不能与合约中存在无效事由的情况进行混淆。专利无效审判在发现新的先行技术的任何时候都可以再进行申请，但是寻求合约无效确认的诉讼在败诉以后即便称发现新证据也不能够再进行申请。

3. 由于雇主的责任导致无效的情形

雇员完成职务发明后将申请专利的权利承继给雇主，雇主由于超出请求范围、触犯先行技术或者没有正确填写请求书等不可避免的原因，或者因专利延迟申请导致出现先申请或者触犯了先行技术等问题，即使职务发明专利存在无效事由，也要认定雇主存在过失。[①]

如果雇主只从部分共同发明人中获取权利并提交申请，那么会涉及冒认申请的问题，由于雇主承担给予剩余的部分共同发明人同等职务发明补偿的义务，因此，因共同发明人中一部分人为得到补偿而主张专利无效违背诚实守信原则。[②]

第四节 涉外职务发明法律关系的准据法

淑明女子大学 法科大学 教授 文善英（문선영，Moon, Sunyoung）

一、绪论

近来在职务发明的增加和全球化的影响下，职务发明申请不仅在国内，在国外也呈现出剧增趋势，围绕职务发明的涉外纠纷相应地也持续增加。根据涉外职务发明纠纷发生时适用法律的不同，雇主与雇员间的权利义务关系也会发生变化，因此如何确定涉外职务发明法律关系的准据法非常重要。

关于涉外职务发明法律关系，虽然有可能发生依职务发明申请登记的专利权本身在其成立、内容、消灭等方面的纠纷，但基于职务发明的法律关系也会发生权利归属问题、雇主的普通实施许可的认定问题、雇主受让职务发明时雇员正当的补偿金请求权的认定问题等雇主与雇员间的一系列权利义务关系问题。前者的情形，基于职务发明引起的知识产权纠纷问题适用韩国《国际私法》第 24 条，[③] 但是后者关于职务发明涉外法律关系的纠纷该适用哪国法律的问题引起很大的争议，下文中将对此进行详细阐述。

---

① 조영선, 앞의 논문, 第 182 页。
② 조영선, 앞의 논문, 第 183 页。
③ 문선영, "직무발명에 관한 섭외적 법률관계의 준거법과 사용자의 통상실시권 효력범위", 과학기술법연구, 제 21 집 제 1 호, 한남대학교 과학기술법 연구원, 2015 年 2 月, 第 46—47 页的内容根据本文的主题做了修改、增减和整理。

该问题是关于知识产权的准据法决定的问题，对于其属韩国《国际私法》第 24 条的适用对象的说法也没有相关理论，该条文一般采用保护国法主义。

二、国内外主要理论及判例的探讨

（一）准据法的意义及决定过程

准据法是指在涉外法律关系[①] 发生纠纷时适用的实体法。发生具有涉外因素的纠纷时，在关联法律中适用哪种实体法就叫作准据法的决定。但是为了决定某种法律关系的准据法，需要经历确定法律关系的性质和找出连接点的过程，[②] 即为了确定某个涉外案件的准据法，应先确定该案件属于何种性质的法律关系，并且要找出该涉外法律关系与准据法密切联系的连接点[③]。

（二）法律关系的性质决定

法律关系的性质决定，是指通过确定某种涉外私法关系属于何种性质，对将某个案件纳入适当的冲突规范为目的而独立存在的冲突规范的体系概念[④]进行解释，或者用来确定其事项的适用范围。[⑤] 虽然韩国《国际私法》在指定某个事项适用的准据法时使用体系概念，但关于该体系概念本身是没有作出定义的，因此为了确定用来决定某个纠纷案件适用何种准据法的韩国《国际私法》规定的适用范围，必须明确该规定的体系概念。在独立的冲突规范中对确定准据法时使用的体系概念作出明确规定就是性质决定。[⑥] 需要确定法律关系性质的理由，是因为即使同一案件，在不同国家法律关系会有所不同，所以为了确定准据法，首先应先判断法律关系属于何种性质。

（三）职务发明涉外法律关系的准据法决定原则

1. 国内外主要学说及判例趋势

（1）保护国法说。该学说认为，职务发明法律关系的准据法与知识产权问题

---

① 涉外法律关系是指具有涉外因素的法律关系，当事人中至少有一人为外国人或者无国籍人，或者争议标的物在国外以及纠纷的法律事实发生在国外等情形（신창선，국제사법，제5판，도서출판 피데스，2006年，第5页）。

② 안강현，국제거래법，박영사，2011年，第233页。

③ 连接点是指独立的冲突规范中将特定的法律关系或者连接对象与某个国家或者法秩序连接起来的一种因素，有国籍、住所、物的所在地、行为地、知识产权侵害地、事实发生地、法院地等（参见광현，국제사법해설，박영사，2013年，第32页）。

④ 国际私法上的体系概念，比如说权利能力（第11条）、行为能力（第13条）、法律行为（第17条）、知识产权（第24条）等。

⑤ 석광현，앞의 책，第24页。

⑥ 이호정，섭외사법，한국방송통신대학 출판부，1987年，第86页；권대우，섭외적 지식재산분쟁과 국제사법상의 성질결정，국제사법연구，제17호，한국국제사법학회，2011年12月，第307页。

相同，都应适用保护国法，^①而知识产权的准据法则根据属地原则采用保护国法主义^②，该学说对于一项职务发明在多个国家提交申请时，会存在各个保护国对法律关系适用的准据法也有所不同的问题。

（2）登记国法说。该学说认为，专利权等工业产权仅在登记国受到保护，所以职务发明法律关系的准据法应为要求受到保护的登记国法。^③虽然登记国和保护国在概念上有所不同，但在现实纠纷中大部分情形是要求在赋予权利的登记国内受到保护，二者是没有差别的，所以通常该学说与前述保护国说得出的结论相同。^④登记国法说对于一项职务发明在多个国家提交申请时，同样会存在各个登记国法律不同，法律关系的规定也有所不同的问题。

（3）雇佣关系的准据法说。该学说认为，职务发明涉外法律关系是以雇主与雇员间的雇佣关系为基础而发生的，所以与解决因职务发明引起的专利权的成立、效力、消灭或者侵害等问题不同，应根据雇主与雇员间雇佣关系的准据法统一进行处理。按照具体确定雇佣关系的准据法的不同，该学说分为以下几种观点。

①一般合同的准据法说。该学说认为，关于职务发明的雇主与雇员间的法律关系，并非是因职务发明引起的专利权的成立、效力等问题，而应按照国际私法上一般合同的准据法来处理。^⑤依据该学说，雇佣合同原则上亦属于债权合同，所以应按照当事人意思自治原则处理。但若如此解释，对于在社会、经济上居于弱者地位的雇员来说，在准据法指定方面很可能会达成对其不利的合同，因此受到了批判。但支持该学说的观点认为，这类问题可依据《国际私法》第 10 条公共秩序条款、第 7 条的国际强制性规定或者《民法》上关于合同中保护弱者的规定等得到解决。^⑥

---

① A. Lucas et H. J. Lucas, Traité de La propriété littéraire et artistique, 2nd ed（Litec, 2001）n. 971, J.Raynard, Droit d'auteur et conflits de lois（Litec, 1990）n. 536. 转引自：김언숙, 직무발명 및업무상 저작물에 관한 국제사법상의 문제, 국제사법연구, 제 17 호, 한국국제사법학회, 2011 년 12 월, 第 329 页。

② 也有将保护国主义解释为以实体法上的属地主义为根据的冲突规范上的属地主义（김언숙, 前文第 336—337 页）。

③ 西谷祐子, "職務發明と外國で特許を受ける權利について", 法學（東北大學）, 第 69 卷第 5 號, 2005, 第 759—760 頁, 相澤英孝, "職務發明をめぐって", ジュリスト, 第 1265 號, 2004, 第 5 頁.

④ 但是，如果在第一国登记的权利以在第二国受到侵害为由在第三国申请损害赔偿的，那么登记国为第一国，保护国为第二国，在此点上二者是有区别的。

⑤ 山本敬三, "職務發明と契約法 - 契約法からみた現行特許法の意義と課題 -", 民商法雜誌, 第 128 卷第 4・5 號, 2003, 第 522—523 頁; 茶圍成樹, "判批", 知財管理, 第 57 卷第 11 號, 2003, 第 1756 頁; 이우석, 앞의 문장, 第 885—886 頁.

⑥ 이우석, 직무발명보상에 관한 국제사법적인 문제, 동아법학, 제 52 호, 동아대학교 법학연구소, 2011 년 8 월, 第 885—886 页。

日本最高裁判所在将国内取得的专利权和国外取得的专利权一并转让给雇主的雇员以其雇主为对象，依据日本《特许法》第 35 条第 3 款及第 4 款规定要求支付适当对价的案件①中判决，"根据国外专利权的转让，转让人是否可以向受让人请求对价，该对价的金额为多少等关于专利权转让对价的问题，可以解释为转让当事人有何种债权债务的问题，或者转让当事人间作为转让原因关系的合同以外的债权行为的效力问题，因此根据《日本法例》第 7 条第 1 款规定②，第一次按照当事人的意思自治确定是比较妥当的"，③ 作为职务发明基础的法律关系应适用依当事人意思自治而签订的一般合同的准据法。在本案中，雇主和雇员对于该案件转让合同的成立及效力的准据法适用国内法存在默示合意，因此判决适用日本法为准据法。

②劳动合同的准据法说。该学说认为，因职务发明引起的涉外法律关系适用的准据法为雇主与雇员之间劳动合同所适用的准据法。④ 根据该学说，因职务发明引起的法律关系基本上看作保护在社会、经济中居于弱者地位的劳动者的关系，即便当事人选择了准据法，但依照准据法所属国的强行性规定不能剥夺对劳动者赋予的保护（韩国《国际私法》第 28 条第 1 款），所以可以避免依雇主与雇员之间的合意指定适用对雇员不利的法律的情形。在韩国也有见解认为，因职务发明引起的权利归属或者转让、补偿金请求等作为雇佣关系的问题，按照雇佣关系和具有最密切关系的雇佣合同的准据法解决是较为妥当的，所以应适用韩国《国际私法》上规定劳动合同的准据法的第 28 条。⑤ 也有见解认为，对于职务发明的法律关系应一律适用雇主与雇员间雇佣关系发生并维持的所在国家的法律，⑥ 与上述学说持有近似的主张。

韩国大法院⑦对于雇员在国内完成的职务发明在国外申请专利并取得专利权

① 最高裁 2006 年 10 月 17 日宣告 H16（受）781 号（日立制作所案件）。
② 该条文对应韩国《国际私法》关于当事人意思自治的第 25 条。
③ 同时，上述案件判决，"对于转让对象之专利权在国外如何受理，具有何种效力的问题，应与转让当事人之间转让原因关系的问题相区别进行考虑，其准据法按照专利权的属地主义原则，以专利权为依据，推定为专利权登记国法是较为妥当的"，显然将职务发明的权利义务关系与转让对象之专利权自身的效力问题区别开来。
④ 田村善之，"職務發明に關する抵觸法上の問題"，知的財産法政策學研究第 5 號，2005，第 8 頁；小泉直樹，"特許法三五條の適用範圍"，民商法雜誌，第 128 卷第 4、5 號，2003，第 574 頁；玉井克哉，"大學職務發明制度"，知財管理，第 53 卷第 3 號，2003，第 449 頁．
⑤ 김언숙, 앞의 문장, 第 340、346—347 頁。
⑥ 김동원, 외국에서 출원된 직무발명의 권리관계에 대한 준거법, LAW & TECHNOLOGY, 제 10 권제 1 호, 서울대학교 법학연구소, 2014 年 1 月, 第 28—29 頁。
⑦ 大法院 2015 年 1 月 15 日宣告 2012Da4763 判决。

时雇主能否获得无偿的普通实施许可的案件中，以"职务发明在各国取得的专利权是以一个雇佣关系为基础，基于实质上被评价为一个社会事实的同一发明而产生的，为了当事人的利益保护及维护法的稳定性，对于包括职务发明在内的法律关系，需要以雇佣关系准据法国家的法律作出的统一解释"作为前提后，又判决"关于职务发明的涉外法律关系适用的准据法，作为其发生基础的劳动合同的准据法，是否按照韩国《国际私法》第 28 条第 1 款、第 2 款等来进行确定应适用韩国法律，因此根据身为雇员的被告与原告雇主间签订的劳动合同，即便本案中的职务发明在国外取得专利权以及实用新型专利的权利，原告依据旧《特许法》第 39 条第 1 款及适用该条文的旧《实用新型法》第 20 条第 1 款享有普通实施许可"，基于职务发明的法律关系应适用劳动合同的准据法。上述判决认为，应推定原告和被告存在以劳动合同的签订适用韩国法作为准据法的默示合意，即便并非如此，因被告日常提供劳务的地方在韩国，所以应适用韩国法作为准据法。

（4）其他。还有观点认为，申请专利的权利之准据法应适用发明人所在地国法，发明是根据企业计划完成时，发明人所在地为企业所在地。[①]对于通过国外申请获得专利登记的发明，向雇员补偿职务发明的对价等问题有属地主义适用说、劳务提供地法说，与之相对立的学说认为关于职务发明对价的问题因是在专利权转让的法律关系中发生的，所以应适用收取该对价的债权关系的准据法。[②]

2. 关于国外立法现状及主要国际私法原则的探讨

（1）立法现状的探讨。关于职务发明权利义务关系的准据法的立法例主要在欧洲国家。首先，奥地利《国际私法》第 34 条第 2 款规定，基于雇员职务产生的无形财产权，与此相关联的雇主与雇员之间、雇员相互间的关系适用"雇佣关系的准据法"。此外，依据《欧洲专利公约》（European Patent Convention，以下简称"EPC"）第 60（1）条后段内容规定，取得欧洲专利的权利根据雇员"主要受雇国法律"予以决定，若依此不能确定时，适用雇员所属的"雇主营业所在地国法律"。[③]英国

---

① 손경한, 지적재산분쟁의 준거법, 저스티스, 제 78 호, 한국법학원, 2004 年 4 月, 第 183—184 页。

② 조영선, 특허법, 제 4 판, 박영사, 2013 年, 第 272 页。

③ EPC Article 60 Right to a European Patent

（1）The right to a European patent shall belong to the inventor or his successor in title. If the inventor is an employee, the right to be a European patent shall be determined in accordance with the law of the State in which the employee is mainly employed; if the State in which the employee is mainly employed cannot be determined, the law to be applied shall be that of the State in which the employer has the place of business to which the employee is attached.

也在其《专利法》第 43 条第 2 款中规定了根据雇员"主要受雇国法律"指定准据法，若依此不能确定的，根据雇员所属的"雇主营业所在地国法律"指定。

虽然也有国家在立法上具体明确规定了关于职务发明法律关系的准据法的内容，但在韩国还没有将此类问题写入立法，日本亦是如此。而在美国，职务发明是雇主与雇员间的合同问题，由各州合同法所规制。可以看出，关于职务发明的权利义务关系之准据法的立法态度，各个国家是存在着若干差异的。

（2）关于知识产权与国际私法间问题的主要原则。虽然没有具体立法规定或是没有达成国家间的条约，但各个主要法域国家在专家团主导下，为了设立关于知识产权领域国际私法问题的判断标准的原则而作出了努力，确定了如下主要原则。这些原则并不与法律或者条约一样具有直接的约束力，但反映了这些法域国家的态度倾向和在具体案件中法院的解释标准，或是在没有明文规定时起到了补充作用，所以这些原则在法律实践中成为重要的指导方针是无可厚非的。因此，有必要对原则中与职务发明法律关系的准据法确定相关联的部分进行探讨。

①《知识产权国际私法原则》（韩日共同提案）。该原则是 2010 年 10 月 14 日韩日国际私法界学者与实务专家站在东北亚法制的立场上，双方就知识产权纠纷的国际私法问题的判断标准和解决方法取得了共识而作出的提案。法律体系较类似的韩日两国，抛开美国或欧洲的立场，最终确立了与两国法律及实务相符合的关于知识产权纠纷的国际私法原则，是具有深远意义的文献资料。[①]

该原则第 308 条对知识产权原始所有权归属的准据法进行了规定，同款条文第 4 款规定，"知识产权在雇佣合同或其他当事人之间基于之前就存在的关系而发生的，适用该合同或者该关系的准据法"。根据该条款的解释资料规定，同款条文是关于雇员的发明、著作等的规定，基于雇佣合同或其他之前就存在的关系而产生发明或著作物时，对于该知识产权的原始所有权归属，[②] 此规定与 ALI 原则第 313 条第 1 款 c 项规定相类似。

②美国法学会的《跨国知识产权纠纷管辖权、法律适用及判决的原则》（Principles Governing Jurisdiction, Choice of Law, And Judgements In Transnational Disputes，以下简称"ALI 原则"）。该原则是美国法学会（American Law Institute, ALI）在 2007 年 5 月 14 日对一直存在争议的跨国知识产权纠纷所适用的

---

① 对于该原则进行详细说明的资料是《知识产权国际私法原则》（韩日共同提案），前述资料，参照第 533—673 页。

② 同前述资料，第 576 页。

国际私法基本原则进行整理完成的文件，可以说该原则就国际知识产权纠纷冲突规范上的问题最终表明了美国专家的立场。该原则中对于因雇佣关系而发生的知识产权的法律关系所适用的准据法并没有设立独立的条文，而是与知识产权原始权利归属关系问题规定在了一起。

ALI 原则第 311 条第 2 款规定了"登记的权利基于当事人间的合同或者此外先行存在的关系而发生时，权利的原始归属根据规制该合同或关系的法律确定"。①ALI 原则第 313 条第 1 款则规定了相应知识产权非因登记而发生时的原始权利归属关系内容，同条款 c 项明确了"依雇佣关系产生的权利，根据'规制该关系的法律'确定"。②

也就是说，在美国知识产权基于雇佣关系而产生时，原始权利到底归属于实际创造人还是归属于雇主的问题，应根据规制二者关系之合同的法律来确定。根据合同当事人指定的法律，或者若当事人间未指定准据法的，根据合同成立的国家或与该合同有最密切联系的那个国家的法律来确定。③

③德国马克斯普朗克法学研究所的《知识产权冲突法原则》（Principles on Conflict of Laws in Intellectual Property，以下简称"CLIP 原则"）。德国马克斯普朗克法学研究所（Max Planck Institute，MPI）的知识产权冲突法小组（The European Max Planck Group on Conflict of Laws in Intellectual Proterty）于 2011 年 12 月 31 日公布了"知识产权国际私法原则"④，该原则用来解决知识产权领域的裁判管辖权、准据法和外国判决的承认与执行等问题。CLIP 原则第 3：503 条对雇佣关系作了规

---

① § 311 Initial Title to Registered Rights

（2）When the subject matter of the registered rights arises out of a contractual or other preexisting relationship between or among the parties, initial title is governed by the law that governs the contract or relationship.

② § 313 Initial Title to Other Rights That Do not Arise Out of Registration

Initial title to other rights that do not arise out of registration is governed by：

（c）If the subject matter was created pursuant to an employment relationship, the law of the State that governs the relationship（Principles Governing Jurisdiction, Choice of Law And Judgements In Transnational Disputes, American Law Institute Publishers, 2008, 第 139 页）.

③ 同上，第 141 页。

（d）European Max Planck Group on Conflict of Laws in Intellectual Property（CLIP）, Principles on Conflict of Laws in Intellectual Property, 第 16 页，http：//www.clip.eu/en/pub/home.cfm, 该原则同年 8 月 31 日完成了最终版, 经过编辑校对后公布。

定，^① 对于雇员因职务产生的知识产权的转让或许可，特别是雇主主张知识产权的权利以及雇员的补偿请求权等雇主和雇员相互间的义务，原则上根据当事人指定的法律进行调整（该条文第1款）。当事人没有指定法律的，按照雇员为履行合同而经常实施工作的所在国家的法律进行调整（该条文第2款）。该条文第3款规定，与上述第2款中的雇员经常工作地的法律相比，同"另一国法律有更为密切的联系"的，则应适用该国法律。

上述条文是以罗马条例I第8（1）、8（2）和8（4）条为模板，^② 为了解决职务发明中原始权利归属于发明人时，雇主是否可以主张权利的转让或者实施许可，以及雇员对此能否获得补偿等问题。该条文规定前述问题依据当事人指定的法律进行调整的同时，又不能忽视对雇员保护的主要条款，规定了当事人在没有指定法律的情况下，按照雇员经常工作地的法律调整。

此外，CLIP原则明确了因登记发生的权利的原始归属适用保护国主义，^③ 但同时也规定了因雇佣合同或研究合同发生的权利的原始归属，其适用的准据法按照第3：501条以下内容确定，^④ 即按照该原则第3：201条第3款的规定，在雇佣

---

① Article3：503：Employment relationships

（1）The mutual obligations of employer and employee in relation to the transfer or licence of an intellectual property right arising from the employee's efforts, in particular the right of the employer to claim the intellectual property right and the right of the employee to remuneration, shall be governed by the law chosen by the parties in accordance with Article 3：501.Such a choice of law may not, however, have the result of depriving the employee of the protection afforded to her/him by the provisions that cannot be derogated from by agreement under the law that, in the absence of choice, would have been applicable pursuant to paragraphs 2 and 3 of this Article.

（2）To the extent that the law has not been chosen by the parties, the mutual obligations of employer and employee in relation to the transfer or licence of an intellectual property right arising from the employee's efforts, in particular the right of the employer to claim the intellectual property right and the right of the employee to remuneration, shall be governed by the law of the State in which or, failing that, from which the employee habitually carries out his work in performance of the contract. The State where the work is habitually carried out shall not be deemed to have changed if the employee is temporarily employed in another State.

（3）Where it appears from the circumstances as a whole that the contract is more closely connected with a State other than that indicated in paragraph 2, the law of that other State shall apply.

② A Metzger, "Applicable law under the CLIP Principles" in J Basedow, T Kono and A Metzger （eds）, Intellectual Property in the Global Arena （2010）, pp.157—178 at p.169; European Max Planck Group on Conflict of Laws in Intellectual Property （CLIP）, Conflict of Laws in Intellectual Property-The CLIP Principles and Commentary, Oxford Universy Press, 2013, p.282.

③ Article 3：201（1）.

④ Article 3：201（3）.

合同或研究开发合同等类似的合同关系中，对于登记权利的归属关系的准据法适用根据第五章规定确定，[①] 因此基于雇佣合同而发生的登记权利的原始归属问题按照第 3：503 条规定解决。

CLIP 原则与前述《欧洲专利公约》（EPC）的主要区别在于指定雇佣合同的准据法时是否尊重当事人间的选择。CLIP 原则在此种情形下，即使当事人并未选择适用哪国法律，也不能排除所指定的准据法中关于雇员保护条文的适用，避免了对雇员的保护出现问题。另外，EPC 第 60（1）条后段部分的"主要受雇国法律"与 CLIP 原则的"日常劳务提供地国家的法律"虽然在语言表现上有所区别，但二者在具体的案件中大部分情形是一致的，并无太大区别。

三、对于职务发明引起的涉外法律关系准据法适用的决定

（一）职务发明引起的涉外法律关系的性质决定与准据法指定

职务发明引起的权利义务关系，概括起来就是发明人有权申请专利（韩国《特许法》第 33 条），因此职务发明的权利原始性地归于雇员；若雇员获得职务发明的专利权，雇主对该职务发明将享有无偿的法定普通实施许可，[②] 但若事先约定关于职务发明的权利由雇主继受的，雇主可以继受该权利，雇员有权获得正当的补偿（《发明振兴法》第 10、13、15 条）。

为了对职务发明法律关系的准据法作出决定，首先需要确定该法律关系的性质，即该法律关系是关于知识产权的法律关系，还是职务发明的雇佣关系所引起的法律关系，准据法的决定是有所不同的。若认为职务发明的权利义务关系是关于知识产权的法律关系，原则上适用韩国《国际私法》第 24 条；若认为该关系是职务发明的雇佣合同法律关系，二者的准据法则适用《国际私法》第 25、26 条关于一般合同准据法的规定，或者适用韩国《国际私法》第 28 条关于劳动合同准据法的规定。综上所述，准据法的决定可以最终归结为韩国《国际私法》第 24 条的适用范围的问题。

职务发明的权利义务关系，以因雇佣合同引起的发明权利的归属和补偿金支付问题为主要内容，与发明权利本身在国外申请专利并注册时如何处理、具有何种效

---

① Article 3：201：Initial ownership

（3）In the framework of a contractual relationship, in particular an employment contract or a research and development contract, the law applicable to the right to claim a registered right is determined in accordance with section 5.

② 雇主对于雇员因职务发明而取得的专利权享有的非独占许可使用权属于《发明振兴法》第 10 条第 1 款但书及第 13 条第 3 款后文部分的情形时，当然不会被认可。

力的问题不同，因此要与知识产权自身的产生、消灭、效力的问题或是知识产权的侵害问题区分开来。也就是说，基于职务发明而产生的专利权等的成立、消灭、内容、范围的问题或是专利权等的侵权问题，属知识产权纠纷，应适用韩国《国际私法》第24条，而因职务发明引起的权利归属、雇主的普通实施许可的认定与否及雇员的补偿金支付等这些基于职务发明形成的法律关系，应认定为由雇主与雇员之间的雇佣关系而产生的债权关系，所以不能成为关于知识产权保护的韩国《国际私法》第24条的适用对象。

综上所述，笔者认为，在确定职务发明涉外权利义务关系中的知识产权法律关系时，与职务发明所引起涉外权利义务关系的法律性质来确定准据法相比，基于雇佣合同而产生的权利义务关系更为重要，应适用雇佣合同的准据法。正如前文所述，各国立法例、条约及各法域关于知识产权的主要国际私法原则同样认为适用雇佣关系的准据法，这也是符合国际趋势的解释，而且统一处理职务发明的所有权利义务关系，具有可以确保对于雇主与雇员间法律关系的预测可能性的优点。

（二）关于职务发明基础之雇佣关系的准据法

职务发明的权利归属、无偿普通实施许可的认定与否以及补偿金支付等由职务发明引起的法律关系不过是雇主与雇员之间的债权债务关系，不能适用关于专利权的准据法，而应按照雇佣合同的准据法来处理。但是根据国际私法具体确定准据法的过程中，对如何看待"雇佣关系的准据法"会有不同意见，即应该适用规定一般合同准据法的韩国《国际私法》第25条及第26条，还是适用关于劳动合同的韩国《国际私法》第28条。这两种意见的区别在于，在适用关于劳动合同的韩国《国际私法》第28条时，当事人意思自治原则在一定范围内受到限制，更可以保护在社会、经济上居于弱者地位的雇员；而依据普通债权关系中的当事人意思自治原则时，有可能会对雇员不利。①

但是，劳动合同说有以下几处难点，而且现行法上并无明文规定，所以很难被采用。

首先，第28条选择的用语是"劳动合同"而非雇佣合同，②其理由是因为《国际私法》第28条是为保护从属劳动关系中的劳动者而设立的特别规定，所以该条文一般解释为适用从属关系的劳动合同的条文。③韩国民法上雇佣是指当事人一方

① 劳动合同的情形亦是如此，当事人可以自由选择准据法，但当事人未选择准据法时不得剥夺所适用的准据法所属国的强行性规定对劳动者赋予的保护（《国际私法》第28条第1款）。
② 作为参考，《劳动基准法》中规定，劳动合同是指以劳动者向雇主提供劳动，雇主对此支付薪资为目的而签订的合同（该法第2条第1款第4项）。
③ 석광현，앞의 책，第357页。

即劳务人约定向相对人即使用人提供劳务，而相对人则约定支付报酬而成立的契约（《民法》第 655 条），在这其中成为劳动法适用对象的则为劳动合同。[①] CLIP 原则第 3：503 条规定雇佣关系成立的要件为：（1）特定时间内以收取一定报酬作为代价，为他人或根据他人指示提供劳务；（2）该劳务应在使用人相当部分的业务范围内；（3）该劳务与经营上的风险或意思决定权限无关，这一规定值得借鉴。[②]

其次，作为职务发明主体的雇员不仅包括一般劳动者，还包括法人组织的高管或者公务员，法人组织的高管包括法人的执行董事、董事、临时董事及监事，有限合伙企业及普通合伙企业的合伙人等，与《劳动基准法》上的劳动者概念相比较宽泛。[③] 与关于职务发明制度的国内法为保护在社会经济中居于弱者地位的劳动者而制定的《劳动基准法》等劳动法不同，第 28 条是以协调雇员与雇主利益的均衡，鼓励更优秀的发明，从而为国民经济的发展作出贡献为目的而制定的。

因此，职务发明的基础之雇佣合同，虽然可作为劳动合同的一部分，或者与之并行而签订，但本质上应与劳动合同区别对待，对于因其发生的权利之权利义务关系最终还是应适用该雇佣合同受管辖的法院地的国际私法。然而韩国《国际私法》对于规制职务上的创造物之权利义务关系的准据法并没有作出明文规定，因雇佣合同亦属债权合同，所以关于职务发明的涉外法律关系的准据法基本上应根据规定一般合同（当事人意思自治）的韩国《国际私法》第 25 条及第 26 条来确定。

最后，有批判认为，如果将职务发明的法律关系按照一般合同的准据法处理，当事人之间可选择对作为发明人的雇员不利的法律作为准据法，就会存在不利于

---

① 지원림，민법강의（제 12 판），홍문사，2014 年，第 1534 页。《劳动基准法》原则上适用平日使用 5 人以上劳动者的所有业务或营业场所，对于平日使用 4 人以下劳动者的业务或营业场所的情形适用上有所限制。

② European Max Planck Group On Conflict Of Laws In Intellectual Property，前书，第 281 页。

③ 作为参考，依据韩国判例，是否属于《劳动基准法》上的劳动者，相较于合同形式上是雇佣合同还是承揽合同，应该从实质上根据劳务提供者是否以获取业务或营业场所为目的在从属关系中向雇主提供劳动来进行判断。这里是否存在从属关系根据是否由雇主决定业务内容，且接受就业规则或服务规定等的适用，业务履行过程中是否由雇主来指挥和指导；是否由雇主指定劳动时间和劳动场所，劳务提供者是否受此约束；劳务提供者自身是否拥有备品、原材料或者作业工具，或者是否雇用第三人代行业务等进行独立核算经营事业；是否自己承担通过提供劳务创造利润和引发损失等的风险；报酬的性质是否属于劳动自身的性质；是否确定基本工资或者固定工资以及劳动所得税的代扣代缴与否等关于报酬的事项；劳动提供关系的持续性与对于雇主有无专属性及其程度，在关于社会保障制度的法令中是否认定劳动者地位等综合经济、社会的各种条件进行判断（参照大法院 2014 年 11 月 13 日宣告 2013Da77805 判决；大法院 2006 年 12 月 7 日宣告 2004Da29736 判决等）。虽然该标准是为了判断雇佣合同是否属于为避免在经济上居于优越地位的雇主和劣势地位的劳动者间所签订的合同会造成不当结果而制定的劳动法上受到各种限制的劳动合同而提出的，判断职务发明中的雇佣关系时也可以作为参考。

保护雇员的问题。对于此种批判，应按照一般原则，依据韩国《国际私法》第 10 条的公共秩序条文排除该外国法，或者依据一般民法上私法自治原则的限制规定，限制关于该雇佣关系的合同之效力的方法，从而限制不利于雇员的准据法的选择。

此外，虽然有见解认为，《发明振兴法》上关于职务发明的规定属于绝对的强行性法规（或者国际强行法规）[1]，与雇佣关系的准据法无关，解决这些问题时直接适用法院地法，即国内法是比较妥当的。[2] 但是国内关于职务发明的法律规定，是为了调整雇主与雇员间雇佣关系上的利害关系，出于国家的、经济政策上的立法目的，所以即使认为这些规定属于国内法上的强行性规定，很难看出其具有在准据法为外国法时也适用这些规定的立法目的。因此笔者认为，不能将关于职务发明的国内法规定看作与准据法无关而应适用相关法律关系的国际强行性法规，依据韩国《国际私法》第 7 条在准据法为外国法时也适用这些规定是不合理的。[3]

四、结语

近年来，在全球化影响下，基于职务发明的国外专利申请日益增多，因职务发明引起的涉外法律纠纷应按照哪国法律解决的问题显得尤为重要。如前所述，职务发明的法律关系是因一个发明所引起的一系列法律关系，有必要进行统一解决。与职务发明派生的专利权本身效力等类似问题不同，它是以雇主和雇员间的雇佣合同为基础，所以其适用的准据法应按照雇佣关系的法律来确定。但是这种雇佣合同与劳动合同做了区分，而韩国对于因职务发明引起的涉外法律关系并没有特别规定，雇佣合同也是属于合同的一种，因此其适用的准据法按照一般合同的准据法的有关规定来确定是比较妥当的。

另外，韩国大法院认为，关于职务发明的涉外法律关系的准据法应按照职务发明为基础的劳动合同的准据法进行统一判断，表明了应根据韩国《国际私法》第 28 条决定准据法的立场。[4] 但是规定劳动合同准据法的韩国《国际私法》第 28 条，

---

① 绝对的强行法规也叫国际强行法规、介入法规、公序法、直接适用法、必要的强行法规等，虽然每个国家在名称上有所差异，但基本上意思相同。

② 김언숙，앞의문장，第 346 页。作为参考，在日本将专利法上关于职务发明的规定解释为绝对的强行法规为多数说，且亦为判例的立场（参照东京地裁 2004 年 2 月 24 日判决，判例时报 1853 期第 38 页）。

③ 作为参考，关于韩国法的强行适用内容的《国际私法》第 7 条的强行性规定，并非是不得依当事人合意排除其适用的国内强行法规（通常的强行法规或者单纯的强行法规），而是不仅仅不能依当事人合意排除其适用，而且即使准据法是外国法，也不会排除其适用的国际强行法规（绝对的强行法规）。另外，关于劳动合同的《国际私法》第 28 条第 1 款的强行规定是指国内的强行法规，希望不要混淆（석광현，앞의책，第 356 页参照）。

④ 参见前注。

是为了保护劳动合同从属关系中的劳动者而设立的特别规定，它超出了国际私法上明文规定的范围，所以对于职务发明的权利义务关系依据该法第 28 条所作的准据法决定是错误的。上述大法院在判决中认为，雇主与雇员作为韩国的法人和公民，在韩国履行劳动合同，所以认定对该劳动合同的准据法适用韩国法律的默示意思表示；即便不是如此，因被告日常提供劳务的地方在韩国，所以也可确定韩国法律为准据法。但是依照对于当事人意思自治的一般合同的准据法作出规定的韩国《国际私法》第 25 条，以相同理论也认可当事人间以韩国法律作为准据法的默示意思表示，或者当事人没有选择准据法的，依该法第 26 条规定将与劳动合同最为密切关联的国家的法解释为雇员日常提供劳务的国家，即韩国的法律也是毫无障碍的。综上，笔者认为，即使适用关于一般合同的准据法规定，但实际上发生导致不利于雇员保护结果的情形也不是很多，因此越过法律条文的解释，将关于劳动合同的韩国《国际私法》第 28 条作为决定因职务发明引起的法律关系的准据法条文是不适当的。

第五节　职务发明最近判决动向

韩国特许法院法官　孙千雨（손천우，SON Cheonwoo）

一、序言

最近关于职务发明的判例中，主要焦点事项集中于职务发明的归属、职务发明补偿金的发生和计算标准以及是否已过消灭时效等事项。对于职务发明的归属方面的问题，表现为关于在职期间所做发明应归属于公司的事前协议的效力如何，以及违反该事前协议处理该发明对劳动者来讲是否构成背任罪（译者注：同中国法上渎职罪，为保持语言统一，文中统一使用背任罪），雇主能否以劳动者为被告直接提起专利权移转登记请求的诉讼。对于职务发明的补偿金的计算标准，以雇主的利益金额以及发明人的贡献率等进行重点考察。本文将以韩国大法院和下级法院关于职务发明的判例，按照一定的分类进行考察。[①]

---

　① 韩国《特许法》中曾经规定的与职务发明及其补偿相关的法条第 39 条和第 40 条，在 2006 年 3 月 3 日修改时将其删除，取而代之的是在《发明振兴法》（2006 年 6 月法律第 7869 号）加以了规定，在《发明振兴法》附则第 4 条中规定，"根据从前的规定而实现的特许等，其拥有的能够申请的权利或者特许权等承继或者专用实施许可的设定而产生的补偿，适用从前的特许权的规定"（附则第 4 条），因此，在下文中适用旧《特许法》或者《发明振兴法》，正如前述，依据不同时期而适用不同的法律。

二、关于职务发明归属的问题

（一）大法院 2012 年 11 月 15 日宣告，2012Do 6676 判决（业务上背任等）

1. 被告人 A 与受害人公司签订的保密以及竞业禁止协议的效力

根据《发明振兴法》第 2 条的规定，职务发明是指雇员、法人的高管或者公务员（以下简称"雇员等"）因履行职务所作发明在本质上属于雇主、法人、国家或者地方自治团（以下简称"雇主"）的业务范围并且产生该发明的行为属于雇员等的现在或者过去职务的发明。《发明振兴法》第 10 条第 3 款规定，"对于职务发明以外的雇员等的发明，如果事前设定了雇主享有取得该发明的专利的权利，或者可以承继专利权等，或者为了雇主等设定专用的实施权，此合同或者劳动规定的该种条款是无效的"。该条款规定除了职务发明以外，如果雇主对雇员的发明在事前设定了申请专利的权利或者将来可以取得的专利权等向雇主等进行承继（或者转让）的合同或者劳动规章，即使已经签订，该合同或者劳动规定是无效的，该条款对相对于雇主而言处于弱势地位的雇员等的利益是一种保护，同时又达到了对发明奖励的立法目的。从该立法意图来看，如果合同或者劳动规定中包含了关于职务发明以外的发明也规定雇主能够承继或者享有专用实施许可的设定条款，对于这样的立法宗旨应该解释为该合同或者劳动规定并非全部无效，职务发明相关部分的规定是有效的。而且，《发明振兴法》第 15 条第 1 款规定，"雇员等对于职务发明，如果申请专利的权利或专利权等通过合同或者劳动规定，承继给雇主或者向雇主设定专用实施许可，雇员有权获取正当的补偿"。根据此规定，即使在合同或者劳动规定中并没有补偿的规定，该合同或者劳动规定自身也是有效的，雇员也享有从雇主处获得正当补偿金的权利。即便如此，不应该理解为该正当补偿金与雇主取得专利申请权、专利权的承继或者专用实施许可的设定是必须同时进行的。

在该案例中，被告人 A 与受害人公司之间签订的保密和竞业禁止协议中约定，"在公司工作期间，对于自己独立完成的或者与他人合作完成开发的所有发明，必须立即向公司书面进行公开，并且关于该发明的一切权利属于公司独占或排他所有"。该约定是被告人 A 和受害人公司签订的保密和竞业禁止协议，该协议约定对于被告人 A 的职务发明，事前与受害人公司签订有关职务发明的专利申请权或专利权规定属于公司的约定，也就是说在职务发明归属约定的范围内是有效的。同时，根据该约定，被告人 A 对于职务发明的专利申请权或专利权归属于受害人公司，但同时被告人 A 对公司享有获取正当补偿的权利。

2. 是否构成背任罪或者商业秘密泄露罪

《发明振兴法》第 12 条前文部分规定，"雇员等在完成职务发明后，应立即将该事实书面告知雇主"，第 13 条第 1 款规定，"依据本法第 12 条规定的收到通知的雇主（国家或地方自治团体除外）应当按照总统令确定的期间，对于该发明的权利是否承继向雇员进行书面告知。但是，事前没有规定专利申请权或专利权归属雇主或者为了雇主设定专用实施许可的合同或者劳动规定没有的情形，雇主不能在违反雇员真实意思的情形下主张该发明的权利归属于自己"。该条第 2 款又同时规定，在根据第 1 款规定的期间内，雇主作出对该发明的权利予以承继的意思表示时，从此时起可视为雇主承继了该发明的权利。然而，《发明振兴法实施令》第 7 条规定，《发行振兴法》第 13 条第 1 款中规定的"总统令确定的期间"是指依据《发明振兴法》第 12 条规定，自收到通知之日起的 4 个月内。因此，关于职务发明的专利申请权由雇主承继为目的的合同或者劳动规定如果存在时，雇主可以在《发明振兴法》或者其总统令确定的期间内，仅根据单方意思通知，有关职务发明的专利申请权就归属于雇主。另外，根据韩国《特许法》的规定，共同发明人之间共同享有对该发明的专利申请权（《特许法》第 33 条第 2 款），共有人若将自己的份额转让给第三人时，应取得另外一个共有人的同意（《特许法》第 37 条第 3 款），尽管有此规定，依据《发明振兴法》第 14 条的规定，即"如果雇员与第三人共同作出了发明，根据合同或者劳动规定雇主在取得对该发明的权利时，雇主就享有该雇员应享有的份额的权利"，因此，职务发明是雇员与第三人共同作出的情形下，如前所述，雇主对于该发明只要承继了，不需要共有人第三人的同意，雇主即享有就该发明应由雇员享有的权利。

　　照此论述，如果有关职务发明专利申请权等，规定由雇主享有的合同或者依据劳动规定雇员在雇主尚未决定享有权利之前，不能任意地脱离上述约定或者劳动规定的约束，因此，雇员对该职务发明的秘密予以保守，而且应履行协助雇主取得专利等义务，即雇员在处理自己事务时，另一方面要同时对他人财产保全予以协助，即雇员的行为具有双重性质，所以在此情形下，该雇员就满足背任罪的主体"他人事务处理者"的要件，符合背任罪主体要件。因此，处于上述地位的雇员违反自己的义务，在职务发明完成时不向雇主予以告知，而是将该职务发明向第三人进行双重转让，使第三人完成专利权的登记，让该发明的内容予以公开，这种行为就是给雇主造成损害的行为，因此成立背任罪。

　　但是，根据"发明人主义"原则，职务发明的原始权利应归属于雇员，在上述权利尚未承继给雇主之前，作为有机的结合体的发明的内容以及发明本身并不能成为雇主的营业秘密。尽管有约定或劳动规定确定职务发明的权利应归属于雇主，但是雇员未尽保密义务以及在移转程序上未尽协作义务，而是将职务发明的内容予以公开的行为，违反了《发明振兴法》第 58 条第 1 款、第 19 条的规定，或者将职务发明的内容公开，对于该发明内在的雇主的各项技术上的信息等予以公开，可以此为问题，将泄露的技术上的信息等予以个别特定化，这违反《不正当竞争防止法》所规定的泄露商业秘密行为。但是，如果没有特别事由，将职务发明的内容加以公开的前述行为界定为《不正当竞争防止法》第18条第2款规定的违反泄露商业秘密的行为，就有点言过其实了。

Q22合金是被告人A和B共同发明的，被告人A和受害人公司签署的上述保密和竞业禁止协议中对职务发明的归属的事前约定是有效的，在Q22合金发明中，被告人A的贡献部分在其与受害人公司的关系中，应视为被告人A的职务发明。另外，对于需要强度增加同时变得更轻特性的便携式电子产品的零部件的制造而言，合适的重量、高强度压铸用合金的发明是十分迫切的。两被告人明知这些情况仍然在开发完毕这些合金产品后，被告人A未进行将共有份额向受害人公司履行移交的程序，而是将该发明的整体，以被告人B的名义单独申请专利，并通过被告人B的企业（MIB），使得两被告人共同取得收益。并与Sangmun株式会社、Seongpoon非铁金属株式会社签订Q22合金专利许可使用协议。将两被告人的前述事实依据前述法理予以分析，我们可以看出这是一种共谋行为，被告人A曾担任受害人公司董事，享有经营地位，被告人A的份额在没有确定承继之前，应对该发明的内容予以保密，同时应对受害人取得专利权等权利予以协助，被告人A显然违反了这两项义务。被告人A未将Q22合金发明完成事实告知受害人公司，反而将该发明的申请专利的权利的份额转让给被告人B，使得被告人B单独完成该发明的专利登记，被告人A并在C的居间下，协助被告人B将上述合金发明与其他公司签订专利许可使用协议，最终使得该发明的内容予以公开，这给受害人公司造成了损害。上述事实是可以被充分认定的。

（二）大法院2014年11月13日宣告，2011DA77313判决（专利申请名义变更，损害赔偿案件）

（1）如果对于职务发明，雇主和雇员事前签订了协议或在劳动规定中约定，对于职务发明申请专利的权利的承继约定为雇主，在雇主未作出放弃取得该职务发明的权利时，雇员不能任意地违背该协议或劳动规定。上述雇员在雇主未明确表示放弃承继该职务发明的权利时，有义务对该发明的内容进行保密并且有义务协助雇主取得专利权，在此过程中雇员要遵守信义义务。因此，雇员违背基于信义关系的协作义务，在完成职务发明时不向雇主告知该事实，并将该发明申请专利的权利向第三人重复地转让，使得第三人获得专利权登记，这是对雇主的背任，构成违法行为。

两被告人在开发完毕这些合金产品后，不将该发明的申请专利等权利中被告人甲（原告公司的董事）的份额向原告公司履行移交程序，而是将该发明的整体，以被告人乙（原告公司外部的第三人）的名义单独获得专利权，并通过被告人乙名义下的企业，使得两被告人共同取得收益。从这些事实关系来看，按照前述法理来分析，两被告人的行为是一种共谋行为，被告人甲违背了基于与原告公司的信义关系而产生的协助义务。该案中，被告在完成合金发明后，被告人 A 未将 Q22 合金发明完成这一事实告知原告公司，反而将该发明的可以取得专利的权利中被告人甲的份额向被告人乙重复转让，使得被告人乙单独完成该发明的专利登记，在被告人甲、乙的安排下，被告人乙将上述合金发明与其他公司签订专利许可使用协议。认定被告的行为给原告公司造成损害的依据是非常充分的。因此，这些被告应当作为共同的侵权行为人，向原告承担损害赔偿责任。

（2）当 2 人以上人员共同作出发明时，申请专利的权利是共有的（《特许法》第 33 条第 2 款），虽然《特许法》并未对共有关系的份额如何确定作出任何规定，但是申请专利的权利也属于财产权，在不违反该财产权性质的范围内，应准用民法有关共有的规定（《民法》第 278 条）。因此，申请专利的权利共有者之间，如果对份额有特别约定，就应当从其约定；没有约定的，应该按照《民法》第 262 条第 2 款，认定其享有的份额是均等的。

在原审中，关于本案所指合金，在由甲进行单独发明的前提下，以被告运营的企业的名义，尽管从案外公司获取上述合金发明专利的技术费及获得支付的全部金钱也应全部归还于原告公司，这种金额相当于原告公司不能获取的损失金额，但是在本案中，由于合金是由被告甲、乙共同发明的，在上述技术费用中，对于原告公司由于被告人的背任行为未能获取的利益应限定为属于被告人 A 份额部分相应的金额，所以在原审判决中，关于合金发明可取得的专利权利中属于被告人甲的份额在审理后进行确定，对于技术费中只有被告人 A 份额相应部分的金额才能作为损害金额，因此发回原审法院进行重新审判。[①]

（3）转让人将能够申请专利的权利转让给受让人，虽然受让人据此获得专利的设

---

① （诉讼请求）判令被告向原告履行附件中记载的有关专利权的专利权移转登记程序，被告全体各自向原告支付 41977154 韩元，被告 A、C 各自向原告支付 61431840 韩元，被告 A 向原告支付 40063692 韩元以及前述金额的迟延损害金。

（原审判决）1. 被告全体分别应向原告支付 15658814 韩元以及从 2010 年 8 月 27 日至 2011 年 8 月 17 日的年 5% 的迟延利息，以及自下一日至全部偿清之日的按照年 20% 的利息。2. 被告 A、C 各自应向原告支付 56605010 韩元，对于其中的 30786840 韩元，应支付从 2010 年 8 月 27 日至 2010 年 11 月 30 日的该金额年 5% 的迟延利息；其中的 25818170 韩元，应支付从 2010 年 8 月 27 日至 2011 年 8 月 17 日的该金额年 5% 的迟延利息；以及自下一日至全部偿清之日的按照该金额年 20% 的利息。3. 被告应向原告支付 38593076 韩元，并支付从 2010 年 8 月 27 日至 2010 年 11 月 30 日的该金额年 5% 的迟延利息，以及自下一日至全部偿清之日的该金额年 20% 的利息。4. 驳回原告的其他诉讼请求。

定登记，但如果取得专利的权利和设定登记实现的专利权为同一发明，根据转让协议，转让人丧失了财产性利益（申请专利的权利），可以认为受让人没有法律上的原因取得专利权而获取利益，转让人可就专利权向受让人提出移转登记的请求。另外，《发明振兴法》第 12 条，第 13 条第 1 款、第 3 款前文以及《发明振兴法实施令》第 7 条规定，雇员应当将职务发明完成的事实通过书面的方式告知雇主，雇主在收到通知的 4 个月内如果不向雇员告知是否承继该发明的权利的，可以视为放弃承继该发明的权利。由此规定来看，即使没有雇员的通知，如果雇主通过其他渠道知道职务发明完成的事实，根据职务发明事前承继协议等的约定，将自己要承继该职务发明的权利的事项书面通知雇员时，即使没有雇员对该职务发明完成事实的通知，根据该法第 13 条第 2 款的规定，也视为发生对该权利予以承继的效果。根据此原理，受职务发明事前承继协议等约束的雇员，即使职务发明完成不告诉雇主，将该发明申请专利的权利在第三人积极的协助下重复转让，并使第三人登记专利权时，知悉上述职务发明完成事实的雇主，依据事前协议约定书面告知雇员其享有承继该专利时，雇主即享有该雇员所有的专利权转让登记请求权。而且，对于重复转让。根据韩国《民法》第 103 条的规定属于违反社会秩序的法律行为，因而无效，雇主可以提起专利权转让登记请求权成为被保全债权，可以代位行使雇员向第三人的专利权转让登记的请求权。

到事实调查终结为止，原告公司并未根据《发明振兴法》相关规定进行"将合金发明的专利申请权中被告甲的份额承继至公司"的任何程序，因此原告公司虽可以根据职务发明预约承继约定，向被告甲书面告知承继上述合金发明相关权利中被告甲的份额的意思表示，代替甲请求被告乙将其所登记的专利权中被告甲的份额部分进行转让登记，并对被告甲请求顺次转让登记，但是，不能由原告公司直接请求上述专利权的转让登记。因此，原审法院驳回其转让登记请求的判决虽不适当，但其结论是正确的。

三、职务发明补偿金请求权的发生

（一）职务发明补偿金请求权的性质（首尔高等法院 2009 年 10 月 7 日宣告 2009 Na 26840 判决）

《特许法》所认可的职务发明补偿金请求权，一般来讲，主要是为了保护相比雇主处于劣势地位的雇员的权益，从而振兴发明。在旧的《特许法》中，有关职务发明补偿金请求权的规定是强制性规定，其对职务发明补偿金请求权的发生、行使及补偿金的正当金额等给予无论何种限制的规定都是无效的。申言之，职务发明补偿金是转让可以获得专利的权利的对价，是一种法定债权，与作为劳动对价的工资相比在性质上有很大差异。因此，如果当事人之间没有明确的约定，认为支付了一般性的工资、业绩报酬就等于已经支付了特定职务发明的补偿金的观点是错误的。

被告（韩林制药）在2004年9月形式上与原告签订了劳动合同，不仅约定向原告无偿提供办公室，而且约定到2006年7月止为原告支付约1亿2400万韩元的费用（包括咨询费、劳务费等）。在案件中，被告主张，即使应该向原告支付职务发明补偿金，但是由于自己已经向原告支付了前述费用，应当认为自己已经向原告支付了职务发明补偿金，法院判决以上述法理为依据，认为被告并未提出已向原告支付职务发明补偿金的资金的相关证据，仅以提供前述证据为由主张已经向原告支付了职务发明补偿金的理由并不充足，最后法院并不认可被告的主张。

（二）无效的职务发明登记的专利情形

1. 在大法院2011年9月8日宣告2009da 91507判决（关于职务发明补偿金的）案件中，根据旧《特许法》（在2006年3月3日修改至法律第7869号之前）第40条第2款之规定，雇主承继雇员的职务发明在决定雇员的正当的补偿金时，应当考虑雇主获得的收益金额和在完成发明时雇主和雇员的贡献程度，而根据旧《特许法》第39条第1款之规定，即雇主并未承继职务发明，由于雇主对该专利享有无偿的普通实施许可，上述"雇主获得的利益"，是指超过普通实施许可的、由于取得排他的、独家的可以实施职务发明的地位从而取得的利益。

被告在Panorin发明申请之前，从阿根廷的GADOR S.A.公司（GADOR S.A.，以下简称"GADOR公司"）进口了帕米膦酸二钠（Disodium pamidronate），并以此为原材料生产了Panorin产品以及实施了该发明。被告所实施的帕米膦酸二钠制造方法是GADOR公司在Panorin发明申请时已经公示的，并且有竞争关系的第三人也可以轻易地知晓，所以可以自由实施。同时被告是与Yuhan化学公司订立了委托加工合同之后，从Yuhan化学公司处获得使用Panorin发明生产的帕米膦酸二钠，并以此为材料生产了Panorin产品而得以实施Panorin发明。被告所实施的Yuhan化学公司的帕米膦酸二钠相关的制造方法是，将帕米膦酸溶解于氢氧化钠溶液中并加入酒精，冷却和过滤并析出结晶后形成结晶化，一直到提炼的阶段都与GADOR公司发明没有区别。因此该技术在相关技术领域中只要是具备通常知识的人都可以轻易地从GADOR公司Panorin发明中模仿实施出来，而且具有竞争关系的第三人也能够容易地知晓该技术。以上列举的事项参照法理来看时，不能够断定被告基于Panorin发明的实施而获得了超越无偿普通实施许可的独占性、排他性利益。原审关于此部分的理由解释中认为被告除了从GADOR公司处进口了帕米膦酸二钠之外没有实施Panorin发明的事实认定是不正确的，但判决被告向原告支付与 Panorin 发明相关的实施补偿金却是正确的。

2. 对此日本的判例[①]有以下立场：①肯定请求补偿金诉讼中无效主张的立场；②在补偿金计算时可予以参照的立场（在认定补偿金决定数额时参照的立场）；③为了能够在计算补偿金时被考虑，有必要具有通知经营者等条件的立场（将无效事由告知经营者，如果不是被判断为没有事实上排他性利益，不否定专利权承继获得利益的立场）。[②]

（1）上述①的相关判决［东京高判 2004 年 9 月 29 日平成 15（ネ）2747］以丧失新颖性（功用）的理由确定了无效判决。无效的权利请求与基本构成相关，除此之外其他权利请求相关的发明要么价值低，要么实用新型技术评价书中缺少新颖性、进步性，或者以新颖性、进步性存在疑问为理由，判决在计算雇主获得利益时乘以的实施费率减半（1.5%），但是权利请求全部无效时对价的额数是否为 0 却并不明确。

（2）上述②的相关判决［东京高判 2001（平成十三）年 5 月 22 日判示 1753 号］对于有较高可能被认定为无效事由的事项，考虑到作为雇主的被告不应以没有把重心放在专利的不合理的理由而在计算对价时作为减额的参考，并且以本案专利为对象订立的专利许可合同是与数个公司订立的，所以无法认为本案的专利无价值以及基于此没有获得任何利益。雇主基于专利获得的利益为 5000 万日元，相应的对价为 250 万日元。

（3）与③相关的具有代表性的判例有以下三个判决。

1）知识财产高等裁判所 2009 年（平成二十一年）6 月 25 日平成 19（ネ）第 10056 号判决，从作为发明人的原告处经转让获得"专利申请权"的被告为了使该权利成为专利权进行了专利申请，关于取得的专利权的请求职务发明报酬诉讼中主张专利权存在的无效事由是以转让合同时未能预测的事项为基础的。虽然考虑到转让合同的效力具有溯及力是违反情理的，作为转让人的雇员明知存在专利无效事由仍进行转让不被允许。但是，职务发明补偿债权是以支付"相当数额"为内容的，在计算相当数额时为了兼顾作为受让人的被告取得的利益，因此在计算相当数额的事项中允许考虑专利权无效事由。

2）大阪地方法院 2006 年（平成十八年）3 月 23 日第 1945 号，原告向被告转

---

① 对于以下日本判例，职务发明在申请当时已经公示，第三人能够轻易知晓的情况时是否有支付实施补偿金的义务。参照김종석，대법원판례해설 90 호（2011 년 하반기），법원도서관，第 592—594 页。

② 参照전촌선지，"직무발명에 관한 보상금 청구소송에 있어서 무효이유 참작의 가부에 관하여"，지재관리 60 권 2 호，2010. 2.，第 169—178 页。

让本案发明 B 的专利申请权时，由于公然实施已经具有无效原因，且原被告均认识到该事项。如此明知无效事由而欺瞒特许厅骗取专利权，以取得不法独占性利益为目的转让专利申请权时，对于此转让对价请求权是否具有法律上保护的价值存在疑问。并且从该案发明 B 的无效原因告知于竞争公司这点考虑，对于原告将本案发明 B 的专利申请权承继给被告的相当对价，无法认定基于业务发明处理规定被告向原告支付超过了 16 万 2000 日元。被告并没有实施本案专利权 C 范围内的技术制造、销售芯片贴合机（ダイボンダ），并且竞争公司也可以自由地使用计数器技术，因此被告基于本案承继发明 C 的专利申请权而取得的权利即使存在也是非常少的，无法认定相应的对价超过了被告向原告支付的 26 万 2000 日元（该案否认了以专利申请前存在公然实施的无效理由和竞争公司明知该无效事由而能够自由地实施为理由而存在超过已经支付额数的对价请求权）。

3）大阪地方法院 2007 年（平成十九年）3 月 27 日平成 16（ワ）11060 号判决，虽然对于存在无效事由的专利一律地否认独占性利益是不恰当的，只要本案专利权相关的实施进行了追加试验就能够知晓无效事由的存在。如果本案专利权是同业的其他公司无法忽视的存在，作为雇员就能够轻易知道其存在，并且提出无效审判请求，能够充分预测到专利权将无效。同业其他公司能够运用与各发明完全不同的技术生产、销售同等产品时，并没有违反本案专利权。同业的其他公司能够制造、销售同等商品，由于现实地制造、销售同等商品，在与此相同的情况下，将通过禁止其他公司专利发明的实施而获得的利益也计算在内显然是存在困难的。

（4）整理以上日本判决，仅以登记发明存在无效事由为由是无法免除支付补偿金义务的。但是，作为转让人的雇员明知专利存在无效事由而转让或使竞争公司执行并自由使用等特殊情形时，雇主可以不支付实施补偿金。[①]

（三）上述 2009Da 91507 判决之后的下级法院判决

在上述 2009Da 91507 判决之后的下级法院判决中，例如首尔中央地方法院 2012 年 9 月 28 日宣告 2011 Gahab 37396 判决如下：对于原告的职务发明补偿请求，被告主张由于该案的职务发明缺乏新颖性和进步性所以没有向被告支付补偿金。该案第 1 发明的无效事由得到了认可，2012 年 8 月 30 日大法院 2012Hu1460 号判决就是确认以上专利发明无效的专利判决，与以上情况相同。

由于《特许法》规定当专利具有一定事由时，经过另外的专利无效审判程序而无效，一旦专利登记，只要按照以上审判没有被确定无效，那专利就是有效的，即使法院有使以上专利无效的事由也无法在诉讼程序中当然地判断专利无效（大法院 1992 年 6 月 2 日 Ja91Ma540 决定）。

---

① 김종석，위의논문，第 594 页。

仔细观察可以看出：①旧《特许法》第40条和《发明振兴法》第15条只规定了职务发明补偿金请求权的成立要件，ⅰ）是职务发明，ⅱ）将专利申请权承继给雇主或设立专用实施许可，并没有规定"职务发明具有新颖性和进步性时专利权才能有效地存续"作为要件；②被告公司的职务发明补偿相关规定第20条规定"已经向发明人支付的补偿金在专利无效时无须返还"；③综合考虑职务发明补偿金的宗旨是为了鼓励发明和促进发明的迅速发展以及高效率地权利化和事业化以及提高产业技术的竞争力。雇员将职务发明的专利申请权依照合同或劳动规定承继给雇主时，雇员取得了向雇主请求支付合理报酬的权利，之后职务发明的专利实际上是否申请、登记，雇主是否实施职务发明或以此为基础实施专利，或是专利的登记是否无效等后发的事由，并不成为职务发明补偿金请求权发生的障碍，仅仅作为补偿金计算时考虑的因素而已。

因此即使第1发明无效判决无效或者其他发明存在无效事由，这也只是作为计算职务发明补偿金时考虑的因素，并不会成为阻碍请求权行使的事由，所以被告的以上主张缺乏理由。

首尔高等法院2014年7月17日宣告2013 Na 2016228判决关于是否存在独占性利益作出如下判决：如果承继雇员职务发明相关权利的雇主实施的发明在职务发明申请当时已经公示并能够自由实施，具有竞争关系的第三人也可以轻易得知的情况下，无法视为雇主基于职务发明实施取得了超越无偿普通实施许可的独占性、排他性利益，因此没有支付职务发明补偿金的义务（参照大法院2011年9月8日宣告2009 Da91507判决）。但是仅以发明存在无效事由而无法一律否定独占性、排他性利益并免除补偿金的责任。①

一般的技术人员在再排列过程检索作业开始之后，配置的比较对象发明2等将过去的技术与包括比较对象发明1在内的情报通信技术领域里众所周知的惯用技术结合，在再排列过程检索作业开始之前，能够轻易地导出配置的第1专利发明的构成（但是认为第1发明明确无效是不充分的）。但是即使第1专利发明存在否定进步性而无效的可能性，与前面判断的情况相同，无法认定该发明是向具有竞争关系的第三人告知的公知技术。与前面的法理相同，仅以其存在无效事由为由是无法认为第1发明完全没有保护价值的，也无法因此完全否定被告没有独占性利益，

---

① 原告在三星电子作为首席研究员工作期间发明了"电话终端设备利用拨号关键字检索拨号情报的方法"和"将拨号情报按类区分检索的方法"，并将相关专利申请权转让给了被告，被告得到了以上发明的专利许可。原告要求支付合理补偿金一部分的1亿1千万韩元而提起了诉讼。被告认为以上专利依照比较对象发明1～5并没有进步性，因此主张并没有因为第1专利发明取得独占性利益。

进而完全免除其支付补偿金的义务（但是此种事项在计算补偿金额数时是确定独占权贡献率的考虑事项）。①

四、职务发明补偿金的计算标准

（一）职务发明补偿金的一般计算标准

1. 职务发明补偿金根据雇主基于职务发明取得利益的性质分为发明补偿、申请补偿、登记补偿、处分补偿等。计算补偿额时要考虑的要素分为以下三种：（1）雇主获得的利益额；（2）雇主贡献度（1-发明人补偿率）；（3）发明人的贡献率。实务上计算补偿金的方式如下表。②

> 补偿金＝雇主基于发明获得的利益额 × 发明人补偿率（1-雇主贡献率）× 原告的贡献率（发明人团体中原告所占比率）

2. 最近下级审理的下列判决：

旧《发明振兴法》（2013年7月30日法律第11960号修改之前）第15条第1款规定，雇员将职务发明的专利申请权或专利权以合同或劳动规定承继给雇主或设立专用实施许可时，有取得合理补偿的权利。同条第3款规定，当根据第1款没有约定合同或劳动规定时，计算补偿额时要考虑雇主基于发明获得的利益以及雇主和雇员对于发明各自的贡献度。

但是即使雇主没有承继职务发明也享有专利权的无偿普通实施许可。"雇主获得的利益"是指超越普通实施许可取得排他地、独占地实施的地位而获得的利益。并且"雇主获得的利益"是指基于职务发明自身获得的利益，而不是收益成本清算之后的营业利润等会计上的利益，因此与收益成本清算结果无关，只要存在职务发明自身产生的利益就可以视为雇主获得的利益。职务发明与成品的一部分相关时，需要考虑销售额中职务发明所贡献的程度，但是销售额中与职务发明无关的诸如雇主的认知度、市场地位、名声、品质或功能等贡献的部分要排除在外。

该职务发明仅被雇主实施而不允许第三人实施时，雇主获得利益的计算方式有：（1）以假设雇主允许第三人实施职务发明能够获得的实施费为标准计算的方式；（2）雇主许可第三人实施时以能够预想到的减少销售额相比超过的销售额（超出销售额）为标准计算的方式。在该案件中，根据原告请求按照下列算式，雇主的

---

① 除此之外，韩国轮胎案（首尔高等法院2014年4月24日宣告2012Na53644判决）中被告公司主张由于专利发明缺乏新颖性和进步性所以没有支付补偿金的义务，但法院认为很难判断发明没有新颖性和进步性所以否定了被告的主张。

② 김종석，위의논문，第585页。

销售额中职务发明的贡献度（职务发明只与成品一部分相关时，为了合理计算补偿金只参照全部销售额中相关那部分的职务发明贡献度）乘以实施费率得出的数额中扣除无偿普通实施许可产生的部分的方式，即乘以独占权贡献率的方式计算。

补偿金 = 雇主获得的利益（雇主的销售额 × 职务发明的贡献度 × 实施费率 × 独占权贡献度） × 发明人贡献度 × 发明人贡献率（共同发明情况下）

但是在实务中严格证明以上各种因素是极其困难的，要根据全部辩论的宗旨和证据调查的结果为基础确定数额。[①]

（二）职务发明补偿金的计算

1. 大法院判决的态度

（1）大法院 2008 年 12 月 24 日宣告 2007 Da 37370 判决（专利权转让登记等）

对于属于旧《特许法》（2006 年 3 月 3 日法律第 7869 号修改之前）第 39 条第 1 款规定的职务发明中公司职员的发明，公司和其代表理事没有合法地承继该职员的专利申请权，并且依照同法第 40 条也没有予以补偿，排除上述职员而又以公司名义登记专利侵害该职员的专利申请权时，该职员遭受的财产上的损失可以与根据旧《特许法》第 40 条得到的合理报酬相当。该数额要综合考虑职务发明制度和补偿等相关法令的立法宗旨、证据调查的结果和依照整体辩论展现的当事人之间的关系、侵害专利申请权的情况、发明的客观技术价值、是否存在类似的代替技术、公司给予该发明获得的利益以及职员和公司对于发明的完成的贡献度、公司过去支付职务发明补偿金的案例、专利的利用形式等所有的间接事实来确定，已登记的专利权或专用实施许可的侵害行为造成的损害赔偿数额并不类推适用《特许法》第 128 条第 2 款[②]计算。

原告向被告提出，"1. 被告公司 1 对于另附目录记载的专利权以恢复真正名义的原因要求原告履行专利权转让登记程序；2. 要求各被告连带向原告支付 3 亿 7000 万韩元并支付迟延损害金"。原审法院认为被告股份公司 1 和股份公司 2 之间与该案件专利相关，授予了饲料和肥料品种的独占性普通实施许可和其他品种的普通实施许可，于 1998 年 4 月 29 日订立了实施费为公司销售额 5% 的"专利权实施和商标权使用合同"。之后认定从 1998 年至 2005 年 6 月末，共计收取了实施费 679174569 韩元。由于是有许多发明人的共同发明，而共同发明人中的一部分排除

---

① 水原地方法院 2014 年 10 月 28 日宣告 2013 Gahab 12788 判决。

② 第 136 条第 2 项规定，专利权人或专用实施许可人故意或过失地对于由于侵害自身专利权或专用实施许可的人可以请求相应的损害赔偿，侵权人因侵害行为获得利益时该利益额被推定为专利权人和专用实施许可人的损害额。

另一部分共同发明人进行了专利登记，进而导致被排除的共同发明人的专利申请权被侵害。在计算因此导致的损害额时，如果能够认定已经进行专利登记的那部分是由共同发明人因专利实施获得的利益，可以类推适用《特许法》第128条第2款，向被排除的共同发明人支付的损害赔偿额与已进行专利登记的共同发明人获得的利益相当。但依照共同发明特性其赔偿范围与此相同，进行专利登记的共同发明人基于该专利实施获得的利益可以视为被排除的共同发明人对于该发明具有贡献度的部分，该案作为损害赔偿金的实施费合计679174569韩元，其中原告的贡献度占30%，为203752370韩元，扣除被告2向原告作为损害赔偿金而提存的3000万韩元，需要支付剩余的173752370韩元和迟延损害金。

大法院虽作出如上判决，但对于被告败诉部分发回重审。在发回重审中改判为"被告连带向原告支付5000万韩元"。

（2）大法院2011年7月28日宣告2009 Da 75178（职务发明补偿金）（关于雇主获得利益的含义）。[①]

旧《特许法》（2001年2月3日法律第6411号修改之前）第40条第2款规定雇主承继雇员的职务发明的，在决定雇员应当获得的合理的补偿金时，应当考虑雇主利用发明获得的利益以及在完成发明的过程中雇主作出的贡献程度。根据旧《特许法》第39条第1款，即雇主不承继职务发明，也享有对专利的无偿普通实施许可，所以"雇主获得的利益"指的是利用取得的超越普通实施许可，排他地、独占地实施职务发明的地位所获得的利益。另外，此处的雇主获得的利益是指根据职务发明本身获得利益，并非在清算了收益和成本后剩余的营业利益等会计上的利益。所以，不管收益和成本清算的结果如何，只要凭借职务发明本身获得了利益，则属于雇主获得了利益。而且，即使雇主制造、销售的产品不属于职务发明的范围，但是因为其是能够代替实施职务发明制成的产品需求的产品，雇主基于对职务发明的专利权，让竞争公司不能实施职务发明，因而增加了销量，那么因此而获得的利益也应当评价为雇主基于职务发明获取的利益。

原审指出，根据原审判决理由，原审在上述前提下，考虑到以下两点：即使被告公司销售的3%、5%的Pyribenzoxim制剂制品中不属于第1专利发明的权利范围，但是这也是能够替代第1专利发明实际制品需求的产品，竞争公司不能实施第1专利发明，所以可以视为增加了销售。此外第1专利发明海外独占性较差——认为被告公司基于排他性、独占性的实施或占有第1专利发明获得的销售利益预计占Pyribenzoxim制品销售额的1/4，与第2专利发明相关的专利的实施费率计算为3%，参照此将农药业界的实施费率定为3%，将此作为第1专利发明的实施费率，计算

[①]　消灭时效的判断将在下文予以论述。

被告基于第 1 专利发明获得的利益。此外，被告公司截至 2007 年对 Pyribenzoxim 投资的研发费达到 128 亿韩元，另外拥有有关 Pyribenzoxim 的产品专利 2 件，方法（制造方法）专利 6 件。虽然是基本的标准，但是原告在入职公司之前就知道案外人 1 等进行相关研究。考虑到此，将对共同发明人的补偿率定为 10% 来计算被告公司就第 1 专利发明应当向原告支付的发明补偿金。

并且，原审在上述前提下，考虑到被告公司基于排他地、独占地实施第 2 专利发明获得的销售额计算为 flucetosulfuron 制品的预计总销售额的 1/3，第 2 专利发明相关的专利的实施费率计算为 3%，参照此认定农药业界的实施费率 3%，将此作为第 2 专利发明的实施费率，来计算被告基于第 2 专利发明获得的利益。此外，被告公司截至 2007 年对 flucetosulfuron 投资的研发费达到 127 亿韩元，flucetosulfuron 物质是以韩国科学研究所已经发明的候选物质为基础制造的，被告公司获得了 3 件相关专利的实施许可权。另外还有相关方法专利 2 件——将对共同发明人的补偿比率定为 20%，来计算被告公司就第 2 专利发明应当向原告支付的职务补偿金，上述事实认定判断均为正当的。

上述大法院判例是在雇主没有实施职务发明仍被认定需要根据自行实施支付补偿金的案例。实施过程中产生的雇主利益和补偿金可以分为根据自行实施的部分（以雇主的销售额为基准）和依照实施费收入 / 交叉许可的部分（实施费收入为准），上述案件中大法院按照自行实施确定了补偿金。一般当雇主没有实施的情形下是不按照自行实施来确定补偿金的，但上述案件对于实施代替商品上按照自行实施认定了补偿金，这是比较特殊的。

2. 计算相关具体案例

（1）雇主直接实施发明的情形。

①首尔高等法院 2014 年 4 月 24 日宣告 2012Na53644 判决（职务发明补偿金）。韩国轮胎案：（超额利润比率—独占利益比率）。

轮胎产品的性能不仅由钢丝帘还由其他部分综合适用决定，并且轮胎产品的销售不仅受到物理性能的影响，还会受到设计、企业形象、广告和销售战略等因素的影响。实际上购买被告产品的消费者中，大部分不是因为产品的性能而是因为企业的形象才购买的。考虑到专利发明在申请前还包含已经公示的其他发明，以及在轮胎业与专利发明相同的 3 层构造比起 2 层构造具有明显的竞争力，加之超额利润的比率比较低，综上认定超额利润的比率（独占权贡献率）为 3% 较为妥当。

（假定实施费率）轮胎产品是由和路面接触的胎面（Tread），行驶时缓和外部冲击的带束层（Belt），形成轮胎框架的胎体（Carcass），以灵活的屈伸运动提升乘车感觉的胎侧（Sidewall），代替内胎防止轮胎泄漏空气的气密层（Innerliner），使轮胎固定在钢圈上的叶轮心（Bead Core），连接胎面和胎侧并且在行程中起到散热功能的胎肩（Shoulder）等橡胶合成物（Compound）形成的有机结合体。发明2是轮胎构成部分中带束层和胎体部分中作为加固材料的钢丝帘的相关发明，钢丝帘的构造对于轮胎的内部构造和汽车驾驶的安全性以及乘车感等会产生相当的影响。但是轮胎中除了钢丝帘之外，其他多种多样的橡胶合成物的构造和成分也会产生影响，并且可能包含钢丝帘的带束层本身的性能不仅与发明2中钢丝帘的构造有关，而且与单位英尺的钢丝帘数量、带束层间的角度、带束层间角度和宽度的差异、带束层是否使用边缘带、边缘带的规格、带束层表面的规格等许多因素都相关。被告在着手发明2当时，为了降低轮胎产品的成本和重量要在钢丝帘中减少丝的数量，这在轮胎业界已经形成了一定程度的共识。发明2适用当时，被告的竞争公司也在生产销售固有钢丝帘结构的轮胎产品。为了配合钢丝帘构造发生变更，设备需要更新或改善，因此可能产生制造工程上的问题。由于发明2被告关于轮胎产品申请或登记的专利约有2000个，因此很难认为发明2在技术革新的程度、改善后的使用效果、实施的简易性、收益性等方面起到了很大的作用，因此认定假想使用费率为1%是比较妥当的。

②首尔中央地方法院2014年10月2日宣告2013 Gahab 517131判决（请求职务发明补偿金的诉讼）。

（独占权贡献度）

a.温热按摩器的性能不单与专利发明有关，是其他许多构成部分综合作用决定的；b.温热按摩器产品的销售不仅与产品的性能和使用的便利性有关，与企业形象、广告、销售占率等均有关；c.考虑到在被告的V3产品面市之前已经有温热治疗机可以监测心脏并进行治疗，以及通过导管的上下运动可以调节强度的技术已经被开发出来，专利发明中各发明的独占权贡献率为4% ~ 10%。[①]

（实施费率）

a.温热按摩器除了专利发明实现的4种功能外，还包括与主垫和辅垫的构成、导管的运转等相关的多种技术；b.专利发明中有3个功能分别是，测量和分析脊椎长短和弯曲度，通过使用人调整导管的强度能够提供模板化的按摩形态，给每个使用人提供有针对性的按摩。剩下的一个（第4）功能是采用滑动设计，能够节省保管按摩器的空间。比起将以上各个功能视作所有温热按摩器产品必不可少的要素，视作提高使用人便利性的功能更为合适；c.被告的V3产品面市之前，已经有温热治疗机可以监测心脏并进行治疗，以及通过导管的上下运动可以调节强度的技术

---

① 12个专利发明在4% ~ 10%的范围内有差别地得到了确定。

已经被开发出来；d. 第 11 项发明是将零部件一体化相关的发明，第 12 项是缩短导管移动材料的相关发明，这些都与调节按摩器导管强度的性能无关；e. 原告主张该案发明所属的医疗器械领域的实施费率至少为 5%，但仅以第 7 号证据无法认定该主张。除此之外综合考虑到第 1、3、5—12 号发明带有的技术革新程度和改善的适用效果、实施的难易度和收益性等，各发明的实施费率为 0.4% ~ 1%。

③首尔高等法院 2013 年 1 月 10 日宣告 2011 Na100994 判决（职务发明补偿金）。

（独占实施利益的判断方法）

被告实施第 1 实用新型销售的产品的销售额乘以第 1 实用新型实施的利益率（实施费率）计算出的利益中，仅掌握被告"超越普通实施许可的排他地、独占地实施第 1 实用新型的地位而取得的利益（以下简称为独占实施利益）"部分来计算。

2006 年至 2011 年，销售 HP2600 用感光鼓共计 7673083276 韩元，2012 年 1 月开始至同年 10 月的销售额为 594517659 韩元。使用 HP2600 感光鼓的 HP2600 打印机 2009 年已经停产，该打印机的寿命大约为 5 年。因此被告从 HP2600 打印机停产时起至 2014 年可以销售 HP2600 用感光鼓，在没有特殊情况下 2013 年和 2014 年的销售额推断为与 2012 年的销售额 713421190 韩元（=2012 年的 10 个月间的销售额 594517659 韩元 × 12/10，不满一韩元舍去，下同）相同，被告销售 HP2600 用感光鼓的总销售额为 9813346846 韩元。

被告制造、销售的向 SCC 供给的 HP2600 用感光鼓中附着了与第 1 实用新型弹簧方式不同的螺丝方式的齿轮。被告从 2007 年到 2009 年向 SCC 销售了总计 1684654722 韩元的 HP2600 用感光鼓，该销售额是与第 1 实用新型无关的部分，所以减去 SCC 的销售额与第 1 实用新型相关的被告的销售额为 8128692124 韩元（=9813346846 韩元 –1684654722 韩元）。

（被告运用第 1 实用新型制造、销售的感光鼓的利益率）：2%

第 1 实用新型的感光鼓，为了防止碳粉墨盒的再利用带有"反再制造装备"的 HP2600 型号打印机是在相关的"售后服务市场（不是正品墨盒而是再生墨盒企业提供感光鼓的市场）"中选择感光鼓中作为重要的考虑因素之一，作为打印机墨盒一部分的感光鼓外面涂抹的感光物质的感光效果致使碳粉能够实现打印是核心考虑要素。即便是再生墨盒，优先确保的也是电磁性能、均一性、安全性等与打印品质相关的性能。第 1 实用新型所实现的脱离、附着的便利性增大效果，考虑到适用第 1 实用新型之外作为在墨盒中设置感光鼓方式的螺丝连接方式、PIN 连接方式、衔接方式等的齿轮已经普遍使用，只能体现出能够更加灵活地再利用的有限意义。在第 1 实用新型适用之前，被告公司的再生墨盒产品在世界的市场占有率超过了 20%，全部感光鼓产品中齿轮部分价格所占的比率约为 10% ~ 16%，电脑周边机器的相关发明在国内外的实施费率一般为 1% ～ 5% 范围内等以上事项综合考虑，可见在销售额中齿轮部分的比重并不是很大。

（独占实施利益部分）

综合考虑上文中所认定的第 1 实用新型的构成和使用效果以及在全体感光鼓产品中所占的比重，以及被告公司制造、销售感光鼓的现况等在一审及辩论中出现的诸般事项，第 1 实用新型相关的被告的独占实施利益部分被认定为全部利益的 50% 比较合适。

［雇主（被告公司）和雇员（原告）对于发明完成的贡献度］

原告和被告对于第 1 实用新型完成的贡献度是 6∶4（第 1 实用新型与作为被告公司主要事业的感光鼓的制造相关，原告在被告公司的专利部门担当专利诉讼相关业务时具体地了解到了被告公司感光鼓的相关技术之后，以此为基础创造了第 1 实用新型。原告在被告公司为了第 1 实用新型的创造请求使用 CAD 程序，但被告公司没有许可，原告自己购买该程序设计了第 1 实用新型的图纸。被告公司从原告得到第 1 实用新型的报告后主导制造了实物模型(mock-up)并进行了在展览会参展、制作模具、申请实用新案等在内的各项使其实际成为产品的事业。原告在被告的指挥、监督下，在工作时间内处理了作为被告公司职务课题的第 1 实用新型相关业务，相关费用全部由被告公司承担，原告在被告公司实际工作时间为 4 个月左右）。

（计算）

被告基于第 1 实用新型获得的利益为 81286921 韩元（= 相关销售额 8128692124 韩元 × 利益率 0.02 × 独占实施利益率 0.5）× 原告的贡献度 0.4 = 32514768 韩元。[①]

④首尔中央地方法院 2012 年 11 月 23 日宣告 2010 Gahab 41527 判决（职务发明补偿金）。

原告于 1991 年 2 月 1 日进入被告（三星电子）公司工作，作为影像研究室和信号处理部门的首席研究员在 1995 年 2 月 21 日离开公司。原告在被告工作当时担任 HDTV 信号处理的相关研究并完成了本案的专利发明。该案件的专利发明全部是以被告的名义进行申请和登记的。之后专利发明中的 7、8、10、14 号发明被采用为 MPEG-22 标准技术。[②]

---

① 大法院 2013 年 6 月 13 日宣告 2013 Da14453 判决以审理终止确定（原告请求金额为 5 亿韩元）。

② MPEG 相关技术的标准化过程如下；①提案要求书［CFP（Call for Proposal）公告］；②发明人在国际标准化会议中提交文稿并出示实验结果；③接受参加标准化会议的专家集团在其他机关的委托鉴定和主要实验后发表文稿；④主要实验中被鉴定为具有优秀性则被采用为鉴定模型（VM，Verification Model）；⑤以鉴定模型为制作基础规格草案（WD，Working Draft），委员会草案（CD，Committee Draft），经过各国投票制定国际标准案（DIS，Draft International Standard）后确定最终国际标准（IS，International Standard）；⑥在代理 MPEG 技术使用合同（License）业务的"MPEG LA"登记。

原告于 1999 年 11 月 4 日从被告处获得 8、14 号发明的补偿金共 2000 万韩元，之后原告于 2002 年 4 月 15 日向被告再次请求支付成为 MPEG-2 标准技术的 7、8、10、14 号发明的合理补偿金，2002 年 7 月 18 日从被告处获得 7、10 号发明的相关补偿金计 2 亿韩元。

雇主的利益额：专利发明按照上述发明所属的 MPEG 标准集团分成 AVC/H.264、MPEG-2、MPEG-4 Visual、VC1，1997 年至 2010 年该案的专利发明成为 MPEG 标准集团所属，被告获得的利益如下实施费收入额表的各年度金额（实施费收入中扣除必需成本的金额）。

实施率收入金额 1（反映了贡献度）：AVC/H.264

	贡献度	2000年	2001年	2002年	2003年	2004年	2005年	2006年	2007年	小计（反映了贡献度）
1	1						$0.00	−$1952.97	−$12094.19	−$14047.16
3	1						−$1989.10	$2418.46	−$8109.59	−$7680.22
5	1						−$1989.10	$2418.46	−$8109.59	−$7680.22
7	1						$0.00	−$1545.61	−$7838.50	−$9384.11
9	1						−$1237.09	$17496.87	$58951.38	$75211.15
10	1						−$1237.09	$17496.87	$58951.38	$75211.15
14	1						−$1715.12	$5494.90	$15893.40	$19673.18
15	0.8						−$1715.12	$5494.90	$15893.40	$15738.55
16	0.8						$0.00	$0.00	$0.00	$0.00
29	1						$0.00	$38929.29	$167497.20	$206426.50
30	1						$0.00	$8200.97	$41116.10	$49317.07
31	1						$0.00	$8200.97	$41116.10	$49317.07
32	1							−$10816.46	−$6446.90	−$17263.37
33	1						−$10301.65	$5735.43	−$13309.08	−$17875.30
34	1						$0.00	−$10816.46	−$25542.45	−$36352.52
35	1						$0.00	−$10816.46	−$28590.72	−$38372.86
44	1						$0.00	$113149.77	$174965.24	$288115.00

	贡献度	2000年	2001年	2002年	2003年	2004年	2005年	2006年	2007年	小计（反映了贡献度）
55	1						$0.00	$38929.29	$167497.20	$206426.50
57	1						$0.00	$0.00	−$11145.73	−$11145.73
	USD						−$20184.26	$228458.93	$620694.65	$825034.68
	汇率						1003.10	920.50	929.10	950.90
	KRW						20246830	210296443	576687399	784525479

实施率收入金额2（反映了贡献度）MPEG-2

		2000年	2001年	2002年	2003年	2004年	2005年	2006年	2007年	小计（反映了贡献度）
7	1	$3653.32	$321467.32	$281184.51	$178232.48	$61808.43	−$80790.85	−$273574.24	−$342533.72	$149477.24
8	1	$69564.33	$321467.32	$281184.51	$178232.48	$61808.43	−$80790.85	−$273574.24	−$342533.72	$21538826
10	1	$107599.85	$1233160.90	$1269233.71	$1231373.04	$1580826.81	$1944078.88	$2183064.78	$2343036.71	$11892374.66
14	1	$424631.99	$1233160.90	$1269233.71	$1231373.04	$1580826.81	$1944078.88	$2183064.78	$2343036.71	$12209406.80
15	0.8	$0.00	$0.00	$0.00	$0.00	$1091605.19	$1944078.88	$2183064.78	$2343036.71	$6049428.44
16	0.8	$0.00	$0.00	$0.00	$0.00	$0.00	$0.00	$0.00	$0.00	$0.00
17	0.8	$0.00	$0.00	$0.00	$0.00	$0.00	$0.00	$0.00	$0.00	$0.00
18	0.8	$0.00	$0.00	$0.00	$0.00	$0.00	$0.00	$0.00	$0.00	$0.00
19	0.8	$0.00	$0.00	$0.00	$0.00	$0.00	$0.00	$0.00	$0.00	$0.00
20	0.8	$0.00	$0.00	$0.00	$0.00	$0.00	$0.00	$0.00	$0.00	$0.00
21	0.8	$0.00	$0.00	$0.00	$0.00	$0.00	$0.00	$0.00	$0.00	$0.00
22	0.8	$0.00	$0.00	$0.00	$0.00	$0.00	$0.00	$0.00	$0.00	$0.00
23	0.8	$0.00	$0.00	$0.00	$0.00	$0.00	$0.00	$0.00	$0.00	$0.00
24	0.8	$0.00	$0.00	$0.00	$0.00	$0.00	$0.00	$0.00	$0.00	$0.00
25	0.8	$0.00	$0.00	$0.00	$0.00	$0.00	$0.00	$0.00	$0.00	$0.00
26	0.8	$0.00	$0.00	$0.00	$0.00	$0.00	$0.00	$0.00	$0.00	$0.00
27	0.8	$0.00	$0.00	$0.00	$0.00	$0.00	$0.00	$0.00	$0.00	$0.00

		2000 年	2001 年	2002 年	2003 年	2004 年	2005 年	2006 年	2007 年	小计（反映了贡献度）
28	0.8	$0.00	$0.00	$0.00	$0.00	$0.00	$0.00	$0.00	$0.00	$0.00
29	1	$0.00	$1179624.51	$1064286.84	$476364.48	$415809.63	$777697.10	$1036374.93	$725,629.35	$567578683
30	1	$0.00	$0.00	$0.00	$317960.44	$415809.63	$777697.10	$1036374.93	$725629.35	$327347145
31	1	$0.00	$0.00	$0.00	$69112.95	$415809.63	$777697.10	$1036374.93	$725629.35	$3024623.95
32	1	$84198.14	$113622.67	$107955.61	$221602.75	$295416.88	$241351.78	$193140.91	$1032639.37	$2289928.10
33	1	$237194.46	$666652.97	$656920.71	$399002.63	$616631.41	$733501.79	$501308.05	$786610.95	$4597822.95
34	1	$70584.15	$72522.17	$12291.77	$143688.44	$185394.28	$139203.57	$244113.22	$485409.26	$1353206.85
35	1	$94744.16	$69993.80	$8633.50	$36437.96	$18247.60	$33690.20	$6011.84	−$18948.08	$249043.99
	USD	$1092403.39	$5211732.54	$4950924.87	$4483380.67	$6739994.71	$9151493.57	$10055744.65	$10806642.23	$50979959.51
	환율	1247.40	1301.80	1176.20	1182.60	1025.50	1003.10	920.50	929.10	969.55
	KRW	–	–	–	–	46604447	834329403	721979397	656878612	2113693547

实施率收入金额 3（反映了贡献度）：MPEG-4 Visual

		2000 年	2001 年	2002 年	2003 年	2004 年	2005 年	2006 年	2007 年	小计
2	0.8					$25821.38	$234546.19	$40859.61	$36450.47	$270142.12
10	1					$0.00	$0.00	$115306.91	$86519.55	$201826.46
11	1					$0.00	$0.00	$0.00	$0.00	$0.00
12	0.8					$0.00	$0.00	$0.00	$0.00	$0.00
13	0.8					$0.00	$0.00	$0.00	$86526.59	$69221.27
14	1					$72948.85	$51819.11	$128671.32	$86519.55	$339958.83
15	0.8					$35553.27	$51819.11	$128671.32	$86519.55	$242050.60
16	0.8					$0.00	$0.00	$0.00	$0.00	$0.00
29	1					$0.00	$0.00	−$28538.54	−$28063.22	−$56601.76
30	1					−$44438.96	$246783.28	$215309.72	$52874.83	$470528.87
31	1					−$44438.96	$246783.28	$215309.72	$52874.83	$470528.87
32	1					$0.00	$0.00	$0.00	$0.00	$0.00

		2000 年	2001 年	2002 年	2003 年	2004 年	2005 年	2006 年	2007 年	小计
33	0.8					$0.00	$0.00	$0.00	$0.00	$0.00
34	0.8					$0.00	$0.00	$0.00	$0.00	$0.00
36	0.8					$0.00	$0.00	$0.00	$0.00	$0.00
37	0.8					$0.00	$0.00	$0.00	$0.00	$0.00
38	0.8					$0.00	$0.00	$0.00	$0.00	$0.00
39	0.8					$0.00	$0.00	$0.00	$0.00	$0.00
40	0.8					$0.00	$0.00	$0.00	$0.00	$0.00
41	0.8					$0.00	$0.00	$0.00	$0.00	$0.00
42	0.8					$0.00	$0.00	$0.00	$0.00	$0.00
43	0.8					$0.00	$0.00	$9226.21	$173300.18	$146021.11
45	0.8					$0.00	$0.00	$0.00	$0.00	$0.00
46	0.8					$0.00	$0.00	$0.00	$0.00	$0.00
47	0.8					$0.00	$0.00	$5588.81	$47480.87	$42455.74
48	0.8					$0.00	$0.00	−$6634.80	$41288.08	$27722.62
49	0.8					$0.00	$0.00	−$9151.90	$14738.52	$4469.30
50	0.8					$0.00	$0.00	−$30284.43	−$30024.51	−$48247.15
56	0.8					$0.00	$0.00	$0.00	$0.00	$0.00
	USD	$0.00	$0.00	$0.00	$0.00	$45445.58	$831750.98	$784335.95	$707005.29	$2180076.89
	환율	1247.40	1301.80	1176.20	1182.60	1025.50	1003.10	920.50	929.10	969.55
	KRW	−	−	−	−	46604447	834329403	721979397	656878612	2113693547

实施率收入金额 4（反映了贡献度）：VC-1

		2000 年	2001 年	2002 年	2003 年	2004 年	2005 年	2006 年	2007 年	小计
1	1								−$39987.15	−$39987.15
2	0.8								−$39987.15	−$31989.72
3	1								−$39987.15	−$39987.15

续表

		2000 年	2001 年	2002 年	2003 年	2004 年	2005 年	2006 年	2007 年	小计
5	1								−$52604.67	−$52604.67
6	1								−$44373.99	−$44373.99
9	1								$3510.58	$3510.58
10	1								$721575.11	$721575.11
11	1								$0.00	$0.00
12	0.8								$0.00	$0.00
13	0.8								$721575.11	$577260.09
14	1								$721575.11	$721575.11
15	0.8								$531154.78	$424923.82
16	0.8								$0.00	$0.00
30	1								$174347.56	$174347.56
31	1								$174347.56	$174347.56
32	1								$187300.10	$187300.10
33	1								$124495.11	$124495.11
34	1								$70245.21	$70245.21
35	1								$76479.30	$76479.30
43	1								$15919764	$127358.11
44	1								$32126.37	$32126.37
47	0.8								$187300.10	$149840.08
48	0.8								$124495.11	$99596.09
49	0.8								$70245.21	$56.196.17
50	0.8								$76479.30	$61183.44

续表

		2000 年	2001 年	2002 年	2003 年	2004 年	2005 年	2006 年	2007 年	小计
51	0.8								$0.00	$0.00
52	0.8								$0.00	$0.00
53	0.8								$0.00	$0.00
54	1								$0.00	$0.00
55	1								$16618.23	$16618.23
57	1								$369316.37	$369316.37
	USD	$0.00	$0.00	$0.00	$0.00	$0.00	$0.00	$0.00	$4325443.72	$3959351.70
	환율	1247.40	1301.80	1176.20	1182.60	1025.50	1003.10	920.50	929.10	929.10
	KRW	–	–	–	–	–	–	–	4018769756	3678633662

发明人贡献度：10%（从第 1 到 8 号发明专利在从 1991 年 12 月到 1992 年 7 月较短的期间内获得申请这一点考虑，原告主张在进入被告公司之前对于专利相关的基础技术已经具有相当的理论研究和实务经验，这一主张是具有说服力的。原告在 HDTV 接收机的开发之外，对于影像压缩相关的原创技术也非常关心，并且与此相关的创意性构思足以表明这个案件中的专利发明是由原告主导的。另外，数字 HDTV 的开发与影像压缩技术是紧密相连的，原告在被告公司任职期间对于 HDTV 开发的促进和努力成为该案件中专利的直接或间接的促进动机。不仅如此，从公司的角度来看，被告使原告的发明专利被定位为国际标准的专利并使该专利发明的价值得到了提升还创造了巨大的收益。综合原被告的关系与各自的角色，被告的规模，以及被告通过该事件中的专利发明获得的使用费和收益额等）（需要考虑的具体事项）。a. 原告于 1980 年从首尔大学电子工学科毕业，并于 1982 年在韩国科学技术院以影像处理为专业在电子电器工学部学习了硕士课程。原告从 1982 年到 1986 年在 KBS 技术研究中以研究员的身份工作并且进行了数字和信号相关的研究，之后从 1986 年至 1990 年在美国密歇根大学以题目为 "Time-frequency signal analysis and synthesis algorithms" 的论文取得了博士学位。b. 原告是根据被告的优秀人才选拔提议于 1991 年 2 月 1 日进入被告公司，担任影像研究室和信号处理小组的首席研究员，同时担任 All-Digital HDTV 的课题开发。当时被告公司内部对于 HDTV 几乎没有研究成果，而原告于 1991 年 5 月左右完成的 400 页左右的研究记录使得正

式的研究得以加速发展。以原告的创意形成的 1 号发明于 1991 年 12 月左右进行了专利申请，之后到 1992 年 7 月为止 2 号至 8 号发明在较短的期间实现了专利申请。c. 原告从被告处于 1994 年 1 月 5 日在技术论文发表会中被授予最优秀奖。1995 年 1 月 4 日，发明的功劳得到了认可并被授予奖章。并且原告在 1998 年 11 月 26 日因"多媒体国际标准采纳的核心原创技术开发"等研究业绩，从科学技术部长官处得到了当月的科学技术者奖。d. 由于该案件的专利发明是在许多个技术变数中采用了最佳变数的适应性技法，该技术性思想是通过方框图和演算方法记述而完成的，因此被告对于以上发明在专利申请之前并没有经过其他实验或是模拟实验。被告的影像研究室和信号处理研究所并没有开发 D-1 VTR 和 SD Monitor 等动态图像专家组标准技术的设备。e. 原告从发明的制成开始就对发明有着非常具体的把握并展开了作业，该案件中的专利发明相关的技术性思想由原告记载在发明申请书中后提交给被告，并为了明细书的制作向被告的专利部职员和律师提供了补充的说明资料。另外，与该案件专利发明相关的由原告制作交予被告的发明申请书中记载了发明动机和担当课题名为原告在被告在职时所担任的业务和相关的 All-Digital HDTV 开发，以及适用产品 HDTV、Digital VCR 等。被告在该案专利发明的权利请求中进行了补正，并且在已经取得专利的情况下通过修正审判的方式为符合动态图像专家组的标准规格进行了修正。通过分期申请和连续申请的程序，增加了被动态图像专家组标准采纳的权利请求。并且被告为了使该案中的专利发明被采纳为动态图像专家组标准技术，选出了以上发明中有可能被采纳的发明，并由专门机关来进行专利的评价和咨询，完成了在动态图像专家组会议上发表的文章。

原告贡献度：80%（参照共同研究员部分）。

职务发明补偿金金额：被告从 2000 年 7 月至 2007 年获得总使用费共 62566867721 韩元（= AVC/H.264 小组 784525479 韩元＋ MPEG-2 小组 55990015033 韩元＋ MPEG-4 小组 2113693547 韩元＋ VC-1 小组 3678633662 韩元，由于 MPEG-2 小组的情况从 2000 年 7 月至 2000 年 12 月产生的使用费无法确定而认定为 2000 年度使用费的一半），具体的计算内容参照"使用费收益额（反映了贡献度）"表。对于上述 62566867721 韩元，除去被告被认定为 90% 贡献度的部分，被告只对余下部分的金额承担支付义务，本案需要向原告支付的职务发明补偿金为 6256686772 韩元（=62566867721 韩元 × 0.1），从以上金额中扣除原告从被告处已经获得支付的职务发明补偿金 2 亿 2000 万韩元，应支付的金额为 6036686772 韩元（=6256686772 韩元 –220000000 韩元）。

判决金额和迟延损害金的明细

发生年度	每年度使用费收入比率	③判决金额	迟延损害金	
			④每年度按份金额	⑤起算日
2000	0.02		120733735	2001 年 1 月 2 日
2001	0.11		664035545	2002 年 1 月 2 日
2002	0.09		543301809	2003 年 1 月 2 日
2003	0.09	6036686772	543301809	2004 年 1 月 2 日
2004	0.11		664035545	2005 年 1 月 2 日
2005	0.16		965869884	2006 年 1 月 2 日
2006	0.17		1026236751	2007 年 1 月 2 日
2007	0.25		1509171693	2008 年 1 月 2 日

（2）雇主许可第三人使用专利的情况。

①首尔高等法院 2004 年 11 月 16 日宣告 2003 Na52410 判决（职务发明补偿金）被告（东亚制药）以缔结许可合同，放弃生产售卖 Itazol 制品的方式将新开发的 Itazol 制品的生产和销售权利转让给韩国杨森公司，为了维持 Itazol 制品在国内市场的独占地位，被告（东亚制药）向韩国杨森公司赋予了包含该案中所有医药发明的专用实施许可，相关信息和资料等技术一并进行了转让。作为交换，韩国杨森公司支付了首付合约金和使用权许可费用合计 6805800000 韩元。另外，从 2000 年 9 月到 2003 年 12 月的 40 个月里，被告受领了合计为 2308859592 韩元（3% ~ 5% 的使用费率）的使用费。最后，从 2004 年 1 月至 2004 年 6 月，以使用费率为 1% 为基准得到 108346859 韩元，在此之后，被告从韩国杨森处根据本案件的实施规划，可以得到相当于 6 个月期间的使用费的判决得到追认。

尽管韩国杨森 Itraconazole 产品在韩国市场的占有率处于下降状态，其竞争对手也有三个以上 Generic 产品正在开始销售之中，在本案件中，与使用合同签订当时相比，虽然并不能否认韩国杨森的收益性已经有很大下降的事实，但是不能根据此事实断定韩国杨森根据合同相关条款在 2007 年（第七年）行使其权利，变更专用实施许可的内容或终止合同本身。韩国杨森也并未对此事表明任何明确的立场，因此本案的许可合同期间应符合上述合同的期间条款，其产品的许可期间是以本案医药发明中申请发明专利 6 的日期（2000 年 4 月 21 日）为基准，存续至专利权

20 年存续期间终了日期（2020 年 4 月 20 日）。

韩国杨森与被告签订本案许可合同的决定性动机是，被告在本案发明中实施发明专利 4 与 6，其生产的试用品通过生物学同等性实验并获得制造、销售许可，在不久之后可以进入韩国国内抗菌剂市场。本案许可合同中专用实施许可授予对象除了本案所指发明以外，还包括原告未直接参与、不能主张其权利的发明专利 1 ~ 3 的全部的医药发明，并且，未记载于本案医药发明说明书的非公开、有用情报及资料等被告的所有产品生产相关技巧，以及放弃国内抗菌剂市场等事项都包含在支付金的代价，这些事项都是与发明一起构成本案许可合同的重要要素，也不存在其他有价值的证据。因此，根据本案许可合同所获得的被告的收益，不能将其全额视为因发明而获得的收益，应根据相关因果关系限制其范围，综合考虑上述认定事实中的许可合同的签订过程与当事人的意图、本案医药发明所有的内容，以及各项专利的申请及等级结果、本案许可合同约定内容及实施费收益额、签订合同时的 Itraconazole 产品在韩国国内的竞争情况、本案医药发明中此发明所占的比重及其优越性、医药品生产活动中生产技巧所占的重要度、被告的产品生产能力和营业能力及其对外协商力等因素，其数额应当定为收入全额的 50%。

②计算公式：

1）首次合同金及使用权许可对价：6805800000 韩元；

2）自 2000 年 9 月至 2004 年 6 月的使用费的收领金额：2417206451 韩元（=2308859592+108346859）；

3）自 2004 年 7 月到本案件辩论结束之日最近的 2004 年 9 月的使用费的预计金额：54173429 韩元（= 108346859/6 × 3，不满 1 韩元的不计算在内，以下相同）；

4）从 2004 年 10 月到合同期间结束日最近的 2020 年 3 月的推定使用费：2463279803 韩元［上述期间推定使用费的收入金额，是根据霍夫曼（Hoffmann）计算法，在本案件辩论终结日所属的 2004 年 9 月按照当时的市场价换算出来的］

总计：11740459683 韩元 =（1）+（2）+（3）+（4）；

5）收入金额的决定：5870229841 韩元 =（6）×50%[①]。

（3）雇主或者第三人有无使用不清楚时。

①首尔高等法院 2014 年 7 月 17 日宣告 2013Na 2016228 号判决（职务发明补偿金请求之诉）。

具体补偿金的计算

在被告对于特许发明是否直接实施或者允许第三人实施并不明晰的案件中，

[①] 被告应向原告支付的适当的补偿金额为 176106895 韩元，其计算公式为（= 在本案中被告因发明获得利益 5870229841 韩元 × 发明人的补偿比率 10%× 原告的贡献度 30%）。

"雇主可获得利益"是指如果该职务发明在竞争对手公司实施时，雇主自己可能会丧失与所获利益相当的金额，但是对于该利益在实际上计算时非常困难。在该案件中，根据原告的请求，具体补偿金依据下列方式计算，在雇主的销售额中，考虑到职务发明的贡献度（职务发明如果只与完成品的一部分相关时，为了计算适当的补偿额，应将完成品销售额的一部分作为职务发明的贡献度）以及使用费率相乘以后得出的数，减去属于无偿的普通实施许可而发生的部分，也就是说决定以乘以独占权贡献率的方式进行计算。

补偿金 = 雇主获得利益（雇主的销售额 × 职务发明的贡献度 × 使用费率 × 独占实施贡献率）× 发明人的贡献度 × 发明人的贡献率（共同发明时）

被告公司的销售额　　　　单位：（台，%，韩元）

年度	国内生产量（台）①	全体生产量（台）②	国内生产占比（%）	全体生产增加率（%）	国内销售额（韩元）
2001 年	34186653	45582205	75	22.6	5026737083814
2002 年	41912838	55883784	75	22.6	6162779873844
2003 年	51385140	68513520	75	22.6	7555568215320
2004 年	62998182	83997576	75	22.6	9263126684916
2005 年	77235771	102981029	63	10.7	10560269160000
2006 年	71820000	114000000	63	10.7	10560269160000
2007 年	83720000	161000000	52	41.2	12310021360000
2008 年	68950000	197000000	35	22.4	10138270100000
2009 年	68160000	227200000	30	15.3	10022110080000
2010 年	84060000	280200000	30	23.3	12360014280000
2011 年	103057560	343525200	30	22.6	15153377507280

---

① 按照"总生产量 × 国内生产比重"的公式计算。

② 以 2006 年 1.14 亿台为基准，逆算总生产增长率，按照"前年度总生产量 ÷（1+ 增长率）"的公式计算 2001 年至 2005 年总生产量。

续表

年度	国内生产量（台）	全体生产量（台）	国内生产占比（%）	全体生产增加率（%）	国内销售额（韩元）
2012 年	126348568	421161895	30	22.6	17763863657292[①]
2013 年 5 月	64543060	215143534	30	22.6	8897139802763[②]
合计	938377772				136569871101526

职务发明贡献度：2%（a. 手机产品上，诸多高新技术高度集中于硬件与软件；b. 在手机产品软件领域，通信、信息处理、媒体控制等多领域的技术融合在一起；c. 特别是本案中各项发明是有关电话号码搜索方法的，属于手机驱动软件领域中的极少的一部分；d. 手机产品中，电话号码搜索的技术的各种可替代性技术普遍存在，被告没必要直接去实施本案中的各项发明专利；e. 手机的销售也受顾客吸引力、设计优越性、宣传及广告活动等各种非技术性要素的影响，因此，本案确定各项发明专利对手机的完成品的贡献度定为 2% 是比较正确的）。[③]

实施费率：2%（a. 一般来看，信息通信领域中设定专用实施许可时，实施费率是净销售额的 2.48%，设定普通实施许可的实施费率是净销售额的 1.24%；b. 本案各项发明专利是需要由被告的产品相关的硬件在技术方面的充分支持才能充分发挥其作用；c. 被告竞争公司也在用独立的方法实施搜索电话号码的方法）。

独占权贡献度：0.2%（即使雇主既不实施职务发明，也不许可第三人实施导致雇主正在制造、销售的产品不属于职务发明的权利范围，如果其产品是可以代替职务发明实施产品的需要，并且雇主利用职务发明的专利权使竞争公司无法实施职务发明导致销售增加，则其利益还是可以判断为使用职务发明所得的雇主的利益的（大法院 2011 年 7 月 28 日宣告 2009Da75178 判决）。被告产品是对本案各项发明专利中电话号码的搜索顺序或方法进行改变，可视作本案各项发明专利实施产品的需要代替品（被告主张本案各项发明不是有关手机而是关于传真或者有线、无线的固定电话的，但在本案各项发明的请求范围中并不能发现其明显的限制性事项），可以推定为对被告产品销售的增加产生一定影响。因此，即使被告没有实施本案的各项发明专利，也不能免去其补偿金支付的义务，但是该种情形仅仅可以作为按照下述方法计算独占实施权贡献度的斟酌情形。现在没有被告直接实施

---

① 126348568 台 ×147038 元 ÷（1+11 个月 /12×5%）。

② 64543060 台 ×147038 元 ÷（1+1 年 ×5%+4 个月 /12×5%）。

③ 是第一次适用"职务发明贡献度"计算雇主的利益额。

本案中的各项发明专利的充分证据，被告的竞争公司也在生产使用与本案各项发明专利不同的方法的电话号码搜索产品，因此，虽不能断定被告通过禁止竞争公司使用本案各项发明专利所得的收益为零，但其数额极小，特别是本案发明专利1失去其进步性可能被无效化。综上所述，本案各项发明专利的价值非常低，独占权的贡献度也十分微小，因此将其定为0.2%）。

发明人贡献度：20%（a.原告在公司任职期间利用公司的各种器材及设施完成本案各项发明；b.被告长年累积的手机制造技术与高新技术也对本案各项发明专利的完成产生较大的影响；c.被告对本案各项发明专利的申请与登记投入了较多的费用与努力）。

补偿金数额：被告应向原告支付的正当补偿金数额为2185117韩元（＝雇主销售额136569871101526韩元 × 职务发明贡献度2% × 实施费率2% × 都占全贡献率0.2% × 发明人贡献度20%）。[①]

3. 未达到正当补偿额的情形

首尔高等法院2009年8月20日宣告2008Na119134判决

第一，雇主预计"依据其职务发明"获得的利益为其计算的基础，雇主对雇员的职务发明原则上取得无偿普通实施许可（旧《特许法》第39条第1款），所谓预计从"依据其职务发明"得到的利益是雇主超越普通实施许可，"承继申请专利的权利及专利权，排他、独占实施其职务发明所能够得到的利益"，在计算时应当考虑许可第三人实施时的实施费率（雇主自己实施发明时，可以通过禁止自己以外的第三人实施该发明所得的独家利益）。

第二，计算实施补偿金时，雇主通过职务发明"预计"得到的利益会成为其计算的基础，根据上述规定计算时，利益额的起算点在原则上可以解释为承继申请专利的权利或专利权的时间点，以承继时间为基准，应将未来雇主通过职务发明预计得到的合理的利益为计算基础，但是承继权利时来预算将来的利益并事先计算好实施补偿金是十分困难的，因此可以将实际许可合同的签订业绩、对本公司产品的实施与否及销售额等承继权利后到补偿请求为止发生的具体事项，参考到"承继时将来能够得到的利益"的计算，并且雇主通过实施职务发明得到实际利益，在没有特殊情形时视为至少其实际利益应当算入"承继时将来能够得到的利益"中去。

第三，此时的雇主的利益额仅指"通过其职务发明所得的利益"，而不是清算收益、成本后所得出的会计上的利益额（销售利益额、营业利益额），因此，即使发明过程中有较大数额的研究费支出，最终清算的收益、成本所剩无几，也不能将其认为通过职务发明本身所能得到的利益不多（但是，雇主支付较大

---

① 被告的消灭时效的抗辩相关事项请看下文。

数额的研究费用的事实是可以在"发明人补偿率"计算阶段中予以参考的）。被告公司的职务发明补偿金应当根据被告公司的职务发明补偿规定提交，被告根据前述规定主张没有应当支付的实施补偿额，据笔者分析，根据劳动规定将职务发明的申请专利的权利等承继至雇主的雇员，即使该劳动规定上具有雇主应对雇员支付对价的相关条款，其对价金额未达到韩国《特许法》所规定的对价金额的，雇员是可以请求雇主支付其不足部分的对价金额的。因此，上述主张缺乏根据。

原告于 1994 年 10 月至 2007 年 6 月 1 日就职于以制造、销售农药为业的被告（公司），并进行了关联发明，被告于 1997 年 4 月 16 日从该发明的职务发明告知书上记载为共同发明人的原告及 4 人承继申请专利的权利，并进行登记。一审法院以原告并非本案发明的共同发明人为由驳回原告的请求，二审法院认定原告为共同发明人，支持了原告的请求并揭示了其计算标准。2013 年 7 月 30 日修改的《职务发明法》第 15 条规定，雇员根据劳动规定或合同将申请专利的权利或专利权承继至雇主时或设定专用实施许可的应当享有获得正当补偿的权利（第 1 款），雇主应当制定并书面告知雇员第 1 款的补偿规定，明确补偿形态、补偿额决定基准、支付方法等事项（第 2 款），雇主根据第 2 款至第 4 款规定向雇员补偿的，视为是正当的补偿。但是，第 6 款新增了"视为正当补偿的规定"，即其补偿额未考虑到雇主通过职务发明预计得到的利益及发明的完成过程中雇主与雇员的贡献度的，则可以被视为不是正当的补偿。如果适用修改后的法律规定，就很难维持上述判决的态度了。

五、职务发明补偿金债务的移转——雇主向第三人转让职务发明的情形

（一）大法院 2010 年 11 月 11 日宣告 2010Da26769 判决（损害赔偿）

雇主向第三人转让职务发明后，不但雇主无法再通过实施该专利获利，而且职务专利受让人因实施该专利而获得的利润是由其特定的很多不确定因素综合决定的，将受让人的利益额包括在雇主所应支付的职务发明补偿金范围内是不合理的。因此，作为转让人的专利权人雇主在转让职务发明时，没有特殊事由，只需在转让费和转让前雇主作为专利权人自己实施发明创造所获得的利润中提取一部分向雇员支付职务发明补偿金。

根据原告和 B 公司之间的约定，"假定本案发明为职务发明的情况下职务发明补偿金数额"以转让费为基准进行支付，在向第三人转让时，无特殊事由，只需再考虑 B 公司所获利润额为准计算转让价款，无须计算受让人（被告）即第三

人根据该发明取得的经济利益。因此原、被告之间，以被告所获利益为基准计算补偿金。除另有约定等其他特殊情况外，根据韩国《商法》第 44 条规定，对于原告有转让金偿还责任的被告，应以其因该发明而获得的利润为计算依据承担向原告支付职务发明补偿金额的义务。因此，一审中将作为受让人的被告已经产生的，或者即将产生的经济利益考虑在内计算被告所应当支付给原告的转让价款的判决，误解了相关法理，影响了判决，是违法的。

在一般情况下，应当以雇主转让职务发明取得的利益，即转让价款为基准计算职务发明补偿金（所谓的处分补偿金），将转让后受让人通过实施或处分专利取得的利益考虑在内计算职务发明补偿金的做法一般不被认可。因为受让人根据该发明取得的利益对雇主完全不再有任何拘束力，不属于雇主获得的利益，不应成为补偿金计算的依据。另外有以下几点也可作为根据：（1）雇主向他人转让涉案专利后，该专利的独占性、排他性效力已经丧失，不可再通过该专利获利；（2）职务专利受让人因实施该专利而获得的利润是由很多不确定因素综合决定的，雇主全权转让该专利后继续负担实施该专利的补偿债务也是不合理的。3. 即使雇主将涉案专利以较低的价格向第三人转让，因处分补偿规定的效力和评估金额而争论不休，也能请求适当的补偿。在约定以转让金为依据计算"假定发明为职务发明时职务发明补偿金数额"的原告和 B 公司之间，将本案发明向第三人转让时，无特殊事由，不参考受让人即第三人所取得的利益，只需计算 B 公司所获利益计算转让价款。因此，本案转让价款计算时，参考作为受让人的被告已取得或未来取得的利益的做法是由于转让合同时当事人原告和 B 公司没有达成一致意见，导致作出的超出合理范围的不合理的做法。[①] 大法院在该判决没有明确约定自由发明中专利申请权转让案件中，综合考虑案件记录中出现的各类情况，至少可以得出这样的结论：当事人之间有默许的以转让价款为"假定为职务发明计算的职务发明补偿金数额"进行支付的意思。[②]

（二）水原地方法院 2008 年 7 月 25 日宣告 2006GaHab14007 判决（职务发明补偿金请求）

（焦点问题：职务发明补偿金债务是否随专利权而转移）

原告们是被告海力士半导体（以下简称"海力士"）公司研究人员，参与了本案涉案的各项发明专利。经审理查明，被告海力士公司承继了相关发明申请权，

[①] 유영선, 특허를 받을 권리를 묵시적으로 양도한 경우 그 양도대금에 대한 당사자 의사의 해석방법 및 양도대금이 직무발명보상금 상당액으로 해석되는 경우 영업양수인이 지급해야 하는 양도대금 액수의 산정방법, 대법원판례해설 제 86 호（2010 년 하반기）（2011）, 법원도서관, 第 481—482 页。

[②] 유영선, 위의 논문, 第 484 页。

依据被告海力士的职务发明补偿规定,职务发明补偿分为申请补偿、登记补偿、处分补偿、实绩补偿等,并对各类补偿的金额和支付时间分别进行了规定。其中在处分补偿中,被告海力士已经登记的知识产权(包括正在申请的)有偿转让或者实施许可的情况下,规定应予以支付,被告海力士和被告 HYDIS 于 2002 年 11 月 19 日承认有偿出售给被告 BOE 公司的母公司中国京东方科技集团股份公司(BOE Technology Group Co., LTD)专利权等知识产权。

该案职务发明专利补偿金的债权在本案被告海力士转让专利请求权之前已经产生,根据上述职务发明补偿规定,原告对于被告海力士的处分补偿金债权在资产买卖合同签订时已经产生。即使该涉案资产买卖合约实质上属于经营转让,但因转让人和受让人之间相互默认或者债务收购未公告等原因,转让人的债务以及其作为债务人的资格并未当然地转移给受让人。本案中原告 A、B 分别于 2001 年 1 月 3 日和 2001 年 8 月前离职海力士公司,与海力士间的雇佣关系在本案资产买卖合同签订的 2002 年 11 月 19 日之前业已终止。本案被告之间签订资产买卖合同时,因海力士过去的雇佣关系产生的未支付的报酬等金钱债务不被连带转移,一方面,以交易终结之日 2003 年 1 月 22 日为基准,根据双方约定,在此日期之前产生的任何债务,不管是否与生产经营相关,不连带转移的事实,被告京东方不继承被告海力士在交易终结日之前产生的任何债务,包括涉案的职务发明补偿金债务,以及与此相关的债务人地位,另一方面,鉴于以上承认的事实,仅根据原告提供的证据不足以作为将海力士公司的职务发明补偿规定适用于京东方公司的依据。

另外,由于职务发明补偿金债务不随发明专利而转移,从原告的本案各专利权的最终所有人被告京东方公司有向原告们支付对涉案职务发明补偿金有支付义务的主张可以看出,职务发明补偿金请求权是对发明人的奖励以及为了保护在经济上处于弱势地位的从业者,规定的雇主和发明人之间的法定债权。补偿金的支付义务和补偿金额的计算方法成为债权和专利权分离(尤其在计算处分补偿金时)的前提,因此法律上没有特别规定的情形下原告们的主张无法被接受。[①]

六、职务发明补偿金请求权的消灭时效

(一)大法院 2011 年 7 月 28 日宣告 2009Da75178 判决(职务发明补偿金)

职务发明补偿金请求权与一般债权的消灭失效相类似,10 年内没有行使的话就会消灭。起算点一般从雇员将职务发明的专利申请权承继给雇主时起算。公司

---

① 原告提出了上诉,但最终上诉被驳回。

劳动规定有关于职务发明补偿金支付期限的规定时，该期限到来之前在法律上是行使补偿金请求权的障碍，因此劳动规定确定的支付期限是消灭时效的起算点。

原审法院表示，依照被告公司的职务发明补偿相关规定的第 1 专利发明的职务发明补偿金，当第 1 专利发明的实施是由公司贡献时，经过事业部长和知识产权负责专员审议后予以支付。由于是按照产品首次上市年度的下一个会计年度间的业绩而进行支付的，关于原告第 1 专利发明的职务发明补偿金请求权的行使，形成上述审议后评价在 Pyribenzoxim 成品化的 1997 年 2 月的下个会计年度的业绩。如果没有证明以上审议或评价形成的证据，消灭时效最早也从 Pyribenzoxim 成品化的下个会计年度 1998 年后起算，并在起算点 10 年以内的 2007 年 8 月 31 日提起了诉讼，因此以上职务发明补偿金请求权的消灭时效并没有完成。

（二）首尔高等法院 2014 年 7 月 17 日宣告 2013 Na2016228 号（请求职务发明补偿金的诉讼）

对于被告（三星电子）消灭时效抗辩的判断：被告的《职务发明补偿方针》第 16 条第 3 项规定了"登记权利的实施成果对于公司经营具有显著贡献时，根据其贡献的程度经过委员会审议由代表理事批准予以支付业绩补偿金"。第 4 项中关于处分补偿金规定了"公司将雇员发明的知识产权有偿地处分给第 3 人或允许其实施时，经过委员会审议按照处分对价或实施费 10% 的范围内支付处分补偿金"。第 5 项中关于有效专利补偿金规定了"申请或登记的发明和知识产权向其他公司提出索赔以及新订立或再订立合同的协商中对于专利使用费的收入和节约有显著贡献时，经过委员会审议予以支付有效专利补偿金"。第 27 条第 1 款规定"委员会审议下面各项事项并决议：1. 公司是否承继了知识产权以及与职务发明补偿和奖励相关的各个事项；2. 知识产权的转让、实施许可和其他处分相关的事项；3. 与发明人或职务发明相关的雇员的异议申请事项"。第 2 款规定了"原则上经过委员会审议决定的事项要经过代表理事的承认"。由于被告内部存在职务发明补偿方针，规定了业绩补偿金、处分补偿金、有效专利补偿金等职务发明补偿金的支付金额、支付期限等事项要经过审议委员会的审议和决议并由代表理事承认，因此原告根据职务发明补偿方针，在审议委员会审议、决议并获得代表理事承认之前，补偿金请求权的行使在法律上是存在障碍的。

该案件中的各项发明并没有根据职务发明补偿方针中的被告公司审议委员会审议、决议并获得代表理事承认的证据，原告对于补偿金请求权主张消灭时效尚未开始，因此被告对于消灭时效经过的主张不存在理由。①

（三）首尔高等法院2014年4月24日宣告2012 Na 53644判决（职务发明补偿金）

被告（韩国轮胎）的旧《管理规定》②对于补偿金的种类仅作了申请补偿金和登记补偿金两种的区别。旧《管理规定》和13条第3款规定了登记补偿金的支付要件是"登记时该发明已经在适用中或为了适用进行了实验或有实验成果"。修改后的《管理规定》第11条第5款对于登记补偿金的支付要件作出了不同规定，与第11条第6款新规定的实施补偿金的支付要件基本相同。旧《管理规定》的第13条第3款的登记补偿金经过审查，根据被认定的等级标准可确定不同的补偿额，关于支付的标准与修改后的《管理规定》第11条第5款的登记补偿金不同而与第11条第6款③的实施补偿金相类似。而且旧《管理规定》第13条第4款规定，发明已经登记时第1款的登记补偿金和登记之后发明实际适用时，以适用时起算经过等级审查另有补偿金需要支付。实际上原告的发明2没有形成修改的管理规定第11条第5款的登记补偿而是第11条第6款的实施补偿。旧《管理规定》第13条第3款和第4款的补偿金实际上与修改后的管理规定的第11条第6款的实施补偿金在性质上可以视作是相同的。因此原告给被告承继职务发明的专利申请权时施行的旧《管理规定》第13条第3、4款规定了实施补偿金的支付期限，原告在旧《管理规定》第13条第3、4款规定的实施补偿金支付期限到来之前行使了补偿金请求

---

① 被告提出上诉，大法院（2014Da220347号）在审理中。

② 第11条（补偿区分）1.关于补偿金的支付分为依照4条继承的发明在特许厅申请专利的情形下支付的申请奖励金和登记时支付的支付补偿金。

第12条（申请补偿）1.公司依照8条申请发明时，无论是国内还是海外申请仅限一次适用附件#4的申请奖励金，在得到委员长的许可后按照季度支付。

第13条（登记补偿）1.公司依照8条在国内或海外申请的发明成功登记时，国内登记1回、海外登记各1回分别处理，按照登记补偿等级评价基准表（样式#4）实施后每个季度在得到委员长的许可后按照附件#4支付登记补偿金。2.登记时该发明处于单纯的构想阶段时，一律按照5等级处理进行补偿。3.登记时该发明处于适用中或为了适用进行了实验或有实验成果时，依照"登记补偿等级评价基准表"（样式#4）经过3～5位专家的评价，按照附件#4的等级确定。4.登记补偿时以构想阶段或适用试验阶段处理得到补偿的发明，之后登记日开始的5年之内被公司使用时，适用当时进行等级审查，登记审查结果比之前登记补偿的等级高时，要向发明人补足补偿金的差额。此时即使适用当时的等级审查结果低于之前的，也无须返还补偿金的差额。

③ 6.实施补偿（1）实施注册补偿的发明正在适用中或为了适用而实验以及有适用成果时，收到发明人的实施补偿要求书（样式#3）并进行实施补偿，原则上补偿的期限是注册日起3年以内。（2）实施补偿按照实施补偿审议表（样式#4）经过3～5位专家评价确定等级，得到研究所长的许可后按照附件#4支付实施补偿金。

权，可以视为形成了法律上的障碍。所以关于发明 2，原告的职务发明补偿请求权的消灭时效从被告对发明 2 进行等级评价并决定等级的 2004 年 3 月起算，原告对被告提出的请求职务发明补偿金的诉讼是从当时起算 10 年之内提出的，所以原告的职务发明补偿请求权时效尚未消灭，被告的主张没有理由。

七、结语

职务发明补偿金案件中，作为发明人希望能够得到合理补偿金的雇员，与按照种种与职务发明相关的内部规定和约定将补偿金最少化的雇主之间存在着激烈的纷争。最近宣告的职务发明补偿金案例大部分仍根据旧《特许法》，修改后的《发明振兴法》的适用，在未来值得关注。根据上述判例，为了计算出合理的补偿金，作为必要判断依据的有雇主获得的利益，特别是职务发明贡献度、实施费率、独占权贡献率和发明人贡献度、发明人贡献度等。通过这些案例的积累，合理补偿金的计算标准比起以往变得更为明确。

根据认定职务发明补偿金的判例，雇员和雇主间订立的约定在计算补偿金时无法产生直接作用的情形很多，因此为了客观评价发明所具有的贡献度等事项都集中在了审理上。但是修改后的《发明振兴法》第 13 条第 2 款[①] 视作合理报酬的规定，为通过雇员和雇主之间的约定能对"合理补偿"计算产生影响留下了余地。如果在雇员和雇主对等的关系中没有约定时，职务发明补偿金数额的认定就会消极地适用。该规定存在不符合所属章节题目"第 2 节职务发明的活性化"的疑问。并且近期案件的特点是，自大法院 2009Da91507 判决之后，被告公司主张自己的专利权存在无效事由的情况变多。主审侵害案件的一般法院能够判断专利权的无效，对于被告公司的抗辩法院作出判断之后，专利权人为了不支付职务发明的补偿金，主张自己的专利存在无效事由或专利权销售额贡献度或独占权贡献率极低，主张降低专利权的贡献度等，这与一般的请求禁止专利侵害的案件或登记无效的案件存在很大差异，这形成了非常尴尬的局面。

---

① 根据第 1 款规定，当合同或工作规定对补偿作出规定时，据此根据下面各项的情况经过合理考虑后计算的补偿视为合理补偿。

1. 为了确定补偿形式和补偿额的标准，雇主和雇员进行了协商的情况；

2. 将制定的补偿标准发布、公示等向雇员出示补偿标准的情况；

3. 在确定补偿形式和补偿额时向雇员听取了意见的情况。

2009 年至 2014 年主要职务发明补偿金判例（判决例）

顺序	法院案件号码	宣告日期	发明的名称、领域（被告公司）	宣告结果 请求金额	宣告结果 判决金额	雇主销售额（亿韩元）	职务发明贡献度（%）	独占权贡献度	实施费率	发明人贡献度	发明人贡献度
1	水原地方法院 13GAHab12788	2014 年 10 月 28 日（原告上诉）	熏制鸭肉	5.8	0.2	1581	20	20	1	50	90
						423	30	20	1	40	70
2	首尔中央地方法院 13GaHab517131	2014 年 10 月 2 日（双方上诉）	微热按摩仪（ceragem）	6.3	0.63	4689		10 4 6	1:0.4 2.4:0.4 3:0.6	1.2:15 3.4:10	20 25
3	首尔高等法院 12Na2016228	2014 年 5 月 1 日（双方互诉）	通话情报检索（三星电子）	1.1	0.21	123569871	2	0.2	2	20	
4	首尔高等法院 12Na53644	2014 年 1 月 30 日（结案）	轮胎加固用金属链（韩国轮胎）	60	3.9	13042		3	1	10	
5	首尔高等法院 2011Na100994	2013 年 1 月 30 日	感光鼓（白山 OPC）	5	0.3	81		50	2	40	
6	首尔中央地方法院 2011GaHab37396	2012 年 9 月 28 日（上诉后强制调停）	反光镜钢架（sampyo 建设）	10	1.2①	1103930		30	2	15	7
7	首尔中央地方法院 2010 GaHab41527	2012 年 11 月 23 日（上诉后强制调停）	影视数据符号化装置及方法（三星电子）	185	60②	625③				10	80
8	水原地方法院 2011GaHab13213	2012 年 9 月 20 日（强制调停）	氨氯中间体制造方法（hanrim 制药）	5.2	2.5						

注：①扣除已经支付的 3800 万韩元的金额。
②扣除已经支付的 2 亿韩元的金额。
③此为实施费收入额。

续表

顺序	法院案件号码	宣告日期	发明的名称、领域（被告公司）	宣告结果 请求金额	宣告结果 判决金额	雇主销售额（亿韩元）	职务发明贡献度（%）	独占权贡献度	实施费率	发明人贡献度	发明人贡献度
9	首尔高等法院 2010Na72955	2011年8月31日（结案）	探针及探针零件（yubi precision）	2	0.52	866		33.3	2	15	60
10	釜山地方法院 2009GaHab10983	2010年12月23日（结案）	刹车搭载技术，干燥船坞中的船舶干燥技术（Hanjinzung）	10	0.71	95000		1	0.5	15	
11	城南地方法院 2006GaHab7873	2010年11月8日（强制调停）	半导体①（HINIX半导体）	30	1.2						
12	水原地方法院 2009GaHab2746	2010年11月4日（结案）	锂电池（三星SDI）	1	0.84			60	0.9	10	30
13	水原地方法院 2009GaDan56852	2010年6月25日（上诉后强制调停）	停车费用清算系统（水原市设施管理园区）	0.5	0.5②	1.17				50	100
14	首尔高等法院 2009Na26840	2009年10月7日（驳回上诉）	发明NAIDIPIN（韩林制药）	10	0.05	5.5		50	5	15	50
15	首尔高等法院 2009Na110806	2010年4月23日（自愿调停）	异方性胶片压痕检查方法	2	0.38						
16	首尔高等法院 2008Na119134	2009年8月20日（结案）	嘧啶肟草醚氟吡磺隆③	2	0.37	757		25	3	10	30
						512		33.3	3	20	20

注：①该案件作出调整的决定存在特殊点，被告（Hynix半导体）以本案专利发明订立了概括性交叉许可合同，但合同期间内对方在一定程度上并不确定会实施发明。并且原告在被告公司工作期间，对于阻截外国公司发起的对于被告公司的专利攻击作出了不小的贡献。被告公司在外国存在的专利纠纷，采取了与该案件全然不同的立场。

②扣除已经支付的130万韩元的金额。

③对于除草剂来讲是有用的成分。被告是LG生活科学。

译后记

本书是由韩文著作——《职务发明制度解说》翻译而成。该著作由韩国特许法学会组织韩国知识产权法律领域内的权威学者、知识产权审判知名法官、韩国特许厅高级审查官等多位作者共同撰写而成，并由韩国知名出版社——博英社出版，其日文版译作也已在日本出版，在韩国、日本两国知识产权法律学界，均得到很高的评价和良好的反响。由于我曾在韩国高丽大学留学及生活近六年，与韩国法学理论学界和实务界保持着良好的联系，在韩文原著于2015年11月出版后，韩国特许法学会就找到我，希望我能将其翻译成中文并在中国出版，以期能为中国读者提供韩国学界关于职务发明制度的相关理论和学术研究状况，增进中韩日三国在知识产权法律领域的学术交流，我欣然应允。

本书系统地介绍了韩国关于职务发明制度的重大法学理论、法律制度要点以及典型案例，并对包括中国、德国、美国、日本在内的其他主要国家职务发明制度的相关理论学说、法律规定以及相关判例做了比较研究，是一部名副其实的职务发明制度比较研究的著作。本书由五章构成，第一章探讨了韩国职务发明法律制度的立法演进，以及中国、德国、美国、日本等国家职务发明制度的概况，并对职务发明制度背后的经济学原理展开了分析。第二章对职务发明的构成要件做了剖析，对"属于雇主业务范围、雇员、发明人、职务相关性"四个构成要件进行了详细论述。第三章则对职务发明的承继问题进行论述，包括职务发明的预约承继、冒认专利申请、默示承继以及在职务发明中雇员和雇主的权利义务等。第四章主要论述的是职务发明的奖励补偿，包括补偿方法的协商和确定、雇主的利益、雇主和雇员对发明的贡献程度、公务员的职务发明以及与补偿额计算相关的判例。最后一章是与职务发明制度相关的其他论述，包括职务发明补偿金请求权的诉讼时效、大学教授发明与自由发明的区别、具有无效事由的专利补偿、涉外职务发明法律关系适用的准据法问题以及职务发明最近判例的动向等。

当前，中国正在推进知识强国战略，这一战略对于更好地建设中国特色、世界水平的知识产权强国，激发全社会创新创造活力，明确知识产权激励创新创造至关重要。《国务院关于新形势下加快知识产权强国建设的若干意见（2015年版）》提出："完善职务发明制度。鼓励和引导企事业单位依法建立健全发明报告、权属划分、奖励报酬、纠纷解决等职务发明管理制度。探索完善创新成果收益分配制度，提高骨干团队、主要发明人收益比重，保障职务发明人的合法权益。"《国家知识产权战略纲要（2018 年）》同样提出："完善职务发明制度，建立既有利于激发职务发明人创新积极性，又有利于促进专利技术实施的利益分配机制。"因此，加快建设顺应世界潮流、反映时代要求和符合中国国情的职务发明制度，是中国建设知识强国的关键。目前，我国正在由国家知识产权总局推进制定国家《职务发明条例》，借鉴包括韩国在内的其他知识产权先进国家的职务发明制度，是我国职务发明制度建设的重要捷径。相信本书的出版一定能为中国职务发明制度的建设提供绵薄之力。

本书由本人负责主译、中文校正和统稿工作，第二译者申慧恩博士负责其中部分章节的翻译、韩国制度的阐释以及与韩国特许法学会的沟通交流工作。本书的出版，得到了中央财经大学教育基金会律宝科技科研基金的赞助。此外，在本书翻译和出版过程中，北京市中银律师事务所律师许丽华女士、中央财经大学法学院硕士毕业生杨康、李雨菡、单寒琪、潘一豪，韩国高丽大学法学毕业生佟轶、张予曦、韦荣荣，以及中央财经大学在校硕士研究生赵雅茹、焦文欣、王天宇、杜畅等同学也为本书的校稿做出了贡献。译者在此一并表示衷心的感谢。

当然，在本书的翻译和出版过程中，出现了诸多困难。一方面，正如编著者韩国特许法学会在前言中所述，本书是由韩国特许法学会的 23 名会员执笔而成，各作者的观点并不完全统一，这种多样性和非统一性既是本书的特色，同时又是本书的不足之处。另一方面，中韩两国职务发明相关制度存在诸多不同，加之汉语和韩语在表达职务发明相关制度时存在很大的语言差异，以及中韩两国国情和法律文化的差异，译者虽然试图尽最大努力地去克服这些困难，但仍然存在许多不尽人意之处，希望读者能够在阅读时予以批评指正。

总之，我们希望本书能为中国职务发明的理论和实务发展略尽绵薄之力。

董新义
于北京海淀区学院南路皂君庙
2019 年 12 月